U0829811

国家级示范性高等院校精品规划教材

企业管理与技术经济分析

主　编　杨　静　鄢　飞

副主编　潘颖雯

天津大学出版社
TIANJIN UNIVERSITY PRESS

内容提要

本书是在对第1版《企业管理与技术经济分析》进行结构调整和内容更新的基础上编写而成的。全书分上、下两篇，共13章。主要内容包括：企业管理概论、决策技术、企业战略管理、生产与运作管理、质量管理、市场营销、财务管理、技术经济学绪论、技术经济学基本理论、资金的时间价值与等值计算、技术经济评价的基本方法、建设项目的可行性研究、价值工程等。

本书根据工程技术人员应具备的管理知识要求，结合目前经济发展的态势，紧密联系生产实际，将技术与经济问题相统一，其目的是培养工程技术人员的管理意识，增强经济观念，提高工作效率。本书适合工科类院校非管理类专业学生学习，也可供企业各级管理干部培训时使用或阅读参考。

图书在版编目(CIP)数据

企业管理与技术经济分析 / 杨静，鄢飞主编. — 天津：天津大学出版社，2018.1（2026.1 重印）
国家级示范性高等院校精品规划教材
ISBN 978-7-5618-6048-9

Ⅰ. ①企… Ⅱ. ①杨… ②鄢… Ⅲ. ①企业管理 - 高等学校 - 教材②技术经济学 - 高等学校 - 教材 Ⅳ. ①F272②F062.4

中国版本图书馆CIP数据核字(2017)第330168号

出版发行 天津大学出版社
地　　址 天津市卫津路92号天津大学内(邮编:300072)
电　　话 发行部:022-27403647
网　　址 publish.tju.edu.cn
印　　刷 廊坊市海涛印刷有限公司
经　　销 全国各地新华书店
开　　本 185mm×260mm
印　　张 22.5
字　　数 550千
版　　次 2018年1月第1版
印　　次 2026年1月第9次
定　　价 48.00元

前　言

高等院校工科类专业的目标是培养未来的工程师。作为我国社会的高级建设人才，他们肩负着崇高的政治使命、技术使命、经济使命和社会使命。并且，现代工程技术与人类社会的关系十分密切，与人类的生存环境、文化发展休戚相关。因此，加强对工程技术专业学生的经济管理教育十分重要。

本书由“企业管理学”和“技术经济学”两部分组成，主要介绍了这两部分内容中与工程技术人员工作较为密切的经济管理知识，目的是使工程技术专业的学生了解企业管理与技术经济学的基本知识，培养其管理意识，增强经济观念，提高工作效率与经济效益，使他们将来能为市场提供设计合理、工艺先进、功能完善、成本低廉、价钱便宜的产品。

《企业管理与技术经济分析》一书由三位老师参与编写，并由杨静、鄢飞两位老师负责统稿。本次编写中，潘颖雯负责上篇第一、二、五章，下篇第十三章的编写；杨静负责上篇第三、四、六章，下篇第十二章的编写；鄢飞负责上篇第七章，下篇第八、九、十、十一章的编写。

《企业管理与技术经济分析》主要适合于高等院校非经济管理类专业学生学习经济管理基本理论和基本方法。在具体教学过程中，根据课时数的多少可适当精简部分内容，无法在课堂讲授的内容可安排学生课外自学。在本教材的出版过程中，得到了天津大学出版社的大力支持和帮助，在此表示感谢；编写过程中还参考了很多教材，在此对相关作者一并致谢。由于编者水平有限，书中难免会有不妥和错误之处，欢迎广大读者提出批评和建议，以使本书内容体系更加完善。

编者

2017 年 9 月

目　录

上篇　企业管理学

下篇　技术经济学

上篇
企业管理学

第一章 企业管理概论

学习目标

(一)知识目标

- 熟悉管理及企业管理的概念及特性;
- 掌握管理四大职能的含义;
- 了解企业管理理论的演进过程;
- 了解企业的类型;
- 理解企业组织结构的设计原则;
- 熟悉企业组织结构的形式及其优缺点。

(二)技能目标

- 能够运用所学的管理理论解释一些现实中的管理现象;
- 能够识别企业所采用组织结构的形式及其可能存在的优缺点。

管理作为人类最重要的一项活动,广泛存在于各种组织(包括赢利性的、非赢利性的)之中。凡是由两人或两人以上组成的、有一定活动与目的的组织都需要管理,它是人们提高组织效率的有效工具。企业是社会经济系统的基本单位,由人、财、物、信息等生产要素集合而成。管理在企业经营中起着重要的作用,有助于企业将有限的资源进行合理的配置和利用,并有助于最大限度地提高生产力。企业管理的优劣,直接影响到社会各方面的效益,直接决定着国民经济的实力。

第一节 管理与企业管理

一、管理的概念

管理起源于人类的共同劳动,自古以来早已存在。但究竟何谓管理,许多学者从不同的研究角度出发,对管理做出了不同的解释,至今众说不一。

"科学管理之父"泰罗认为,管理就是确切地知道要别人去干什么,并使他们用最好最经济的方法去干。

管理科学创始人之一法约尔认为,管理是所有的人类组织(不论是家庭、企业或政府)都有的一种活动,这种活动由五项要素组成:计划、组织、指挥、协调和控制。管理就是实行计划、组织、指挥、协调和控制。

美国女学者玛丽·福莱特认为,管理就是借他人之力把事情办好的艺术。

美国肯塔基大学教授、管理学家小詹姆斯·唐纳利认为,管理就是由一个或更多的人来协调他人活动,以便收到个人单独活动所不能收到的效果而进行的各种活动。

美国当代著名的管理学家哈罗德·孔茨认为,管理就是设计和保持一种良好环境,使人在群体里高效率地完成既定目标。

“现代管理之父”彼得·德鲁克认为，管理就是协调一个团体的活动，以达到共同目标。

诺贝尔经济学奖获得者赫尔伯特·西蒙则认为，决策贯穿着管理的全过程，管理就是决策。

美国管理学家亨利·西斯克在其所著的《工业管理与组织》一书中指出，管理是通过计划、组织、领导和控制等一系列活动来协调组织内部的所有资源，以达到组织既定目标实现的过程。

综上所述，虽然学者们对管理的概念有不同的说法，但并无根本的矛盾，他们从不同的角度揭示了管理的不同侧面。在综合国内外学者各种观点的基础上，本书对管理做如下定义：管理就是在特定的环境下对组织所拥有的资源进行有效的计划、组织、领导和控制，以便实现既定的组织目标的过程。

这个定义包含着以下 4 层含义。

(1)管理是服务于组织目标实现的一项有意识、有目的的活动。管理的目的并不是来源和决定于管理机构或人员自身，而只能是隶属和服务于具有特定使命和目标的组织。管理是任何组织都不可或缺的，但绝不是独立存在的。管理不具有自己的目标，不能为管理而进行管理，而只能使管理服务于组织目标的实现。

(2)管理是一个由一系列相互关联、连续进行的工作活动构成的过程。在这个过程中，管理通过计划、组织、领导、控制等工作活动，实现组织内部各要素之间以及组织内部与外部之间的协调，起到放大所管理组织的功效，并产生组织内各要素单独所不具备的新功效，即 1 + 1 > 2 的效应。

(3)管理工作的有效性要从效率和效果两个方面来评判。有效性集中体现在使组织花费最少的资源投入，而取得最大的且最合乎需要的成果产出。

效率(efficiency)是指组织的投入与产出之间的关系，它涉及组织是否“正确地做事”(即“怎么做”)的问题。给定产出，投入最少，或者给定投入，产出最多，都意味着组织具有较为合理的投入产出比，具有比较高的效率。因此，管理的一个目标就是追求效率，最有效地利用组织内的资源，使资源成本最小化。

但仅仅有效率是不够的，管理还必须使组织最终能够实现既定的目标，即追求效果。效果(effectiveness)是指组织实现其目标的程度，涉及组织是否“做正确的事”。效率涉及的是活动的方式和手段，而效果涉及的是活动的结果，因此，在现代社会中，效果往往比效率更加重要。

管理的任务就是获取、开发和利用各种资源来确保组织效率和效果双重目标的实现(见图 1-1)。

(4)管理工作是在一定的环境条件下展开的。环境既提供了机遇和机会，也构成了挑战或威胁。正视环境的存在，一方面要求组织为创造优良的社会物质环境和文化环境而努力；另一方面，管理的理念和方法必须因环境条件的不同而随机应变。

二、管理的特性

1. 动态性

管理的动态性主要表现为管理活动需要在变动的环境和组织内进行，需要消除资源配置

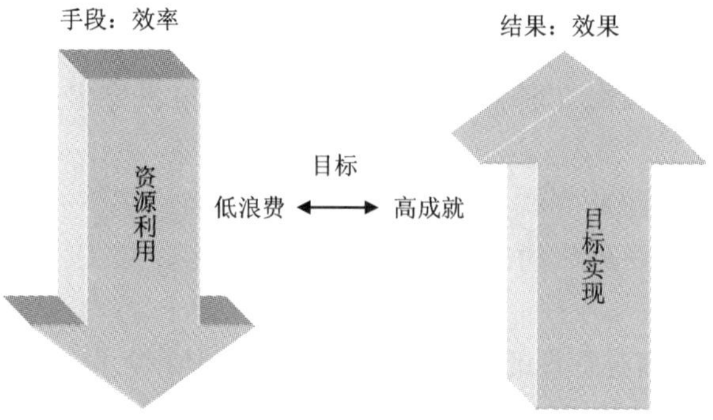

图 1-1　管理追求效率和效果

过程中出现的各种不确定性。因此，管理绝不等于书本上的理论与方法，那些只是一种静态的知识。学习管理需要学习书本上的东西，但更重要的是学会在不同的实际状况下如何实施具体的管理。事实上，由于各个组织所处的客观环境与具体的工作环境不同，各个组织的目标与从事的行业不同，从而导致了每个组织中资源配置的差异性，这种差异性就是动态性的一种派生，因此不存在一个标准的，处处成功的管理模式。

2. 科学性

管理的动态性并不意味着管理活动没有科学规律可循。管理活动可以分为两大类：一是程序性活动，一是非程序性活动。所谓程序性活动是指有章可循、照章运作便可取得预想效果的管理活动；所谓非程序性活动是指无章可循，需要边运作边探讨的管理活动。这两类活动虽然不同，但是可以相互转化，现实中的程序性活动就是众多学者和实业家对以往非程序性活动客观规律的总结，逐步形成了一个由一系列概念、原理、原则和方法构成的科学体系，使管理成为一门科学。这些管理的基本理论对管理的实践有很大的指导意义，而且是可以通过学习和传授得到的。

3. 艺术性

由于管理对象分别处于不同环境、不同行业、不同的产出要求、不同的资源供给条件等情况，这就导致管理理论不可能为每一个具体管理者提供解决一切问题的标准答案，特别是在管理者面临非程序性或全新的活动时，更是如此。管理具有很强的实践性，要求管理者结合实际，具体情况具体分析，通过对管理理论和方法创造性和灵活性的运用，以求得对问题的解决，实现组织目标。因此，管理又具有艺术性。管理是科学性和艺术性的有机统一。

4. 创造性

管理既然是一种动态活动，既然对每一个具体的管理对象没有一种唯一的完全有章可循的模式可以参照，那么欲达到既定的组织目标与责任，就需要有一定的创造性。正因为管理活动是一类创造性的活动，因此才会有成功与失败的存在。试想如果按照程序便可管理好的话，如果有某种统一模式可参照的话，那么岂不是人人都可成功，并可成为有效的管理者？正是由于管理的这一特性的存在，使得管理创新成为必须。

5. 经济性

资源配置是需要成本的，因此管理就具有经济性。管理的经济性首先反映在资源配置的机会成本上，管理者选择一种资源配置方式是以放弃另一种资源配置方式为代价的，这就有个机会成本的问题。其次,管理的经济性反映在管理方式选择上的成本比较,因为在众多可帮助进行资源配置的方式方法中,其所涉及的成本不同,如何选择就有个经济性的问题。

三、管理的职能

管理的职能就是管理的职责和功能,即管理者在管理工作过程中要发挥的作用。从性质上看,管理的两大基本职能是合理组织生产力和维护、协调生产管理。在管理过程中,这两大基本职能又表现为各种具体职能,如计划、组织、控制和领导等。这些具体职能是管理工作基本内容和功效的概括反映,它们以动态形式联结各种管理要素,形成完整的管理活动过程。

最早对管理的具体职能加以系统阐述的是法约尔。他在1916年发表的《工业管理与一般管理》一书中,把管理的具体职能分为计划、组织、指挥、协调和控制等5项,即“五职能说”。其后,许多学者又从不同的角度,对管理的具体职能做出了解释,如古利克的“七职能说”、厄威克的“三职能说”、孔茨的“五职能说”等。在理论研究和社会实践中,人们通常将某些职能适当归并和组合,将管理的职能精简为四大职能:计划、组织、领导和控制(见图1-2)。

1. 计划职能

任何管理活动都是从计划开始的。计划的任务主要是制定目标及目标的实施途径(即计划方案)。具体来说,计划的工作主要包括:①确定并描述组织的发展目标,如利润增长目标、市场分额目标、社会责任目标等;②制定战略以实现组织的发展目标;③将计划逐层展开,开发分计划,以便协调各种活动。计划是管理的首要职能,管理活动从计划工作开始。

正确发挥计划职能的作用,不仅有利于组织主动适应环境变化,统筹安排各项活动,而且有利于正确把握未来,保证组织在变动的环境中稳定发展,还有利于组织对有限的资源进行合理的分配和使用,以取得良好的社会经济效益。

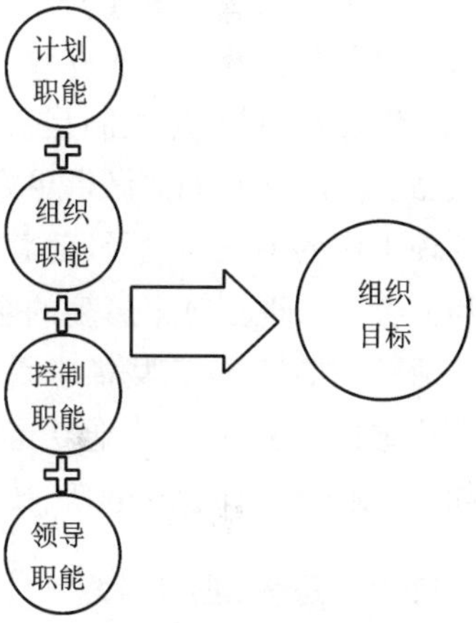

图1-2　管理职能

2. 组织职能

再好的计划方案也只有落实到行动中才有意义。要把计划落实到行动中,就必须要有组织工作。组织职能是依据既定的目标,对成员的活动进行合理的分工和合作,对有限资源进行合理配置和使用以及正确处理人们相互关系的活动。组织职能的具体内容主要包括:①设置管理机构,划分管理层次,建立组织结构,确立管理体制;②确定各机构的职权范围,明确相互合作范围,明确相互合作关系;③建立信息沟通渠道;④人员选拔、培训、使用、考核和奖惩。

组织职能从劳动的分工和协作,从上下左右的相互关系,从时间和空间的联结等方面,将各个部门、各种要素、各个环节有机地综合在一起,保证组织活动有序进行和效益的不断提高。透过有效的组织工作,管理人员可以更好地协调组织的人力和物力资源,更顺利地实现组织目标。

3. 领导职能

为了有效地实现组织目标,不仅要做好计划,设计合理的组织结构,将组织成员安排在合适的岗位上，而且要使每一个成员以高昂的士气、饱满的热情投入到组织的活动中去。在组织的各种要素和资源中，人的因素对组织目标的实现及实现的程度起着决定性的作用。如何调动组织成员的积极性就成为管理的核心问题，这也正是领导职能的任务。

所谓领导职能是指利用组织赋予的权力和自身的能力去指挥和影响下属为实现组织目标而努力工作的过程。一个组织要生存下去并取得成功，就需要有效的领导。而一个领导者的工作是否有效，取决于他所领导的组织绩效如何。作为组织的领导者，需要将个人的领导素质和领导才华转化为取得组织绩效的能力。

4. 控制职能

人们在执行计划的过程中，由于受到各种因素的干扰，常常使实践活动偏离原来的计划，为保证目标即为此而制定的计划得以实施，就需要有控制职能。控制就是按照既定目标、计划和标准，对组织活动各方面的实际情况进行检查，发现偏差，并采取措施予以纠正，以保证各项活动按原定计划进行，或根据客观情况的变化对计划进行适当的调整，使其更符合实际的组织活动过程。控制的实质就是使实践活动符合计划。计划就是控制的标准。管理者必须及时取得计划执行情况的信息，并将有关信息与计划进行比较，发现实践活动中存在的问题，并分析问题，及时采取有效的纠正措施。

计划、组织、领导、控制是最基本的管理职能，它们分别重点回答了一个组织要做什么和怎么做、靠什么做、如何做得更好以及做得怎样等基本问题。管理职能并不只是这 4 种。作为管理工作的手段和途径，随着管理对象的变化和科学技术的发展，管理职能也在不断地丰富和完善。如现在越来越多的企业强调管理的创新职能。这是由于科学技术迅猛发展，社会经济活动空前活跃，市场需求瞬息万变，产品更新换代的周期越来越短，企业管理者若不创新就无法维持下去，许多事业获得成功的管理者成功的诀窍就在于创新。企业只有不断进行机制创新、制度创新、管理创新、技术创新和产品创新，才能在激烈的市场竞争中立于不败之地。

四、企业管理的概念

对企业的管理就是企业管理。企业管理是管理领域中影响最大、最重要的一个分支。具体来说，所谓企业管理就是由企业经营者充分开发和利用各种资源（包括人、财、物、信息等资源），协调生产经营活动，从而达到提高企业的经济效益和社会效益的目的的一系列综合活动。企业管理的主体应该是企业的领导者和全体职工；企业管理的客观对象是企业整个生产经营活动；企业管理的目的是充分利用各种资源，以最佳的资源配置保证整个生产经营活动统一协调，以达到提高企业的经济效益和社会效益的根本目的。

第二节 企业管理理论的演进

一、管理思想的萌芽

管理理论的形成和发展与管理实践活动是紧密相连的，它是管理实践活动的经验概括和理论总结。管理实践活动由来已久，自有了人类活动就有了管理活动。伴随着管理实践活动的进行，人们逐渐形成了各种各样的管理思想，但只能说是管理理论的萌芽。

(一)中国早期的管理思想

中国传统的管理思想,分为宏观管理的治国学和微观的治生学。这两方面的学问极其浩瀚,作为管理的指导思想和指导原则,可以概括为如下几点。

1. 顺"道"

"道"在中国历史上有多种含义。属于主观范畴的"道",主要是指治国的理论;属于客观范畴的"道",主要是指客观经济规律。这里用的是后一种含义,指管理要顺应客观经济规律。比如,《管子》认为,自然界和社会都有自身的运动规律,"天不变其常,地不易其则,春秋冬夏,不更其节"等等。

2. 重人

"重人"是中国传统管理的一大要素。它包括两个方面:一是重人心向背;二是重人才归离。要夺取天下,办成事业,人是第一位的,故我国历来讲究得人之道、用人之道。《管子》说:政之所兴,在顺民心;政之所废,在逆民心。国家必须"令顺民心","从民所欲,去民所恶",为"政之宝 "。司马迁提倡"能巧致富",他说"巧者有余,拙者不足"。

3. 人和

"和"就是调整人际关系,讲团结,上下和,左右和。对治国来说,和能兴邦;对治生来说,和气生财。故我国历来把天时、地利、人和作为事业成功的三大要素。孔子说:"礼之用,和为贵。"《管子》说:"上下不和,虽安必危。"近代成功的企业家也都注重人和,创办申新纱厂的大企业家荣德生治厂以"《大学》之'明德',《中庸》之'名诚'"对待属下,"管人不严,以德报人","使其对工作不生心,存意外","自治有效"。

4. 守信

治国要守信,办企业也要守信。孔子说:"君子信而后劳其民。"《管子》特别强调要取信于民,提出国家行政应遵循的一条重要原则:"不行不可复。"也就是说,治理国家,必须言而有信。政策多变,出尔反尔,从来就是治国大忌。治国亦然,治生也亦然。我国从来就有提倡"诚工"、"诚贾"的传统,商而诚,苟取一时,终至瓦解,成功的商人多是商业信誉高的人。

5. 对策

"运筹帷幄之中,决胜千里之外。"(《汉书·高帝纪》)这句中国名言说明,我国古代在治国、治军、治生等一切竞争和对抗的活动中,都必须统筹谋划,正确研究对策,以智取胜。《孙子》认为:"知己知彼,百战不殆;不知彼而知己,一胜一负;不知彼,不知己,每战必殆。"《管子》主张"以备待时","事无备则废"。治国必须有预见性,有备无患,预则成,不预则废。

6. 法治

我国的法治思想起源于先秦法家和《管子》,后来逐渐演变成一套法治体系,包括天土法治、财税法治、人才法治、军事法治等。韩非认为法治优于人治。他还主张法治应有公开性和平等性,在法律面前人人平等,人人都得守法。

二、西方早期管理思想

14、15世纪,欧洲就产生了资本主义萌芽。到了18世纪末,工厂制度的出现要求机器大工业的管理必须采用新的、科学的方法,早期的管理思想就是在这样的背景下形成的。西方早期管理思想是不系统、不完善的,也没有形成专门的管理理论和学派。其中主要代表人物及其管理思想如下。

1. 亚当·斯密的管理思想

亚当·斯密(Adam Smith,1723—1790),英国古典经济学家,1776年发表了著作《国富论》。在书中,亚当·斯密提出了颇有影响的管理思想,特别是对于劳动分工和专业化进行了详细的论述。他写道:“如果一名工人没有受过专门的训练,恐怕工作一天也难以制造出一枚针来,如果希望他制造20枚针那就更不可能了。如果把制针程序分为若干项目,每一项就都变成一门特殊的工作了,一个人担任抽丝工作,另一个人专门拉直,第三个人负责剪断,第四个人进行磨尖,第五个人在另一端打孔磨角。这样一来,平均一个人每天可以生产4 800枚针。生产效率提高的幅度是相当惊人的。”亚当·斯密认为,劳动分工之所以能大大提高生产效率,可归为3个原因:①增加每个人的技术熟练程度;②节省了此工人由一道工序转换到另一道工序所需的时间;③有利于发明便于工作又节省劳动时间的机器。

此外,亚当·斯密还提出了“共同利益”的观点(后在此基础上建立了“经济人”假设)。他认为经济活动是产生于私人利益基础之上的共同利益,人们参与经济活动的目的就是追求个人利益的实现,而任何个人利益的实现都需要他人的协助。这种观点对于以后西方经济理论诸学派的发展具有深远的影响。

2. 欧文的管理思想

罗伯特·欧文(Robert Owen,1771—1858),英国管理思想的先驱,是企业管理中最早重视人的地位和作用的企业家和改革家,他的主要思想包括以下几点。

(1)重视工厂管理中人的因素,企业应致力于对人力资源的投资和开发。他在自己的工厂进行了一系列的改革试验,如:改进劳动条件,缩短劳动时间,提高童工就业年龄,提供免费的工作餐、住宅。通过试验,他认为重视人的因素和尊重人的地位可以使工厂获得更多的利润。

(2)推行灵活稳定的人事管理政策。如:不解雇工人,提高工资,不虐待工人。

(3)鼓励竞赛精神,代替残酷的惩罚。对于不认真工作的工人,欧文不采取体罚和训斥的措施,而是借助于道义上的劝告和对人的上进心的尊重,来鼓励竞赛精神,协助维持纪律。

由于欧文最早注意到人的因素对劳动生产效率的重要性,并率先在人事管理方面进行了探索,被后人称为“人事管理之父”。他的思想对以后西方管理理论行为科学的兴起产生了重要影响。

3. 巴贝奇的管理思想

查尔斯·巴贝奇(Charles Babbage,1791—1871),英国剑桥大学数学教授,是世界上第一台机械计算机的设计者。他进行管理研究时曾走遍英国和欧洲大陆,了解有关制造业方面的各种问题,并研究经理人解决这类问题的方法,以自身经验,奉劝当时的经理人员尽量采用劳动分工。通过时间和成本的分析,他进一步分析了劳动分工使生产率提高的原因,他的解释比亚当·斯密更全面、更细致。主要原因有:①节省了学习时间;②节省了学习期间所耗费的材料;③节省了从一道工序转移到下一道工序所需的时间;④经常从事某一项工作,肌肉得到锻炼,不易疲劳;⑤节省了改变工具调整工具所需的时间;⑥重复同一种工作,技术熟练,工作速度较快;⑦注意力集中单一作业,便于改进工具。

巴贝奇还提出了工资加利润分享制度,以此来调节劳动者工作的积极性。他认为工人除了拿工资外,还应该按工厂所创利润的百分比得到一部分报酬,这样的做法有几点好处:①每个工人的利益同工厂的发展多少有直接的关系;②每个工人会关心浪费和管理不善;③能促进每个部门改进工作;④激励工人提高技术、品德;⑤工人同雇主利益一致,消除隔阂。

三、古典管理理论

在社会经济发展和前人管理思想的基础上,从19世纪末到20世纪初,欧洲及美国都相继有人提出比较系统的管理理论。当时,经过产业革命后,资本主义先进国家的生产力发展已达到一定的高度,科学技术也有了较大的发展。为了适应生产的发展要求,当时在美国、法国、德国及其他一些西方国家都产生了科学管理,从而形成了各有特色的古典管理理论。古典管理理论主要是指以泰罗为代表的科学管理理论、以法约尔为代表的一般管理理论和以韦伯为代表的管理组织理论。

(一)泰罗及其科学管理理论

1. 科学管理之父——泰罗

费雷德里克·泰罗(Frederick Winslow Taylor,1856—1915)出生于美国一个富裕的律师家庭。良好的家庭教育使他从小培养了追求真理、观察核对事实的强烈欲望和根除浪费与懒惰弊病的热忱,对处理任何事情都想探究一种最好的方法。18 岁时,泰罗以优异的成绩考人哈佛大学,第二年因视力与健康原因而中止学业,到一家小机械厂当徒工。22 岁进入费城米德维尔钢铁公司做技工,后来迅速提升为工长、总技师。28 岁时任钢铁公司总工程师。他对工人处境、劳动状况有着丰富的实践体验,并由此引发了他对通过提高低效率工作工人的劳动效率来改变企业工作状况的思考。泰罗的一系列实验就此开始。1901 年以后,他用大部分时间从事写作、讲演,宣传他的一套管理理论。1911 年发表其代表著作《科学管理原理》。在管理思想史上,泰罗被誉为"科学管理之父",这个称号被刻在他的墓碑上。

2. 科学管理理论的主要内容

1)科学管理的中心问题是提高劳动效率

泰罗认为科学管理的根本在于提高劳动生产效率,提高每一单位劳动力的产量。他认为,企业提高劳动生产率的潜力非常大。可是,当时无论是雇主还是工人,对于一个工人一天到底能干多少工作、该干多少工作都心中无数。

2)挑选第一流的工人

泰罗认为, 为了提高劳动生产效率必须为工作挑选第一流的工人。所谓第一流工人包括两个方面:一是该工人的能力最适合他所从事的工作;二是该工人从内心愿意从事这项工作。因为每个人的天赋与才能不同,他们所适宜做的工作也各异,身强力壮的人干体力活可能是第一流的,心灵手巧的人干精细活可能是第一流的,所以要根据人的不同能力和天赋把他们分配到相适应的工作岗位,使之成为第一流的工人。对那些不适合从事工作的工人,应加以培训,使之适合工作需要,或把他们重新安排到其他适宜的工作岗位上去。培训工人使之成为第一流的工人,是领导的职责。

3)制定工作定额

制定工作定额是整个泰罗制的基础。为了提高劳动生产效率,泰罗进行了大量的工时研究。他把每个工作都分成尽可能多的简单基本动作,把其中无效的动作去掉,并通过对熟练工人的操作过程的观察记录,寻找出每一个基本动作的最好、最快的操作方法,这构成了他确定日工作定额的基础。当然,泰罗也考虑到工作过程中的休息时间、意外情况或不可避免的时间浪费等。

在工时研究中,泰罗进行了一项有名的"搬运铁块"试验。当时,他在伯利恒钢铁公司研究管理,泰罗观察发现,工人在将生铁装运到铁路货车上,每天每人的生产率是 12.5 吨。泰罗相信,通过科学的分析装运生铁工作以确定最佳的工作方法,生产效率应该能够提高到 47 ~48 吨之间。试验开始了,泰罗首先寻找了一位大个头、体格强壮的受试者施米特。施米特像其他装卸工人一样每天挣 1.15 美元,这在当时仅够维持生存。泰罗用每天 1.85 美元的薪酬作为主要手段,使施米特严格地照他说的去做。泰罗着手使他按照规定的方法装生铁,并试着改变不同的工作因素来观察哪些与施米特的日产量变化有关。例如:在一些天里施米特可能弯下膝盖搬生铁,而另一些天里,他可能伸直膝盖而弯腰去搬生铁。在随后的日子里,泰罗还测试了休息时间、行走速度、把握位置及其他各种变量。在长时期对各种过程、技术、工具等的组合进行科学测试之后,泰罗成功地达到了他预期的生产率水平。泰罗强调,工时研究绝对不是让工人拼命,而是利用科学的指导找出一个工人"正常"工作状态下的标准定额。

4)实施标准化管理

标准化管理包括工人操作方法的标准化;所使用的工具、机器和原材料的标准化;工作现场环境的标准化等所有与工作任务有关要素的标准化。

在工具标准化方面,泰罗进行了著名的"铁锹试验"。泰罗注意到工厂中每个工人都使用同样大小的铁锹,不管他们铲运的是何种材料。并且这些铁锹都是工人从自己家里拿来的,这些铲子大小各异,参差不齐。这在泰罗看来是不合理的,如果能找到每锹铲运的最佳重量,那将使工人每天铲运的数量达到最大。于是泰罗想到铁锹的大小随着材料的重量而变化。经过大量的试验,泰罗发现21磅是铁锹的最佳容量值,为了达到这个最佳重量,像铁矿石这样的重材料应该用小尺寸的铁锹,而像焦炭这样的轻材料应该用大尺寸的铁锹。根据泰罗的发现,领班们将不再仅仅吩咐工人"去铲那边那一堆",而应该按照所铲运的材料的性质,决定工人使用何种尺寸的铁锹完成工作,当然,这样做的结果是大幅度提高了工人的生产率。

5)实行差别计件工资制

在工作定额的基础上,泰罗建议实行新的工资制度,即差别计件工资制。他认为,工人磨洋工的重要原因之一是付酬制度不合理。即工资制不能体现按劳付酬,干多干少在报酬上无法确切地体现出来。计件工资虽然表面上是按劳动的数量支付报酬,但工人们逐渐明白了一个事实:只要劳动效率高,雇主必然降低每件的报酬单价。这样一来,实际上是提高了劳动强度。因此,工人们只要做到一定的数量就不再干了。个别人要多干,周围的人就会向他施加压力,排挤他,迫使他向其他人看齐。泰罗分析了原有的报酬制度之后,提出了自己全新的看法。他认为,要在科学地制定定额的前提下,采用差别计件工资制来鼓励工人完成或超额完成定额。如果工人完成或超额完成定额,可按工资标准的125%计算工资,不仅超额部分,而且定额内的部分也按此单价计酬。如果工人完不成定额,则只按80%计算工资。这种工资制度会大大提高工人的劳动积极性。雇主的支出虽然有所增加,但由于利润提高的幅度大于工资提高的幅度,所以对雇主也是有利的。

6)设置计划层,实行职能工长制

泰罗认为一位"全面"的工长应具备9种品质:智能;教育;专门的或技术的知识,手脚灵活、有力气;机智老练;有干劲;刚毅不屈;忠诚老实;判断力和一般常识;身体健康。泰罗认为要找到一个具备上述3种品质的人并不太困难,找到一个具备上述5种或6种品质的人就比较困难,而要找到一个能具备七八种上述品质的人,那几乎是不可能的。为解决这种矛盾,泰罗提出了分阶段的职能工长的主张,因为把工长的工作专业化后,对任职者的体力和脑力的要求也就相应降低了。

泰罗把责任分为两大类:执行职责和计划职责。在执行部门可分解为:①工作分派负责人;②速度管理员;③检查员;④维修保养员。在计划部门又可分解为:①工作流程管理员;②指示卡片管理员;③工时成本管理员;④车间纪律管理员。这样,原旧式组织中一个工长的工作由八位职能工长分管,以此解决当时缺少综合管理人才的矛盾。泰罗指出,每一个工人在其工作中的任何一个具体方面只由一个职能工长领导,因此不会引起多头领导而使工人无所适从。而且,由于每个职能工长只需学会履行有限的职责,所以培训职能工长的工作将较为容易。

7)对组织机构的管理控制实行例外原则

根据这项原则,经理收到的应是简洁明了、具有对比性的报告,其内容应包括在过去正常情况下未出现过的或非标准的各种例外情况,既有特别好的例外情况,也有特别坏的。这样只要几分钟时间,就可使经理全面了解事态的发展过程与进退,使他能有时间去考虑更广泛的政策方针和研究他领导下的重要人员的特性及工作胜任问题。

在这里,泰罗强调了企业中经理人员的特殊作用,经理人员应避免管理中的细小问题,而应把这些日常例行事务留给专门人员去处理,本人只需关心"例外的问题"。这个"例外原则"能够检查究竟谁履行了他承担的责任以及谁没有做到这一点。

"例外原则"对于帮助经理人员摆脱日常具体事务,以集中精力对重大问题进行决策监督,是必要且有利的。执行这一原则不仅要授权给下级,而且应当使日常业务工作标准化、制度化,使下级人员有章可循。

8)强调雇主与工人合作的"精神革命"

泰罗认为,雇主与工人之间必须建立良好的合作关系。双方都必须认识到提高劳动生产率对双方都是有利的,因此,雇主和工人都必须来一次"精神革命",即相互协作,共同为提高劳动生产率而努力。他认为,科学管理的实质内容就在于这种重大的"精神革命"。遗憾的是泰罗所希望的这种精神革命一直没有出现。

小案例

UPS 的管理风格①

美国联合邮包服务公司(United Parcel Service,UPS)雇佣了15万员工,平均每天将900万个包裹发送到美国各地和180个国家。为了实现他们的宗旨,"在邮运业办理最快捷的运送",UPS的管理当局系统地培训他们的员工,使他们以尽可能高的效率从事工作。让我们以送货司机的工作为例,介绍一下他们的管理风格。

UPS的工业工程师们对每一位司机的行驶路线都进行了时间研究,并对每种送货、暂停和取货活动都设立了标准。这些工程师们记录了红灯、通行、按门铃、穿过院子、上楼梯、中间休息喝咖啡的时间,甚至上厕所的时间,将这些数据输入计算机中,从而给出每一位司机每天工作的详细时间标准。

为了完成每天取送130件包裹的目标,司机们必须严格遵循工程师设定的程序。当他们接近发送站时,他们松开安全带,按喇叭,关发动机,拉起紧急制动,把变速器推到1档上,为送货完毕的启动离开做好准备,这一系列动作严丝合缝。然后,司机从驾驶室下到地面,右臂夹着文件夹,左手拿着包裹,右手拿着车钥匙。他们看一眼包裹上的地址把它记在脑子里,然后以每秒3英尺的速度快步走到顾客的门前,先敲一下门以免浪费时间找门铃。送货完毕后,他们再回到车上,在路途中完成登录工作。

这种刻板的时间表是不是看起来有点烦琐?也许是。它真能带来高效率吗?毫无疑问!生产率专家公认,UPS是世界上效率最高的公司之一。举例来说吧,联邦捷运公司(Federal Express)平均每人每天不过取送80件包裹,而UPS却是130件。在提高效率方面的不懈努力

① 资料来源:罗宾斯. 管理学. 4版,北京:中国人民大学出版社,2000。

对 UPS 的净利润产生了积极的影响。

（二）法约尔及其一般管理理论

1. 经营管理之父——法约尔

亨利·法约尔（Henri Fayol，1841—1925）出生在法国一个小资产者家庭，1860 年毕业于矿业学校，进入法国一家矿业公司任职，1888 年任该公司总经理，直到 1918 年退休。与泰罗不同，30 年的总经理生涯，使法约尔得以从最高层来探讨组织的管理问题。他对组织管理进行了系统的、独创的研究，特别是关于管理组织和管理过程的职能划分理论，对后来的管理理论研究具有深远的影响。1916 年法约尔出版了他的代表作《工业管理和一般管理》，该书成为一般管理理论最早的全面表述。他所提出的一般管理理论对西方管理理论的发展有重大影响，成为后来管理过程学派的理论基础，也是以后各种管理理论和管理实践的重要依据之一。法约尔由此被誉为“经营管理之父”，与“科学管理之父”泰罗齐名。

2. 一般管理理论的主要内容

1）区分了经营与管理的概念并论述了人员能力的相对重要性

法约尔认为，经营和管理是两个不同的概念。经营是指导或引导一个组织趋向目标，它由 6 项活动组成，即：①技术活动——生产、制造、加工等；②商业活动——购买、销售、交换等；③财务活动——资金的筹措及运用；④安全活动——设备和人员保护；⑤会计活动——存货盘点、成本核算、统计等；⑥管理活动——计划、组织、指挥、协调和控制。管理只是经营 6 项活动中的一项（见图 1-3）。

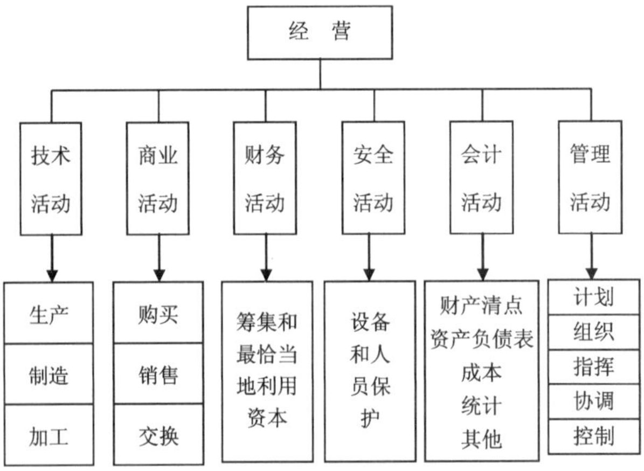

图 1-3　经营与管理的关系

法约尔认为，所有的组织成员都应具备上述 6 种活动能力，但对不同层次和不同组织的人员来说，这些能力的相对重要性不同。愈往高层，管理能力的重要性增强，技术能力的重要性、准确性减弱；愈往低层，管理能力的重要性减弱，技术能力的重要性增强。组织的规模越大，领导人员的管理能力的重要性增强，技术能力的重要性减弱；组织规模越小，领导人员的技术能力的重要性增强，管理能力的重要性减弱。

2）概括并详细论述了管理的 5 项职能

法约尔认为，管理是一种普遍存在于各种组织的活动，这种活动对应着计划、组织、指挥、协调和控制 5 项职能。

（1）计划：对有关事件的预测，并且以预测的结果为根据，拟定出一项工作方案。

(2)组织:为组织中各项劳动、材料、人员等资源提供一种结构。

(3)指挥:有关促使组织为达成目标而行动的领导艺术。

(4)协调:为达成组织目标而进行的维持必要统一的工作。

(5)控制:保证各项工作按既定计划进行。

3)提出了管理中具有普遍意义的14项原则

法约尔十分重视管理原则的系统化,他努力探求确立企业良好的工作秩序的管理原则,在此基础上提炼出了如下14项原则。

(1)劳动分工。劳动专业化是各个机构和组织前进、发展的必要手段。由于减少了每个人所掌握的工作项目,故可以提高效率。劳动的专业化使实行大规模生产和降低成本有了可能。同时每个工人的工作范围的缩小,也可使工人的培训费用大为减少。

(2)权力与责任。权力和责任是互为因果的,责任则是随着权力而来的奖罚。法约尔认为,一个人在组织阶梯上的位置越高,明确其责任的范围就越困难,避免滥用权力的最好办法乃是提高个人的素质,尤其是要提高其道德品质。尤为重要的是法约尔将管理人员的职位权力和个人权力划分了明确的界限,一个优秀的领导者必须兼有职位权力和个人权力,以个人权力补充职位权力。法约尔特别强调权责对等,如果要一个人对某一工作的结果负责,就应该给予其确保顺利完成该项工作应有的权力。

(3)纪律。法约尔认为,纪律的实质是遵守公司各方达成的协议。要维护纪律就应该做到:对协议进行详细说明,使协议明确公正;各级领导要称职;在纪律被破坏时,要采取惩罚的措施,但制裁要公正。一个组织的纪律状况取决于领导人的道德状况和能否以身作则。

(4)统一指挥。每一个雇员只能听命于一个上司,否则就会使权力和纪律受到严重的破坏。法约尔认为这不仅是一条管理原则,也是一条定律。

(5)统一领导。为达到同一目的而进行的各种活动,应由一位首脑根据一项计划开展,这是统一行动、协调配合、集中力量的重要条件。

(6)个人利益服从集体利益。整体利益大于个人利益的总和。一个组织谋求实现总目标比实现个人目标更为重要。协调这两方面利益的关键是领导阶层要有坚定性并做出良好的榜样。协调要尽可能公正,并经常进行监督。

(7)人员报酬。报酬与支付方式要公平合理,尽可能地使职工和公司双方都满意。

(8)集中。企业的集权与分权的程度不是千篇一律、固定不变的。它取决于很多的因素。

(9)等级链。是最高权威者到最底层管理人员的等级链系列,它表明权力等级的顺序和传递信息的途径,来自上级的命令、指示或下级向上级的报告都应按这个途径传递。但因此可能延误信息,为了解决这个问题,法约尔提出了跳板原则,这样可以提高效率,减少信息失真。

(10)秩序。人和物必须各尽其能。管理人员首先要了解每一个工作岗位的性质和内容,使每一个工作岗位都有称职的职工,每个职工都有合适的岗位。同时还要有条不紊地精心安排物资、设备的合适位置。

(11)公平。以亲切、友好、公正的态度严格执行规章制度。雇员们受到平等对待后,会以忠诚和献身精神去完成他们的工作。

(12)人员的稳定。法约尔认为"成功的企业其管理人员必须较为稳定,而不成功的企业则多欠稳定"。他主张人员稳定,尤其是管理人员不要频繁更换,因为培训他们要付出一定的时间和代价。但对于不称职的人员必须调离,对成绩优良的则要更加重用和提拔。

(13)首创精神。是创立和推行一项计划的动力,是组织力量的源泉。除领导要有首创精神外,还要使全体人员发挥其首创精神,促使职工提高自己的敏感性和能力,对整个组织产生巨大的动力。

(14)人员的团结。法约尔说,“企业组织要求管理人员具有真正的才干是:协调企业内部的各种力量,激发企业人员的工作热情,发挥每个人的才能,奖励每个人的功绩,而不引起其他人的嫉妒,避免破坏企业人员之间的和谐关系”。

法约尔认为,上述14条原则只是显示管理理论的一些“灯塔”,并不是固定不变的。“原则是灵活的,是可以适用于一切需要的,问题在于懂得使用它,这是一门难掌握的艺术,它要求智慧、经验、判断和对尺寸的注意。”

4)阐述了管理教育和建立管理理论的必要性

针对当时法国的实际情况,不少企业领导者都认为:只有实践和经验才是走上管理职位的唯一途径,学校也不讲授管理方面的课程。法约尔认为:人的管理能力可以通过教育来获得,管理能力像其他技术能力一样,首先在学校里,然后在车间里得到。法约尔很强调管理教育的必要性与可能性,认为当时缺少管理教育的原因是缺少管理理论,每一个管理者都按自己的方法、原则、判断行事,没有人把可以为大家共同接受的经验教训总结概括为管理理论。法约尔强调了建立管理理论的必要性,并担起了这一重任。

(三)韦伯及其管理组织理论

1.组织理论之父——韦伯

马克斯·韦伯(Max Weber,1864—1920),出生于德国一个有着广泛政治和社会联系的富裕家庭,是一个对社会学、宗教、经济学和政治学都怀有极大兴趣的学者。韦伯是与泰罗、法约尔同时代的又一位古典管理理论的代表人物,他先后写了《新教徒伦理》、《经济史》、《社会组织与经济组织理论》等书,后者反映出他对组织理论的重大贡献。在管理思想史上,韦伯被誉为是“组织理论之父”。

2.管理组织理论的主要内容

1)揭示了组织与权威的关系并划分了权威的类型

韦伯指出,任何组织都必须以某种权威为基础才能实现目标,只有权威才能变混乱为秩序,但不同组织赖以建立的权威不同。韦伯认为,古往今来,组织赖以建立的权威有3种类型:①传统权威,由历史沿袭下来的惯例、习俗规定的权力,它以对社会习惯、社会传统的尊崇为基础;②超凡权威,它以对领袖人物的品格、信仰或超人智慧的崇拜为基础;③合理-合法的权威,它以对法律确立的职位权力的服从为基础。其中,以传统权威或超凡权威为基础建立的组织不是科学的、理想的组织,只有建立在合理-合法权威基础上的组织,才能更好地开展活动,是理想的组织。这种组织在精确性、稳定性、纪律性和有效性等方面,比其他组织都优越。韦伯称这种组织为官僚制组织。

2)归纳了官僚制组织的基本特征

官僚制组织的基本特征有:①实现劳动分工,明确规定每一成员的权力与责任,并作为正式职责使之合法化;②各种公职或职位按权力等级严密组织起来,形成指挥体系;③通过正式考试的成绩或在培训中取得的技术资格来挑选组织的所有成员;④实行任命制,只有个别职位才实行选举制;⑤公职人员都必须是专职的,并有固定薪金保证;⑥职务活动被认为是私人事务以外的事情,受规则和制度制约,而且是毫无例外地适用于各种情况。

3)概括了官僚制组织的结构

韦伯认为,官僚制组织体系的结构可分为3个层次:即最高领导层、行政官员层和一般工作人员层。在官僚制组织里,最高领导层相当于目前许多组织的高级管理层,其主要职能是决策;行政官员层相当于中间管理层,其主要职能是贯彻最高领导层决策;一般工作人员层相当于直接操作层,其主要职能是从事各项具体的实际工作。

三、行为科学理论

尽管泰罗的科学管理理论和方法在20世纪初对提高企业的劳动生产率起到了很大的作用,但企图通过此种理论和方法彻底解决劳动生产率的问题是不可能的。原因如下。

(1)所谓"精神革命"的论断本身不切实际,一方面,资本家为追求最大利润总是尽量少付给工人工资;另一方面,工人也并非绝对的"经济人",除了金钱,还有精神上的需要。

(2)民主意识越来越强,专制、独裁的科学管理理论在付诸实施时遭到了工人的强烈反对。

(3)随着科学的进步,生产规模不断扩大,有较高文化水平和技术水平的工人逐渐占据了主导地位,金钱和严格的控制失去了原有的作用。

由于上述原因,对人的因素的研究变得十分迫切,因此,一个专门研究人的因素以达到人的积极性的学派——人际(群)关系学派应运而生,为以后的行为科学学派奠定了基础。

(一)霍桑试验及人际关系学说

1.梅奥及霍桑实验

梅奥(George Elton Myao,1880—1949)是美国哈佛大学教授,人际关系理论的创始人,主要代表著作有《组织中的人》和《管理和士气》。作为一名心理学家和管理学家,梅奥领导了在美国西方电器公司霍桑工厂进行的长达9年的试验研究——霍桑试验,真正揭开了对组织中人的行为研究的序幕。

霍桑试验的初衷是试图通过改善工作条件与环境等外在因素,找到提高劳动生产率的途径。从1924年到1932年,先后进行了4个阶段的试验。

1)照明试验

此项试验主要是证明工作环境与生产效率之间有无直接关系。研究人员将接受试验的工人分为两组:一组采用固定照明,称为控制组;另一组采用变化的照明,称为试验组。研究人员原以为试验组的产量会由于照明的变化而变化。但结果是,两组的产量都大为增加,而且增加的数量几乎相等。由此得出结论:照明度与生产效率之间并无直接关系,工厂照明灯光只是影响员工产量的因素之一。两组产量都得到提高是因为被测试人员对测试发生了兴趣。

2)继电器装配工人小组试验

试验的目的是企图发现各种工作条件变动对生产率的影响。研究人员将装配继电器的6名女工从原来的集体中分离出来,单独成立小组,同时改变原来的工资支付办法,以小组为单位计酬;撤销工头监督;工作休息时间免费供应咖啡;缩短工作时间,实行每周5日工作制等等。结果发现工作产量增加了。接着,又逐渐取消这些待遇,恢复原来的工作条件,但产量并没有因此而下降,反而仍在上升。据此梅奥推测,由于督导方式的改变,使员工的态度改善,产量提高。

3）大规模访谈

在上述试验的基础上，梅奥用两年多的时间对公司两万多名员工进行了调查。被访问者可以对自己感兴趣的问题自由发表意见。研究者由此得出了结论：任何一位员工的工作成绩都要受到周围环境的影响，不仅仅取决于个人自身，还取决于群体成员。

4）观察试验

为搞清楚社会因素对激发工人积极性的影响，研究人员选择了14名工人组成生产小组进行试验。这个小组是根据集体产量计算工资，根据组内人员的情况，完全有可能超过他们原来的实际产量，可是，进行了5个月的统计，小组产量仍维持在一定的水平上。经过观察，发现组内存在一种默契：往往不到下班，大家已经歇手；当有人超过日产量时，别人就会暗示他停止工作或放慢工作进度；不应向上司告密同事中发生的事情等。梅奥等人得出结论：实际生产中，存在着一种"非正式组织"并决定着每个人的工作效率。

梅奥等人通过上述试验得出的结论是：人们的生产效率不仅仅受到物理的、生理的因素影响，而且还受到社会环境、心理因素的影响。这对于"科学管理"只重视物质条件，忽视社会环境、心理因素对工人生产效率影响的观点，是一个很大的进步。

2. 人际关系学说

在霍桑试验的基础上，梅奥创立了人际关系学说，提出了与古典管理理论不同的新观点、新思想。人际关系学说的主要内容如下。

1）工人是"社会人"而不是"经济人"

从亚当·斯密到古典管理学派都把人看做是仅仅追求最大经济利益而进行活动的"经济人"，梅奥等人则提出了与"经济人"不同的"社会人"的观点，强调金钱并非是刺激职工积极性的唯一动力，人与人之间的友谊、安全感、归属感等社会和心理欲望的满足，也是非常重要的因素。

2）满足工人的社会欲望

提高工人的士气（所谓士气就是指工作积极性、主动性、协作精神等结合成一体的精神状态）是提高生产效率的关键。传统的科学管理理论认为，生产效率与作业方法、作业条件之间存在着单纯的因果关系，只要正确地确定工作任务，采用恰当的刺激制度，改善工作条件，就可以提高生产效率。可是，霍桑试验表明，这两者之间并没有必然的联系。生产效率的提高，关键在于工人工作态度，即工作士气的提高。而士气的高低则主要取决于职工的满足度，这种满足度首先必须为人际关系，如职工在工作中的社会地位，是否被上司、同事和社会所承认等；其次才是金钱的刺激。职工的满足度越高，士气就越高，生产效率也就越高。

3）"非正式组织"的存在

梅奥认为，在共同工作过程中，人们必然发生相互之间的联系，产生共同的感情，自然形成一种行为准则或惯例，要求个人服从，这就构成了"非正式组织"。"非正式组织"与"正式组织"有重大的区别。在"正式组织"中，以效率逻辑为其行为规范；而在"非正式组织"中，则以感情逻辑为其行为规范。如果管理人员只是根据效率逻辑来管理，而忽略工人的感情逻辑，必然会引起冲突，影响企业生产率的提高和目标的实现。因此，管理当局必须重视非正式组织的作用，注意在正式组织的效率逻辑与非正式组织的感情逻辑之间保持平衡，以便管理人员与工人之间能够充分协作。

人际关系学说的出现，开辟了管理理论研究的新领域，纠正了古典管理理论忽视人的因素的不足。同时，人际关系学说也为以后的行为科学的发展奠定了基础。

资料卡

霍桑试验的“访谈研究”[①]

在霍桑试验中,“访谈研究”产生了十分重要的成果。为理解工人的情况,梅奥认为应该采用一种交谈式的或非指导性的方式来与工人交流。在最初访谈中,观察人员注意到,女工“怕有权的人”,但是,只要试验人员较为关心其需要,她们的羞怯和惧怕就会消失,而更自由地与公司职员和观察人员交谈。在进一步的试验中,访谈被改变为事先不规定内容的方式,工人可以任意发表意见。访谈者的任务就是让人讲话,而每次访谈的平均时间从原计划的30分钟延长到一个小时至一个半小时。在做了这样的改变后,工人在随后的访谈中表示,工作条件已有所改进(事实上并无变化),工作报酬也有了改善(其实工资标准仍然一样)。由此看来,是一个“出出气”的机会,使工人感到她们的处境改善了。

访谈中工人的“诉苦”被搜集研究后发现,这些诉苦同所讲到的事实一般没有什么关系。例如,一个工人诉说他工作环境中的噪声、温度和烟尘,而进一步的考察表明,他真正关心的是这样一个事实:他的兄弟不久前死于肺炎而他担心自己的健康也受到损害。因此从实质上来说,诉苦不是处理某个事件的具体诉求,而是一种探讨个人或社会情况的需要。根据这样的发现,监工开始接受新的训练,他们被要求成为“访谈者”,多听少说,善解人意。这种新型的监工重视人的因素,掌握了处理和解决社会和个人问题的技巧,这种关注人际关系的领导方式对士气提高和产量增长产生了明显的作用。

(二)马斯洛的需要层次理论

马斯洛(Abraham Harold Maslow,1908—1970),美国心理学家。他认为人的各种各样的行为,都有一定的动机,而动机又产生于人类本身内在的、强烈要求得到满足的需要。在组织管理中,可以根据人的需要和动机来激励,使之更好地完成任务,在这中间也就能更好地实现自己。

马斯洛把人的各种需要归纳为5大类,这5大类需要是互相作用的,并有其重要性和发生的先后之分,具体如下(图1-4)。

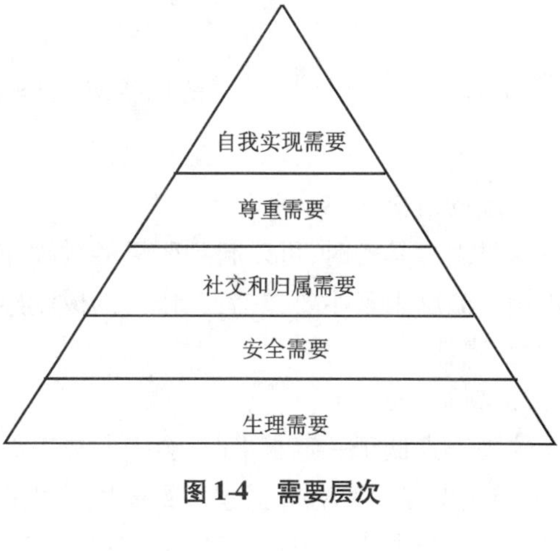

图1-4　需要层次

1. 生理需要

这是人类最基本的需要,包括吃饭、穿衣、居住、睡眠等,如果这些需要得不到满足,人类将难以生存。在这些需要得不到满足之前,更高级的需要不会发挥作用。

2. 安全需要

这是对安全、稳定以及免于痛苦、恐惧的需要。如希望不生病、工作有保障、不失业、有储蓄和各种形式的保险等。

---

① 资料来源:丹尼尔·A.雷恩.管理思想演变.北京:中国社会科学出版社,1997。

3. 社交和归属需要

从社交上说，希望朋友之间、同事之间关系融洽或保持友谊和忠诚的关系，希望得到他人的友情。从归属上说，每个人都希望成为团体或集体的一员，相互关心和照顾。如果这些方面的需要得不到满足，就可能引发精神疾患。

4. 尊重需要

尊重需要包括自尊心、自信心、能力、知识、成就和名誉地位的需要，能够得到别人的承认和尊重等。这类需要很难得到完全的满足，因为它是无止境的。

5. 自我实现需要

这是最高一级的需要，每一个人需要做他最适宜的工作，发挥他最大的影响力，实现理想，并能不断地自我创造和发展。简而言之，就是实现个人理想和抱负的需要。

马斯洛的需要层次理论为我们提供了一个研究人类各种需要的参照样本。只有在认识到了需要的类型及其特征的基础上，领导者才能根据不同下属的不同需要进行有效的激励。

（三）赫茨伯格的双因素理论

赫茨伯格（Frederick Herzberg），美国的心理学家，在1959年与别人合著出版的《工作与激励》和1966年出版的《工作与人性》两本著作中，提出了激励因素和保健因素，简称双因素理论（图1-5）。

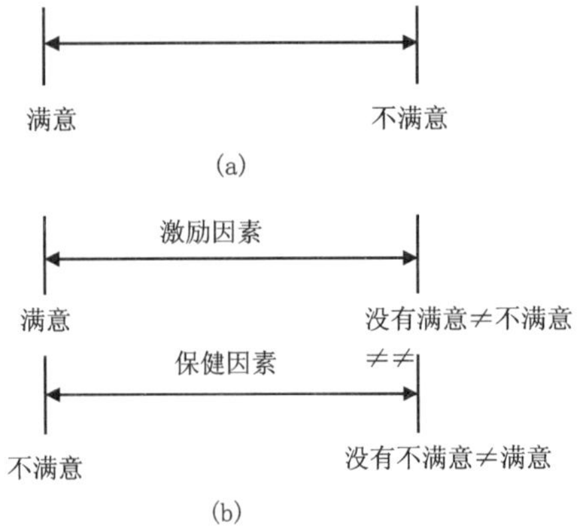

图1-5　双因素理论与传统理论的区别

（a）传统理论；（b）双因素理论

1. 激励因素

这类因素具备时，可以起到明显的激励作用；当这类因素不具备时，也不会造成员工的极大不满。激励因素主要包括：工作上的成就感、受到重视、提升、工作本身的性质、个人发展的可能性、责任等。

2. 保健因素

这类因素低于一定水平时，会引起员工的不满；当这类因素得到改善时，员工的不满就会消除，但是保健因素对员工起不到激励的积极作用。保健因素主要包括：企业的政策与行政管理、监督、与上级的关系、与同事的关系、与下级的关系、工资、工作安全、个人生活、工作条件和地位等。

通过对上述两类因素的分析，赫茨伯格发现，激励因素是以工作为中心的，即以对工作本身是否满意、工作中个人是否有成就感、是否得到重用和提升为中心的；而保健因素则与工作的外部环境有关，属于保证工作完成的基本条件。研究中赫茨伯格还发现，当员工受到很大激励时，他对外部环境的不利能产生很大的耐性；反之，就不可能有这种耐性。

(四)麦格雷戈的 X 理论和 Y 理论

麦格雷戈(Douglas Mcgregor，1906—1964)，美国麻省理工学院教授、社会心理学家，于 1957 年首次提出 X 理论和 Y 理论，并在 1960 年正式出版了《企业的人性方面》一书，对两种理论进行了比较。他认为，在管理中对人性的假设存在两种截然不同的观点，即 X 理论和 Y 理论(图 1-6)，管理者应当根据不同的人性假设采用不同方式组织、控制、激励属下。

员工：
天生懒惰
回避责任
保守、不求上进
以自我为中心
缺乏创造力和理性

员工：
天生勤奋
勇于承担责任
自我约束
具有创造能力
有高层次的需求

图 1-6　X 理论与 Y 理论对人性的不同假设

1. X 理论

这种观点对人性的假设是：①人天生懒惰，所以常常逃避工作；②人生而不求上进，不愿负责，宁愿服从别人领导；③人生而以自我为中心，漠视组织需要；④人习惯于保守，反对改革，把个人安全看得高于一切；⑤只有少数人才具有解决组织问题所需要的想象力和创造力；⑥缺乏理性，易于受骗，随时被煽动者当做挑拨是非的对象，做出一些不适宜的行为。

基于以上假设，以 X 理论为指导思想的激励理论的要点是：①企业的管理者应以利润为出发点来考虑对人、财、物等诸生产要素的运用；②管理者对员工的工作要加以指导、控制并纠正其不适当的行为，使之符合组织需要；③管理者把人视为物，忽视人的自身的特点和精神的需要，把金钱当做人们工作的最主要的激励手段；④严格管理制度和法规，运用领导的权威和严格的控制来保证组织目标的实现；⑤采取“胡萝卜加大棒”的管理方法。

2. Y 理论

这种观点对人性的假设与 X 理论相反：①人天生勤奋，要求工作是人的本能；②一般人在适当的鼓励下，不但能接受而且追求承担责任；③外力的控制和处罚，并不是使人朝着组织目标努力的方法；④个人目标与组织目标的统一，是人们对组织目标的承诺，能运用自我指导和自我控制来使二者协调；⑤所谓的承诺，与达到目标后获得的报酬是直接相关的，它是达成目标的报酬函数；⑥一般人都具有相当高的解决问题的能力和想象力。

以 Y 理论为指导思想的激励理论的要点是：①企业的管理要通过有效地综合运用人、财、物等要素来实现企业的经营目标；②人的行为管理，其任务在于给人安排具有吸引力和富有意义的工作，使个人需要和组织目标尽可能统一起来；③鼓励人们参与自身目标和组织目标的制定，把责任最大限度地交给工作者，相信他们能自觉完成任务；④外部的控制、操纵、说服、奖罚绝不是促进人们努力工作的唯一方法。应该用启发式代替命令式，用信任代替监督的方法来促使人们既为了完成组织目标，也为了实现个人目标而努力工作。

四、现代管理理论

第二次世界大战以后，随着现代科学技术日新月异的发展，生产社会化程度的日益提高引起了人们对管理理论的普遍重视，管理思想得到了丰富和发展，出现了许多管理理论和管理学说，并形成了众多的学派。这些理论和学派，在历史渊源和内容上相互影响和联系，形成了盘根错节、争相竞荣的局面。孔茨把这种现象形象地描述为管理理论的“丛林”。

（一）管理过程理论

管理过程学派的创始人是法约尔，主要代表人物是孔茨、奥唐奈等。这一理论的特点是把管理学说同管理人员的职能工作过程联系起来，因此称为“管理过程理论”。

管理过程理论认为，无论什么性质的组织，管理人员的职能是相同的。确定管理人员的职能作为理论的概念结构，是该学派的共同点，如法约尔把管理划分为计划、组织、指挥、协调、控制5项职能。后来的学者对管理职能的划分虽不完全一致，但也大同小异，如厄威克主张计划、组织、控制三职能说；古利克提出了有名的七职能说，即计划、组织、用人、指挥、协调、报告和预算。

（二）经验学派

经验管理学派又称案例管理学派。这一学派的代表人物主要是大企业的顾问、大公司的董事和大学教授，如彼得·德鲁克、欧内斯特·戴尔、威廉·纽曼、艾尔弗雷德·斯隆等。

该学派以向西方大企业的经理提供管理企业的成功经验和科学方法为目标，他们以成功或失败的大企业的管理经验作为案例，分析其成功的管理经验和失败的教训，然后加以概括，找出它们成功经验中的共同点以及失败的原因，然后使其系统化、理论化并据此向管理人员提供实际的建议。他们认为，古典管理理论和行为科学理论都不能完全适应企业发展的实际需要，有关企业管理的科学应该从企业管理实际出发，以大企业的管理经验为主要研究对象，以便在一定的情况下可以把这些经验加以概括和理论化，在更多情况下，提出实际的建议。该学派强调管理的艺术性，强调从管理的实践出发，试图通过分析各种成功和失败的管理案例，为人们提供解决具体管理问题的有效方法。

不少学者认为，严格意义上讲，经验学派实质上是传授管理学知识的一种方法，称为“案例教学”。实践证明，这是培养学生分析和解决问题的一种有效的途径。事实上，目前美国等一些国家的很多大学都采用“案例教学”的方法来培训工商管理学院的学生。但从管理学思想和理论看，这个学派在管理学界的影响不大。

（三）管理科学学派

管理科学学派，又称“数量学派”、“运筹学派”，其主要代表人物是美国的伯法。

管理科学学派认为管理工作可以用数学模型来表示和分析，他们反对凭经验、凭直觉、凭主观判断来进行管理，主张采用科学的方法，探求最有效的工作方式或最优的方案，以达到最高的工作效率，用最短的时间、最小的支出，取得最大的效果。管理科学理论以现代自然科学和技术科学的最新成果，如先进的数学方法、电子计算机技术、系统论、控制论、信息论等为手段，运用数学模型，对管理领域中的人、财、物和信息、时间等资源进行系统的定量分析，并做出最优规划和决策，使整个管理从以往的定性描述变为定量的科学预测。

管理科学理论的内容主要体现在运筹学、系统分析和决策科学化3个方面。目前，管理科学理论的研究，已经突破了操作方法、作业水平的范围，向整个组织的所有活动方面扩展，要求对组织的所有活动进行整体性、系统性、全面性的研究。

（四）决策理论学派

决策理论的代表人物是曾获得诺贝尔经济学奖的西蒙，他的代表作是《管理决策新科学》（1960 年出版），对决策的作用、过程、类型、标准等都做了深入的研究。

决策理论学派首先特别强调了决策在管理中的作用，认为管理就是决策。对于决策过程，西蒙指出它并非人们传统认为的是对现成的几个方案进行选择的过程，而是一个包括 4 个阶段的完整过程。这 4 个阶段是：①情报活动，其任务是收集和分析反映决策条件的信息；②设计活动，在情报活动的基础上设计、制定和分析可能采用的行动方案；③抉择活动，从可行方案中选择一个适宜的行动方案；④审查活动，对已做出的抉择进行评估。在决策原则方面，西蒙提出了"满意原则"来代替传统决策理论的"最大化原则"。最后，西蒙根据一个组织的决策活动是否重复出现，将决策分为程序化决策和非程序化决策，并对非程序化决策的方法进行了细致的研究。他用心理学的观点和运筹学的手段，提出了一系列指导企业管理人员处理非程序化决策的技术，从而在西方企业界产生了重要影响。

（五）系统管理学派

系统管理学派产生于 20 世纪 60 年代，它是在一般系统理论的基础上发展起来的。一般系统理论为理解和综合各种专门领域的知识提供基础。该学派的主要代表人物是卡斯特和罗森茨韦克，两人的代表作是 1973 年出版的《组织与管理：系统与权变的方法》。

在管理思想的发展史上，最早用系统观点研究管理的是巴纳德。巴纳德认为，组织是"两个或两个以上的人有意识地加以协调的活动系统"，企业是由物质系统、人员系统、社会系统和各协作系统组成的，同时，经理也是组织中最关键的因素。但巴纳德的分析重点在企业内部，因此，它和系统管理学派又有所不同。

系统管理学派认为，组织是由一个相互联系的若干要素组成，为环境所影响的并反过来影响环境开放的社会技术系统。它由目标和价值、结构、技术、社会心理、管理等 5 个子系统组成。因此，必须以整个组织系统为研究管理的出发点，应用系统理论的原理，全面分析和研究企业的管理活动和管理过程，重视对组织结构和模式的分析，重视组织中各系统之间、系统与环境之间的关系，并建立起系统模型以便于分析。他们认为以往的各个学派都是孤立地对组织的各分系统进行研究，缺乏整体研究。

（六）权变理论学派

权变理论是继系统理论之后于 20 世纪 70 年代在西方出现的另一个试图综合各种管理学派的理论。其主要代表人物是美国尼布拉加斯大学教授卢桑斯，他在 1976 年出版的《管理导论：一种权变学》一书中系统地概括了权变管理理论的主要观点。

首先，权变理论把环境对管理的影响作用具体化，把管理理论与管理实践紧密地联系起来。过去的管理理论可分为 4 种，即过程学说、计量学说、行为学说和系统学说。这些学说由于没有把管理和环境妥善地联系起来，造成管理观念和技术在实践中的脱节，所以都不能使管理有效地进行。而权变理论将环境对管理的作用具体化，并使管理理论与管理实践紧密地联系起来。

其次，权变理论描述了环境变化与管理对策之间的关系。权变管理理论认为，环境（包括组织的内部因素和外部因素）变化是自变量，管理对策（包括管理模式、方案、原则、方法、措施等）是因变量。在一定的环境条件下，只要采用相应的管理对策即可实现管理目标。这就是说，如果某种环境条件出现，为了更快地达到组织目标，就要采用某种管理原理、方法和技术。比如，如果在经济衰退时期，企业在供过于求的市场中经营，采用集权的组织结构，就更适于达到组织目标;如果在经济繁荣时期,在供不应求的市场中经营,那么采用分权的组织结构可能会更好一些。权变管理理论就是要考虑到有关环境的变数同相应的管理对策之间的关系,使采用的管理对策能有效地达到目标。

最后,权变理论认为环境变量与管理变量之间的关系是函数关系,即权变关系,这是权变管理理论的核心内容。权变理论具有整体化优势,集中融合了各个不同学派的观点,强调应在不同的环境下提出不同的管理对策和措施,采用不同的管理模式和方法。这种强调随机应变,主张灵活运用各学派学说的观点,为管理学的发展做出了一定的贡献。

第三节 现代企业与企业类型

一、现代企业的含义

现代企业是在市场经济条件下,以满足社会需要和获得赢利为目的,以自己可以独立支配的财产为基础,从事物质产品的生产、流通或服务工作,自主经营、自负盈亏,实行经济核算,并具有法人资格的经济组织。

现代企业是社会化大生产条件下,生产力和商品经济发展到一定阶段产生的经济组织,可以从以下几个方面理解。

1)现代企业是以满足社会需要和获得赢利为目的的经济实体

企业不同于社会上的事业单位、公益和政府部门,它必须追求经济效益和获取赢利,但这同满足社会需要并不矛盾。利润既是企业新创造的价值,也是社会对企业所生产的产品或提供的服务能否满足社会需要的认可和报酬。一般来说,在市场价格理顺的情况下,为社会做出的贡献与企业获得的合理利润应当是一致的。企业提供的产品和服务适应社会的需求,则企业获得的利润就多;反之,企业的获利就少,甚至亏损。企业只有在一定程度上满足了社会的多方面需要,才能正常运作,获取赢利,得以生存和发展,这就决定了企业要把满足社会需要和获取赢利当成生产经营活动的主要目标。企业要实现这一目标,必须拥有可以独立支配的财产和劳动力,构成生产经营活动的物质基础,成为一个统一的和独立的经济实体。

2)现代企业必须自主经营、自负盈亏,实行经济核算

企业要实现生产经营的目标,就要保证自己的产品和服务在品种、质量、价格和供应时间上能适应社会的需要。为此,企业必须对市场和社会环境的变动,能及时主动地做出反应,即要具有经营上的自主权。企业有了生产经营的自主权,就要对企业生产经营的后果负完全责任,自负盈亏。独立核算与自负盈亏是两个统一的条件,只进行独立核算、不自负盈亏的经济组织不是真正的企业;反之,不进行独立核算、自负盈亏的经济组织也不是真正的企业。

3)现代企业是具有法人资格的经济组织

现代企业作为市场经济的主体,必须具有法人地位。所谓法人是指具有一定的组织机构和独立财产,能以自己的名义进行民事活动,享有民事权利和承担民事义务,依照法定程序成立的组织。一般应符合几个条件:①必须正式在国家政府有关部门注册备案,完成登记手续;②应使用专门的名称,有固定的工作地点和组织章程;③具有一定的组织机构和可以独立支配的财产,实行独立核算;④能以自己的名义独立对外开展各种经济活动。

现代企业是现代社会的经济细胞和国民经济的基本单位,它是在国家宏观调控下开展生

产经营活动，但它不同于一般行政单位的附属工厂，也不同于一个公司或总厂下属的非独立性工厂，它是对外独立、在法律上具有经济权益并承担经济责任的经济组织。

二、现代企业的类型

企业按照不同的分类标准有不同的分类。

（一）按企业所有制关系分类

1. 国有企业

国有企业也称全民所有制企业，是生产资料归全民所有，并且以代表全民的国家作为所有者的一种企业形式。它的基本特点是：国家作为全体人民的代表拥有企业的财产所有权。国有企业规模较大，技术设备较先进，技术力量强，是我国国民经济的主导力量。

2. 集体所有制企业

集体所有制企业简称集体企业，是生产资料归一定范围内群众集体所有的一种企业形式。

3. 个体私营企业

个体私营企业简称私营企业，是生产资料归私人所有的一种企业形式。我国《私营企业暂行条例》规定："私营企业是指企业资产属于私人所有，雇工 8 人以上的营利性经济组织。"

4. 中外合资经营企业

中外合资经营企业简称合资企业，是把国外资本引入国内，同国内企业合股经营的一种特殊形式的企业。这种企业的特点是：共同投资、共同经营、共负盈亏、共担风险。

5. 中外合作经营企业

中外合作经营企业简称合作企业，是中外双方根据平等互利的原则建立的契约式经营企业。中外双方的权利、义务、责任由共同签订的合同、协议确定，而不是根据出资额确定。

6. 外资企业

外资企业是指除土地外，全部由外方投资经营的企业，其全部资本都是外国资本，企业所有权、经营权及利润全部归外方投资者所有。但外资企业必须遵守我国有关政策和法律，并依法缴纳税金。

（二）按企业资产构成形式分类

1. 个人独资企业

个人独资企业是指由个人出资兴办，完全归个人所有和控制，并以其个人财产对企业财务承担无限责任的企业。个人独资企业是最早产生、最简单的一种企业形式。其主要特点是：企业投资主体单一，投资者对企业同时享有所有权和经营权，企业没有法人资格，投资者对企业债务必须承担无限责任。

2. 合伙企业

合伙企业是指由两个或两个以上的个人订立合伙协议，共同出资、合伙经营、共享收益、共担风险，并对合伙企业债务承担无限连带责任的赢利性组织。合伙协议是合伙企业组建的基础。我国《合伙企业法》规定合伙协议必须采用书面形式。由于合伙人对企业债务必须承担无限连带责任，所以《合伙企业法》规定合伙人只限于自然人，法人不能成为合伙人。合伙企业没有法人资格。

3. 公司制企业

公司制企业是依照《公司法》成立的以赢利为目的，由一定人数以上的股东共同投资组建，股东以其投资额为限对公司负责，公司以其全部财产对外承担民事责任的企业法人。公司因其资本的集合性和承担责任的有限性以及组织管理的科学性，被认为是最具有典型意义的现代企业形式。依据《公司法》，我国公司分为有限责任公司和股份有限责任公司两种。

1）有限责任公司

有限责任公司又称有限公司，是指由2个以上、50个以下的股东共同出资，每个股东以其所认缴的出资额对公司承担有限责任，公司以其全部资产对其债务承担责任的企业法人。其主要特征是：公司的资本总额不划分为等额股份；股东以其所认购股份对公司承担有限责任，公司以其全部资产对公司债务承担责任；不对外发行股票，股东只有一份表示股份份额的股权证书，股份的转让受严格限制。

2）股份有限公司

股份有限公司是指注册资本由等额股份构成，并发行股票筹集资本，股东以其所认购的股份对公司承担有限责任，公司以其全部资产对公司债务承担有限责任的企业法人。其主要特征是：公司的资本总额平分为金额相等的股份；股东以其所认购股份对公司承担有限责任，公司以其全部资产对公司债务承担责任；每一股有一表决权，股东以其持有的股份，享受权利，承担义务。

股份有限公司从本质上讲只是一种特殊的有限责任公司。由于法律规定，有限责任公司的股东只能在50人以下，这就限制了公司筹集资金的能力。而股份有限公司则克服了这种弊端，将整个公司的注册资本分解为小面值的股票，可以吸引数目众多的投资者，特别是小型投资者。

（三）按企业组织形式分类

1. 单一企业

单一企业是指一个企业只有一厂或一店，没有分厂或分店。这类企业的经营领域往往比较专业，比较单一。

2. 多元企业

多元企业是指由两个以上不具备法人资格的工厂或商店组成的企业。它是按照专业化、联合化以及经济合理的原则由若干个分散的工厂或商店所组成的法人组织。如：由两个以上分公司组建的公司；由一些分店组成的连锁企业等。

3. 经济联合体

经济联合体是指由两个以上的企业在自愿互利的基础上，打破所有制、行业、部门和地区的界限，本着专业化协作和合理分工的原则，进行部分或全部统一经营管理所形成的法人组织。主要形式有专业公司、联合公司、总公司和各类合资经营企业。

4. 企业集团

企业集团是以资产为纽带联结起来的若干个独立企业法人所组成的集合体，是独立核算企业的复合组织。企业集团的核心一般是实力很强的大型企业或金融投资公司，从而有能力把资金投入其他成员企业，进行参股、控股，成为企业集团的核心。由于以控股、参股为主要资产联结形式，并在经营上共担风险，在利益上共负盈亏，因此企业集团是企业联合经济组织中最成熟、最紧密和最稳定的运行模式。

第四节　企业组织结构

一、企业组织及其结构

所谓企业组织是指在特定环境下，为了达到一定的生产经营目标，以企业全体人员为主体，包括人和物在内的有机组合体。

企业组织结构是企业组织的空间表现形式。现代企业生产经营活动的过程主要体现为：为实现企业的总体目标，对人、财、物和信息进行合理组织，使之有效配合。企业组织结构就是把动态的组织活动过程中的人、财、物和信息的有效合理配合关系相对固定下来所形成的模式。企业组织结构也可理解为，是为了实现企业目标，对企业员工在分工协作、职务范围、责任、权力等方面进行划分所形成的组织结构体系。企业的组织结构对组织内部的正式指挥系统、沟通系统具有直接的决定作用，对组织中的所有工作人员产生巨大的影响。组织结构是否合理直接影响组织的效率和组织的目标能否实现。

二、企业组织结构设计的原则

要建立一个完善的企业组织系统，在进行企业组织设计时必须遵循以下几个基本原则。

1. 目标一致原则

设置每个组织机构的目标时，都要服从企业管理目标的需要并且上下目标一致，要让企业的每个部门和每个人员了解企业的总目标，并围绕目标计划自己的行动，同时不能为了本部门的利益影响总目标的实现，应动员全体职工为完成总目标而努力。

2. 集权与分权原则

大型企业要把重要权力、方针政策、制度和重要人事任免等集中在高层领导，而把处理日常业务的一般权力授予下级管理人员，集权与分权的程度要根据领导与下级的素质以及外部环境等因素来决定。适当授权不仅可以使高层管理者集中精力于重大决策，而且可以调动下级的积极性，发挥更多人的专长，增强企业的灵活性。

3. 统一指挥原则

每一个职工只能有一个上级，只遵守一个上级的命令和指挥，并对其负责。否则，多重领导、令出多门会造成下级无所适从，权力和士气都会遭到严重的破坏。一个企业自上而下存在多层次指挥系统，为避免执行中出现呆板、迂回、缺乏横向的联系，根据科学管理原则，可以允许同一层次的职工直接联系，并把联系的结果报告给上级，这样既节省了时间又维护了统一指挥原则。

4. 管理层次与管理幅度原则

管理层次是指一个企业组织机构分为几个层次领导；管理幅度是指一个领导有效管理下属的人数。管理层次与管理幅度有内在的联系，在企业规模一定的情况下，管理层次与管理幅度成反比例关系。

管理幅度不宜过大。一个人的知识、能力、精力和时间的限制，决定了他所管辖的人数要有一定的限制，下属人数太多，超过了管理者有效管理的限度，不能及时对问题做出处理，就会贻误工作。管理幅度也不宜过小。管理幅度过小，增加了管理层次，使信息传递速度减慢，会影响处理问题的及时性，还会由于层层传递，造成信息失真而影响处理问题的正确性。有效的管理幅度一方面取决于管理者的素质和能力，另一方面取决于管理者所从事的管理工作的范围和性质。一般高层管理者从事企业的战略决策与管理工作，管理幅度应小一些；中层和基层管理者从事执行性管理职能较多，因而管理幅度可大一些。

管理层次取决于组织的规模、管理工作量及管理幅度。组织规模大、人员多、管理工作量大，在相同的管理幅度下，管理层次必然增多；反之，则管理层次减少。从管理的质量和效率看，管理层次一般以3~4层为宜。目前，随着外部环境日益复杂快变，企业的管理层次呈现出扁平化的趋势。

5. 权责对等原则

企业中每一个机构都应按照权责对等原则设置，有一定的职务应负一定的责任，同时也享有一定的权力，责任是随权力而产生的，又是权力的对等物，权力是为了更好地履行职责，责任与权力应该一致。每一个机构不应该有权无责、有责无权或权责不对等。

6. 专业化原则

企业组织机构的设置必须根据专业化原则进行分工，明确每一个部门及个人的职责，但分工要适当，既要考虑分工的专业化又要从合作的角度来考虑，把各种分工组合起来，即将类似的工作因素合在一个部门，这样可以减少部门与部门之间、人与人之间的工作矛盾，提高工作效率，一般可根据目标和活动方式来组合部门，如产品型部门、顾客型部门、地域型部门、职能型部门、生产过程型部门等。采取何种类型应权衡利弊，加以选择。

7. 适应性原则

现代企业的组织结构必须对外部环境的变化有适应能力。由于内外部环境因素都在不断地发生变化，设计组织结构时要有一定的适应性，这样才能使组织结构既能适应不断变化的环境，又能达到相对的稳定性。当企业的内外部环境发生巨大变化时，应重新设计与变革企业的组织结构。

三、企业组织结构的形式

企业各种组织结构形式的产生与发展，一方面顺应了生产力发展的要求，与现代化工业的产生与发展密切联系在一起；另一方面则反映了各阶段管理思想的发展和要求，与管理组织理论的产生与发展密切联系在一起。从目前国内外的实际情况来看，主要有以下几种结构形式。

（一）直线制组织结构

直线制组织结构是工业发展初期的一种最简单的组织结构形式，其特点是企业中各种职位都是按照垂直系统直线排列，不存在管理的职能分工，一个下属人员只接受一个上级主管人员的命令和指挥，如图1-7所示。

直线制组织结构的优点：结构简单、权力集中、责权分明、联系简捷、命令统一、管理效率比较高。其缺点是，缺乏专业化的管理分工，厂长不仅从事直线指挥工作，而且要承担企业的各种专业管理职能，要求企业领导人必须是经营管理全才，但这很难做到。一旦企业规模扩大，业务复杂的情况出现后，则一个人的能力就难以负担全部管理工作。直线制组织结构一般只适用于那些没有必要按职能实行专业管理的小型企业，或应用于现场作业管理。

（二）职能制组织结构

在职能制组织结构中，除了设置直线指挥人员外，另行设置专业化管理职能机构和人员，

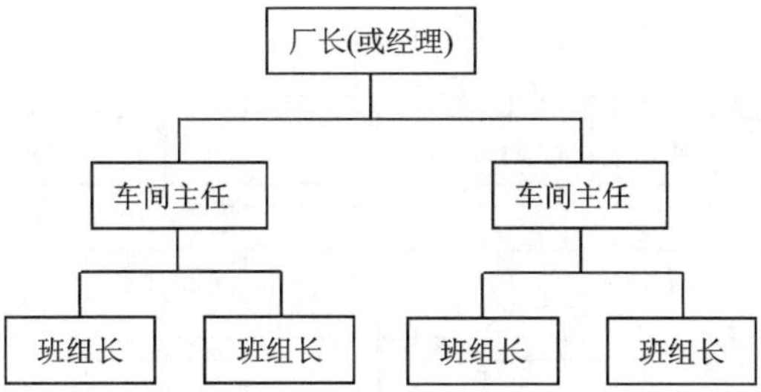

图 1-7 直线制组织结构

分管企业各项职能管理的业务,并且各职能部门在各自的职责范围内,又对下级单位行使指挥的权力,如图 1-8 所示。

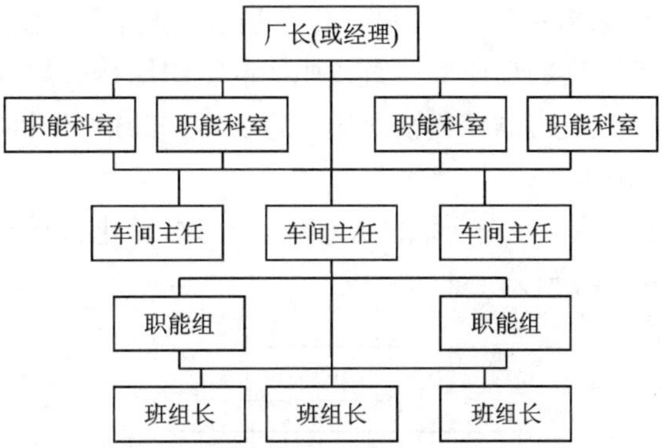

图 1-8 职能制组织结构

职能制组织结构的优点主要在于解决了上级直线指挥人员对专业指挥的困难,有助于管理职能的专业分工,提高管理工作效率。但也存在着由于各职能部门都拥有指挥权,因而导致下属接受多头领导的缺点。

(三)直线职能制组织结构

直线职能制组织结构是在直线制和职能制组织结构形式的基础上发展起来的。它吸取了前两种组织结构形式的优点,克服了二者的缺点,成为企业较为广泛采用的一种组织结构形式。

直线职能制组织结构的特点是在组织结构中具有两套系统:一是由直线指挥人员构成的按自上而下的组织层次划分的直线指挥系统,它们在相应的层次上具有对下级人员的指挥命令权;二是由专业职能人员构成的按照管理职能专业分工划分的横向职能系统,他们不具有对组织各层次的指挥命令权,而是为其所对应的直线指挥人员充当参谋,提供建议,协助工作。直线职能制组织结构如图 1-9 所示。

直线职能制组织结构的优点:指挥命令权集中于直线指挥人员,一个下属只接受一个上级的领导命令,因而有利于集中命令、统一指挥;每个直线指挥人员都有相应的职能部门人员给予协助,提供建议,有助于提高直线指挥人员管理的有效性;管理职能实行专业化分工,有助于提高管理人员的专业管理水平,提高工作效率。直线职能制的缺点在于:权力集中在最高领导,是一种典型的集权式管理组织结构,不利于下属人员积极性和主动性的发挥;管理职能的专业化分工较细,部门之间横向沟通差,协调的难度大,容易产生脱节和矛盾;各职能部

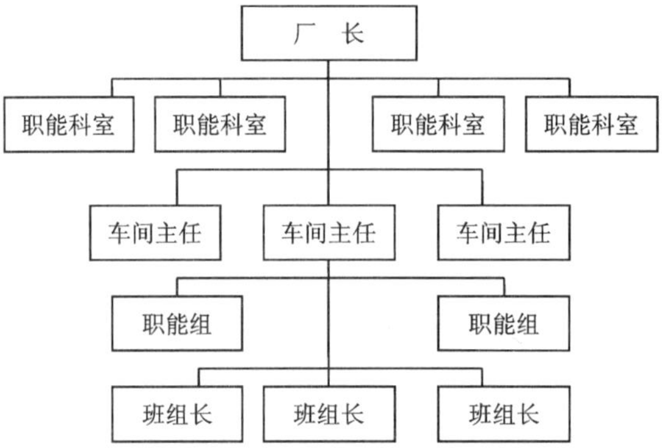

图 1-9　直线职能制组织结构

门和直线指挥部门之间目标不一致时，容易产生矛盾；信息传递路线较长，系统适应性差，在复杂情况下不能做出迅速灵活的反应等。直线职能制组织结构一般在企业规模比较小、产品品种比较简单、工艺比较稳定、市场销售情况比较容易掌握的情况下采用。

（四）事业部制组织结构

事业部制也称分权结构，是在企业规模大型化、经营多样化、市场竞争激烈化的情况下出现的一种组织形式，如图 1-10 所示。

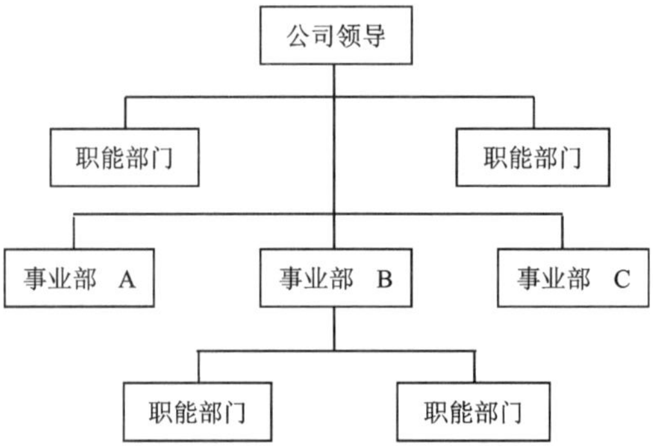

图 1-10　事业部制组织结构

事业部制组织结构首创于 20 世纪 20 年代的美国通用汽车公司，它是在总公司领导下设立多个事业部，各事业部有各自独立的产品和市场，实行独立核算、自负盈亏，在总公司的宏观控制下，拥有经营管理的自主权，可以独立地从事生产经营活动。这种组织结构形式最突出的特点是“集中决策，分散经营”，即总公司集中决策，事业部独立经营，这是在组织领导方式上由集权制向分权制转化的一种改革。

事业部制组织结构的优点：组织最高层管理摆脱了具体的日常管理事务，有利于集中精力做好战略决策和长远规划；各事业部自成系统、独立经营、独立核算，提高了管理的灵活性和适应性；有利于全面管理人才的培养。事业部制组织结构的缺点是：由于机构重复，造成了管理人员的浪费；由于各事业部独立经营，事业部之间的协调难度较大；各事业部主管人员考虑问题往往从本部门利益出发，而忽视整个组织的利益。这种组织结构多适用于规模较大、产品种类较多、产品之间工艺差别较大、市场分布较广（或分散）且差异度较高的大型企业。

（五）矩阵制组织结构

矩阵制组织结构由纵横两套管理系统构成：一是纵向的直线职能制指挥链系统；一是横向的任务或项目指挥链系统。从而形成具有双重职权关系的、纵横交错的组织矩阵。其针对多个项目，分别从各职能部门中抽调其必需的各类专业人员和其他资源，组成项目组，并配备项目经理来领导工作。这些被抽调来的人员，在行政关系上仍旧属于原所在的职能部门，但工作过程中要同时接受项目经理的指挥，因此它实际上拥有两个上级。任务完成以后，项目组便宣告解散，所以矩阵制组织通常亦被称为"非长期固定性组织"。它适用于需要对环境变化做出迅速且一致反应的企业。矩阵制组织结构如图1-11所示。

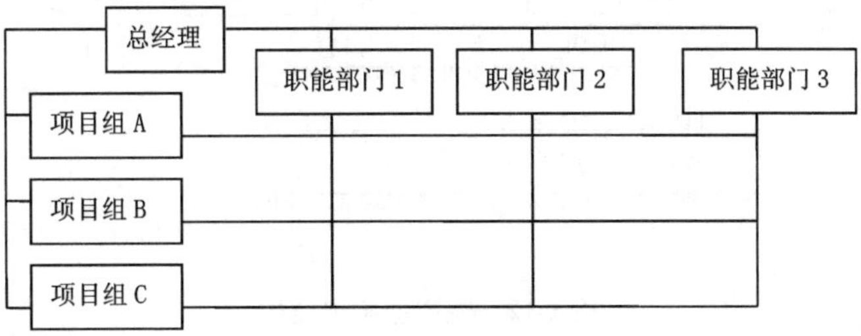

图1-11 矩阵制组织结构

矩阵制组织结构的优点：①责任相对明确，有人为最终成果负责（通常是项目经理）；②由于项目组成员由各职能部门人员组成，因此便于职能部门间的协调；③维持专业划分，有人对专业技能的长远开发负责；④可以集中优秀人才形成技术优势，同时兼顾两项或更多组织的核心目标。同样，矩阵制结构也存在缺点：①项目经理和职能经理易于产生权力之争，经常会降低决策速度，使下属面临双重领导问题；②项目小组设置有时是临时性的，会降低组织的稳定性，员工容易产生临时的心理，不利于树立员工的归属感。矩阵制组织结构主要适用于工程项目和新技术、新产品开发等方面。

（六）流程型组织结构

流程型组织是为了提高对顾客需求的反应速度与效率，降低对顾客的产品或服务供应成本而建立起来的以业务流程为中心的组织结构。与传统的职能型组织结构相比，流程型组织结构更加强调组织各要素之间的横向关系。在组织内部，所有提供一种产品或服务的职能人员安排在同一个部门，这个部门由一个"流程负责人"来管理。流程型组织结构是以系统、整合理论为指导，按照业务流程为主、职能服务为辅的原则设计的。

流程型组织结构的具体形式因企业的内外部环境不同而千差万别，但是结构的内涵却是一致的，必须具备3方面的内容：①组织以流程维度为主干，每一流程由若干个子流程和团队组成；②设计必要的职能服务中心，以保障流程团队和业务流程的有效运行；③团队之间、业务流程之间及其与职能服务中心之间的整合和协同工作需要信息技术的支持。流程型组织结构如图1-12所示。

流程型组织结构的优点：①流程型组织是以顾客或市场为导向，促进了组织对顾客变化做出灵活而快速的反应，同时将员工注意力转向为顾客创造和提供价值；②员工以流程为中心组成直接面对顾客、对公司总目标负责、具有充分自主权的工作团队，打破了原有的职能边界，使每个员工都对组织目标有明确的认识且具有全局意识；③组织结构扁平化和更多权力

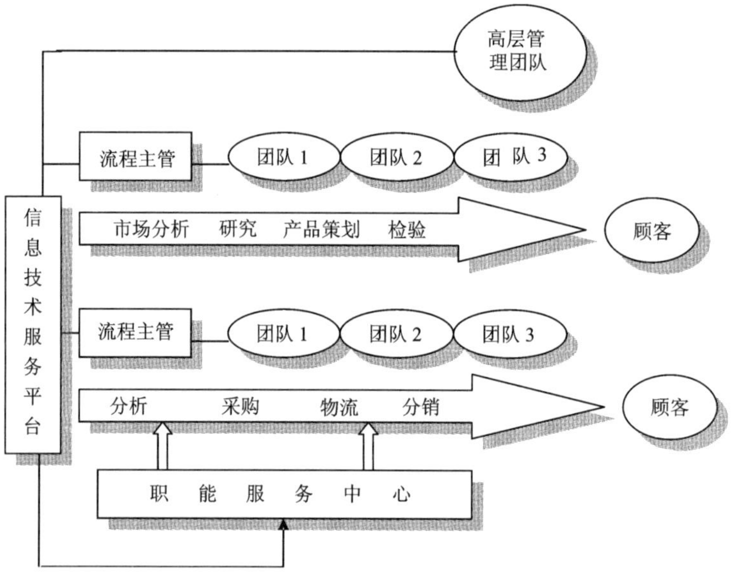

图 1-12 流程型组织结构

的下放，使员工的潜能得到释放，使个人价值得以高度实现。其缺点：①确定核心流程较为困难；②要求对组织文化、工作设计、管理哲学、信息和奖酬系统做出变革；③传统的管理者可能有阻力，因为他们得放弃权力和职权；④需要极大地加强员工培训，使他们能在流程型团队中有效工作；⑤可能会制约专业技能的纵深发展。

（七）网络型组织结构

网络型组织又称为虚拟组织，是指一些相互独立的业务过程或企业等多个伙伴以信息技术和通信技术为基础，依靠高度发达的网络将供应企业、生产企业、消费者甚至竞争对手等独立的企业或个人连接而组成的暂时性联盟，每一个伙伴各自在设计、制造、分销等领域为联盟贡献出自己的核心能力，并相互联合起来实现技能共享和成本分担，以把握快速变化的市场机遇。

网络型组织是一种企业间动态联盟的暂时组织形式，突破了企业在组织上的有形界限。虽然网络型组织有设计、制造、营销、财务等功能，但每个伙伴企业并不完整地执行这些功能，仅仅保留自己的核心功能，而将其他功能虚化，通过各种方式借助外力进行整合弥补。组建网络型组织的目的在于共享技术、共担费用、联合开发。网络型组织结构如图 1-13 所示。

网络型结构的优点如下。

(1)极大地促进了企业经济效益实现质的飞跃：①能够实现成本共担，从而降低成本；②实现了企业全世界范围内供应链与销售环节的整合；③简化了管理层次，实现了企业充分授权式的管理。

(2)组织结构具有更大的灵活性和柔性。以项目为中心的合作可以更好地结合市场需求来整合各项资源，而且容易操作。网络中的各个价值链部分也随时可以根据市场需求的变动情况增加、调整或撤并。

(3)组织结构简单、精炼。由于组织中的大多数活动都实现了外包，而这些活动更多地靠电子商务来协调处理，因此组织结构可以进一步扁平化，效率也更高。

网络型结构的缺点：①伙伴组织的合作都是临时的，如果某一合作单位因故退出且不可

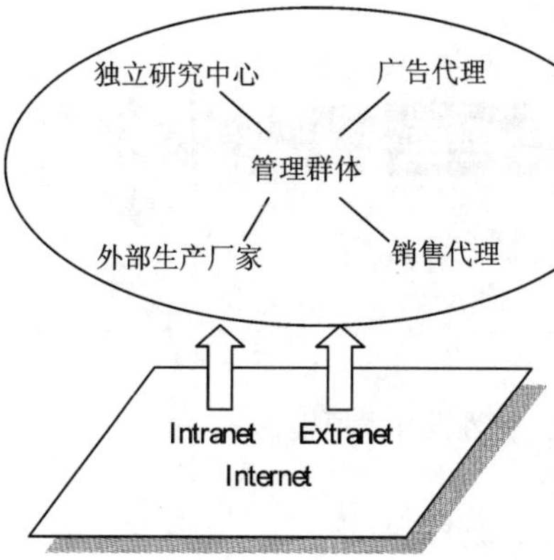

图 1-13 网络型组织结构

替代,组织将面临解体的危险;②企业之间是为了完成一定的目标而结成的一种短暂的动态联盟,缺乏凝聚力;③对网络技术高度依赖。

思考练习

1. 什么是管理？管理的特性是什么？
2. 什么是管理的职能？
3. 什么是企业管理？
4. 简述管理理论的演进过程。
5. 简述泰罗制的主要内容。
6. 简述人际关系学说的主要内容。
7. 什么是现代企业？企业的类型有哪些？
8. 简述企业组织结构设计的原则。
9. 什么是管理幅度？如何确定有效的管理幅度？
10. 企业组织结构的形式有哪些？各有何特点？

第二章 决策技术

学习目标

(一)知识目标

· 理解决策的概念、特性及基本原则；

· 了解决策的程序；

· 熟悉决策的类型及其特点；

· 掌握确定型决策、风险型决策和非确定型决策的常用方法。

(二)技能目标

· 熟知决策的程序，并能依次展开决策分析；

· 能够运用所学的决策方法和技术分析企业某一具体决策问题。

现代管理理论认为，管理的重心在经营，经营的中心在决策。决策是管理的基础，也是管理的核心，虽然管理者要做的事很多，但决策却是最重要、最费时、最困难，也是最冒风险的事情。在管理的各项职能中都会遇到决策问题，如：企业使命和目标的确定；各种战略和战术计划的制定；组织结构的设置；人员的选配；绩效标准的制定；纠正偏差措施的选择等都需要进行决策。从某种意义上讲，整个管理过程都是围绕着决策的制定和组织实施而展开的。诺贝尔经济学奖得主西蒙甚至强调说："管理就是决策"，可见，决策在管理中的重要地位。

第一节 决策概述

一、决策的概念与特性

决策自古有之，张良"运筹帷幄之中，决胜千里之外"，为汉朝建立和巩固谋划了很多英明的策略；诸葛亮做"隆中对"三分天下；孙膑与齐王赛马等都是著名范例。纵观以往历史上的决策活动，从其本质上讲，大多是依靠个人经验来决策的，往往存在着一定局限性，与现代科学决策不可同日而语。随着科学和社会的不断发展，决策行为从以经验判断为主的决策方法和思想，逐渐转变为科学决策的理论和方法，这也是现代化技术和管理理论发展的必然结果。20 世纪 30 年代以来，美国学者巴纳德和斯特恩最早将决策的概念引入管理理论，使其科学化、系统化。后来，美国的西蒙和马奇等人发展了巴纳德的理论，创立了现代决策理论。这一理论是以社会系统为基础，同时吸收了行为科学、系统理论、运筹学等学科的内容而建立起来的。因此，20 世纪 60 年代以来，形成了以西蒙为代表的现代决策理论学派，之后这一管理理论的内容和方法得到了广泛的传播和应用。

现代决策理论认为，决策是决策者在占有大量信息和丰富经验的基础上，对未来行动确定目标，并借助一定的计算手段、方法和技巧，对影响决策的诸因素进行分析研究后，从两个或两个以上可行方案中选取一个满意方案的分析判断过程。

这一定义揭示了决策的3个特性如下。

1. 目标性

决策具有明确的目的，是为实现特定的目标服务的。在开展决策活动之初，一定要有明确的目标，如果没有目标或目的性不明，决策就失去了方向，容易导致决策无效或失误。

2. 选择性

决策的实质是选择。没有选择就没有决策。而要能有所选择，就必须提供有两个或两个以上的备选方案。事实上，为了实现相同的目标，组织总是可以从事多种不同的活动。这些活动在资源要求、可能结果以及风险程度等方面均有所不同。因此，不仅有选择的可能，而且有选择的必要。

3. 过程性

决策在本质上是一个多阶段、多步骤的分析判断过程，不应将决策看成是选择和决断方案的瞬间行动，而应理解为一个提出问题、分析问题和解决问题的连续过程。

二、决策的基本原则

(一)系统性原则

按照系统的思想，企业在进行决策时，既要考虑企业的内部条件，也要考虑企业当时所面临的外部环境；不仅要考虑局部利益，更要追求整体利益，实现整体的最优化；不仅要考虑决策的当前利益，更要考虑到决策的长期利益，实现企业与环境之间的动态平衡。

(二)信息原则

信息是决策的基础，信息的数量和质量直接影响决策水平。在科学决策中，只有掌握大量的信息，才能全面地对信息进行归纳、比较、选择，提炼出对决策有效的信息。信息处理的质量越高，决策的基础就越坚实。企业应建立广泛的信息源，增强信息收集的容量，广泛利用“智囊”机构提供的有价值的信息；并且企业应强化信息的反馈，防止信息通道的阻塞，对信息的加工分析，要保证准确、完整、及时，使之对决策的准确性起到保证作用。但信息的收集并非不计成本。企业在决定收集什么样的信息、收集多少信息以及从何处收集信息等问题时，要进行成本-收益分析。只有在收集的信息所带来的收益(因决策水平提高而给企业带来的利益)超过因此而付出的成本时，才应该收集此信息。

(三)可行性原则

决策成功与否，与决策事件面临的主、客观条件密切相关。一个成功的决策不仅要考虑到需要，还应考虑到可能；不仅要估计到有利因素和成功的机会，更要预测出不利条件和失败的风险；不仅要静态地计算需要与可能之间的差距，而且对各种影响因素的发展变化要进行定量的动态分析。因此决策的可行性原则是指：决策要符合决策对象发展的客观规律性；要充分考虑需要与可能，有利因素与成功的机会，不利因素与失败的风险；具有合理的决策目标，技术上、经济上和管理上具备实施条件的决策方案以及可操作的决策过程。

(四)动态性原则

如前所述，决策是一个多阶段、多步骤的分析判断过程，而非瞬间行动，且决策的过程是动态的。实际上经营决策的目的是使企业活动的方向和目标与外部环境的特点尽可能相适应，以更好地完成企业任务。然而，外部环境是在不断发生变化的，企业的决策者必须不断地注视并研究这些变化，从中找到可以利用的机会，据此调整内部活动的内容和方向，实现企业与环境的动态平衡。

(五)满意原则

西蒙提出,决策的准则只能是“令人满意”的,而不是“最优化”的。这是因为,要达到“最优化”的决策标准,必须具备3个前提条件:①决策者了解与组织活动有关的全部信息;②决策者能正确地辨识全部信息的有用性,了解其价值,并能据此制定出没有疏漏的行动方案;③决策者能够准确地计算每个方案在未来的执行结果。然而,在现实中,这些条件是难以具备的:首先,从广义上说,外部存在的一切都对企业的目前和未来产生或多或少、或直接或间接的影响,然而企业很难收集反映外部全部情况的所有信息;其次,根据有限的信息,企业只能制定有限数量的方案;最后,任何方案都需要在未来实施,而人们对未来的认识能力和影响能力是有限的,目前预测的未来状况和未来的实际状况可能有着非常重要的差别。因此,根据目前的认识确定未来的行动总是有一定风险的,也就是说,各行动方案在未来的实施结果通常是不确定的。在方案的数量有限、执行结果不确定的条件下,人们难以做出最优选择,只能根据已知的全部条件,加上人们的主观判断,做出相对满意的选择。

三、决策的类型

决策在组织中是具有普遍性的活动,但决策活动因管理层次、管理部门及决策者风格的不同而不同。因此,可以按不同的原则和标准对决策活动进行分类。

(一)按决策的重要程度划分

按决策的重要程度划分,可以把决策分为战略决策、管理决策和业务决策。

1. 战略决策

战略决策是所有决策问题中最重要的,是涉及组织大政方针、战略目标等重大事项的决策活动,是有关组织全局性的、长期性的、关系组织生存和发展的根本性决策。它还包括组织资本的变化、国内外市场的开拓与巩固、组织机构的调整、高级经理层的人事变动等。

战略决策一般需要经过较长时间才能看出决策后果,所需解决的问题复杂,主要是协调组织与组织环境之间的关系。决策过程所需考虑的环境变化性较大,往往并不过分依赖复杂的数学模式及技术,定量分析和定性分析并重,对决策者的洞察力、判断力有很高的要求。因此,必要时,可以借助组织外部人员(如咨询顾问等)对战略性决策方案进行设定和分析。

2. 管理决策

管理决策又称战术决策,是组织在内部范围内贯彻执行的决策,属于执行战略决策过程中的具体决策。旨在实现组织内部各环节活动的高度协调和资源的合理使用,以提高经济效益和管理效能,如企业的生产计划、销售计划、更新设备的选择、新产品定价、流动资金筹措等决策。管理决策不直接决定企业组织的命运,但决策行为的质量好坏,将在很大程度上影响组织目标的实现程度和组织效率的高低。

管理决策是每个管理主管人员的日常工作内容,它依赖于主管人员的经验和综合研究方法,也可使用电脑和数学模型辅助决策。

3. 业务决策

业务决策又称执行性决策,是涉及组织中的一般管理和工作的具体决策活动,直接影响日常工作效率。主要的决策内容包括工作任务的日常分配与检查、工作日程(生产进度)的监督与管理、岗位责任制的制定与执行、企业的库存控制、材料采购等方面的决策。

业务决策是组织所有决策中范围最小、影响最小的具体决策,是组织中所有决策的基础,也是组织运行的基础。业务决策是组织中大多数员工经常性的工作内容。通常,业务决策的有效与否,很大程度上依赖于决策者的经验和常识,包括使用少量的模型和电脑。

(二)按决策在企业所处的层次划分

按决策在企业所处的层次划分,决策可以分为高层决策、中层决策和基层决策。

1. 高层决策

高层决策是指企业最高领导层所负责的决策,它所解决的问题通常是全局性的以及与外界环境有密切联系的重大问题。越是高层决策,越具有战略性、长期性的特点。

2. 中层决策

中层决策是指企业中层管理人员所负责的决策。这类决策所涉及的问题大多是安排一定时期的任务,或解决生产中存在的某些矛盾,属于执行性决策。

3. 基层决策

基层决策是指企业基层管理人员(如工段、队、班组)所负责的决策。这类决策主要是解决日常作业活动中出现的技术性强、时间紧迫等亟待解决的具体问题。

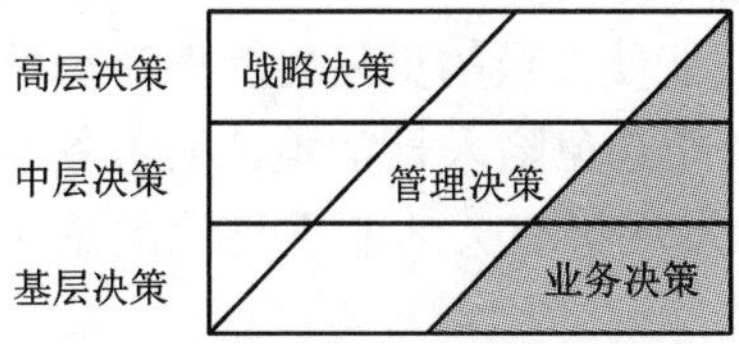

图 2-1　企业高层决策、中层决策、基层决策示意

上述不同层次决策的区别不是绝对的,在实际工作中存在着相互交叉的情况,只不过根据决策的重要性不同,企业各级管理层各自有所侧重罢了,如图 2-1 所示。高层管理者主要负责战略决策,中层管理者主要负责管理决策,基层管理者负责大部分业务决策。

当然,在组织中,上述决策分工的界限并非是明确清晰的,应按具体情况加以分析和鉴别。在传统上,决策者是由管理者担任,但目前随着分权程度和劳动者参与决策程度的提高,情况发生了很大变化,相当一部分的业务决策已转而由有一定工作自由度的作业人员做出。此外,从日本的经验看,作业人员和基层管理者参与战略决策、管理决策,也不失为一个好办法。这一方法能大大减少基层人员对决策结果的抵触情绪,简化决策完成后的宣传工作,更快地推动决策方案的贯彻实施。职工参与决策,管理民主化,是提高管理效率和决策有效性的重要途径。

(三)按决策的重复程度划分

按决策的重复程度划分,可以把决策分为程序化决策和非程序化决策。

1. 程序化决策

程序化决策是按原来规定的程序、处理方法和标准去解决管理中经常重复出现的问题,又称重复性决策、定型化决策、常规决策,如订货日程、日常的生产技术管理等。它可以通过制定程序、决策模型和选择方案的标准,由计算机处理。有证据表明,在企业中大量的决策是程序化决策,而且,不同的管理层所面对的程序化决策数量也不同(见图 2-2)。高层管理者所做出的重复性决策至少在 40%,中层管理者可达 60% ~70%,基层管理者或操作者则高达 80% ~90%。不少管理者在处理这类重复出现的问题时得心应手,凭经验感觉就能找出问题的症结并提出解决问题的办法。如果把这些经验和解决问题的过程,用程序、规章、标准、制度等文件规定下来,将这些包含了管理实践的真知灼见和有效成果的文件作为指导以后处理类似问题的依据和准则,结果将使组织受益无穷。

程序化决策给组织带来的益处有以下几点。

(1)这些浓缩了管理经验的文件,是几代员工的心血结晶,是企业文化的组成部分,因而是组织的宝贵财富,也是组织的专有技术,国际上的大公司对这样的管理文件是非常注意保

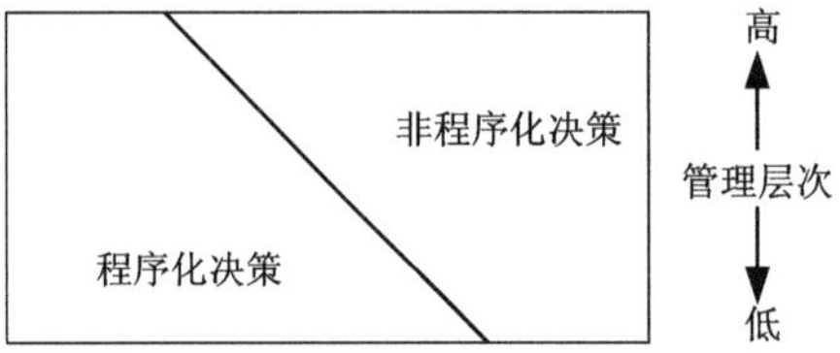

图 2-2　不同管理层面对不同数量的程序化决策

密的，视作企业在激烈竞争中的有利条件和立足点之一。

(2)完整的程序化文件为新上岗者提供了学习的范本，缩短了新上岗者学习和上岗培训实习的时间。

(3)降低管理成本，程序化决策简化了决策过程，缩短了决策时间，也使方案的执行较为容易，特别是程序化决策，能使管理工作趋于简化和便利，使组织能聘用学历较低、经验较少的人员担任要求较高的岗位。当然，这类管理人员的工资也可能较低。

(4)提高管理效率，程序化决策具体规定了决策的过程，能使大量的重复性管理活动授权放到下一级管理层中，这样使较高管理层特别是最高管理者能避免陷入日常繁忙的事务堆中去，有时间思考组织的重大问题，有精力处理与组织生存和发展等有关的非重复性的重大战略问题。

2. 非程序化决策

非程序化决策是指解决以往无先例可循的新问题，所决策的问题具有极大的偶然性和随机性，很少发生重复。这类决策又称一次性决策、非定型化决策和非常规决策。通常是有关重大战略问题的决策，如新产品开发、组织结构调整、市场开拓、人员培训、企业发展等。由于非程序化决策需要考虑内外部条件变动及其他不可量化的因素，除采用定量分析外，决策者个人的经验、知识、洞察力和直觉、价值观等主观因素对决策有很大的影响。

(四)按决策的可控程度划分

按决策的可控程度划分，可以把决策分为确定型决策、风险型决策和非确定型决策。

1. 确定型决策

划分确定型决策的条件：①存在决策者希望达到的明确目标(收益大或损失小)；②存在确定的自然状态；③存在两个或两个以上可供决策者选择的备选方案；④不同备选方案在确定状态下的损益值可以计算出来。

因此，确定型决策是在稳定(可控)条件下进行的决策，因为决策者确知自然状态的发生，每一方案只有一个确定的结果，方案的选择结果取决于对各备选方案结果的直接比较。例如，某个经理有一笔余款想通过银行存款形式来获取利润，他了解到：第一家银行的活期存款利率为6%；第二家银行存款期为1个月，利率为9.8%；第三家银行存款期为半年，利率为11.5%，但若提前取款，则要扣除7.5%的利息。在这3种方案的条件、结果都十分明确的情况下，该经理可以结合自己的具体情况，选择一个相对最理想的存款方式。

2. 风险型决策

划分风险型决策的条件：①存在决策者希望达到的明确目标(收益大或损失小)；②存在两个或两个以上不以决策者主观意志为转移的自然状态，但决策者可以根据历史数据或经验预先估算出各自然状态可能发生的概率值；③存在两个或两个以上可供决策者选择的备选方案；④不同备选方案在确定状态下的损益值可以计算出来。

因此，风险型决策是在不完全确定的条件下进行的决策。各备选方案潜在的收益和风险与估计的自然状态概率密切相关，由于估计的概率与实际发生的概率不可能完全一致，在这种情况下，方案的选择具有一定的风险性。

例如，一个游泳场的经营者想要在淡季增加利润收入，决定开辟一个新的业务领域。通过对有关各方面情况的调查分析，有两个可供选择的方案：一是开辟一条能有稳定收入的生产线；二是可能有更好前景、发展迅速的行业，但这个行业的经营收入时高时低动荡不定。经营者要在这两个方案中做出抉择。如果他选择第一个方案，则可获得有保证的稳定的收入；如果选择第二个方案，则有可能获得高于第一个方案的收入，但也可能经营失败，导致亏损。经过仔细分析，经营者认为，第二个方案中有10%的失败可能性，有40%的可能比第一个方案的收入高得多，有50%的可能取得与第一个方案相同的收益。也就是说，若选择第二个方案，冒风险的概率是10%，获得高收入的概率是40%。

显然，在有风险的环境中进行决策，对各备选方案成败可能性的衡量是十分关键的。如上例中，若失败的可能性是50%，与第一个方案获得同样收入的可能性是30%，而成功的可能性是20%的话，那么选择第二个方案的风险就更大了。

3. 不确定型决策

划分不确定型决策的条件：①存在决策者希望达到的明确目标（收益大或损失小）；②自然状态不确定，且自然状态发生的概率不可知；③存在两个或两个以上可供决策者选择的备选方案；④不同备选方案在确定状态下的损益值可以计算出来。

因此，不确定型决策是在完全不确定的条件下进行的决策。决策者没有能力或不可能准确预知各种自然状态发生的规律，因而无法对各备选方案的执行后果做出确切的估计。这种不确定性源于现代组织及其环境的复杂性和动态性。

例如，某企业面临着扩大生产能力以满足市场需要的迫切问题。而可供决策人员选择的方案可能有这样两个（也许还有其他方案，但决策者不得而知）：一是购买现有最新的技术设备建立一条新的生产线，以扩大生产能力；二是由企业自己加强新技术的研究或等待新技术的突破来扩大生产能力。这两个方案的情况是：技术革新可能成功，新的技术可能突破，但是，在什么时候呢？这就很难预测，因为这是不可控的因素。如果决策者选择了第一个方案，而在一两年时间内技术革新成功了，或新技术被突破了，那么买的技术设备很快就会被淘汰，新的生产线就没有多大的作用了（因此，选择第一个方案的决策是错误的）。但是，如果采用第一个方案以后，新技术在3年内并没有突破，那么新的生产线就能实现扩大生产能力、满足市场需要的目的（即选择第一个方案是正确的）。这一决策还存在第三种方案：如果没有采用第一个方案，而新技术在第三年被突破了，这时再建立新的生产线（这个决策可能是正确的，也可能是错误的，这要取决于对各种信息资料的可靠性分析）。

由此可知，在不稳定条件下进行有效的决策，关键在于决策人员对信息资料掌握的程度、信息资料的质量以及对未来形势的准确判断。这类决策主要是根据决策人员的直觉、经验和判断能力来进行的。

（五）按决策的影响时间划分

按照决策的影响时间划分，可以把决策分为长期决策和短期决策。

1. 长期决策

是指决策结果对组织的影响时间长，对组织今后的发展方向具有长远性、全局性的重大影响的决策，又称长期战略决策，如投资方向选择、人力资源开发、组织规模的确定等问题的决策。

2. 短期决策

是决策的结果对组织的影响时期较短，是实现长期战略目标所采用的短期策略手段，通常是战术性的决策，如企业的日常营销决策、物资储备决策、生产中的劳动力调配和资金分配等问题的决策。

此外，按决策目标划分，决策可分为单目标决策和多目标决策；按决策者划分，决策可分为单人决策、多人决策和群体决策；按决策过程划分，决策可分为单项决策和序贯决策等等。

第二节 决策过程

一、决策的一般程序

决策程序是指决策由提出到定案所经过的程序。决策是一个科学的过程，在进行决策的过程中，人们为了使决策能达到预期的效果，提高决策的水平，减少决策的失误，除了要采用科学的决策技术和方法外，还必须严格地遵循科学的程序。由于决策问题多种多样，内容的复杂程度各不相同，因此，不可能有一个普遍适用的决策程序来解决所有的问题，但仍可以找出一般性的规律。通常，科学的决策可分为6大步骤。

（一）提出问题

任何决策都是从发现和提出问题开始的。所谓问题，是指应该或可能达到的状况同现实状况之间存在的差距。在企业经营中，决策是为了实现企业内部活动与外部环境的动态平衡，因此，制定决策的第一步是研究企业的内外部环境，分析企业的实际状况与所要达到的理想状况之间是否存在差距，进而发现问题。在某些情况下，问题可能简单明了，管理者只要稍加观察就可以比较容易地发现问题与机会；但有些情况下，问题可能根植于个人的过去经验、组织的复杂结构或个人和组织因素的混合，这种情况下，管理者就必须通过深入地调查研究和细致地分析，才有可能正确地识别出问题。

为了更好地识别出问题，决策者要善于全面收集和获取精确的、可信赖的信息。低质量的或不精确的信息会使时间白白浪费掉，并使管理者无从发现导致某种情况出现的潜在原因。另外，即使收集到的信息是高质量的，也要注重解读，并在解读的过程中尽可能避免对信息的扭曲。许多重大灾难或事故都有一个较长的潜伏期，在这段时间内，有关征兆不被重视或被错误地理解，从而未能及时采取行动，导致灾难或事故的发生。为此，管理者需要坚持获取高质量的信息并仔细地解释它，以提高做出正确决策的可能性。

（二）确定决策目标

所谓决策目标是指在一定的环境和条件下，根据需要和可能，在预测的基础上所企求的终极要求，或决策所希望获得的结果。目标是决策的出发点和归宿，因此，确定决策目标是决策过程中十分关键的一步。决策目标贯穿于决策过程的各个环节，不仅为方案的制定和选择提供了依据，而且为决策的实施和控制、为组织资源的分配和各种力量的协调提供了标准。如果决策目标确定不当，必然会影响到其后一系列措施和行动选择的合理性。

为了保证目标确定的正确性和合理性，通常应注意以下几点。

(1) 目标要有依据。确定目标的依据是企业必须解决的已经发生和将要发生的生产、技术、营销等方面的问题。因此，首先要对企业问题的现状及其原因进行多方面的分析，在此基础上初步确定决策目标，还要经过专家与领导的集体论证，最后再慎重地确定决策目标。

(2)目标要明确。要尽可能地将决策目标的成果定量化,并据此作为实施决策中的检验标准,如时间指标、数量和质量指标、消费指标、技术指标等。

(3)目标要可行。在确定决策目标时,企业要从社会利益、主观条件是否具备、客观条件是否具备、客观条件是否允许等方面对提出的目标进行评价,确保目标是可以达到的。一个无法达到的目标是没有意义的。

(4)目标要可分解。为了确保目标的实现,总目标应当能够被分解为若干个子目标,便于责任的落实和明确。

(5)目标要全面。决策目标既要注意有形的价值,也要注意无形的价值,不要单从有形的价值上来评估决策目标的总价值。

对于许多复杂的决策问题,目标往往是多个。面对多目标并存的情况,如何确保目标间的协调,实现整体最优成为重点。对此,首先要对目标间的相互关系进行分析,这时通常会出现3种情况:①目标间相互独立,无依存关系;②目标间具有互补关系,即一个目标的实现促进了另一个目标的实现;③目标间处于冲突关系,即一个目标的实现阻碍了另一个目标的实现。显然,前两种情况并不影响多目标的同时实现,而目标冲突则需要采取相应的措施予以协调和处理。对于相互冲突的目标,在处理时要进一步分析目标冲突的程度,这时又有两种情况:①目标冲突,但有相容或并存的可能性;②目标间绝对相斥。前一种情况叫做目标的弱冲突,后一种情况叫做目标的强冲突。对于弱冲突的目标,原则上可以同时保留两个目标,在具体操作时,可对其中的一个目标给以限制,而让另一个目标达到最大限度。比如,在确定的成本界限下,获取最优的质量水平;或在确定的质量水平下,使成本达到最低。对于强冲突的目标,就必须改变或放弃其中的一个目标。此外,对于目标互补的情况,要注意检查是否存在目标冗余,即是否用不同方式表达了相同的内容,对目标进行必要的整合。

(三)探索与设计可行方案

决策目标一旦明确,管理者就要提出达到目标、解决问题的各种可行方案,以供决策时选择。可行方案是指具备实施条件、能保证决策目标实现的方案。在提出备选方案时,管理者必须把其试图达到的目标牢记在心,而且要提出尽可能多的方案,没有足够数量的方案就没有优化。在保证实现决策目标的情况下,可行方案数量越多,质量越好,选择的余地就越大,被选中方案的满意程度就越高。因此,在方案探索与设计阶段,既要广泛发动群众,充分利用组织内外的专家,集思广益;又要鼓励相关人员开拓思路,发挥想象力和创造力,大胆设想、大胆创新,尽可能多地创造出高质量的可行方案。

可行方案必须具备的条件:①能够保证决策目标的实现;②不论是外部环境还是内部条件都具有可行性;③具有排他性,即每个方案表现为达到决策目标的一个独有的思路或解决途径,避免出现两个方案思路雷同,甚至一个方案是另一个方案的子方案的现象;④具有竞争性,即每个方案都互有长短,很难通过简单的判断就知道孰优孰劣,避免出现某个方案在各方面都劣于其他方案,如果是这样的话,就应当将该方案从备选方案中剔除;⑤具有先进性,即方案应采纳当前国内外最新科技成果,符合世界发展趋势,前瞻未来若干年。

(四)评价与选择方案

对备选方案进行分析、评价、比较和选择是科学决策程序的又一个重要步骤,也是一个关键性的步骤。方案的评价与选优要解决两个根本问题:一是合理选择衡量方案的标准;二是确定科学的选择方法。

1. 评价标准

要对各种方案的可行性和优劣性进行评价,首先必须有一个统一的评价标准。评价标准的确定，应以能否最大限度地实现决策目标为根据。这是因为决策就是要从若干备选方案中选出最好的方案，以期优化地达到既定目标。当然，由于影响决策的因素众多，而且有许多因素是不可预见的，因此，想要最优地达到目标一般是难以实现的。所谓“优化地”达到目标，只能是相对的，有条件的。所以说决策方案的评价标准不能是最优标准，只能是令人满意的标准。

如果决策目标只有一个，且易于测度时，可以直接将决策目标作为评价标准，考虑不同方案对该目标的满足程度就可以了。但在实际企业经营决策中，目标往往不止一个，也不一定易于测度，这时，就需要将决策目标指标化，转化为指标体系，并根据企业决策的条件和要求，确定出不同指标的相对重要程度，以此为标准对方案加以综合评价。

2. 评价方法

方案的评价要从系统观点出发，从全局性和整体性出发，既要考虑组织的直接利益，又要考虑社会和消费者的利益，同时还要注意方案之间的具体差异，衡量利弊，以定优劣。

方案评价的方法通常有经验判断法、数学分析法和试验法。经验判断法是根据决策者的经验来对方案进行评选的方法，它主要是以经验为依据，根据价值标准来加以判断，对于较简单的问题，在目标少、方案少的情况下，经验丰富的决策者仅凭经验判断是容易的。但是遇到问题复杂、目标多、方案多的情况，单凭经验判断可能很难得到结论，还应运用有关的数学分析方法作为辅助。数学分析法是指通过建立各种数学模型和数学分析手段，求出最优解，从而对方案进行评选的方法。还有一种方法是试验法，是指在缺乏资料和经验、无法定量分析问题时，通过典型试验取得经验和数据，然后对方案进行评选的方法。

（五）方案的贯彻实施

在方案选定以后，管理者就要制定实施方案的具体措施和步骤。实施过程中通常要注意做好以下工作：①制定具体的实施计划和实施方案，保证方案的正确实施；②确保执行者清楚决策的目标、价值标准以及整个方案，并尽可能将执行者的个人目标、局部目标与企业整体目标结合起来；③应用目标管理方法把决策目标层层分解，落实到每一个执行单位和个人，制定执行者的责任制，确立规范，严明制度，赏罚分明；④建立重要工作报告制度，以便随时了解方案进展情况，及时调整行动。

（六）反馈与评估

一个方案的执行可能涉及较长的时间，在这段时间里，形势可能发生许多变化，而初步分析则是建立在对问题或机会的初步估计上，因此，管理者必须通过定期的检查与评价，及时掌握决策执行的具体情况，并将有关信息反馈给决策机构，决策者根据反馈来的信息，发现可能存在的偏差，提出相应的措施纠正偏差，以确保决策目标的达成。当实施偏差是源于内外部环境发生了重大变化时，决策者就需要在新的形势下，对原有的决策目标和方案做出评价，以决定是否要对决策目标和方案进行调整或重新制定。

决策方案的执行过程实际上是对方案持续检验、修改和完善的过程，同时也是人们认识事物的深化过程。在方案执行结束后，还要对执行过程进行评估，总结经验教训，为以后的决策提供借鉴。

上述决策程序可用图 2-3 表示。

正确地确定决策程序，严格地按照程序进行决策，是科学决策的重要条件。实践证明，凡按科学程序进行的决策，大部分能够取得成功，而那些不按科学程序进行的决策，则往往造成决策失误。但是，也必须看到，决策程序只提供给决策者进行决策活动所必须遵从的原则性

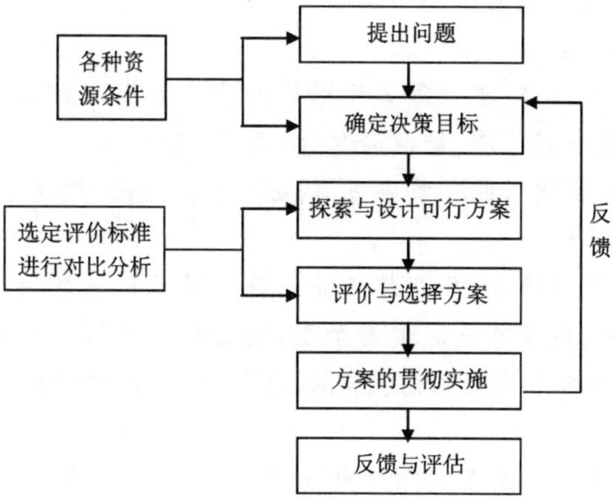

图 2-3 决策的程序

规律,它并不能代替千差万别、千变万化的具体的决策过程。

二、决策过程中应注意的问题

在决策过程中,应努力避免发生以下方面的错误。

(1)试图为错误的问题寻找正确答案。

(2)在不适当的时机制定决策。决策延误(这一延误本身也是一种决策)的结果有时是不可挽回的。同样,在实际需要决策之前过早确定决策方案也是很危险的。

(3)决策与行动脱节。一个没有明确行动规划及对执行过程的充分控制,决策活动是不会有效的。

(4)不合理分配决策的时间和精力。过多的时间和精力用于寻找答案,而用于发现问题的时间和精力却很少。在决策过程中,发现问题恰恰是最重要的,也是最困难的工作。在大部分问题中,一旦问题被明确,寻找答案则相对比较简单。

(5)将决策仅看成是问题而不是机会。在现实中,许多决策者往往将决策看成是问题而不是机会,抱有这一视角的结果是,他们倾向于选择那些成本最低的方案,有时甚至以最低收益和最高风险为代价。为实现科学决策,决策者应当转变观念。决策是平衡收益、成本和风险的过程,只有将决策同时视为问题和机会的统一,才能客观地分析决策问题,找到最合理可行的方案。

小案例

美国阿拉斯加原油运输决策问题①

美国阿拉斯加盛产原油,所生产的原油需要向美国本土运送。阿拉斯加普拉德霍湾油田与美国本土中间有加拿大相隔,原油运输可以经由普拉德霍湾通过油轮向美国本土运送,也可以通过加拿大陆地借助管道运输。这两个方案对一般的原油运输问题而言均为可行方案,

① 资料来源:汪应洛. 系统工程. 4 版. 北京:机械工业出版社,2009。

油轮运输与管道运输都是成熟的原油运输方法。然而,在这个案例中,由于阿拉斯加地处北极圈内,使问题变得复杂化。

本决策问题的任务和环境:要求每天运送原油200万桶。油田处于北极圈内,海湾长年处于冰封状态,陆地也是长年冰冻,最低温度达-50℃。

为了解决问题,最初提出了两个解决方案:方案1,由海路用运油船运输;方案2,用带加温系统的油管输送。

方案1的优点是每天仅需4~5艘超级油轮就可满足运送量的需要,比铺油管省钱。问题是:①要用破冰船引航,既不安全又要增加费用;②起点和终点都要建造大型油库,这又是一笔巨大开支,而且考虑到海运受到海上风暴的影响,油库的储量应在油田日产量的10倍以上。

方案2的优点是可以利用成熟的管道输油技术。存在的问题是:①要在沿途设加热站,这样一来管理复杂,又要供给燃料;②加热后的输油管道不能简单地铺在冻土里,因为冻土受热溶化后会引起管道变形,甚至造成断裂。为避免这种危险,有一半管道需要用底架支撑,这样架设管道成本比地下油管要高出三倍。

两个方案各有利弊。经过决策者初步分析与评价,考虑到安全和稳定供油,决定先选择方案2。同时进一步请有关专家继续提出其他竞争方案。

很快,方案3被提了出来。方案2的主要问题是油管加温带来的成本增加问题。有什么方法可以解决原油在低温状态下的流动性呢?利用创新思维方法,果然提出了新的设想。其原理是把海水浓缩到含盐量为10%~20%以后加入到原油中去,从而降低原油在低温下的黏性,这样就可以用普通的输油管运输。这一原理并非创新,但用到输油工程确是独创。

正当人们称赞方案3的时候,地质工程师马斯登和胡克两人又提出了方案4。作为专业人员,这两个人对石油的生成和变化有丰富的知识。他们注意到埋在地下的石油原来是油气合一的,这时它们的溶点是很低的。经过漫长年代后,油、气才逐渐分开。他们提出将天然气转换为甲醇以后再加到原油中去,以降低原油的溶点,增加其流动性,从而用普通管道可以同时输送原油和天然气,与方案3相比,不仅不需要运送无用的附加混合剂——浓缩海水,而且也不必另外铺设天然气管道了。由于采用这一方案,仅管道铺设费用就节省64亿美元,比方案3节省了一半的费用。

从这个例子我们看到,备选方案提出的数量和质量对决策结果的影响作用,如果当初仅在方案1和方案2的基础上做决策,即使后期在实施过程中确定最好的管道直径、壁厚、加温设施的结构、燃料库的选址以及输送路径等,也无论如何不会产生方案4的效果。

第三节 决策技术与方法

一、决策的"硬"技术与"软"技术

决策的方法从技术上分为"硬"技术和"软"技术。决策的"硬"技术,是指建立在数学模型基础上,运用电子计算机辅助决策的方法。其中,应用比较广泛、比较成熟的技术,是以运筹学和管理科学为主要内容的计算机决策支持系统。它大大提高了决策的准确性和实时性,把决策人员从大量繁琐的计算中解脱出来,使他们能把精力更多地集中于分析解决关键性的

重大问题。由于“硬”技术所采用的数学模型往往要求明确条件,而社会经济活动和管理活动却是不断变化的,存在着决策者难以控制和不确定的条件因素,使“硬”技术在运用上具有局限性。决策的“软”技术,是指建立在心理学、社会学、行为科学等基础上的“专家法”,即“专家创造力技术”。它通过有合理结构的专家群体,依靠以现代科学技术掌握的大量信息,迅速严密地分析、归纳和演绎,提出决策的目标、方案、参数,并做出相应的评价和选择。软技术最适合受社会因素影响较大、所含不确定因素多的综合性决策,特别是战略决策问题。“软”技术弥补了“硬”技术对政治、社会和人文因素无法定量测算分析的缺陷。二者各有所长,决策者应根据具体情况,采用不同的方法或将两者综合使用,取长补短,以做出科学的决策。

二、定性决策方法

(一)头脑风暴法

头脑风暴法(brain storming),简称 BS 法,又称为畅谈会法,是由美国著名创造学家阿历克斯·奥斯本于 1938 年首次提出、1953 年正式发表的一种激发创造性思维的方法。

头脑风暴法的具体做法是:召集一个 10～15 人参加的专家会议,由主持人提出某一方面的总议题,并要求与会者无拘束地自由发表意见,但不允许互相批评,决策者不发表自己的意见,只是在不怀偏见中有目的地倾听和汲取决策所需的内容。据研究结果表明,这种方法由于与会者受到其他人所提意见的启发,能产生发散性思维,在同样时间内可获得两倍于他独立思考时所产生的新颖方案和设想。

头脑风暴法成功的关键是遵循以下 4 项原则。

(1)自由思考。即要求与会者尽可能解放思想,无拘无束地思考问题并畅所欲言,不必顾虑自己的想法或说法是否符合常规做法和逻辑。

(2)延迟评判。即要求与会者在会上不要对他人的设想评头论足,不要发表“这主意好极了”、“这种想法太离谱了”之类的贬抑或赞誉之词。至于对设想的评判,留在会后组织专人考虑。

(3)以量求质。即鼓励与会者尽可能多地提出设想,以大量的设想来保证质量较高的设想的存在。

(4)结合改善。即鼓励与会者积极进行智力互补,在自己提出设想的同时,注意思考如何把两个或更多的设想结合成另一个更完善的设想。

(二)对演法

对演法也称“逆头脑风暴法”。头脑风暴法提倡高度自由思考,禁止批评;对演法是靠相互批评激发创造性。

对演法的具体做法是:组织若干小组,先分头就某个决策问题去拟定不同的方案,然后集体开展讨论,要求互相挑剔对方方案的毛病,以求充分暴露问题和矛盾,从而有针对性地优化、调整方案。通过此法,可使方案在改进后更趋完善,或者提出若干个代替方案,从而为决策提供更大的余地。

(三)德尔菲法

德尔菲法(Delphi method)是由美国兰德公司提出的一种专家决策法,它采用定量和定性相结合的方法进行决策,专家既可以是来自第一线的管理人员,也可以是高层经理;既可以来自组织内部,也可以来自组织外部。德尔菲法是就某一问题或事项运用函询的方法,征求专家的意见,目前已经成为一种非常普及的对方案进行评估和选择的方法。

德尔菲法的具体做法是:①邀请若干专家征询意见,分别用不记名的方式进行预测;②调查人员整理上述专家意见;③将整理的结果反馈给各位专家,再次征求他们的意见,并以这种方式循环往复多次。用逐次逼近法来集中对问题的解决方法和取得一致的意见,然后利用这些预测结果来进行决策。

德尔菲法的最大优点是能充分发挥专家的作用,而且由于匿名性和回避性,避免了从众行为。这种方法的缺点是比较费时间,对时间敏感性决策不适合,另外要邀请到合适的专家也不容易。

(四)哥顿法

哥顿法(Gordon method)由美国麻省理工大学教授威廉·哥顿于1964年提出,又称为教学式头脑风暴法或隐含法。它主要是通过会议形式,根据主持人的引导,让与会者进行讨论,但会议的根本目的是什么,真正需要研究的问题是什么,实际上只有主持人自己知道,其他与会者都不知晓。这样做的目的是为了避免思维定式的约束,使大家能跳出框框去思考,充分发挥群体智慧以达到方案创新的目的。哥顿法有两个基本观点:一是"变陌生为熟悉",即运用熟悉的方法处理陌生的问题;二是"变熟悉为陌生",即运用陌生的方法处理熟悉的问题。从实践来看,后一种方式运用得更多一些,已逐渐形成哥顿法的主流。哥顿法强调要暂时抛开所要处理的问题,通过讨论一些其他的问题,从类比中得到启发,得到解决原来问题的一些创新思想、方法,然后再回到原来的问题。

(五)名义群体法

名义群体法(Nominal group technique),又称NGT法、名义团体技术法、名义小组法,是指在决策过程中对群体成员的讨论或人际沟通加以限制,但群体成员是独立思考的。像召开传统会议一样,群体成员都出席会议,但群体成员首先进行个体决策。

具体方法是:①在问题提出之后,成员集合成一个群体,但在进行任何讨论之前,每个成员独立地写下他对问题的看法;②经过一段沉默后,每个成员将自己的想法提交给群体,然后一个接一个地向大家说明自己的想法,直到每个人的想法都表达完并记录下来为止(通常记在一张活动挂图或黑板上),所有的想法都记录下来之前不进行讨论;③群体现在开始讨论,以便把每个想法搞清楚,并做出评价;④每一个群体成员独立地把各种想法排出次序,最后的决策是综合排序最高的想法。

(六)电子会议法

最新的定性决策方法,是将名义群体法与尖端的计算机技术相结合的电子会议。会议所需的技术一旦成熟,概念就简单了。多达50人围坐在一张马蹄形的桌子旁,这张桌子上除了一系列的计算机终端外别无他物,将问题显示给决策参与者,他们把自己的回答打在计算机屏幕上,个人评论和票数统计都投影在会议室内的屏幕上。

三、定量决策方法

(一)确定型决策方法

确定型决策方法一般常用的有线性规划法、量本利分析法、投资回收期法、追加投资回收期法等,在此仅介绍前两种方法。

1. 线性规划法

企业在进行经营决策时将面临其所能利用的资源具有稀缺性,即有限性,因此必须考虑在将有限的人力、物力资源合理地投入和运用,产出社会所需要的更多使用价值的同时,如何为企业取得最好的经济效益。当资源限制或约束条件表现为线性等式或不等式,目标函数表现为线形函数时,可运用线性规划法进行决策。

例 2-1 某企业生产两种产品,甲产品每台利润 50 元,乙产品每台利润 90 元,有关生产资料如表 2-1 所示,试求企业利润最大时两种产品的产量。

表 2-1 甲、乙产品生产用资料

资源名称	单位产品消耗总额		可利用资源
	甲产品	乙产品	
原材料/kg	60	40	1 200
设备/台时	450	150	6 750
劳动力/工时	100	200	5 000

解:设 x_1 为甲产品生产数量,x_2 为乙产品生产数量;$F(x_i)$为企业利润函数,$i=1,2$。

使企业利润最大时的目标函数为:

$$\text{Max } F(x_i)=50x_1+90x_2$$

约束条件为:

$$\begin{cases}60x_1+40x_2\leqslant 1\ 200\\450x_1+150x_2\leqslant 6\ 750\\100x_1+200x_2\leqslant 5\ 000\\x_1\geqslant 0,x_2\geqslant 0\end{cases}$$

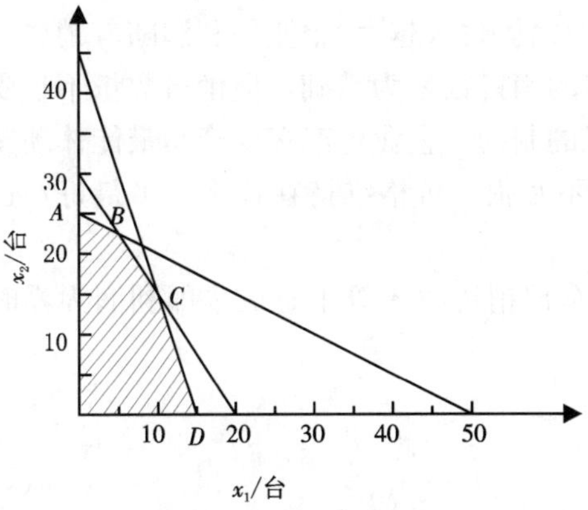

图 2-4 线性规划图解

用图解法求解:分别以 x_1、x_2 为横坐标和纵坐标,将约束方程用图表示,目标函数的最大值一定在由约束方程构成的可行解区域的凸点上。然后作出约束线,如图 2-4 所示。

通过计算四个凸点 A、B、C、D 所对应的目标函数值,找到目标函数值最大的点为 B 点,该点对应的坐标为(5,22.5),即当生产甲产品 5 台,乙产品 22.5 台时,企业获得的利润最大,为 2 275 元。若涉及两个以上变量时,则要用单纯形法。

2. 量本利分析法

1)量本利分析法的原理

量本利分析法又称盈亏平衡分析法。它是通过考察业务量(产量、销售量、销售额)、成本和利润三者之间的关系以及盈亏变化的规律来为决策提供依据的方法。量本利分析的核心是盈亏平衡点的分析。也就是说,通过盈亏平衡点的分析,可以预先判定产量或销售量达到什么水平才能保证企业不亏损,为企业经营决策提供科学的依据。

企业从事任何生产经营活动都要消耗大量的人力、物力和财力,它们构成了企业的成本,根据与产量的关系,总成本可以划分为固定成本和变动成本两部分。其中固定成本(F)是指在一定时间一定范围内,不随产量的变动而变动的成本,即使产量为零也要照常支出的总费用,如厂房、设备租金、折旧费等;变动成本(V)是指随着产量的变动而变动的成本,如原材料费、燃料费、直接人工费用等。但是,从单位产品来看,变动成本基本不变。

在不考虑税金的情况下,量本利三者之间的关系表现为:

利润 = 销售收入 - 成本　　(2-1)

利润 = 销售收入 -(固定成本 + 变动成本)　　(2-2)

即

$$
\begin{aligned}
R &= S - C \\
&= p \times Q - (F + V) \\
&= p \times Q - (F + C_v \times Q) \\
&= (p - C_v)Q - F
\end{aligned}
\tag{2-3}
$$

式中 R——利润;

C——成本;

S——销售收入;

Q——销售量;

F——固定成本;

V——变动成本;

C_v——单位变动成本;

p——销售单价。

上式的分析就构成了量本利分析法,从式中可以看出,企业的销售收入与销售数量成正比,在销售价格一定的情况下,销售数量越多则企业销售收入越大;企业的利润随着销售数量的增减而增减,要达到预期的利润目标必须以一定的销售数量为基础。但销售数量不仅受企业自身生产能力的影响,而且还受到市场销售状况的制约。企业生产多少产品最能体现其生产能力和市场需求? 什么样的产量水平才能保证不亏损? 价格维持在什么水平最好? 这些问题构成了量本利分析的主要内容。

盈亏平衡点又称保本点,或盈亏临界点,是指全部销售收入等于总成本即利润为零时的产量(或销售量)。

$R = 0$,即$(p - C_v) \times Q - F = 0$

所以

$$Q_0 = \frac{F}{(p - C_v)} \tag{2-4}$$

此时的销售量 Q_0 即为盈亏平衡点产量(或销售量)。

盈亏平衡点还可以用图 2-5 表示。

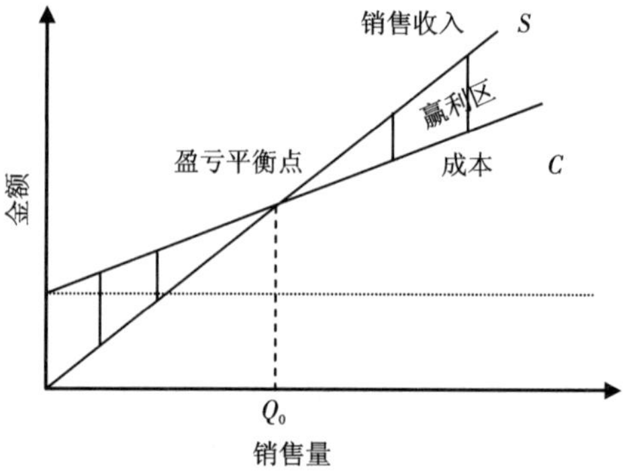

图 2-5　盈亏平衡

从公式和图中可以看出,销售额减去变动总成本后的余额,补充了固定成本后剩余的部分即为利润。这个余额为边际贡献。可见边际贡献是对固定成本和利润的贡献。

在此对几个概念进行解释。

(1)单位边际贡献。单位产品售价与单位产品变动成本之差称为单位边际贡献。它表示在不考虑固定成本分摊时,每生产一件产品可以创造的毛利润。

(2)边际贡献率。单位边际贡献与单件产品售价之比,称为边际贡献率。它表示在不考虑固定成本的条件下,每生产一件产品所创造的毛利润率。

(3)边际贡献总额。单位边际贡献与销售量的乘积称为边际贡献总额。它表示在不考虑固定成本的条件下,企业所获得的毛利润总量。

分别用计算式表示为:

$$m = p - C_v \tag{2-5}$$

$$\mu = \frac{m}{p} = \frac{(p - C_v)}{p} \tag{2-6}$$

$$M = m \cdot Q = Q \cdot (p - C_v) \tag{2-7}$$

式中 m——单位边际贡献;

μ——边际贡献率;

M——边际贡献总额。

生产单一品种产品时,由公式(2-4)和(2-5),可得

$$Q_0 = \frac{F}{m} \tag{2-8}$$

则盈亏平衡时的销售收入

$$S_0 = Q_0 \cdot p = \frac{Fp}{m} = \frac{F}{\frac{m}{p}} = \frac{F}{\mu} \tag{2-9}$$

生产多品种时:$S_0 = \frac{F}{\bar{\mu}}$ (2-10)

式中 $\bar{\mu}$——平均边际贡献率。

2)量本利分析法的应用

(1)量本利分析法可用于判断企业现实产品的产销量在赢利区还是在亏损区,如果现实产量低于盈亏平衡点的产量,则亏损;若高于盈亏平衡点的产量,则赢利。

例 2-2 某企业生产一种产品,其固定成本为 30 000 元,单位变动成本为 10 元/件,销售单价为 15 元/件,试判断企业在计划销售量为 10 000 件时是否赢利?

解:$Q_0 = \frac{F}{(p - C_v)} = \frac{30\ 000}{15 - 10} = 6\ 000$(件)

因为企业的盈亏平衡点产量为 6 000 件,而企业的计划销量 10 000 件大于盈亏平衡点产量 6 000 件,所以企业在计划销量下赢利。

(2)量本利分析法可以用来判断企业经营安全状况。经营状况的好坏可以通过经营安全率(L)来衡量:

$$L = \frac{Q - Q_0}{Q} \times 100\% \tag{2-11}$$

式(2-11)中,$Q - Q_0$ 为安全余额,即实际销售量减去盈亏平衡点的销量。安全余额越大,说明企业的赢利水平越高。计算出企业的经营安全率后,可参照表 2-2 中的数值判断企业经营安全状态。

表 2-2 企业经营安全状态判断

经营安全率/%	>30	25~30	15~25	10~15	<10
经营状态	安全	较好	不太好	要警惕	危险

一般来说,经营安全率在 0 ~ 1 之间,越接近 0 越不安全,越接近 1 越安全,赢利的可能性越大。

(3)量本利分析法可以用来帮助企业寻找降低成本、增加利润的途径。

预测一定销售量下的利润水平可根据下式:

$$Q = \frac{F + R_Z}{m} \tag{2-12}$$

$$R_Z = Q \cdot m - F \tag{2-13}$$

$$S = \frac{F + R_Z}{\mu} \tag{2-14}$$

$$R_Z = S \cdot \mu - F \tag{2-15}$$

式中 R_Z——目标利润;

Q——实现目标利润的产量;

S——实现目标利润的销售额。

(4)量本利分析法可用于对产品的价格水平做出分析,以确定企业在一定的产量和成本的条件下,处于盈亏平衡时的价格水平以及达到一定目标利润的价格水平:

$$p_0 = \frac{F}{Q_0} + C_v \tag{2-16}$$

$$p_Z = \frac{F + R_Z}{Q} + C_v \tag{2-17}$$

式中 p_0——盈亏平衡时的产品价格;

p_Z——实现目标利润的产品价格;

Q——计划产量。

例 2-3 某企业生产一种产品,固定成本为 30 000 元,单价变动成本为 10 元/件,销售单价为 15 元/件,计划销售量为 10 000 件,试回答下列问题。

①企业在计划销售量下目标利润是多少?

②如果增加利润 10 000 元,其目标销售量是多少?

③如果由于原材料涨价,单位变动成本要增加 2 元,而企业又不能提高销售价格,如果要维持①问中的利润所确定的目标利润,销售量应增加多少?

④在上述情况下,如果有来料加工,价格是 4 元/件,问是否接受订货?

解:

①目标利润:$R_Z = Q \cdot m - F$

$= 15 \times 10\ 000 - 30\ 000 - 10 \times 10\ 000 = 20\ 000$(元)

②目标利润下的销售量:$Q = \dfrac{F + R_Z}{m}$

$= (30\ 000 + 30\ 000)/5 = 12\ 000$(件)

③目标利润下的销售量:$Q = \dfrac{F + R_Z}{m}$

$= (30\ 000 + 20\ 000)/(15 - 12) \approx 16\ 667$(件)

增加的销售量:$16\ 667 - 10\ 000 = 6\ 667$(件)

④企业自己组织生产的单位边际贡献(单位产品毛利润)是 $15 - 12 = 3$ 元,而来料加工的价格 4 元/件,近似可看成是单位产品的毛利润为 4 元,而题目中并未告诉来料加工的订货量

是多少,所以只需将企业自己组织生产的单件产品毛利润与来料加工单件产品的毛利润进行比较,可见来料加工的单件产品毛利润大,因此应接受订货。

(5)量本利分析法还可以用于生产方法、赢利性对比分析。例如手工生产、半自动化生产和全自动化生产3种不同的生产方式,其设备投资、固定成本和变动成本结构不同,量本利分析关系也不同。手工生产的企业设备投资和折旧额较少,固定成本较低,变动成本较大。如果企业改为自动化生产,设备增加投资,则折旧额增多,固定成本加大,变动成本所占比重减少。在继续方案比较时,可用量本利分析法进行分析。此外,类似工艺方案的选择,零部件自制还是外购的选择,都可以用量本利分析法。对于这类问题,如果已知产量或销售量,则可通过比较利润来判断;如果不知道产量或销售量,则需通过比较任意相同产销量下的成本,选择成本最小的方案。

例2-4　某企业生产某种产品时有3种生产方式可供选择:①购置全自动生产设备,固定成本10 000元,单位变动成本是5元/件;②采用半自动化设备,固定成本4 000元,单件变动成本是10元/件;③手工生产,固定成本是1 000元,单件变动成本是20元/件。企业应采取哪种生产方式?

解:设产销量为Q,则产销量Q时3种生产方式的总成本分别是:

①$C = 10\ 000 + 5Q$

②$C = 4\ 000 + 10Q$

③$C = 1\ 000 + 20Q$

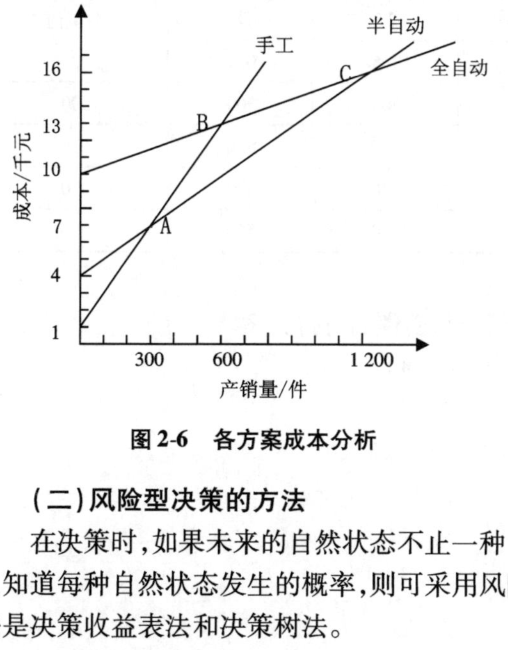

图2-6　各方案成本分析

首先将各方案的成本方程的直线在坐标图中画出,如图2-6所示。计算出交点A、B、C对应的产销量$Q_A = 300$件,$Q_B = 600$件,$Q_C = 1\ 200$件,选择方案时从总成本最小考虑,则当产销量在0~300件的范围时,手工生产方式的成本低于半自动化和全自动化生产方式,应选择手工生产方式;当产销量在300~1 200件的范围时,半自动化生产方式的成本低于手工和全自动化生产方式,应选择半自动化生产方式;当产销量大于1 200件时,全自动化生产方式的成本低于手工和半自动化生产方式,应选择全自动化生产方式。

(二)风险型决策的方法

在决策时,如果未来的自然状态不止一种,管理者不知道到底哪种自然状态会发生,但可以知道每种自然状态发生的概率,则可采用风险型决策方法进行决策。常用的风险型决策方法是决策收益表法和决策树法。

1. 决策收益表法

决策收益表又称决策损益矩阵。运用决策收益表的步骤为:①确定决策目标;②根据经营环境对企业的影响,预测企业可能的自然状态,并估计其发生的概率;③根据自然状态的情况,充分考察企业的实力,拟定可行方案;④根据不同可行方案在不同自然状态下的资源条件、生产经营状况,计算出损益值;⑤列出决策收益表;⑥计算各可行方案的期望值;⑦比较各方案的期望值,选择最优可行方案。

例 2-5 某商业企业销售一种新产品，每箱成本 80 元，销售单价 100 元，如果商品当天卖不出去就会因变质而失去其使用价值。目前对这种新产品的市场需求情况不是十分了解，但有去年同期类似产品的日销量资料可供参考（见表 2-3）。现在要确定一个使企业获利最大的日进货量的决策方案。

表 2-3 某产品日销售量统计

日销售量/箱	完成时间/天	概率
25	20	0.1
26	60	0.3
27	100	0.5
28	20	0.1
总计	200	1.0

解：决策目标是安排一个使企业利润最大的日进货计划。

①根据去年同期类似产品销售资料的分析，可确定今年产品的市场自然状态情况，并计算出各种状态下的概率，绘制出决策收益表（见表 2-4）。

表 2-4 某产品销售决策收益

自然状态 / 概率 / 可行方案（箱）/天	市场日销量（箱）/天				期望值
	25	26	27	28	
	0.1	0.3	0.5	0.1	
25	500	500	500	500	500
26	420	520	520	520	510
27	340	440	540	540	490
28	260	360	460	560	420

②根据去年的销售情况，经过分析，拟定出新产品销售的可行方案。

③计算出各种方案在各种状态下的损益值（见表 2-4）。

期望值计算方法如下：

$$EMS_{25}=500\times0.1+500\times0.3+500\times0.5+500\times0.1$$
$$=500(\text{元})$$

同样可以计算得：

$EMS_{26}=510$ 元

$EMS_{27}=490$ 元

$EMS_{28}=420$ 元

根据决策目标选择期望值最大（510 元）所对应的计划方案，即每天进货 26 箱为最优方案。

2. 决策树法

在风险型决策中，除了可以用决策收益表来进行决策外，还可以用决策树来进行决策，所不同的是决策树既可以解决单阶段的决策问题，还可以解决决策收益表无法表达的多阶段序列决策问题，具有思路清晰、阶段明了等优点。

1）决策树的构成

决策树是以决策结点“□”为出发点，从其引出若干方案枝，每个方案枝代表一个可行方案。在各方案枝的末端有一个状态结点“○”引出若干概率枝，每个概率枝表示一种自然状态，在各概率枝的末梢注有损益值，决策树的一般结构如图 2-7 所示。

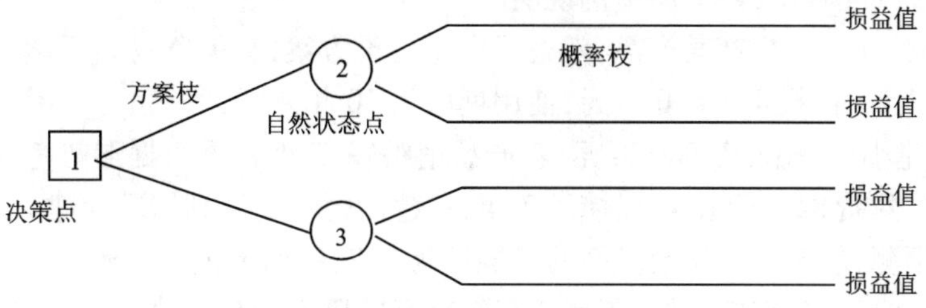

图 2-7 决策树

2）决策树的步骤

（1）绘制决策树。绘制决策树的过程是对决策事件未来可能发生的各种情况进行周密思考、步步深入分析研究的过程。绘制的方法一般是从左到右，即从树干向树梢展开。

（2）计算期望值。期望值的计算应从右侧开始，即从树梢到树干逆向进行，先计算各概率分枝的期望值，即用方案在各自然状态下的收益值去分别乘以各自然状态出现的概率；然后将概率分枝的期望收益值相加。

（3）考虑各方案所需的投资，比较不同方案的期望收益值。

（4）修枝决策。对比各方案的期望值大小，进行修枝选优。在方案枝上，将期望值较小的方案舍弃，仅保留期望值最大的一个方案，作为被选实施的方案。

例 2-6 某企业计划生产一种产品，有两个方案可供选择，一个是新建一条生产线，需要投资 100 万元，投产后如果销路好，年利润为 40 万元，销路差要亏损 10 万元；另一个是改造现有设备，需投资 30 万元，投产后销路好时年利润为 20 万元，销路差时为 10 万元。根据市场预测，在今后 5 年内，产品销路好的概率是 80%，销路差的概率是 20%，试选择行动方案。

解：首先根据问题绘制决策树，如图 2-8 所示。

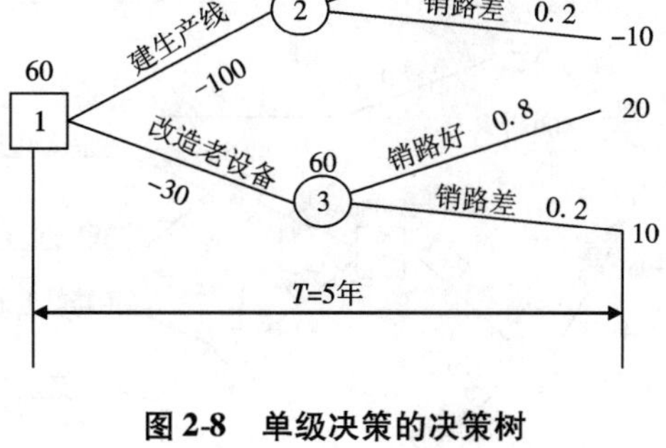

图 2-8 单级决策的决策树

计算各结点的期望利润值：

$$P_2 = (40 \times 0.8 - 10 \times 0.2) \times 5 - 100 = 50(\text{万元})$$

$P_3=(20\times0.8+10\times0.2)\times5-30=60$（万元）

$P_1=\max\{P_2, P_3\}=P_3=60$（万元）

可见，应将新建生产线的方案枝剪去，最终选择改造老设备的方案。

以上例题是比较简单的单级决策问题，如果决策问题比较复杂，一次决策解决不了，而要进行两次或两次以上的决策才能解决，称为多阶段或多级决策。在解决多级决策问题时，计算步骤要重复②③④各步骤，下面举例说明。

例 2-7 某公司为了生产某产品，考虑了两个建设方案，有关资料如下。

方案 1：建大厂，需投资 1 800 万元，使用期限为 10 年。

方案 2：先建小厂，需投资 960 万元，若产品销路好，3 年后再根据形势考虑是否扩建的问题；若要扩建，扩建费 840 万元，可以使用 7 年，扩建后每年的赢利情况与建大厂相同。

根据市场预测，前 3 年产品销量好的可能性为 0.7，销路差的可能性为 0.3。后 7 年的产品销路情况是，如果前 3 年销路好，则后 7 年销路好的概率为 0.9，如果前 3 年销路差，则后 7 年销路肯定差。两个方案的年度赢利情况见表 2-5。

表 2-5 基础数据 （单位：万元/年）

<table>
<tr><td colspan="3">生产方案
自然状态及概率</td><td>建大厂</td><td>先建小厂</td><td>不扩建</td><td>扩建</td></tr>
<tr><td rowspan="2">前 3 年销售状况</td><td colspan="2">销路好 P=0.7</td><td>600</td><td>240</td><td rowspan="2"></td><td rowspan="2"></td></tr>
<tr><td colspan="2">销路差 P=0.3</td><td>-120</td><td>60</td></tr>
<tr><td rowspan="3">后 7 年销售状况</td><td rowspan="2">如果前 3 年销路好</td><td>销路差 P=0.9</td><td rowspan="2">600</td><td rowspan="3"></td><td>240</td><td>600</td></tr>
<tr><td>销路差 P=0.1</td><td rowspan="2">60</td><td>-120</td></tr>
<tr><td>如果前 3 年销路差</td><td>销路差 P=1.0</td><td>-120</td><td></td></tr>
</table>

请分析一下应该采取哪个方案好。

解：首先绘制决策树如图 2-9 所示。

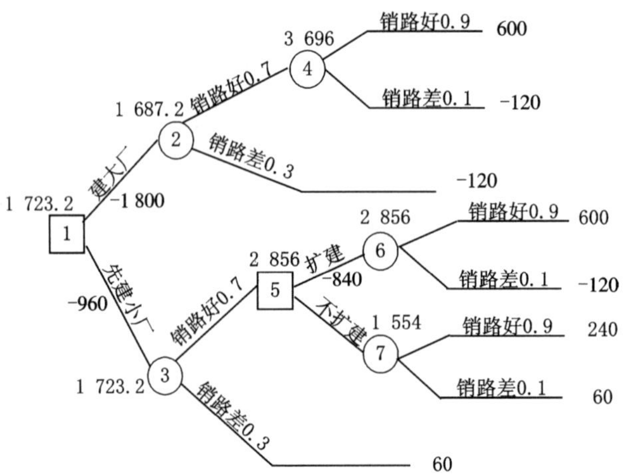

图 2-9 多级决策的决策树

计算过程如下：

$$P_4=600\times7\times0.9+(-120)\times7\times0.1=3\ 696(\text{万元})$$
$$P_2=(600\times3+3\ 696)\times0.7+(-120\times10)\times0.3-1\ 800=1\ 687.2(\text{万元})$$
$$P_6=600\times7\times0.9+(-120)\times7\times0.1-840=2\ 856(\text{万元})$$
$$P_7=240\times7\times0.9+60\times7\times0.1=1\ 554(\text{万元})$$
$$P_5=\max\{P_6,P_7\}=P_6=2\ 856(\text{万元})$$

应将不扩建方案枝剪去：

$$P_3=(240\times3+2\ 856)\times0.7+(60\times10)\times0.3-960=1\ 723.2(\text{万元})$$
$$P_1=\max\{P_2,P_3\}=P_3=1\ 723.2(\text{万元})$$

应剪去建大厂方案枝，选择先建小厂。

资料卡

效用理论①

决策是由决策者自己做出的，决策者个人的主观因素必定会对决策结果产生影响。但是如果完全采用期望损益值作为决策准则，就会把决策过程变成机械地计算期望损益值的过程，而排除了决策者的作用，这当然是不合理的，也是不现实的。

例如某企业考虑是新建一个矿井，还是改造原有的旧矿井，该决策的决策树如图 2-10 所示。

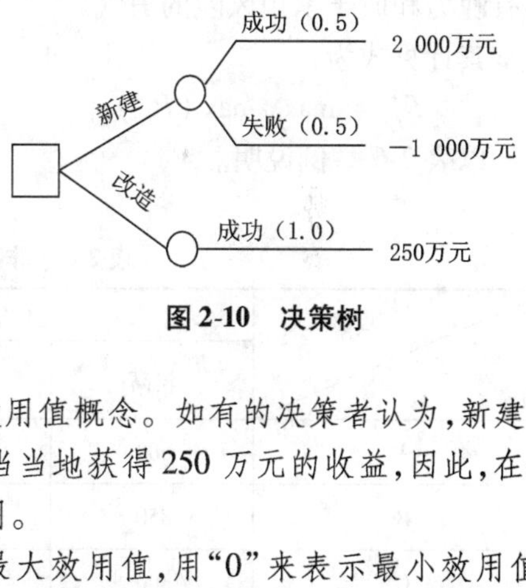

图 2-10 决策树

如果依据期望损益值为准则做出决策，这时，应该选择新建矿井，因为新建矿井的期望损益值为 500 万元，大于改造旧矿井的期望损益值 250 万元。但可以想象的是，在现实中，一定会有决策者愿意选择改造旧矿井的方案，这是为什么呢？面对同一决策问题，不同的决策者对相同的损益值有各自不同的认知和反应，这就是决策者的主观价值概念，即效用值概念。如有的决策者认为，新建虽然成功后收益可观，但风险太大(50%)，还不如稳稳当当地获得 250 万元的收益，因此，在这位决策者的眼里，250 万元的效用大于 500 万元的效用。

一般情况下，在所有备选方案中，用“1”来表示最大效用值，用“0”来表示最小效用值。用效用值的大小来表示决策者对风险所抱态度、对某一事物的偏好等主观因素是比较合理的一种指标。以决策者的效用值为依据，制定决策，能够更真实地反映决策者决策的实际情况和结果。

应用效用值做决策时，需要首先画出决策者的效用曲线。运用心理测定的方法，可以测量出决策者对于各种损益值的效用值，然后，以横坐标表示损益值，纵坐标表示效用值，将损益值与效用值的对应关系用曲线的形式表示出来，这个曲线就是该决策者的效用曲线。

不同的决策者具有不同的效用曲线，反映了决策者对风险所抱的不同态度。从理论上说，效用曲线有 3 种类型，如图 2-11 所示。效用曲线如 Ⅰ 的决策者对收益的反应比较迟缓，而

① 资料来源：汪应洛. 系统工程. 4 版. 北京：机械工业出版社，2009。

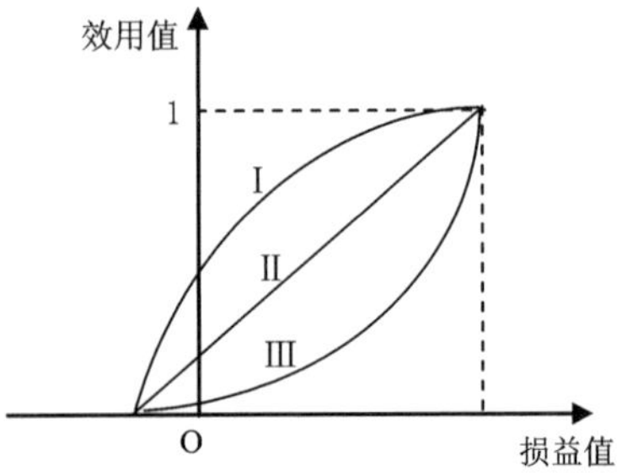

图 2-11 效用曲线

对损失则比较敏感,是一个对风险厌恶的保守型决策者;效用曲线如Ⅲ的决策者对损失的反应比较迟缓,而对收益则比较敏感,是一个对风险偏好的进取型决策者;效用曲线如Ⅱ的决策者对损失和收益的反应一致,是一个完全理性的决策者。

知道了某个决策者的效用曲线,就可以借此读出不同损益值对应的效用值,以此为基础计算出各备选方案的期望效用值,对方案做出选择。利用期望效用值做决策不但考虑了决策问题的客观情况,还考虑了决策者的主观价值,是一种更符合实际的决策分析方法。

(三)非确定型决策的方法

非确定型决策方法是指在决策所面临的自然状态难以确定而且各种自然状态发生的概率也无法预测的条件下所做出的决策。由于各自然状态发生的概率是不可预知的,因此非确定型决策具有极大的风险和主观随意性。非确定型决策常遵循以下几种思考原则。

1. 乐观原则(大中取大法)

其出发点是决策者对事物的未来前景比较乐观,并有较大成功把握,愿意承担一定的风险去争取最大的收益,往往选最大乐观值相应的方案为最佳方案。采用这种原则的决策者要具有魄力和敢于承担风险的勇气。

其计算式为:

$$P_j^* = \max_j\{\max_i(P_{i,j})\}$$

以表 2-6 举例说明。

表 2-6 非确定型决策方法(乐观原则) (单位:万元)

方案 \ 自然状态	($P_{i,j}$)在各种自然状态下的收益值				最大收益值
	较高	一般	较低	很低	
A	600	400	-100	-350	600
B	850	420	-150	-400	850*
C	300	200	50	-100	300
D	400	250	90	50	400

因为 $P_j^* = \max\{600,850,300,400\} = 850$(万元)

所以乐观原则选择 B 方案。

2. 悲观原则(小中取大法)

其出发点是决策者对未来事件结果估计比较保守,因此往往被稳重型的决策者所采用。它力求在不利的情况下寻求较好的方案。这种准则是从损失最小化的角度选择方案,即在最小收益中找最大值,而与该值相应的方案为最佳方案。

其计算式为:

$$P_j^* = \max_j\{\min_i(P_{i,j})\} \tag{2-18}$$

以表 2-7 举例说明。

表 2-7　非确定型决策方法(悲观原则)　(单位:万元)

自然状态 / 方案	($P_{i,j}$)在各种自然状态下的收益值				最小收益值
	较高	一般	较低	很低	
A	600	400	-100	-350	-350
B	850	420	-150	-400	-400
C	300	200	50	-100	-100
D	400	250	90	50	50 *

因为 $P_j^* = \max\{-350, -400, -100, 50\} = 50$(万元)

所以选择 D 方案。

3. 折中原则

这种方法的指导思想是,稳中求发展,既不过于乐观也不过于悲观,寻求一个较稳妥的方案,因为每一个方案的最好自然状态和最差自然状态均有出现的可能,所以采用这种方法进行决策时,可以根据决策者的判断,给最好自然状态以一个乐观系数,给最差自然状态以一个悲观系数,两者之和为 1;然后用各方案在最好自然状态下的收益值与乐观系数相乘所得的积,加上各方案在最差自然状态下的收益值与悲观系数相乘所得的积,得出各方案的期望收益值,最后据此比较各方案的经济效果,选择期望收益值最大的方案。

本例中取乐观系数 $\alpha = 0.7$,则悲观系数 $\beta = 0.3$,则有:

$P_1 = 600 \times 0.7 + (-350) \times 0.3 = 315$(万元)

$P_2 = 850 \times 0.7 + (-400) \times 0.3 = 475$(万元)

$P_3 = 300 \times 0.7 + (-100) \times 0.3 = 180$(万元)

$P_4 = 400 \times 0.7 + 50 \times 0.3 = 295$(万元)

比较结果,B 方案的收益值最大,为最佳方案。

4. 最小后悔值原则

决策者在选定方案并组织实施后,如果遇到的自然状态表明采用另外的方案会取得更好的收益,企业在无形中遭遇了机会损失,那么决策者将为此而感到后悔。最小后悔值原则就是一种力求使后悔值尽量小的原则。根据这个原则,决策时应先算出各方案在各自然状态下的后悔值(方案在某种自然状态下的收益值与该自然状态下的最大收益值之差),然后找出每一个方案的最大后悔值,并据此对不同方案进行比较,选择最大后悔值中最小者所对应的方案。

根据上例编制后悔值表,如表 2-8 所示。

表 2-8　后悔值　（单位：万元）

方案	在各种自然状态下后悔值				最大后悔值
	较高	一般	较低	很低	
A	250	20	190	400	400 *
B	0	0	240	450	450
C	550	220	40	150	550
D	450	170	0	0	450

各方案最大后悔值中最小后悔值为 400 万元，因此应选择其对应的 A 方案。

5. 机会均等原则

在决策所产生的自然状态不能确定的情况下，假设各自然状态所发生的概率相同，计算出各方案的期望收益值，然后选择最大值所在的方案为最优方案。计算式如下：

$$P_j = (\sum P_{i,j})/n$$

式中　P_j——方案的期望收益值；

i——各自然状态，$i=1,2,\cdots,n$。

本例中：

$$P_1 = [600+400+(-100)+(-350)]/4 = 137.5(\text{万元})$$

$$P_2 = [850+420+(-150)+(-400)]/4 = 180(\text{万元})$$

$$P_3 = [300+200+50+(-100)]/4 = 112.5(\text{万元})$$

$$P_4 = [400+250+90+50]/4 = 197.5(\text{万元})$$

其中 P_4 的期望收益值最大，故应选择方案 D。

对于不确定型决策问题，采用不同的原则，所得的结果会有所不同，因为这些决策方法各自是从不同的决策准则出发来选择最优方案的。而具体采用何种方法，又视决策者的态度或效用观而定，在理论上还不能证明哪种方法是最为合适的。

思考练习

1. 如何理解决策的基本原则？

2. 决策有哪些分类？确定型决策、非确定型决策和风险型决策的主要区别是什么？

3. 结合具体实际，阐述决策的过程。

4. 某工厂为推销甲产品，预计单位产品售价为 1 200 元，单位产品变动成本为 700 元，每年需固定费用为 1 800 万元。

试问：

(1) 盈亏平衡时的产量是多少？

(2) 当企业现有生产能力为 45 000 台时，每年可获利多少？

(3) 为扩大生产规模，需添置一些设备，需增加固定成本 363 万元，此时，生产能力增加为 50 000 台，同时可节约变动成本每台 100 元，为扩大销路，计划降低售价 15%，问此方案是否可行？

5. 某轻工机械厂拟订一个有关企业经营发展的决策。据本企业的实际生产能力，本地区生产能力的布局以及市场近期和长期的需求趋势初步拟订 3 个可行方案：第一方案是扩建现有工厂，需投资 100 万元；第二方案是新建一个工厂，需投资 200 万元；第三方案是与小厂联合经营合同转包，需投资 20 万元，企业经营年限为 10 年，据市场预测和分析，3 种方案在实施过程中均可能遇到 4 种情况，有关资料估算见表 2-9。

表 2-9 损益值 （单位：万元）

方案 \ 自然状态及概率	销路好 0.5	销路一般 0.3	销路差 0.1	销路极差 0.1
扩建	50	25	-25	-45
新建	70	30	-40	-80
合同转包	30	15	-5	-10

请根据以上信息帮企业做出决策。

6. 某企业为扩大某产品的生产，拟建设新厂，据市场预测产品销路好的概率为 0.7，销路差的概率为 0.3，有以下 3 种方案可供企业选择。

方案 1：新建大厂，需投资 300 万元。据初步估计，销路好时，每年可获利 100 万元；销路差时，每年亏损 20 万元，服务期为 10 年。

方案 2：新建小厂，需投资 140 万元。销路好时，每年可获利 40 万元；销路差时，每年仍可获利 30 万元。服务期为 10 年。

方案 3：先建小厂，三年后销路好时再考虑扩建，需追加投资 200 万元，服务期为七年，估计每年获利 95 万元。

试用决策树法进行决策。

7. 长城照相器材厂是一家有着 20 年生产照相机历史的企业。最近，企业发展规划部为企业的未来发展提出了两个方案供领导班子选择：一个方案是继续生产传统产品，另一个方案是生产数码相机。

根据发展规划部的分析测算，如果照相机市场需求量大的话，生产传统相机一年可获利 30 万元，而生产数码相机则可获利 50 万元。如果市场需求量小，生产传统相机仍可获利 10 万元，生产数码相机将亏损 5 万元。

根据对照相机市场所做的调研和市场分析，市场需求量大的概率为 0.8，需求量小的概率为 0.2。

问题：

(1) 运用决策树法分析，帮企业做出决策；

(2) 对上述决策进行灵敏度分析，根据分析结果你会对企业有何建议？

8. 某企业拟生产一种新产品，提出了 4 个技术方案，由于不知道产品上市后的销量，只能大致估计为销量好、销量较好、销量一般、销量差 4 种情况，经过测算可知各方案在各自然状态下的损益值如表 2-10 所示。

表 2-10 损益值 （单位:万元）

状态＼方案	甲	乙	丙	丁
销量好	400	350	800	600
销量较好	200	250	450	300
销量一般	100	150	-150	-100
销量差	50	100	-300	-200

请分别根据乐观原则、悲观原则、最小后悔值原则和机会均等原则,对上述问题进行决策。

第三章 企业战略管理

学习目标

(一)知识目标

· 了解企业战略和战略管理的基本概念;
· 理解企业战略的环境分析;
· 理解企业战略的使命与愿景;
· 掌握企业战略态势的选择;
· 了解企业战略的执行与控制内容。

(二)技能目标

· 熟知企业战略管理的基本流程,并能够对企业战略进行实际分析;
· 能够运用所学的战略管理内容,确定企业不同层面的战略态势。

20 世纪 70 年代,组织所面临的环境发生了根本性改变,组织所需面对的不确定性因素逐渐增多:市场需求的变化日益加快,并呈现多样化、个性化的发展趋势;技术发展日新月异,并且对市场的影响逐渐加强;社会、政治环境复杂多变,对经济造成了巨大的影响。在新的时代背景下,企业的生存、发展需适应瞬息万变的环境,传统组织管理中制订未来计划的方式已不合时宜。这从客观上要求一种新的、能对外部环境的复杂变化做出预测和判断的计划方式。在此背景下,战略管理的技术应运而生,并大行其道。这一新的管理技术的成功运用,将确保企业更为准确地把握未来,在确保实现生存目标的基础上谋求更为长远的生存和发展。

第一节 企业战略概述

一、企业战略的概念

战略一词来自希腊语 Strategia ,其含义是"将军指挥军队的艺术"。最早把战略的思想内容引人企业经营管理领域的是美国管理学家切斯特·巴纳德,他在其代表作《经理的职能》一书中,开始运用战略因素这一思想对企业诸因素(物质、生物、个人和社会等)及其相互之间的影响进行分析,但该词并未得到广泛应用。企业战略一词自 1965 年美国经济学家安索夫(H. I. Ansoff)著《企业战略论》一书问世后才开始广泛应用,他在《企业战略》一书中详细论述了企业战略观。而且从那时起,"战略"一词还广泛应用于社会、经济、文化、教育和科技等领域。

企业战略经过几十年的发展,许多学者从多种角度进行探讨,不同的管理学家或企业管理工作者因具有的管理经验和对管理认识的不同赋予了企业战略不同的含义。目前国外学者对什么是企业战略有各种不同见解,国内学者也有不同看法,本书综合国内外各位学者的见解,结合我国企业的具体情况,将企业战略的定义为:企业战略是企业根据其外部环境及企业内部资源和能力状况，为求得企业生存和长期稳定的发展，为不断地获得新的竞争优势，对企业发展目标、达成目标的途径和手段的总体谋划。

二、企业战略管理的特征

美国经济学家切斯特·巴纳德(Q. Barnard)对影响企业发展的各种因素和各种因素之间的相互关系进行了分析，在1938年出版的《经营者的职能》一书中，就企业生存和发展的核心因素首先使用了战略这一概念。

美国学者钱德勒于1962年发表的《战略与结构：美国工业史的考证》、1965年美国学者安索夫发表的《企业战略论》、1965年美国学者安东尼发表的《经营管理学基础》等一系列著作初步构成了企业战略的基本框架。1970年美国的弗雷德·博尔奇(Fred Borch)就任通用电气(General Electric)总经理，1971年他大胆地将战略管理的思想和方法运用到公司的管理之中，通过编制取代长期计划职能的战略计划，停止生产没有发展前途的产品，将公司有限的资源集中使用到有发展前途的、最能获利的产品上，获得了巨大的成功，开创了成功地实施战略管理的先例。

20世纪60年代末，美国汽车工业"三巨头"——通用汽车公司、福特汽车公司和克莱斯勒汽车公司均以生产体积大、油耗高的小轿车为主，而长期以来一直注重企业发展战略和战略管理的日本企业，却在开发与研制体积轻巧、耗油量低的、经济实惠的小型轿车系列，以其质优价廉战胜了欧美企业。日本企业重视企业发展战略和战略管理的成功经验，推动了企业战略管理理论的发展，引发了世界性的研究企业战略的"战略热"。西方学术界出版了大批企业战略的专著和教材；各大学的工商管理学院也纷纷将企业战略管理列为工商管理硕士教学计划的一部分，一些管理咨询公司也推出了企业战略咨询服务，如著名的波士顿咨询集团公司(Boston Consultation Group)在1982年有3.5亿美元的营业额。20世纪70年代后半期和80年代可以称为西方企业的战略管理时代。

20世纪80年代，企业战略日益成熟和完善。主要表现在：一是强调战略思维的重要性，代表作是美国学者德鲁克的《管理——任务、责任、实践》等。二是运用系统论的分析方法，代表作是美国著名战略学家迈克尔·波特的《竞争优势》和《竞争战略》等著作。三是提倡企业文化因素，代表作是美国学者肯尼迪与迪尔合著的《公司文化》、米勒的《美国精神》等。

企业战略作为企业管理发展的最新分支，其特征主要表现为以下几个方面：

1. 全局性

全局性是企业战略最根本的特征。企业战略是企业发展的蓝图，是以企业全局为对象，根据企业总体发展需要而制定的，它规定了企业的总体行为，从全局实现对局部的指导，使局部得到最优结果，使全局目标得到实现。企业战略所追求的是企业的总体效果，是对企业的未来经营方向和目标的纲领性的规划和设计，对企业经营管理的所有方面都具有普遍的、全面的、权威的指导意义。

2. 长远性

企业战略应立足于未来，对较长时间内企业的生存和发展问题进行通盘考虑，从而决定企业当前的行动。因此企业战略的着眼点是企业的未来，是为了谋求企业的长远利益，而不是为了求得眼前的利益。有效的企业战略可以避免企业经营管理的短视症。经验表明，企业战略通常着眼于未来3～5年乃至更长远的时间。对于传统产业一般要求有5年规划；对于高新技术产业，因为发展比较快，一般要求有3年规划。

3. 风险性。

企业的生产经营活动受制于外部环境并要适应外部环境，而企业的外部环境总在不断地变化，具有较大的不确定性，加上人们判断、预测在时空上的局限性，这就很难保证制定的经营战略百分之百地正确，战略实施的结果与预期目标之间总会存在一定的差异，这就是风险。制定了战略，虽然并不能保证一定会成功，但却增加了成功的可能性；没有战略，也不一定失败，但它在变幻莫测的环境中却只是一个偶然。因此制定经营战略时应充分考虑各种因素，尤其是要考虑不确定因素对经营目标的影响，应采取各种应变措施，尽量减小风险。

4. 相对稳定性

企业战略的决定是一个长期酝酿的过程，它要在大量的内外部环境条件信息收集、资料分析的基础上，对环境变化和企业发展做出科学的预测，所以它一经决定就具有很高的权威性，并且要保持其稳定性。不能朝令夕改。但是由于环境的变化，一个好的战略应有适度的弹性，即战略的稳定性是相对的。因为战略管理过程是建立在企业能够连续监控内部和外部的动态和趋势的基础上，当外部或内部的变化超出战略的预期，则战略本身就需要作进一步的调整，因此，企业必须有能力快速地适应和确定各方面的变化，以保持必要的随机应变能力。

5. 系统性

系统性。系统性有广泛的内涵。其一，战略是指导企业全局的对策与谋划。它不是着眼于解决某一项局部的具体经营问题，而是从企业取得长期稳定发展这个全局出发，为解决各种经营问题制定一个行动纲领。任何一个具体问题的解决，都是服务于系统目标的改善的。其二，战略本身是一个系统。企业可以从具体条件出发选择不同的战略。但是任何战略都应有一个系统的模式，既要有一定的战略目标，也要有实现这一目标的途径或方针，为了实现这些途径或方针，还要制定政策和规划等等。其三，战略应该是分层次的。既有总战略，又有分战略，既有总公司战略和总厂战略，又有分公司和分厂战略、职能系统战略，形成一个战略体系。

三、企业战略管理的过程

战略是对重大问题的对策结果，是企业将要采取的重要行动方案；战略管理则是决定企业将采取何种战略的决策过程，它还涉及如何对所选战略进行评价和实施。也就是说，企业战略管理包括战略制定、评价和实施的全过程。

战略管理过程的基本思路是：企业高层领导者要根据企业宗旨使命和目标，分析企业生产经营活动的外部环境，确定存在的经营机会和威胁；评估自身的内部条件，认清企业及其主要竞争对手经营的优势和劣势；在此基础上重新修订企业宗旨与目标，并据此为企业选择一个适宜的战略。管理人员要尽可能多地列出可供选择的战略方案。所以设计战略方案是进行战略决策的重要环节，在此基础上依据一定的标准对各个方案进行评估，以决定哪一种方案最有助于实现企业的目标，做出决策。战略实施就是要将备选战略转化为行动方案，根据战略计划的要求，进行企业资源的配置，调整企业结构和分配管理工作，并通过计划、预算和进程等形式实施既定的战略。在执行战略过程中，企业管理人员还要对战略的实施成果和效益进行评价，同时，针对战略实施中的各种信息的变化修订原有的战略，或者制定新的战略，开始一个新的战略管理过程。因此，战略管理是一个循环复始、不断发展的全过程整体性管理过程。

综上所述，企业战略管理过程是指对一个组织的未来发展方向制定决策和实施这些决策。企业战略管理过程主要包括三个阶段：企业战略环境分析、企业战略的选择与评价、企业战略的实施与控制。

企业战略环境分析主要包括外部环境分析和内部条件分析两个方面；战略的选择与评价过程是根据战略环境分析中的识别出来的机会与威胁以及优劣势，重新评价或者修订企业的宗旨与目标，然后选择各层级战略方案，主要包括公司战略、竞争战略、职能战略；战略实施与控制是贯彻执行既定战略规划，同时将战略实施的实效进行反馈的过程。战略管理整体过程如图 3-l 所示：

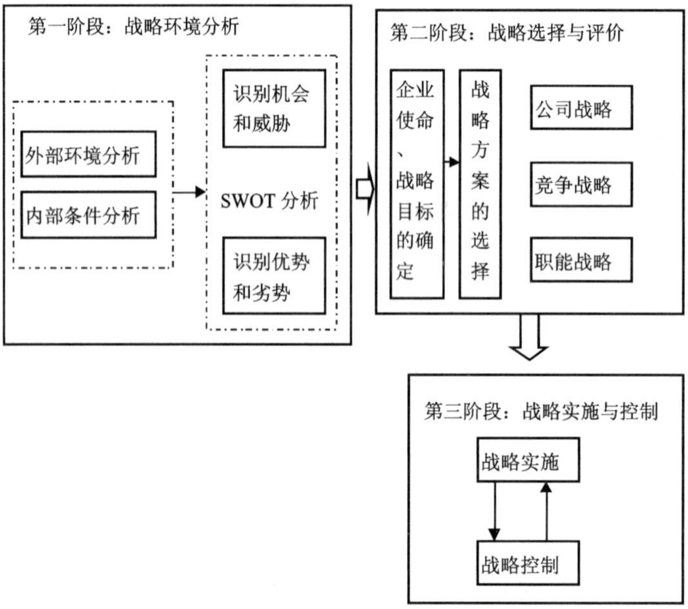

图 3-1 战略管理过程示意图

在理论阐述中，这三个环节往往是按直线列示，即战略环境分析之后是战略选择与评价，战略选择与评价之后是战略实施与控制。但在企业战略管理的实际过程中，各环节之间的关系会更为复杂。因为战略环境分析常立足于企业已经选择的战略基础上，因此战略选择和战略环境分析就会重叠；战略环境分析常常作为一个持续的过程，对战略实施的结果做出反馈，因此战略环境分析就会与战略实施交互作用。所以，战略管理过程的三个环节是相互联系、循环往复、不断完善的一个过程。

资料卡

企业战略的构成要素

企业战略一般由以下 4 个要素构成。

(1) 产品与市场范围。产品与市场范围表明企业的特定行业和领域，企业在所处行业中其产品与市场的地位是否占有优势。为了清楚地表达企业的共同经营主线，产品与市场范围常常需要分行业来描述。分行业是指大行业内具有相同特征的产品、市场、使命和技术的小行业。如饮料行业中的果汁饮料分行业,机械行业中的机床行业等。

(2)增长向量。也称成长向量,说明企业从现有产品与市场组合向未来产品与市场组合移动的方向,即企业经营运行的方向,而不涉及企业目前产品与市场的态势。增长向量按照产品与市场组合的方式形成市场渗透、产品开发、市场开发和多种经营4种。

(3)竞争优势。表明了企业某一产品与市场组合的特殊属性,凭借这种属性可以给企业带来强有力的竞争地位。企业通过寻求兼并,或者设置并保持防止竞争对手进入的障碍与壁垒,或者进行产品技术开发,生产具有突破性的产品,以替代旧产品等方式取得并保持竞争优势。

(4)协同作用。协同作用是一种联合作用的效果。在管理文献中,协同作用常常被描述为1+1>2的效果,这意味着企业内各经营单位联合起来所产生的效益要大于各个经营单位各自努力所创造的效益总和。

第二节 企业战略环境分析

一、宏观环境分析

企业战略管理要求企业领导人必须有宏观环境观念,没有宏观环境观念制订不了战略。企业领导人一定要跳出自己的办公室,跳出自己的办公大楼,站在高山顶上俯视你的企业,才可能对你的企业经营状况有一个全面了解。宏观环境就像是大海,你的企业就像是大海当中的一条小船,当宏观环境起了波浪时,你的企业要想平稳地行驶恐怕也是非常困难的。

企业的宏观环境主要包括6个方面,即企业的政治环境、法律环境、经济环境、科技环境、社会环境和文化环境。

1. 企业的政治环境分析

政治是一种重要的社会现象,要考察企业面临的宏观环境,政治因素及其运行状况是企业宏观环境中的重要组成部分,这是因为政治因素给企业带来的影响异常巨大和明显,同时影响企业生存和发展的其他社会因素也都会因为政治条件及状况的不同而对企业产生不同的影响。因此,政治是决定、制约和影响企业生存和发展的极其重要的因素。

企业的政治环境是指制约和影响企业的各种政治要素及其运行所形成的环境系统。政治环境对企业影响具有直接性、难以预测性、不可逆转性的特点。

企业政治环境的具体内容包括以下5个方面。

(1)政治制度。例如,我国社会主义政治制度是人民代表大会制度。

(2)政党和政党制度。是影响国家政治环境的主要因素,也是影响企业政治环境的重要因素。例如,我国是以中国共产党为领导的多党合作制度。

(3)政治性团体。例如,工会、妇联等,这些政治性团体对国家政治决策具有很大的影响作用,有时也会使企业政治环境发生重大变化。

(4)国家的方针政策。这是在一定阶段内指导一个国家政治、经济、文化等方向性、原则性的战略策略规范,因此企业必须遵循所在国的这些方针政策,它对企业活动往往具有控制和调节的作用。

(5)政治气氛。政治气氛包括:①指各阶级及其政党的各种政治主张的矛盾和力量对比在政权上的反映所形成的国家政治局势；②指基层组织和群众的政治情绪，如政治倾向、政治热情及政治思想等。

我国的基本政治制度和方针政策构成了我国企业政治环境的基本要素，政治体制改革和不同时期的具体方针政策则为企业政治环境提供了良好的条件和发展前景，这些都将对我国企业的领导制度、生产经营和管理产生深远的影响和制约作用，正确充分地利用、适应企业所面临的政治环境，无疑是使企业生存和健康发展、实现其战略的重要前提。

2. 企业法律环境分析

企业的法律环境是指与企业相关的社会法制系统及其运行状态。我国企业面对社会主义法制环境，它规范、制约、引导企业，要求企业从成立之日起，其一切生产、经营、管理、分配、交换以及改组、合并、扩充或破产行为都必须符合人民群众和全社会的根本利益，有利于发展社会主义市场经济，有利于开展国际经济合作和国际竞争。法律环境包括多种环境因素，主要有以下 3 种要素。

(1) 国家的法律规范。它是由国家制定或认可、体现统治阶级意志、由国家强制力保证实施的行为规则。法律规范是一个完整的体系，同企业及其活动相关的法律规范体系是由不同效力等级的一系列法律组成的，主要有宪法、基本法律、行政法规、地方性法规等，其中与企业相关的法律规范构成企业法律环境中最基本的内容。

(2) 国家司法、执法机关。指国家设立的法律监督、法律审判和法律执行部门，主要有法院、检察院、公安机关及各种行政执法部门。与企业关系较密切的行政执法部门有工商行政管理部门、税务部门、物价部门、计量管理部门、技术质量监督部门、专利部门、环境保护管理部门、政府审计部门等。此外，还有一些临时性行政执法部门，如各级政府的财政、税收、物价检查组织等。

(3) 企业的法律意识。法律意识是法律观、法律感和法律思想的总称，是指企业对法律制度的认识和评价。企业的法律意识，最终都会物化为一定性质的法律行为，并造成一定的行为后果，从而构成每个企业不得不面对现实的法律环境。

综上所述，法律规范是企业法律环境赖以存在的基础，国家司法、执法机关及其活动是企业法律环境健康生长的保证，企业的法律意识是企业参与法律环境和感受法律环境的重要媒介。法律环境对企业的影响方式受法律的强制性特征所决定，对企业的影响方式具有刚性约束的特征。针对经济法律规范所调整的不同的经济法律关系，其刚性又有程度上的差异，不同的法律形式对它的调整对象采取不同的调整手段和作用方式。

3. 企业经济环境分析

所谓经济环境是指构成企业生存和发展的社会经济状况及国家经济政策。社会经济状况包括经济要素的性质、水平、结构、变动趋势等多方面的内容，涉及国家、社会、市场及企业等多个领域。国家经济政策是国家履行经济管理职能、调控宏观经济水平和结构、实施国家经济发展战略的指导方针，对企业经济环境有着重要影响。

企业经济环境是一个多元动态系统，主要由社会经济结构、经济发展水平、经济体制和宏观经济政策 4 个要素构成。

(1) 社会经济结构。社会经济结构又称"国民经济结构"，这是指国民经济中不同经济成分、不同产业部门以及社会再生产各个方面在组成国民经济整体时相互质的适应性、量的比例性及排列关联的状况。

实践证明，社会经济结构如果出现问题，立即会导致相当范围与数量的企业不能正常生产经营，甚至造成国民经济的危机。企业应关注社会经济结构的变化动向，及时妥善调整企业的经营活动，主动适应宏观经济环境变化，就能保证企业的安全与健康，有时还能把握时机，开拓创新，推动企业的发展。

(2)经济发展水平。这是指一个国家经济发展的规模、速度和所达到的水准。反映一个国家经济发展水平常用的主要指标有国民生产总值、国民收入、人均国民收入、经济增长速度等。

(3)经济体制。这是指国家组织经济的形式。经济体制规定了国家与企业、企业与企业、企业与各经济部门之间的关系，并通过一定的管理手段和方法，调控或影响社会经济流动的范围、内容和方式等。正因为如此，经济体制对企业的生存与发展的形式、内容、途径都提出了系统的基本规则与条件。在经济体制改革过程中，企业应加强和重视对新经济体制实质、形式及运行规律等方面的了解，把握并建立起新的体制意识，改变企业行为的方式与方法，这对企业发展是至关重要的。

(4)经济政策。这是国家在一定时期内为达到国家经济发展目标而制定的战略与策略，它包括综合性的国家经济发展战略和产业政策、国民收入分配政策、价格政策、物资流通政策、金融货币政策、劳动工资政策、对外贸易政策等。宏观经济政策是国家根据一定时期经济领域中普遍存在的问题提出的针对性政策，它规定企业活动的范围、原则，引导和规范企业经营的方向，协调企业之间、经济部门之间、局部与全局之间的关系，保证社会经济正常运转，实现国民经济发展的目标与任务。

综上所述，这4个要素组成了企业的经济环境，它们是相互结合、整体地影响着企业的生存和发展。从企业的角度看，企业在宏观经济环境中应当加强经济环境意识。企业经营管理活动是多样、复杂、快节奏的，以致许多企业领导人整天被企业内部生产经营问题所缠绕，“只顾埋头拉车而不抬头看路”，忽略了对宏观经济形势的观察、了解和思索，而宏观经济环境往往是通过各种经济政策具体地对企业发生作用，因此导致企业对它的感觉和认知在时间和空间上存在一定距离，由此带来的结果是：当宏观经济环境发生的变化已逐步被企业领导者觉察时，早已错过良机，甚至某种经济形势早已“兵临城下”，使企业被动应付，险象环生，困窘不堪，形势突变。因此，企业的宏观经济环境意识要特别强，这样才能使企业在经济环境乃至整个社会环境中的生存发展得到有力的保证。

4. 企业科技环境分析

企业的科技环境是指企业所处的社会环境中的科技要素及与要素直接相关的各种社会现象的集合，粗略划分企业的科技环境，大体包括以下4个基本要素。

(1)社会科技水平。这是构成科技环境的首要因素，它包括科技研究成果的数量、门类分布、先进程度和科技成果的推广应用3个方面。

(2)社会科技力量。这是指一个国家或地区的科技研究与开发的实力，它包括从事科技研究与开发人员的数量、科技人员的水平等。

(3)国家科技体制。这是一个国家社会科技系统的结构、运行方式及其与国民经济其他部门的关系状态的总称，主要包括科技事业与科技人员的社会地位、科技机构的设置原则和运行方式、科技管理制度、科技成果推广渠道等。

(4)国家科技政策和科技立法。这是国家凭借行政权力和立法权力，对科技事业履行管理及监督职能的策略及行为规范。

以上4个基本要素都会对企业的生产、经营、管理活动等多方面产生影响。

我国科学技术在近20年来获得了飞速发展，在信息技术、生物技术、新材料技术、新能源技术、空间技术及海洋开发技术等许多部门都取得了重大成就。科学技术的发展，促使我国劳动生产率提高和生产力迅猛发展，推动着我国电子工业等一批新兴工业的发展，也促使我国产业结构向高级化方向发展。新产品及新技术的不断涌现，给企业的发展提供了机会，也给某些企业带来了威胁，一项新技术的出现有时会形成一个新工业部门，但同时也会摧毁另一个技术落后的工业部门。

当前，由于需求及技术寿命周期的缩短，当企业某项业务还处于持续成长阶段时，企业领导者就必须研究怎样为企业增添新的业务活动领域，还要考虑如何从不能继续满足企业增长目标的业务领域中撤退，这是企业的战略问题。需求及技术寿命周期从一个阶段发展到另一个阶段时，企业就必须谋划适应新技术阶段的战略，即当技术发展处于萌芽阶段和加速成长阶段，企业可以把精力集中于国内市场，企业将获得较大的成功，但当国内技术成长速度较慢而国外某些国家或地区需求仍处于萌芽期或加速成长期，企业就可以转而采用国际经营战略。当技术发生转化更新时，企业也必须及时在产品上进行调整。因此，企业必须预测技术的发展及转化更新的趋势，预测技术环境的发展变化，并根据这些变化不断进行产品结构及市场结构的调整，重视新技术及新产品的开发工作，才能使企业立于不败之地。

5. 企业社会环境分析

企业的社会环境包括国家社会阶层的形成和变动、执政党的状况、人口的地区性流动、人口年龄结构的变化、社会中权力结构、人们生活方式及工作方式的改变、就业状况、城乡差别、社会福利、社会保障、廉政建设、社会道德风气、公众对国家的信心等，必然都要反映到企业，严重影响社会对企业产品及劳务的需求，也改变着企业的战略决策。

6. 企业文化环境分析

文化是企业赖以生存和发展的基础，构成了企业的文化环境。然而文化环境对企业行为的影响，在很大程度上并没有被社会所认识。在企业成长过程中，文化对企业产生的许多影响都被埋入企业行为动机的原始部位，即处于行为动机的意识层面之下，这正是文化作用往往容易被人们忽视的原因。事实上，企业的文化环境始终以一种不可抗拒的方式影响着企业，因此，研究企业战略决不能忽视文化环境对企业的影响。作为企业管理者，只有深刻认识所在国家文化的内容和实质，全面了解企业所处的文化环境，才能真正把握企业战略与文化环境的内在联系，在更深层次上掌握企业行为的规律性。

文化的基本要素包括哲学、宗教、语言与文字、文学艺术等，它们共同构筑成文化系统，是企业文化环境的重要组成部分。

(1)哲学是文化的核心部分，在整个文化中起着主导作用。传统哲学基本上由宇宙论、本体论、知识论、历史哲学及人生论(道德哲学)5个方面构成，它常以各种微妙的方式渗透到文化的各个方面，对企业发挥着强大的影响。

(2)宗教作为文化的一个侧面，在长期发展过程中与传统思想文化有着千丝万缕的联系。在我国文化中，宗教所占的地位并不像西方那样显著，宗教情绪也不像西方那样强烈，但其影响却是不可忽视的，它对人们心理、风俗习惯、哲学思想、文学艺术、科学技术乃至医药卫生、政治经济生活等都会产生深刻影响。

(3)语言文字是一种传递信息、观念和规范的基本文化手段。语言文字是一个民族得以发展和流传的直接载体，我国语言以汉语为主，文字仍保持方块字形的非拼音文字，西方国家却是拼音文字，这些都反映了文化的基本特征。

(4)文学艺术往往是整个文化形象具体的表现,是社会现实生活的反映。它对企业员工的心理、人生观、价值观、性格、道德及审美观点的影响及导向是不容忽视的。

要充分认识文化在社会经济发展中的作用,存在决定意识,意识反映存在又反作用于存在。文化对于人们认识经济发展规律、调整人们的经济活动、加速或延缓经济发展有重大影响。企业生产经营活动能否适应当地文化,决定着企业经营活动的成败。因此,成功的企业不仅要了解环境中有关文化的具体知识,而且必须对文化有非常敏感的感受力,能够体会到文化环境中人们的价值观念、人生意义等比较抽象的文化理念,这样才能客观地观察、评价和理解企业所处的文化环境,并以此作为制定战略的重要依据。

二、行业及竞争环境分析

1. 行业的主要经济特性分析

所谓行业,是居于微观经济的细胞(企业)与宏观经济单位(国民经济)之间的一个集合概念。行业是具有某种同一属性的企业的集合,又是国民经济以某一标准划分的部分,如汽车行业、家电行业。

行业经济特性分析对公司的战略有很大影响,因此,对行业经济特性进行研究有着重要意义。在对行业经济特性分析时,应当主要考虑12个因素,见表3-1。

表3-1 影响行业经济特性的主要因素

行业主要经济特性	战略重要性
(1)市场规模	小市场吸引不了大的或新的竞争者,大市场常常会引起公司的兴趣
(2)行业内企业竞争的范围	是在全球范围开展竞争,还是在国际性、全国性、区域性、当地性范围开展竞争
(3)市场增长速度及行业所处的生命周期中的阶段	行业处在生命周期的不同阶段,其市场增长速度是不同的
(4)竞争厂商数目及其相对规范	行业是被众多公司所细分,还是被几家大公司所垄断
(5)客户的数量	如果产品是高价位商品,则客户的数量较少,追寻低价位产品的客户将增加
(6)行业赢利水平	高利润行业吸引新进入者,行业环境萧条会增加退出者
(7)进入/退出壁垒	进入壁垒高会保护现有公司的地位和利润,进入壁垒低则使该行业易于吸引新进入者。退出壁垒高使行业内竞争激烈
(8)产品是标准化的	会使购买者权利增加
(9)技术变革迅速	企业风险加大
(10)资源条件	资本、时间等资源需求往往成为进入、退出行业的重要因素
(11)规模经济	要求具有成本竞争所必需的产量和市场份额
(12)产品革新迅速	缩短产品生命周期,风险加大

2. 行业吸引力分析

所谓行业吸引力是指行业的销售利润率或该行业的销售额的增长率。一般来讲,如果一个行业的销售利润率处于该国或该地区各行业平均利润率水平以上,就可以认为该行业具有吸引力。反之,如果一个行业的销售利润率处于各行业平均利润率水平以下,就可以认为该行业没有吸引力。当然,一个行业是否具有吸引力,都是相对的,而不是绝对的,行业观察者的角度不同也会得出不同的结论。

3. 行业变革驱动因素分析

行业及竞争环境之所以会发生变化，是因为一些重要的力量在推动行业的参与者（竞争厂商、顾客、供应商等）改变他们的行动，这种推动行业及竞争环境发生种种变化的主要因素就是行业中的驱动因素。

对一个行业的驱动因素做准确的分析是制订良好企业战略的重要条件，如果企业领导者不能敏锐地洞察在今后几年行业变化的驱动因素，会给企业带来什么样的机遇和威胁，那么，企业领导者就无法做出良好的战略，以积极地应对行业的变化。因此，驱动因素分析对企业战略制订有着重要的实用价值，它是企业领导者如何应对变革的思维基础。

4. 行业竞争内部分析

按照波特的观点，一个行业的激烈竞争，其根源在于其内在的竞争结构。在一个行业中存在有 5 种基本竞争力量，即新进入者的威胁、行业中现有企业中的竞争、替代品或服务的威胁、供应者讨价还价的能力、用户讨价还价的能力，如图 3-2 所示。这 5 种基本竞争力量的现状、消长趋势及其综合强度，决定了行业竞争的激烈程度和行业的获利能力。在竞争激烈的行业中，一般不会出现某个企业获得非常高的收益的状况；在竞争相对缓和的行业中，会出现相当多的企业都可获得较高的收益。5 种基本竞争力量的作用是不同的，问题的关键是在该行业中的企业应当找到能较好地防御这 5 种竞争力量的位置。

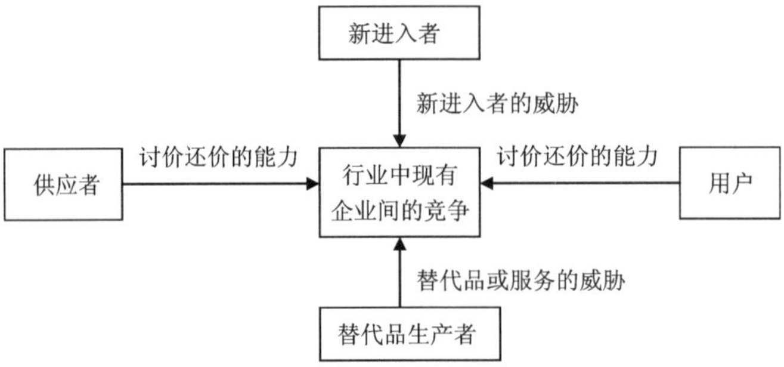

图 3-2　行业竞争结构

1）潜在的新进入者的威胁

所谓新进入者，可以是一个新办的企业或者是一个采用多角度化战略的原从事其他行业的企业，这个新进入者给这个行业带来了新的生产能力，并要求取得一定的市场份额。这个新进入者对本行业的威胁的大小取决于：该企业进入新行业需要克服的障碍和付出的代价（又叫进入壁垒）以及该企业进入新行业后现有企业反应的强烈程度。新进入者进入壁垒的高低主要取决于：规模经济、产品差异壁垒、资金需求壁垒、资源供应壁垒、销售渠道壁垒、其他成本因素壁垒、政府政策及有关法律限制的壁垒、原有企业的反应、资金专用性壁垒等。

2）行业内现有企业的竞争

对大多数行业来讲，行业赢利水平主要取决于行业内现有企业的竞争，行业内各企业都要为增强各自的经营能力而展开竞争，以致有时有的行业价格降到了成本线以下，导致全行业亏损。也有的行业竞争主要集中在广告、服务、创新等非价格因素上。

行业内现有企业的竞争激烈程度取决于以下 6 个因素。

（1）行业市场集中度的大小。行业内企业数量越多，集中度越低，竞争越趋于激烈；行业内企业数量不多，集中度中等，但每个企业都处于势均力敌的地位，实力不相上下，也会导致行业内竞争激烈；行业内仅有一个或少数几个大型企业主宰行业的市场，行业市场集中度高，行业竞争不激烈。

（2）行业增长速度的快慢。在增长速度较为缓慢的行业，行业内各企业为了争取更高的市场占有率，容易发生价格战及促销战，竞争变得异常激烈。相反，在增长速度较快的行业中，说明总体市场需求扩大，各企业都有进一步发展的空间，各企业都可以从快速增长中获益，因而行业内竞争相对不激烈。

（3）固定费用和存储费用的高低。固定费用高的行业迫使企业要尽量充分地利用其生产能力。当市场需求不足时，企业宁愿削价扩大销售量也不愿让生产设备闲置，因而使企业间竞争加剧。在储存费用高或产品不易保存的行业内，企业急于想把产品卖出，也会使行业内竞争加剧。

（4）产品特色与用户的转变费用。若用户从购买一个企业的产品转到购买另一个企业的产品的转变费用降低时，则竞争就比较激烈；反之，若转变费用高，行业内各企业产品各具特色，各自企业有各自不同用户，则竞争不剧烈。

（5）行业内生产能力大幅度提高。若由于行业的技术特点和规模经济的要求，行业内企业生产能力大幅度提高，这将导致一段时间内生产能力过剩，竞争就会加剧；反之，竞争就不会很剧烈。

（6）退出壁垒。所谓退出壁垒，是指企业退出某个行业时要付出的代价，它包括未用资产、退出的费用、企业形象受到一定损害、心理因素。

3）供应者的压力

如果供应者对本行业的竞争压力表现在要求提高原材料或其他供应品的价格，减少紧俏资源的供应或降低供应品的质量等，总之，供应者希望提高其讨价还价的能力，从行业中牟取更多的利润，那么供应者的压力主要取决于七个因素：①供应者的集中程度和本行业的集中程度；②供应品的可替代程度；③本行业对于供应者的重要性；④供应品对本行业生产的重要性；⑤供应品的特色和转变费用；⑥供应者前向一体化的可能性；⑦本行业内的企业后向一体化的可能性。

针对以上情况，企业可以采取以下相应措施来维持与供应商的关系，以保证供应：①寻求和开发其他备选的供应商，以减少对现有某一供应商的过分依赖；②积极地寻求替代供应商，减弱现有供应商的讨价还价能力；③向供应商表明企业有能力实现后向一体化；④选择一些相对较小的供应商，使企业的购买成为该供应商收入的一个重要组成部分，增加供应商对企业的依赖性。

如果企业把供应商作为自己的合作伙伴，不是采用讨价还价的方式，而是更多地采用谈判方式，那么可以从几个方面考虑：①可以考虑与供应商签订长期合同，而不是采用间断式的购买方式，这对稳定供应关系有很大作用；②说服供应商更好地接近顾客，了解顾客，这可以使他们提供的原材料更符合顾客的需求，有助于供应商更好地为企业提供服务；③企业与供应商协作，可以有助于改进原材料的制造技术，提高制造工艺及质量，并以此降低供应商成本，在特殊情况下，企业可以向供应商投资，促使其对新技术的采用，甚至也可以与供应商联合或合资，共同开展研究开发，以提高原材料的质量。

4）用户的压力

用户对本行业的竞争压力表现为要求产品价格更低廉、质量更好、提供更多的售后服务，他们会利用各企业间的竞争来施加压力。总之,用户压力趋向于降低本行业的赢利能力。来自用户的压力主要取决于8个因素。

(1)用户的集中程度。如果本行业产品集中供应给少数几个用户,用户购买数量占了企业产量的很大比例,则这少数几个用户会对本行业形成较大压力。

(2)用户从本行业购买产品的标准化程度。若产品标准化程度越高,则用户选择余地也越大;反之,用户对具有特色的产品选择余地很小。

(3)用户从本行业购买的产品在其成本中所占的比重。若用户购买的本行业产品在其成本中占很大比重,则他们在购买时对价格、质量等问题就更为挑剔;反之,他们在价格上是不敏感的。

(4)转变费用。用户转向其他行业产品的选择余地越大,则对本行业形成的压力越大。

(5)用户的赢利能力。若用户赢利能力低,则用户在购买时对价格敏感;反之,则不敏感。

(6)用户后向一体化的可能性。若用户有可能后向一体化,则会增强它对本行业的竞争压力。

(7)本行业企业前向一体化的可能性。若有这种可能性,会降低它们对用户的依赖性,削弱了用户对本行业的竞争压力。

(8)本行业产品对用户产品质量的影响程度。若本行业产品对用户产品质量有举足轻重的影响,则用户对该产品的价格不敏感,对本企业构成的压力较小。

5)替代品的压力

替代品会影响产品的销售特别是当代用品实行减价或改进产品时更为明显。替代品甚至可以影响一个行业的发展。例如,电视、录像的盛行对电影行业构成了威胁。电影行业为了摆脱困境,不得不采取各种对策,如电影制片公司增拍电视片或电视台出售一些老的影片;电影院改装场地,同时放映几部电影或改建成多功能的娱乐中心等。

一般来说,替代品由于采用了新的技术而处于优势地位。但是,如果受到代用品威胁的企业或行业,认真采取各种改进措施,也可加强自己的地位、变劣势为优势。例如,欧美各国的铁路部门曾因航空运输和公路汽车运输的蓬勃发展而受到严重威胁。但20世纪90年代以来,情况却有了转变。这是由于空中客运近年误点情况严重,铁路部门本身又采取了许多有效措施,如改善机车车辆、列车员服务到座位等。

5. 竞争对手选择

大多数企业都把竞争对手视作威胁,实际上,在许多产业中合适的竞争对手能够加强而不是削弱企业的竞争地位。合适的竞争对手的存在可以为产业发展及企业发展带来以下4方面的好处。

1)增强竞争优势

(1)竞争对手可以吸收市场需求波动。竞争对手可以吸收市场需求的波动性,因而使企业能更充分地利用其生产能力。

(2)有了竞争对手可提高顾客对产品差异化的识别能力。当没有竞争对手时,买方可能难以识别本企业产品差异化的价值,因而买方就可能在价格、服务、产品质量上拼命地讨价还价。当存在竞争对手时,竞争对手的产品成为顾客衡量产品差异化的参照物,使本企业产品由于竞争对手产品的存在更显示出其差异化优势。

(3)竞争对手可以服务于不具有吸引力的细分市场。企业竞争对手可能乐于为本企业认为不具有吸引力的市场提供服务。如果没有竞争对手,由于买方需要或为了防御新进入者,本企业也只能被迫服务于不具吸引力的市场。

(4)高成本竞争对手可以提供成本方面的保护。高成本的竞争对手有时可以为低成本的企业提供成本方面的保护,从而提高企业的利润率。当没有高成本的竞争对手时,由于缺少比较对象,顾客讨价还价的能力就会增强,从而降低了企业溢价销售的可能性。这就是成本领先战略的好处。

(5)有了竞争对手可以降低反垄断的风险。对于一个实力雄厚和利润很高的行业领先者来讲,行业内多几个弱小的竞争对手,可能对它的地位和获利能力没有什么影响,但对于减少反垄断调查和指控的风险可能是必要的。

(6)有了竞争对手可以增加竞争动力。竞争对手的存在会给企业带来压力,同时也带来了动力,往往会促使企业技术进步,降低成本。

2)改善产业结构

(1)有了竞争对手就增加了产业需求。竞争对手的存在能够增加整个产业的需求,在此过程中就增加了企业的销售额。

(2)有了竞争对手可提供后备货源。对于重要原材料,买方希望有第二个、第三个货源,以降低供货中断的风险,同时也限制了供方讨价还价的实力。

(3)有了竞争对手可促进产业升级,由于竞争激烈,因而就使产业升级速度加快,改善了产业结构。

3)协助市场开发

(1)竞争对手能分担市场开发成本。竞争对手能够分担新产品或新技术的市场开发成本。当行业中开发了一种新产品或新技术要向市场推广时,需要做大量广告,靠一、两家企业努力很难奏效,而存在适量的竞争对手,就可节约促销费用,同时也打消对新产品、新技术的疑虑,从而加速市场化的过程。

(2)有了竞争对手可以加速技术标准化或合法化。当只有一家企业采用某项新技术时,不仅顾客心里有疑虑,而且政府也不愿意接受它作为行业的标准,而竞争对手存在,许多企业都在开发新技术,可以加速技术标准化或合法化的过程。

(3)合适的竞争对手可以改善产业形象。合适的竞争对手能够美化产业形象。在商业活动中久负盛名的公司进人某产业,将给该产业带来信誉。

4)扼制新进入者

(1)靠竞争者来提高进入壁垒。当面对更具侵略性及威胁性的新进入者威胁时,合适的竞争对手可能会采取削价之类的策略与新进入者争夺市场,让竞争者充当防御新进入者的第一道防线,本企业可以借此从容调整自己的策略。

(2)用竞争对手向新进入者显示进入壁垒很高。若有合适竞争对手存在,其实力很强,但在产品市场上增长却很慢,赢利很低,那么潜在进入者看到这种情况可能会放弃其进入的计划。

(3)用竞争对手来封锁合理的进人途径。竞争对手可以填补产品空缺,这些空缺对产品领导者来说不起眼,但有填补这些空缺的竞争对手存在,也封锁了新进入者进入的通道。

6.行业市场集中度、行业市场细分及战略组分析

(1)行业市场集中度。这是指行业中规模最大的前4家或前8家企业(企业规模往往以销售额为依据)市场占有率之和,一般用CR_4或CR_8表示,计算式如下:

$$CR_4 = \sum_{i=1}^{4} S_i \text{或} CR_8 = \sum_{i=1}^{8} S_i$$

式中　S_i—— i 企业的市场占有率。

"集中"的概念反映了行业市场垄断程度的高低。企业的"集中"就是某一行业市场上企业的规模结构,也就是产业内生产集中的状况。

(2)行业的市场细分。一般行业分类是比较宽泛的,是在二位数分类及三位数分类层面上进行分析,而要制定战略却要在第四位数分类上进行分析,不仅要在第四位数分类上进行分析,而且需要对行业的产品特征、市场区位特征及顾客特征进行进一步分类。

应当看到,在行业的不同子市场上竞争强度不同,应当分析各子市场的结构特征,使战略制订者明确哪个子市场最具有吸引力,以此来决定各子市场之间如何配置资源,因此,行业的市场细分在行业分析中居于重要地位。

(3)战略组分析。战略组是指在一个行业中实施相同或相似战略的一组或多组企业。评价企业战略的相同或相似之处,主要是指这一组企业的战略及其竞争地位的决策变量比较接近,这些决策变量主要是指企业规模、产品技术选择、产品质量水平、垂直化分工程度、分销渠道选择等。根据这些战略变量,可将行业内的企业划分为一组或多组战略组,每组企业会采取相似或相近的战略措施。

三、企业内部条件分析

不断变动着的外部环境给各企业都带来了潜在的可利用的机会,但是,只有具备了能够利用这种机会的内部条件的企业,这种机会才会成为企业现实的机会。环境赋予的机会使企业已具备的长处得以施展,而企业的短处却限制了它对外部环境中提供机会的利用。不少企业的经验证明,有的企业环境十分有利(如产品畅销、已建立了一定的市场信誉等)但由于关键资源的短缺(如缺乏资金或缺少场地等)而错过了迅速发展的机会,也有的企业环境虽然不利(如有明显竞争优势的进口产品进入市场),但由于它发挥了其独特的长处(如有优良的售后服务力量)而能立于不败之地。因此,系统地分析企业内部条件已成为将企业有限资源最有效地运用于外界环境提供机会的关键,具有十分重要的现实意义。

1. 企业价值链分析

波特在1985年提出了企业价值链理论。所谓价值链,是企业从事设计、生产、营销、交货以及对产品起辅助作用的各种价值活动的集合。

同一个行业中的企业有大体相似的价值链,但仔细分析竞争对手之间的价值链却有相当显著的差异,竞争者之间价值链的差异是竞争优势的根源。从竞争角度而言,竞争优势的市场表现主要反映在顾客价值的创造性上,所谓顾客价值是顾客认知利益与顾客认知价格之差。顾客认知利益指的是顾客感觉到的收益总和;顾客认知价格指的是顾客感觉到的支出总和。为顾客创造价值是企业的基本战略目标。

供应商在创造和供应公司所购买的原材料、零部件时,其成本和质量会影响到公司的成本和差别化的能力,影响公司的竞争能力。而渠道价值链也是重要的,它会直接影响用户的满意度,因此,企业必须与下游公司紧密合作,改造或重新设计其价值链,以提高它们共同的竞争力。

战略成本及价值链分析的任务是:按照价值链的各个环节,逐项比较本企业和关键竞争对手的成本差异,从而了解哪些活动是本企业产生竞争优势的源泉,哪些活动是产生竞争劣势的源泉。同时也要了解本企业的相对成本地位,即分析本企业所开展的各项活动的总成本与竞争对手所开展的各项活动的总成本相比的相对地位。同时企业也应当与同一行业中表现最优秀的企业去作对比,分析本企业在价值链管理方面与同行业中最优秀的企业在价值链管理方面的差距在哪里,其重大成本差异是在上游的供应商部分,是在企业内部生产制造经营部分,还是在价值链的下游市场营销部分?找出本企业与竞争对手(或最优秀企业)之间价值链成本的差异,分析产生差异的原因,由此可采用不同的战略行动。

一个企业的产品与服务从来就不是公司持久竞争优势的基础。只有找出本企业比竞争对手做得更好的最有优势的关键价值链活动,然后把企业的资源和人才集中于这些有优势的关键价值链活动上,才能建立和维持持久的竞争优势。

2. 企业核心能力分析

1)企业核心能力的概念

1990年哈默和普拉哈拉德提出:核心能力"是组织中的积累性学识,特别是关于如何协调不同生产技能和有机结合多种技术流派的学识。"同时他们指出,核心能力既是组织资本,又是社会资本,组织资本指的是企业内部各种资源的整合,社会资本指的是企业内部资源与外部资源的整合。

上述是关于企业核心能力最原始、最古典的定义。美国麦肯锡咨询公司对企业核心能力下的定义是:企业核心能力是某一组织内部一系列互补的技能和知识的组合,它具有使一项或多项关键业务达到行业一流水平的能力。

企业核心能力包括两部分,即企业技术方面的核心能力和企业管理方面的核心能力。企业技术方面的核心能力,包括企业全体员工的知识和技能水平,企业的技术和科学知识、专有数据、创造性的才能等。企业管理方面的核心能力,包括企业的管理思想、管理理念、企业战略管理、企业各职能部门管理特色、企业文化等。

2)企业核心能力的基本特征

(1)增值性和效益性。企业核心能力要能在为客户创造价值的过程中做出显著贡献;反过来讲,不能为客户做出显著的价值贡献的就不是企业核心能力,因此增值性是从客户角度讲的。同时,企业核心能力还要为企业产出显著的经济效益,不能使企业产出显著经济效益的就不是企业核心能力,因此效益性是从企业角度讲的。

(2)领先性和独特性。企业核心能力要在产业中的某种技术上或管理方面处于领先地位,不能处于领先地位就不是企业核心能力。同时,企业核心能力是很独特的,是很难被竞争对手模仿的,凡是能被竞争对手很容易模仿的就不是企业的核心能力。

(3)延展性及多样性。企业核心能力不是局限于企业某一种产品或服务,而是能够应用于多种产品和服务领域的,即要最大限度地实现范围经济效应。

(4)协调性和整合性。企业核心能力是协调不同生产技能和有机结合多种技术的学识。企业单个的技能和能力不能成为核心能力,它必须和企业其他技能、能力相互"协调"、"结合",因此企业组织管理不同的技能和能力就显得十分重要。

3)企业核心能力组成要素

(1)全体员工的知识和技能水平。这不仅包括每个员工的知识与技能水平,还包括企业全体员工的知识结构和技能结构。实际上,企业核心能力的形成不仅取决于企业大的战略决策,更经常地依赖于企业每天无数的小决策,依赖于企业全体员工每天做出的成千上万个小决策,如是否注意产品质量的提高,是否把螺丝钉拧紧等,这些小决策看起来不起眼,但恰恰是这些成千上万的小决策使竞争对手想模仿也模仿不了。

(2)企业技术体系。这不仅包括企业技术的硬件体系,还包括企业技术的软件体系。

(3)企业的管理体系。包括企业的管理思想,管理理念,企业管理的方式、方法及手段,企业战略管理及其他职能管理等。

(4)企业文化。企业文化也是企业核心能力的重要组成部分。

(5)整合集成。集成的含义是综合、融合、整合成为整体、一体化的意思,集成从管理角度来说,是创造性融合过程,是由最适宜的要素组成,相互优势互补匹配,以最合理的结构形式结合成有机体的过程。

3. 企业产品竞争力分析

从市场营销的观点看,产品是满足消费者需求和对社会作出贡献的商品,消费者在购买商品实体的同时,也购买了附属于商品实体的许多无形的东西,诸如质量保证、销售服务、包装设计、商品信誉等。消费者所购买的并非仅仅是商品的实体,而是通过购买商品使其某种欲求获得最大的满足。因此,企业生产产品不仅要重视产品的功能和质量,也要重视产品的外观、价格、包装、商标和销售服务等。

单项产品的分析往往是从分析产品所处的生命周期上的位置入手,从而提出各有关建议,产品生命周期通常可分为 4 个阶段:投入期、成长期、成熟期和衰退期。根据市场营销理论,根据产品的特征,在明确了企业各产品处于生命周期某阶段位置时,分析人员应分别从不同阶段为改善企业营销策略提出对策,同时分析人员在总体上要帮助企业谋划产品的梯队结构。最佳梯队结构是:当首位产品进入成长期时,次位产品进入了投入期;当首位产品进入成熟期时,次位产品进入了成长期,而再次位产品进入投入期,依此类推。

产品的市场竞争力分析,是对企业当前销售的各种产品自身的市场地位、收益性、成长性、竞争性及产品组合等方面进行分析。

1)产品市场地位分析

产品的市场地位除通过企业形象分析进行定性评价之外,要在市场占有率和市场覆盖率两个方面进行定量分析。

市场占有率计算式如下:

$$\text{市场占有率}=\frac{\text{本企业产品销售量}}{\text{市场上同类产品的销量}}\times 100\%$$

市场占有率应分品种、分地区、分时期进行统计,并与竞争企业进行对比分析,找出本企业市场占有率低的产品和地区,以便进一步查明原因。

市场覆盖率计算式如下:

$$\text{市场覆盖率}=\frac{\text{本企业产品投放地区数}}{\text{全市场应销售地区数}}\times 100\%$$

2)产品的收益性分析

产品的收益性是决定经济效益的重要因素,企业应确定以高收益产品为中心的产品组合。收益性分析的主要内容包括:①进行销售额的 ABC 分析,确定深入调查的 A 类重点产品;②进行边际利润分析,以明确企业各种产品的边际利润贡献度;③进行量本利分析,查明经营安全率和确定目标销售量。

3)产品的成长性分析

产品的成长性分析,一般是把企业最近 3 ~ 5 年的销售量或销售额按时间顺序画成曲线来观察其增长趋势，一般用销售额增长率表示，其计算式如下：

$$销售额增长率=\frac{本年度销售量(额)}{上年度销售量(额)}\times 100\%$$

有时也可用市场占有增长率来进行分析，其计算式如下：

$$市场占有增长率=\frac{本年度市场占有率}{上年度市场占有率}\times 100\%$$

4）产品竞争力分析

企业产品相对于竞争对手的产品在技术性能、质量、外观、包装、商标、成本、价格、售前售后服务、销售渠道、促销策略等指标所具有的优越性即为产品竞争力。产品竞争力分析的主要方法是对比评分法，其步骤为：①选择几个竞争产品，确定产品竞争力的评比项目；②规定各个项目的评分标准，绘制评比表格；③确定参加评比的人员，应尽可能吸收企业各部门有关人员和中间商代表参加，以期能客观地评定；④进行评比，把企业的产品与竞争产品的各评比项目的评分填入表格并计算总分，根据评分结果研究本企业产品的优劣势。

4. 企业组织效能与管理现状分析

1）企业组织现状分析

企业组织的分析是企业内部条件分析的基本环节和主要内容。因为企业的一切活动都是人的活动，都是组织的活动，组织是进行有效管理的手段，企业作为一个组织最重要的是组织成员的团结协作，这是组织的力量所在。而在管理中令管理者头疼的似乎不是技术问题、财务问题，而是组织成员的人事矛盾问题，产生此问题的原因很多，其根源之一是组织机构的设置不合理，人员安排得不合理，这时就已埋下了冲突的祸根。在不合理的组织机构里，任何人来工作都会发生矛盾，只是程度不同而已。所以，分析企业组织的情况，改善组织工作，建立合理的组织结构，对于形成组织内良好的人际关系是大有益处的，对企业管理而言也是根本之举。因为没有组织是乌合之众，是没有效率的结构，不良的组织是朽木之师，是低效率的，只有结构良好的组织才是精锐之旅，才有高效率。只有进行企业管理的分析，才能发现组织结构中导致效率低下的因素，进而进行组织变革，提高企业管理的效率。

2）企业组织效能与管理现状分析中应当注意的问题

（1）管理幅度与管理层次的关系。管理幅度是指一名上级主管人员直接管理下级人员人数，管理层次则指组织划分成多少个等级。管理幅度与管理层次成反比关系：加大管理幅度，管理层次可适当减少；反之则相应增加。管理层次决定了组织的纵向结构，管理幅度决定了组织的横向结构。一般来讲，应根据工作的性质和内容、管理人员的工作能力和训练程度、组织内信息交流及反馈的程度、工作任务需要协调的程度、计划与授权等因素来决定管理幅度。一般来讲，在组织的工作内容和性质相似、人员工作能力较强、授权比较充分、上下级信息交流和反馈迅速、组织系统内容易协调的情况下，管理幅度可大一些；反之则要小一些。

（2）直线指挥系统与职能参谋系统的关系。直线指挥系统是指组织中直接完成组织目标的执行机构，职能参谋系统是组织中协调直线系统有效完成组织目标的机构，它对直线系统不具有指挥的权力。

（3）集权与分权的关系。集权与分权是一个相对的概念。在分析时要注意分析影响职权集中和分散的因素，以便因势利导，使企业的职权集中或分散有效化。一个具体企业的职权分散与集中的程度涉及一系列因素，往往需要综合考虑。进行组织机构分析时，切忌采用“一刀切”的方式。从作者的实践来看，规模较大的企业倾向于职权分散，反之则需集中；从内部扩展起来的公司，集权较多，合并或联合起来的公司则分权较多；各级管理人员的数量不足或素质不高，倾向于职权集中；控制手段较完备，则倾向于职权分散；实行多角化经营，分权较多，实行单一产品战略的，集权较多，等等。

企业领导人要掌握好集权与分权的度，它取决于企业外部环境与内部条件，当企业外部环境变化速度较快，则企业应适当多分权，当企业内部管理人员素质较低，可能要多集权。因此同一行业中同等规模的企业其集权与分权的度是不同的。如果集权与分权的度掌握得较好，则管理效率就会提高，如果集权与分权的度掌握得不好，则管理效率就会下降。

(4)综合管理与专业管理的关系。专业管理是指企业组织中有关局部性、执行性的某些专门的管理工作，如企业中的营销、技术、生产、物资、设备、财务等职能部门。综合管理是指企业中的有关全局性、决策性的综合管理工作。处理好综合管理与专业管理之间的关系是组织分析中的一个重要课题。

(5)组织形式适用性问题。现代企业组织形式主要有直线职能制、事业部制、模拟分权制和矩阵结构等。各种组织形式各有其优点和不足，也有一定的适用范围，对不同组织形式的适用性进行分析，可为分析人员提供比较适宜的企业组织形式。

(6)部门划分合理性问题。组织形式的确定和改变必将伴随着部门的划分，从而确立组织中各项任务与责任的归属，因此部门的划分也是企业组织分析中的一个问题。部门划分的形式主要有：按人数划分，按功能划分，按地区划分，按产品划分，按用户划分，按销售渠道划分等。分析部门划分的合理性应考察企业部门设置的依据、部门的业务性质、工作量的大小、工作复杂程度、部门设置后工作情况及外部环境变化等因素，进而发现问题，提出改进意见。

四、企业战略分析方法

《孙子兵法·军事篇》“掠乡分众，廓地分利，悬权而动。先知迂直之计者胜。此军争之法也。”（“悬权”指悬挂秤砣的意思，即称物重量时要等秤砣平衡下来才可确定）企业在进行战略决策时，要小心谨慎地分析利弊，既要考虑到成功的利益，也要考虑到失败的成本，更要考虑到各种可变因素对结果的影响，选择更有利于自己的方案。

战略制定的好坏，往往与战略管理者的分析有着重大关系，在此集中介绍SWOT分析法。

有效的战略应能最大限度地利用内部优势和环境机会，同时使企业的劣势环境和威胁降至最低限度。SWOT分析法就是系统确认企业面临的优势(strength)和劣势(weakness)，机会(opportunity)和威胁(threat)，并据此提出企业战略的一种方法。

优势是指能使企业获得战略领先并进行有效竞争，从而实现自己目标的某些强大的内部因素或特征，通常表现为企业的一种相对优势。例如，充足的资金来源，良好的经营技巧，在顾客中具有良好的形象，市场领导地位，完善的服务系统，独有的专利技术，较好的广告宣传，产品的创新能力，先进的工艺设备，别具一格的产品包装设计，极其低廉的产品成本，健全的营销网络等。在多业务单位企业中，公司的整体优势以各业务单位之间的有效协同和平衡方式反映出来。协同指的是各业务单位间相互支持以实现各自目标的程度，平衡指的是各业务单位间相对的现金需求的平衡。劣势是给企业带来不利、导致企业无法实现其目标的消极因素和内部的不可能性。

各种优势、劣势因素对企业经营的影响程度是不同的。其中，那些对企业的成功起着关键作用的因素，被称为关键的成功因素；那些最强于竞争对手的因素，被称为核心能力，它是企业赖以战胜竞争对手的最有力武器；同样，也有一些因素对企业经营会造成致命的影响。

这些最重要的因素，不管是优势还是劣势，都要予以高度重视。

优势和劣势，好比战略平衡表的两个栏目，优势好比"资产"，劣势好比"负债"。对一个企业来说，"资产"越多，企业的竞争优势就越明显，制定战略的基础就越好。

判定自己的优势和劣势，需要通过与同业中最好的企业进行比较，比较产品和流程，思考为什么这些公司的产品和流程如此优秀，并竭力模仿他们的最佳实践，从而提升自己的优势。机会是那些不断地帮助企业实现或超过自身目标的外部因素和状况。企业面临的机会很多，如出现了新的市场，拓展了新的产品线，技术上有了重大突破，竞争对手出现了自满现象，业务有所萎缩，能为新老客户提供更多服务，能绕过有吸引力的外国市场的关税壁垒等。机会有两种形式，即行业机会和企业机会。行业机会使某一行业环境向所有企业提供的发展机会，这种机会对同行中每一个企业来说都是平等的。但是，由于每一个企业的优势和劣势不同，抓住机会的能力也就不同。对于那些具备捕捉机会能力的企业来说，行业机会就容易被转化为现实的企业机会。

威胁是对企业经营不利并导致公司无法实现既定目标的外部因素，是影响企业当前地位或其所希望的未来地位的主要障碍。企业面临来自各个方面的威胁，主要有：低成本竞争者进入，替代品的销售额上升，市场增长速度趋缓，国外有关国家贸易政策和汇率出现了不利于企业的变化，顾客和供应商讨价还价能力的增强等。

过去，威胁的概念常常被局限于竞争者上，但是目前它已被扩展到政府、工会、社会和其他利益相关者集团身上。在业务层面上对手引入技术革新是一个威胁的例子，比如数字电视的出现，对自恃于模拟式电视的公司显然是一个严重威胁，它会很快地侵占传统电视机市场，并可能使一个模拟式电视行业统治者在几个月之后就衰退下去。在公司层面上，多业务单位公司常遇到与单一业务单位相同的威胁，那就是敌意收购和合并。

经过详尽分析以后，把内外环境中存在的优势、劣势、机会、威胁逐项排列出来，形成如表3-2所示的SWOT矩阵。

表3-2 SWOT矩阵

	优势(strength)	劣势(weakness)
内部条件	产权技术 产品创新 良好的财务 高素质的管理人员 公认的行业领先者 ……	设备老化 产品线范围太长 营销能力较弱 成本高 企业形象一般 ……
	机会(opportunity)	威胁(threat)
外部条件	纵向一体化 市场增长迅速 能争取到新的用户群 有可能进入新的市场领域 可以增加互补产品 ……	竞争压力增大 政府政策不利 用户的需求正在转移 新一代产品已经上市 ……

当然只列出这些要素是不够的，还必须根据上述对各项要素的分析，从优势、劣势、机会、

威胁的可能组合中,寻求出企业未来发展的战略大方向。简单地说,可以有 4 种可能的组合,如图 3-3 所示。

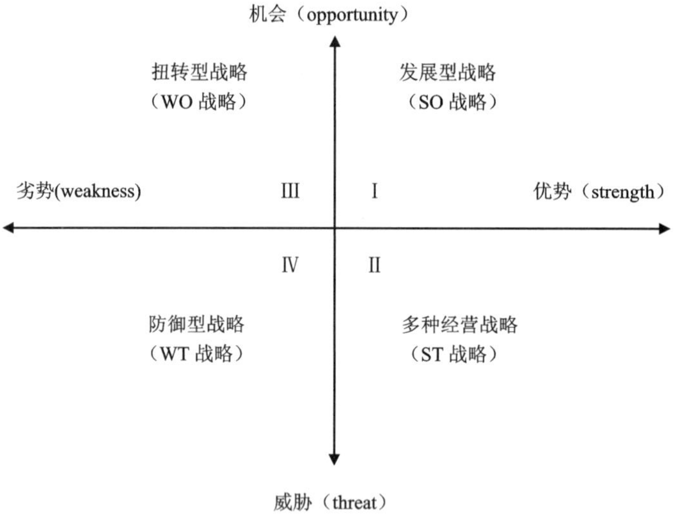

图 3-3 SWOT **分析**

在图 3-3 中,第Ⅰ象限的企业是环境中出现了机会,而公司本身恰好有这样的优势。这种情况是最理想的,企业可以采取充分利用环境机会和内部优势的大胆发展战略。具体有集中化战略、垂直一体化战略等。企业通过严格的成本控制,以价格作为主要竞争手段,在激烈的竞争中进一步发挥企业的市场优势。

第Ⅱ象限的企业是环境中存在一些威胁,但公司在这方面属于优势。针对这种情况,企业可以采取两种态度:一种是利用现有优势在其他产品或市场上建立长期机会,实行多种经营战略来分散环境带来的风险,这是具有其他发展机会的企业通常采取的态度;另一种就是采取与环境威胁直接正面斗争的态度,当然,这种做法通常只有在企业优势足以战胜环境威胁时才会采用。

第Ⅲ象限的企业是环境中存在机会,但是公司在这方面是劣势,力量不够。这就要求企业应致力于改变内部劣势,采取扭转型战略,同时,有效地利用外部环境带来的机会。

第Ⅳ象限的企业是环境中存在一些威胁,而公司在这方面也处于劣势,这是最不理想的情况。在这种情况下,企业最好采取防御型战略,不要实施扩张战略,以避开威胁,并逐渐消除劣势。

综上所述,SWOT 分析法给我们提供了一种战略思考的思路和框架。只要能够详细说明企业内外部的多项关键性战略要素,就有可能提出可行的战略方案。不过,单以 SWOT 方法来思考战略,也未必就能够很有效地找到满意的答案,因为有很多情况是处在既是机会又是挑战,或者是不算优势也不算劣势的境地。此时,就要考虑另辟蹊径了。

第三节　企业使命、愿景与战略目标的确定

一、企业使命与愿景的确定

1. 企业使命的概念

关于企业使命(mission)的思想是建立在彼得·德鲁克在20世纪70年代中提出的一些原则基础上的。德鲁克认为,问“我们的业务是什么?”就等于问“我们的任务是什么?”,以此作为使一个企业区别于其他类似企业的对经营目标的叙述。使命陈述(mission statement)是对企业存在理由的宣言,它回答了“我们的业务是什么?”这一关键问题,明确的使命陈述对于有效地树立目标和制定战略具有重要意义。

企业使命是要说明企业的根本性质与存在的理由,说明企业的宗旨、哲学、信念、原则,根据企业服务对象的性质揭示企业长远发展的前景,为企业战略目标的确定与战略制定提供依据。

2. 企业愿景的概念

企业愿景综合归纳成的定义:企业愿景是根据企业使命,在汇集企业每个员工个人心愿基础上形成的全体员工共同心愿的美好远景,它能激发出强大的力量,使每个员工都渴望能够归属于一项重要的任务和事业,它是企业战略的重要组成部分。

3. 企业使命与愿景的区别与联系

(1)企业使命回答的是“什么是我们的业务?”而企业愿景回答的是“我们想成为什么?”

(2)企业使命说明的是企业的根本性质和存在的理由;而企业愿景说明的是在这种企业使命下,企业如何做才能做得最好,或者说,企业应该怎样做才能实现企业的使命。

(3)企业使命是比较抽象而长期的;而企业愿景是比较具体的,其期限必须与战略期限相一致。

(4)企业使命决定了企业的愿景,而企业愿景又决定了企业战略。先有使命,才有愿景,再有战略。

4. 企业使命与愿景的作用

(1)明确企业发展方向。企业的使命与愿景说明了企业目前是怎样的一个组织,说明了本企业区别于其他企业的显著特征及不同。

明确企业发展方向可帮助企业界定战略的边界,排除某些严重偏离企业发展方向、前景不明的投资领域,从而做到目标明确、力量集中,保证企业内各公司经营目标的一致性。

企业使命和愿景反映了企业领导人的企业观,这种企业观反映了企业经营的哲学、理念及价值观,它不仅受企业外部环境等客观因素的影响,更会受到企业高层领导人政策水平、科学知识、实践经验、思想方法、工作作风等主观因素的影响。

明确企业的使命与愿景也更便于吸引志同道合的人才。同时也使企业的政策使命能符合广大公众的需求,使公众对企业的政策有清楚的了解,并得到信任、好感和合作,从而使企业与公众都能获得利益,使企业更好地承担起一定的社会责任。

(2)协调企业内外部的矛盾。各利益主体会在企业使命与愿景的认识上产生分歧与矛盾,一个良好的企业使命与愿景的表述,应当能在不同程度上满足不同利益相关者的需要,注

意协调好他们之间的关系。

(3)帮助企业建立客户导向的思想。良好的企业使命及愿景应能反映用户的期望。企业经营的出发点就是要识别用户的需要。努力满足用户的需要。这是企业进行使命与愿景定义时的根本指导思想。所以,在定义企业使命与愿景时,必须识别企业的产品和服务对用户而言所具有的效用,企业想要生产什么不是最重要的,对企业未来成功最重要的是用户想买什么,珍视什么,而用户所购买的或认为有价值的绝不是产品或服务本身,而是体现在产品和服务中的效用,即产品或服务所能提供给用户的满足。要搞清楚企业提供产品与服务只是一种手段,目的是要满足社会和用户的需求,一定要弄清手段与目的的关系。

二、企业战略目标的确定

1. 企业战略目标的概念

企业战略目标是指企业在一定时期内沿其经营方向所预期达到的理想成果。目标体系的建立是将企业使命和愿景转化为具体的业绩目标,如果企业使命与愿景没有转化为具体业绩目标,那么企业使命与愿景的宣言也仅仅是一些美丽的词句,是不会取得任何好结果的。如果企业管理者在每一个关键领域都建立目标体系,并为达到这些设定目标而采取适当的行动,这样的公司就有可能获得较好的结果。

2. 企业战略目标的作用

企业战略目标是企业制定战略的基本依据和出发点,它明确了企业的努力方向,体现了企业的具体愿望,表明了企业的行动纲领。具体来说,企业战略目标的作用有:①对企业形成重大挑战,使企业不满足于现状,从而确保企业实力不断壮大;②鼓舞、凝聚人心,吸引人才,使员工觉得前景广阔;③创造大量创新机会,为员工提供发展平台;④形成以业绩为主要内容的企业文化,激励员工为实现共同理想而奋斗;⑤有助于提升企业外界形象。

3. 对企业战略目标的要求

(1)要有挑战性。制定的企业战略目标不能过高,过高根本达不到;也不能过低,过低便不用经过太多努力就可以很轻松地达到。要有挑战性是指经过努力是能够达到这一战略目标的。

(2)要有可度量性。企业战略目标要尽量数量化,以便于分解、检查、动员全体员工为之奋斗。

(3)要有系统性。在大型企业中,总公司(或企业集团公司)的战略目标与下属各子公司的战略目标以及子公司内职能部门的目标必须一致,不允许出现这个子公司随意制定战略目标,那个子公司也随意制定战略目标,它们各行其是,结果总公司的战略目标实现不了。母子公司战略目标必须保持同步化、协调化,即要有系统性、层次性。

(4)要有相对稳定性及动态性。不能因为企业内外环境有些变化,企业就随时都在修改战略目标,这是不可以的,要保持相对稳定。但如果企业内外环境确实发生重大变化,企业战略目标也应作相应调整和修正。

4. 企业战略目标的内容

(1)赢利能力。企业经营的成效在很大程度上表现为具有一定的赢利水平,它通常以利润、资产报酬率、所有者权益报酬率、每股平均收益、销售利润率等指标来表示。

(2)生产效率。企业要不断地提高生产效率,它经常用投入产出比率、年产量、设备自动化水平等指标来表示,有时也会把产品成本降低率、产品质量、废品率等指标作为企业生产效率指标提出来分析。

(3)市场竞争地位。企业经营成效的表现之一是企业在市场上竞争地位的提高,特别是我国的一些大企业应当经常把在国际、国内的市场竞争地位列为一个目标,以测定其在竞争中的相对实力,通常以市场占有率、总销售收入、准时交货、增加售后服务项目、顾客满意度、比竞争对手有更好的企业形象等指标来表示。

(4)产品结构。反映产品结构的指标,常用的有产品线的宽度与深度、企业新产品产值占企业总产值比率、新产品销售额占总销售收入的比例、新开发产品数、淘汰产品数等。

(5)财务状况。是企业经营实力的重要表现,尤其是我国的许多大中型企业财务状况不佳,竞争力低,活力不强,因此应当把企业财务状况作为企业经营的一个重要目标,它通常以资本构成、流动资金、新增普通股、红利偿付、固定资产增值、总成本、收益增长、提高资本回报率、获得经济附加价值(EVA)、良好的证券和信用评价等指标来表示。

(6)企业的建设和发展。企业应适应内外环境变化的需要而不断发展,因此企业的建设和发展应成为企业战略目标中的一个重要内容。

(7)企业的技术水平。企业在未来战略期内,在技术上应达到什么水平,这往往也是企业战略目标中的重要内容,企业必须从现在行业中的实际技术水平出发,决定在未来战略期内的技术状态。

(8)人力资源的开发。企业的发展不仅要依赖于员工数量的增加,还要依赖于企业内所有人员素质的提高。

(9)职工福利。企业内职工的福利待遇满足状况对企业生产经营有直接的影响,这是企业的内在动力,是衡量企业经营效果的一个尺度,因此,改善企业内人群关系和提高职工福利待遇是企业战略目标的一个组成部分。

(10)社会责任目标。企业作为社会中的一个子系统,对社会需要承担一定责任,因此企业只履行自身的经营责任是远远不够的,它还要考虑到社区、消费者、相关企业、股东、社会整体以及国家的利益。因此,企业不仅应有经济观念,还应具有社会观念、公众利益观念及人类生存与发展的观念。

第四节 企业战略态势选择

一、企业战略的层次

为了全面、深入地认识和理解企业战略,有必要对战略的层次结构及其相互关系进行了解。企业战略一般分为总体战略(公司战略)、经营战略(事业部战略)和职能战略3个层次。对企业战略进行层次划分的意义在于既保持了企业发展的方向和战略的统一性、整体性,使企业资源的调动能最大限度地符合企业长期发展目标的要求;又能适应分权管理的要求,体现较高程度的企业活动的灵活性,使决策更接近于现场,使对资源利用的责任落实到具体的部门、小组和个人。一般来讲,企业战略层次总是力求与企业组织层次和权力层次相一致,以保证责任与权力的对等。

1. 企业总体战略

企业总体战略又称公司级战略,是企业总体的、最高层次的战略,是企业最高管理层为整个企业确定的长期目标和发展方向。企业总体战略的主要任务是确定企业的业务组合,即决定企业活动所涉及的业务范围种类,合理安排各类业务活动在企业业务总量中的比重和作用,各类业务之间的相互关系,以及这些业务在战略期内的发展方向,并且要决定企业的长期经营目标,提出协调各项业务和各种职能的经营对策,提出企业应建立何种竞争优势,以及如何发挥这些优势。

企业总体战略通常要求有远见、有创造性和全局性的,诸如业务的选择、资金的筹集和调配、成长发展优先顺序、利润的分配等都属于总体经营战略的范畴。

2. 事业部战略

事业部战略也叫经营单位战略,它就是战略经营单位、事业部或者子公司的战略,处于战略结构中的第二层次。事业部战略是把企业总体战略中规定的方向和意图具体化,成为明确的针对各项经营事业的目标和策略。事业部战略最根本的是在有关的产品与市场领域中识别并确定要占领的最有利的市场层面,也就是在整个有关市场中企业最具有竞争优势的特定部分,除确定市场层面外,还包括生产力配置、销售区域、销售渠道等方面的决策。

与事业部相联系的另一个概念是战略经营单位(strategic business unit SBU)。在大型企业,特别是在企业集团里,为了提高协同作用,加强战略实施与控制,企业从组织上把具有共同战略要素的若干事业部或某些下属企业合成一个经营单位,在这样的经营单位内,一般有着自己的产品和细分市场。有时,在企业内,如果各个事业部的产品市场具有特殊性,这时也可视作独立的经营单位。

3. 职能战略

职能战略又称职能层战略、职能部门战略,是企业内主要职能部门的相对涵盖面较窄,涉及时限较短的局部性或短期性战略。该战略使职能部门的管理人员能更清楚地认识到本职能部门在实施企业总体战略中的责任和要求,有效运用研究开发、营销、生产、财务、人力资源等方面的经营职能,保证实现企业目标。职能战略是企业总体战略和事业部战略在各专业职能方面的具体化,它使笼统的战略内容更加明确化,以指导各项具体业务决策,为实施以上两个层次的战略服务。职能战略通常包括它-般包括生产策略、营销策略、研究与开发策略、财务策略和人事策略等。

生产策略的中心问题是如何有效地生产,为此就要在零部件是自制或外购,设备是购买或租赁等方面做出选择。营销策略的中心问题是如何找到自己的顾客,为此就要在市场、产品、价格、促销、分销等方面采取一定的对策。研究与开发策略的中心问题是如何采用新的技术,究竟是由自己来开发新技术还是从国外引进新技术,采用哪一种策略为好。财务策略的中心问题是如何有效地取得资金和使用资金,在筹措资金时是向国家申请还是向银行贷款,或者采取其他办法,在分配企业利润时要决定有多少用于改进或扩大生产,有多少用于职工福利。人事策略的中心问题是如何调动职工的积极性,为此就要在人事任命、职工激励等方面采取一定的策略。

企业总体战略、事业部战略以及职能战略构成了企业的战略层次,它们之间相互作用,紧密联系。如果企业整体要想获得成功,必须将三者有机地结合起来。企业中每一层次的战略构成下一层次的战略环境,同时,低一级的战略为上一层次的战略目标的实现提供保障和支持。如果说企业总体战略和事业部战略强调"做正确的事情"的话,职能战略则强调"将事情做好"。

二、企业总体战略的选择

按照竞争势态，可以把企业战略划分为稳定型战略、增长型战略和紧缩型战略。

1. 稳定型战略

所谓稳定型战略是指受内、外部环境因素的影响，企业应遵循与过去相同的战略目标，保持一贯的成长速度，同时不改变基本的产品或经营范围。它是对产品、市场等方面采取以守为攻，以安全经营为宗旨，不冒较大风险的一种战略。

稳定型战略的好处在于：第一，企业的经营风险比较小；第二，较易于实施，企业不需要面对战略调整的阻力；第三，避免过快发展而带来的弊端，因为仓促制定新战略可能因考虑不周而风险较大。

其风险主要在于：第一，如果企业一味地推行其当前战略，准备以过去的产品或服务来抢占市场会带来很多问题，如会在某种程度上减少创新，由此将影响企业的后期发展。第二，稳定性战略建立的前提条件是前期的战略是成功的，且效果不错，否则，稳定性战略就失去了其基础。

2. 增长型战略

增长型战略又称发展型战略，或者成长型战略。该战略是一种使企业在现有的战略基础水平上向更高一级的目标发展的战略。它以发展作为自己的核心内容，引导企业不断开发新产品，开拓新市场、采用新的生产方式和管理方式，以便扩大企业的产销规模，提高竞争地位，增强企业竞争力。

从企业发展过程分析，任何企业都应会经历一个增长型战略实施期，因为企业从竞争力弱小的小企业发展到实力雄厚的大企业，只有依靠实施增长型战略才能实现。而企业经济增长的方式会因企业规模、企业不同导向而各不相同，主要有三类基本的增长型战略，即集中化战略、一体化战略、多元化战略（多样化战略）。

（1）集中化战略。集中化战略是指企业将自己的全部或大部分的资源集中于最能代表自己优势的某一项业务上，力求在该业务上取得最优业绩。这是一种被普遍采用的公司战略类型。

（2）一体化战略。一体化战略是指企业充分利用自身产品或业务在生产、技术和市场等方面的优势，沿着其产品或业务经营链条的纵向或横向，不断通过扩大其业务经营的深度和广度来扩大经营规模，提高其收入和利润水平，使企业不断地得到发展壮大。一体化战略可以在某种程度上规避集中化战略的风险。根据企业的横向扩展或纵向扩展战略，可以把一体化战略分为横向一体化和纵向一体化。

1）横向一体化战略

横向一体化战略又称为水平一体化战略，是指获得同行业竞争者的所有权或加强对他们的控制，或建立同企业原来产品或服务相同的新工厂或新公司。

2）纵向一体化战略

纵向一体化战略是指企业在业务链上沿着向前和向后两个可能的方向延伸、扩展企业现有经营业务的一种发展战略，包括前向一体化战略和后向一体化战略。

①前向一体化战略。即沿着与企业当前业务的输出端（价值系统的下端）有关活动向下延伸（如运输、销售、维修和售后服务以及深加工等，都是围绕输出端的活动）。例如，钢铁厂与一家购买钢材的钢管厂实行联合；可口可乐公司不断收购本国及外国的零售商和分销商，

并提高它们的销售效率,获得了可观的利润。

②后向一体化战略。即沿着与企业当前业务的输入端(价值系统的上端)有关活动向上延伸(如原材料、能源、设备、劳动力都是制造类企业的重要输出要素)。例如,一家啤酒厂以前是从玻璃厂购买啤酒瓶,而现在与玻璃厂实现某种程度的联合,让它专门生产啤酒瓶,或者它自己建厂生产啤酒瓶。

一体化战略有利于提高经营效率,实现规模经济,提升控制力或获得某种程度的垄断。但也存在脱离行业困难、管理复杂、可能的生产能力不平衡、不利于技术和产品研发的风险。

(3)多元化战略。多元化战略也称多角化战略或者多样化战略,是指一个企业同时在两个或两个以上行业中经营,或者一个企业同时生产或提供两种或者两种以上的产品或服务。该战略是企业为了更多地占领市场或开拓新市场,或避免经营单一带来的风险,而选择进入新领域的战略。多元化战略(多样化战略))可分为三种基本类型,即同心多样化、水平多样化和混合型多样化。

1)同心多样化战略,又被称为相关多样化。这种战略是指以企业现有的设备和技术能力为基础,发展与现有产品或劳务不同的新产品或新业务。比如,某制药企业利用原有的制药技术生产护肤美容、运动保健产品等,再如,汽车制造企业除生产汽车外,还生产拖拉机、推土机等。

2)水平多样化战略。也称为专业多样化。是指以现有消费者为出发点,向其提供新的、与原有产品服务不相关的产品或服务。水平多样化基于原有产品、市场和服务进行变革,因而在开发新产品、服务和开拓新市场时,可以较好地了解顾客的需求和偏好,风险相对较小。比较适合原有产品信誉高、市场广且发展潜力大的企业。

3)混合多样化战略 又被称复合多样化、不相关多样化或集团多样化。是一种通过合并、购买、合资以及自我发展,使企业增加与现有业务大不相同的新产品或新劳务的发展战略。如钢铁企业经营运输业、办旅馆或饭店等。

3. 紧缩型战略

紧缩型战略是指企业从目前的战略经营领域和基础水平收缩和撤退,且偏离战略起点较大的一种经营战略。这种收缩和撤退可能出于多种缘由和目的,但基本的原因是企业现有的经营状况、资源条件以及发展前景不能应付外部环境的变化,难以为企业带来满意的收益,以致威胁企业的生存,阻碍企业的发展。只有采取收缩和撤退的措施,才能抵御对手的进攻,避开环境的威胁,保存企业的实力,以保证企业的生存,或者利用外部环境中有利的机会重新组合资源;进入新的经营领域,实现企业的长远发展。

(1)转向战略。转向战略指当企业现有经营领域的市场吸引力微弱,失去了发展活力而趋向衰退,企业市场占有率受到侵蚀,经营活动发生困难时,或者发现了更好的领域和机会时,为了从原有领域脱身,转移阵地,另辟道路所实行的收缩。

(2)放弃战略。这是在企业采取选择性收缩战略和转向战略均无效时而采取的紧缩战略。放弃是指将企业的一个主要部门转让、出卖或者停止经营。这个部门可以是一个经营单位、一条生产线或者停止经营。

(3)清算战略。清算战略指企业受到全面威胁、濒于破产时,通过将企业的资产转让、出卖或者停止全部经营业务,结束企业的生命。

三、经营单位战略的选择

波特指出，在行业竞争中，蕴藏着3种能战胜其他企业的一般性竞争战略，即成本领先战略、差别化战略、目标集中战略。这是企业经常采用的常规竞争战略或常规武器，是企业正确地分析和界定本企业在竞争中的地位后所形成的战略。这是战略管理中非常重要的问题。

1. 成本领先战略

成本领先战略又称低成本战略，即企业的全部成本低于竞争对手的成本，甚至是在同行业中最低的成本。实现成本领先战略需要一整套具体政策。经营单位要有高效率的设备，积极降低经营成本，紧缩成本开支和控制间接费用以及降低研究与开发、服务、销售力量、广告等方面的成本。要达到这些目的，必须在成本控制上进行大量的管理工作。为了与竞争对手相抗衡，企业在质量、服务及其他方面的管理也不容忽视，但降低产品成本则是贯穿整个战略的主线。

成本领先战略的理论基石是规模效益（即单位产品成本随生产规模增大而下降）和经验效益（单位产品成本随积累产量增加而下降），它要求企业的产品必须具有较高的市场占有率。如果产品的市场占有率很低，则大量生产毫无意义，而不大量生产也就不能使产品成本降低。为实现产品成本领先的目的，企业内部需要具备一些条件。首先，设计一系列便于制造和维修的相关产品，在彼此分摊成本的同时，还要使该产品能为所有主要的用户集团服务，增加产品数量，并且建立起严格的以数量目标为基础的成本控制系统，同时，控制报告和报表要做到详细化和经常化；其次，低成本给企业带来高额边际收益，企业为了保持低成本地位，可以将这种高额边际收益再投到新装备和现代化设施上，同时引进先进的工艺技术，这种再投资方式是维持低成本地位的先决条件，以此形成低成本、高市场占有率、高收益和更新装备的良性循环；再次，企业建立起具有结构化的，职责分明的组织机构，便于从上而下地实施最有效的控制，并且还要降低研究与开发、产品服务、人员推销、广告促销等方面的费用支出；最后，由于企业把主要精力放在提高生产效率方面，实行成本领先的企业常常是明确地界定出他们所需要的技能，并对员工进行这些技能的培训投资。在人力资源管理上，倾向于采用控制导向型。

2. 差别化战略

差别化战略是企业使自己的产品或服务区别于竞争对手的产品或服务，创造出与众不同的东西。一般来说，企业可在几个方面实行差别化战略：产品设计或商标形象的差别化；产品技术的差别化；顾客服务上的差别化；销售分配渠道上的差别化等。应当强调的是，产品或服务差别化战略并不是说企业可忽视成本因素，只不过这时主要战略目标不是低成本而已。

企业要奉行差异化战略，有时可能要放弃获得较高市场占有率的目标，因为它的排他性与高市场占有率是不融合的。实施差别化战略，企业需具备的条件：①具有很强的研究与开发能力，研究人员要有创造性的眼光，这点可借助高校和研究单位的人才资源；②企业具有以其产品质量或技术领先的声望；③企业在这一行业有悠久的历史或吸取其他企业的技能，并自成一体；④有很强的市场营销能力；⑤研究与开发、产品开发以及市场营销等职能部门之间要具有很强的协调性；⑥企业要具备能吸引高技能职员的物质设施和精神需求的文化。

3. 目标集中战略

目标集中战略是指企业的经营活动集中于某一特定的购买者集团，即产品线的某一部分或某一地域上的市场。在这个特定的市场上，企业可以力争成本领先地位，也可以争取产品差别优势,甚至可以使两者兼得,即在满足特定市场而不是整个市场需求的基础上,使成本领先具有产品差别的特点,又使产品差别具有成本较低的优势。这样,企业就能在目标市场上获得竞争优势,同样可以赢得较高的利润。

目标集中战略包括3种具体形式:①产品类型的专一化,即企业集中全部资源生产经营特定的产品系列中的一种产品;②顾客类型的专一化,即企业只为某种类型的顾客提供产品或服务;③地理区域的专一化,即企业产品经营范围仅局限在某一特定地区。

四、企业战略选择的原则、方法及影响因素

制定战略是战略管理的核心部分,它是在战略分析的基础上完成的。对一个企业来说,达成战略目标的战略方案可能有多个,一个企业的资源是有限的,如何把企业现有的资源集中在企业最关键的领域,形成竞争优势,战略决策者就必须对这些战略方案进行评价和比较,从中选择最合适的战略。这是企业战略的制定者和决策者面临的首要课题。

1. 企业战略方案评价的原则

战略方案的评价是在对战略分析的基础上,论证战略方案可行性的过程。企业可供选择的战略方案一般有若干种。但是,各种备选方案中,最适合企业外部环境与内部条件的战略方案只有一种。所以,战略选择是选择备选方案中的最适合企业特点的战略方案。战略方案所具有的这种特点,决定了战略评价要把重点放在评价企业经营战略目标同企业的总体目标是否一致,企业的经营战略同企业的经营环境是否一致,经营战略的政策和措施同企业的总体目标是否一致,经营战略方案本身包含的目标和方针是否一致以及预期取得的经营结果同经营战略假设的基础是否一致等方面。为了保证战略方案选择的准确性,战略方案的评价应符合下列评价标准。

(1)整体优势最大化。每个战略方案中都含有若干个目标、方针、政策和措施等。根据战略方案评价一致性的要求,不但方案中的目标、方针、政策和措施等要一致,而且它们要与企业的经营目标、目的等相吻合。但是,战略方案的制定过程受到主客观等各种因素的影响,要做到各项战略内容的内部和外部的条件完全一致是不可能的,只能做到相对的一致。因此,战略评价是通过方案的相互比较和方案同企业经营情况的比较,使得战略方案的整体功能达到最大化。

根据企业内外部条件和环境制定的经营战略方案,都具有自己的优势和劣势。但是,战略方案的评价是整体评价,就是不仅要评价每个方案中的单项措施、方针等的可行性的大小,更重要的是评价方案的整体组合以及这种组合的整体优势。战略方案的单项内容可能是最优的,但它的整体优势不一定就是最大化的。因此,必须把整体最优作为评价的首要标准。

(2)竞争优势最大化。在激烈竞争的企业环境中,如果说,具有竞争性的经营战略,是一门创造或探索那些最难辨别和最难模仿的竞争优势的艺术,并不为过。竞争战略所要强调的,不是战略的功能是否可以行使的问题,而是强调自己的战略功能是否强于或至少等于自己的竞争对手的问题。可见战略方案一出台,就应带有一种能够竞争的生命力。因此,评价一个战略方案能否实施,就必须把这种企业战略所应有的竞争力作为一项重要标准加以考察。

一个具有较强竞争优势的战略方案,应符合卓越的资源、卓越的技术和卓越的位置3项要求。卓越的资源和技术能保证企业在人、财、物和技术等方面比竞争者建立更雄厚的物质

基础;而卓越的位置形成了对竞争者进入市场的障碍,从而保证企业能长期保持良好的市场占有率。战略评价,就是要以这种由资源、技术和位置所形成的竞争优势最大化为标准,来分析每一备选方案的竞争优势,从而为战略选择提供具有竞争优势的可行性方案。

(3)行业优势最大化。行业优势是指企业在特定行业或相关行业结构中的优势。行业优势实际上也是一种竞争优势。但是,在战略方案评价中的行业优势重点强调纵向评价,就是将一项战略方案实施后,它所形成的行业优势同方案实施前该企业在特定行业或相关行业结构中的优势进行比较,然后做出评价。

行业优势也是一种整体优势,它是由产品优势、技术优势、人才优势和市场等组成的。企业为了实施一项新的经营战略,会确定不同的企业重点,因而,不可避免地会在企业所在的行业中有重点地突出某些方面,有计划地放弃某些方面的优势,但是,只要在行业中的整体优势能达到最大化,就不失为一项可行决策。

2. 战略评价方法

战略评价常用的方法有以下 3 种。

(1)常规定性分析方法。定性分析方法主要是通过个人的创造力、判断力、预见力、直觉力和经验等来分析、评价、论证战略方案的可行性。经常使用的方法有头脑风暴法、德尔菲法等。

(2)常规定量分析方法。这种定量分析的方法主要是运用传统的定量分析技术来评价战略方案的可行性。主要有平衡表分析、盈亏平衡分析、成本控制模型、相关分析、投入产出分析等。

(3)产品矩阵模型评价方法。产品矩阵模型是由美国波士顿咨询公司设计的战略分析评价模型,后来在此基础上形成几种其他进化模型,如通用电器公司矩阵等,本文只介绍波士顿矩阵方法。

波士顿经营组合矩阵是一种用于分析评价公司所属的战略经营单位的战略方案,从而为公司的总战略方案提供依据的一种技术分析方法。这种方法简便、易行、直观性强,是目前世界上流行的一种战略方案评价的方法。这个方法的基本原理就是公司的所有经营单位都可以列入图 3-4 中的四个象限中。

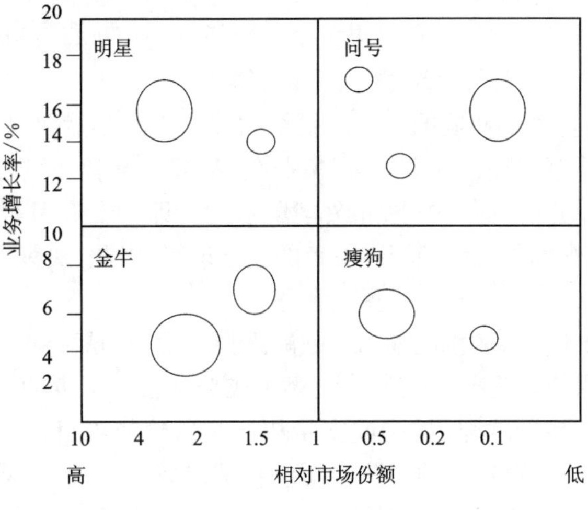

图 3-4　波士顿矩阵

关于图3-3的说明:①该图是某公司的波士顿矩阵图,其中业务增长率(纵轴)用线性坐标,相对市场份额(横轴)用对数坐标;②划分高低档次的界限可根据具体情况确定。

图3-3中的每个圆圈代表一个经营单位(或单位),圆圈大小代表企业的规模。对每个经营单位的二因素进行分析,即可把它绘入图中的某个象限。四个象限分别代表不同的战略类别。

金牛有较低的销售增长率和较高的市场占有率。较高的市场占有率带来较高的利润和高额现金,而较低的销售增长率只需要少量的投资。因此,金牛可以产生大量的现金,以满足整个公司的需要,成为公司的主要基础。

瘦狗处于市场占有率和销售增长率都低的位置。较低的市场占有率一般意味着少量的利润。此外,由于增长率低,用追加投资来扩大市场占有率的办法是不足取的。用于维持竞争而投入的资金经常超过它的现金收入。因此,瘦狗通常被称为资金的陷阱。一般采用的战略是清算战略、抽资战略和放弃战略。

问题是那些市场占有率较低而销售增长率较高的经营单位。高速增长需要大量投资,而市场占有率低却只能产生少量的现金。因此,对该问题一般采用两种战略:一是进行必要投资,以扩大市场占有率,从而使其转化为明星,当增长率降低后,明星就可以转化为金牛;二是如无希望转化为明星,则应果断放弃。

明星的销售增长率和市场增长率都高,因而需要的和产生的资金都很大,应给予必要的资助,以维持其明星地位。

3. 企业战略选择的影响因素

1)影响战略选择的行为因素

战略方案的选择是组织的一项重大战略决策,是战略决策者通过对若干种可供选择的战略方案进行比较和优选,从中选择一种最满意的战略方案的过程。很多情况下,这一选择过程并不带有必然性与客观性,而是具有较多的主观性与偶然性。

(1)战略选择者对过去战略的偏爱。一般来说,组织战略选择过程的起点往往是过去已有的战略,这必然会使战略选择者在对现有方案进行选择时受到过去战略的影响,从而使战略选择过程更多地表现为一种战略演变过程。这是因为,现在的战略是由过去某一项有影响的领导者所制定的战略演化而来的,且很可能曾受到过战略选择者的直接影响。特别是,当战略选择者要对现有战略方案的不良后果负个人责任时,他们总是将最大数额的资源投入到过去选择的执行方案之中,以显示此战略方案的正确性。

(2)战略选择者对待外部环境的态度。组织的战略选择必然要受到外部环境的影响,这包括股东、竞争对手、顾客、政府、社会等多种因素。战略决策者在进行最终战略方案的选择时,不得不考虑来自组织外部环境中各利益集团的压力,即各影响因素对组织的期望和态度。同时,外部环境这一客观现象又依赖于决策者的主观理解,因此,决策者对外部环境的态度影响着战略的选择。

(3)战略选择者对于风险的承受能力。战略选择经常受到战略选择者对于风险的承受能力和态度的影响。如果战略选择者认为风险对于成功是必不可少的,并乐于承担风险的话,则组织通常会采用进攻型的战略,接受或寄希望于高风险的项目,并因此得到发展的机会。与此相反,战略选择者认为冒较高的风险会对组织造成较大的损失,需要减低或回避风险的话,则通常会采取保守型的战略在稳定的产业环境中发展,并拒绝从事那些高风险的项目。

(4)中层管理人员参与战略选择的程度。随着外部环境的不确定性日益加剧,组织在战略管理过程中对全员参与性及民主性的要求越来越高。在这种情况下,中层管理人员在战略选择中的角色也逐渐从被动性和操作性向主动性和决策性转变。

(5)战略选择者对他人的影响力。组织的战略选择需要理性分析,但更多的时候,战略方案的选择是由权力来决定的。在大多数组织中,权力主要由高层管理者所掌握,如果他们倾向于选择某种战略方案,那么这一方案就会得到一致的拥护,并成为组织最终所选择的战略。

(6)竞争者的反应。企业高层领导在做出战略选择时要全面考虑竞争对手将会对不同的战略做出哪些不同的反应,如果选择的是一种进攻型战略,对竞争对手形成挑战的态度,则很可能会引起竞争对手的强烈反击,企业领导必须考虑这种反应,估计竞争对手的反击能量以及对战略能否取得成功的可能影响。

2)影响战略选择的制度因素

(1)产权制度。产权是一种通过社会强制而实现的对某种经济物品的多种用途进行选择的权力。产权在现实经济活动中的具体形式有私有产权、集体产权、共有产权和国有产权。产权制度则是指人对利益环境的反应规则和经济组织的行为规则,包括产权立法、产权界定和维护、产权纠纷的处理在内的社会制度;广义的产权制度还包括社会的所有制结构。而以企业产权制度为基础和核心的企业组织和管理制度就是企业制度,它包括企业筹资设立的资本组织形式、企业的法律地位、管理制度和分配制度等。依据企业的资本组合方式,企业类型可以划分为个人独资企业、合伙制企业和股份制企业。这种由于企业产权制度的不同而形成的不同类型的企业,在战略选择时也各有其特点。

对于个人独资企业来说,个人独资企业一般不会选择扩张型战略。只有在企业经营状况较好、其提供的产品或服务供不应求、同时由于个人信誉非常好可以通过银行贷款取得资金的情况下,个人独资企业在战略选择时才会考虑扩张规模。另外,由于这种企业产权制度自身的特点,其战略选择往往是业主一人在进行决策,基本上是受控于业主本人。而合伙制企业克服了个人独资企业的资本限制,比较容易解决资金问题,在战略选择时可以更多地考虑扩大企业规模,促进生产发展。但它也有明显的局限性,如合伙人之间会出现道德风险问题;合伙人之间的契约关系由于是建立在人际关系的基础上,从而使其稳定性和延续性较差;合伙制企业要求所有权与经营权合一,使得生产经营活动不够灵活等。这些局限性在很大程度上影响了企业的战略选择,会降低战略选择的时效性和质量。

(2)公司治理结构。公司治理包括治理结构和治理机制两方面的内容,合理的公司治理结构是激励机制、约束机制和决策机制,这是治理机制发挥有效作用的前提。不同国家由于经济水平、社会文化传统和政治法律制度不同,经过长期的公司发展历程和企业制度的演变,形成了不同的公司治理模式,而这些不同的公司治理模式也影响着公司的战略选择。

3)影响战略选择的文化因素

当前,在世界经济一体化和区域经济集团化的背景下,企业经营国际化已经成为势不可挡的热潮。企业利用跨文化优势,展开跨国经营,在全球范围内实现优势互补。由于跨国经营的企业处于不同的文化背景、地域环境中,在战略选择时必然会遇到前所未有的机遇与挑战。如果忽视各地区的文化因素,就会使战略方案受到负面影响。其实,并不仅仅是进行国际化经营的企业需要关注社会文化问题,在目前的经营环境下,任何一个希望能成功选择战略方案的组织,都必须深入了解所处的社会文化和自身的组织文化特点,只有这样,才能增加战略方案与社会文化以及组织文化的契合度,使方案能够得以实施。

(1)社会文化。社会文化包括一个国家或地区的社会性质、人们共享的价值观、人口状况、教育程度、风俗习惯、宗教信仰等各个方面。从影响企业战略选择的角度看,社会文化主要包括人口和文化两个方面。

人口因素对企业战略的选择有重大影响。例如,人口总是直接影响着社会生产总规模;人口的地理分布影响着企业的厂址选择;人口的性别比例和年龄结构在一定程度上决定了社会需求结构,进而影响社会供给结构和企业生产;人口教育文化水平直接影响着企业的人力资源状况;家庭户数及其结构的变化与耐用消费品的需求和变化趋势密切相关,因而也就影响到耐用消费品的生产规模等。

文化因素对企业的影响是间接的、潜在的和持久的,文化的基本要素包括哲学、宗教、语言与文字、文学艺术等,它们共同构筑成文化系统,对企业文化和企业的战略选择具有重大的影响。

(2)企业文化。一般来说,企业所选定的战略方案与企业文化是否能够很好地匹配,对于该战略方案的成功实施关系重大。因此,在战略选择时,为了保证选择方案的有效实施和不致引起组织中多数人反对,尤其是某些可以施加影响的重要人物的反对,战略选择者就必须保持组织文化与战略之间的动态适应性。也就是说,一方面,战略选择时要考虑人们对某一选定战略的理解和支持程度;另一方面,也要能说服人们理解选择某种特定战略的必要性以及它会给组织带来哪些益处,从而调整组织的文化和行为。相反,如果忽视了企业文化特色和内部权力状况,战略选择就很可能会走向失败。

五、企业战略方案的评价过程

1. 确定评估对象

要保证企业实现战略目标,就必须分析影响战略目标实现的各种因素,并把它们列为需要评估的对象。通常,这些因素包括经济环境、发展趋势、资源投入和组织活动等。

2. 选择评估重点

企业无力也无必要对所有活动进行控制和评估,而是在影响战略实施的众多因素中选择若干关键环节作为重点评估对象。

3. 设计评估指标

评估指标是建立战略评估体系的关键和核心环节。指标的设计应该符合一致性和准确性的质量特征。要想使评估工作取得良好效果,评估过程必须严格遵守一定的原则,只有这样才能设计出一套好的评估系统。设计评估指标的原则包括以下 6 个方面。

(1)系统优化原则。对企业的综合绩效进行评价,必须用若干个指标进行衡量,才能评价其全貌。这些指标必须互相联系、互相制约,同时,每个指标应尽可能边界分明,避免互相包含,减少对同一内容的重复评价。为实现系统优化原则,设计评价指标体系应采用系统方法,例如系统分解和层次分析法,由总指标(总目标)分解成次级指标,由次级指标再分解成第三级指标,并组成树状结构的指标体系,使体系的各个要素(单个指标)及其结构(横向结构、层次结构)能满足系统优化的要求。

(2)系统全面原则。企业业绩评价指标体系应能全面、系统并相互联系地评价企业的经营业绩。一方面,指标体系的设计应考虑到影响企业战略目标或竞争优势形成的各个主要方面,以便从各个不同角度对企业的经营业绩作出评价;另一方面,还应考虑指标项目之间的系统性和相互联系性,从而使指标体系能对企业的经营业绩作出综合评价。同时,建立的指标体系不仅能够反映企业的现有状况,而且还能够体现企业的未来发展趋势。

(3)通用可比原则。评估不仅是对同一个企业这个时期与另一个时期相比较,更重要的是与不同的单位相比较,因此,评估指标体系必须在两个方面具有通用性和可比性。一是同一个企业这个时期与另一个时期作比较(即纵向比较)时,评估指标体系有通用性、可比性。这一点比较容易做到,其条件是指标体系和各项指标、各种参数的内涵与外延保持稳定,用以计算各指标相对值的各个参照值(标准值)不变。但是,即使评价指标体系不改变,由于今年参加评估的专家与去年参加评估的专家不同,其评估得分的可比性也不是很大,但各企业的排序仍有较大的可比性。二是各个企业使用同一评估指标体系进行评价、比较(横向比较)时,评价指标体系要有通用性、可比性,如何使这些不同企业使用通用的评价指标体系,并且使评价结果具有可比性,其主要办法是找出它们的共同点,按共同点设计评价指标体系。指标在设计中要注意指标口径、方法的历史动态以及指标在空间范围内的可比性,尤其是国际可比性。

(4)实用性原则。设计评估指标体系,是为了实际应用,不仅设计者使用,更重要的是要使有关部门使用。因此,设计评估指标体系要做到:①要繁简适当,计算评估方法简便易行,在能基本保证评估结果的客观性、全面性的条件下,尽可能简化,减少或去掉一些对评估结果影响小的指标;②评估指标所需的数据易于采集,适应目前的科技管理水平,要尽量与计划口径、统计口径、会计核算口径相一致;③各项评估指标及其相应的计算方法、各项数据都要标准化、规范化,计算方法、表述方法要简便、明确、易于操作;④能够实行评估过程中的质量控制,评估过程中的质量控制主要依靠评价数据的准确性、可靠性、计算评估方法的正确实施。作为主观反映客观的工具,要遵循实事求是的思想原则,使评估指标的定量描述以定性认识为前提,正确理解有关经济范畴,并正确分析评估客体的数量特征。

(5)灵活可拓展性原则。指标的易理解性和有关数据收集的可行性,使所设计的指标能够在实践中较为准确地计量。此外,由于各个产业和企业有其特殊性,因此需要加入一些特殊的指标,这就要求指标体系和相应的评估模型有扩展的空间。

(6)成本效益原则。若获取指标数据所花费的成本大于所带来的利益,一般应放弃该指标而转用其他成本较低的可替代指标。

评估指标出来后还要进行分解。著名诺贝尔奖获得者西蒙提供了一种新的决策方法,即目标－手段分析法。这种方法首先为要实现的总目标找到一些手段和措施,然后把这些手段和措施又看做新的、次一级的目标,再为完成这些次一级的目标找出更详尽具体的手段和措施来,这样分层反复找下去,直到有了现成的解决办法为止。将企业的总体目标分解为部门和个人目标,也就找到了问题的解决办法。通过设置科学的指标体系,将目标与个人的行动有机地联系在一起,让每个员工在企业的价值创造中发挥作用,也明确了个人的行动与企业整体目标之间的关系,从而满足了公司战略管理的需要。

4. 制定评估标准

对象不同,建立标准的方法也不同。通常的方法有统计法和经验判断法。评估标准必须具备 3 个要点:①标准应该具有挑战性;②标准应透明且广为人知;③标准应能量化,不能量化的指标必须具体明确。

5. 确定评估频度

控制和评估的频度不仅和费用相关,还可能导致纠偏行动的延迟,造成不必要的损失。对于以什么样的频度进行评估,取决于被控制活动的性质。需要评估对象可能发生重大变化的时间间隔是确定适宜的衡量频度所需要考虑的主要因素。

6. 反馈评估信息

评估后，管理者应及时掌握反馈信息。应该建立有效的信息反馈网络，使评估结果及时传递给有关的部门及个人。有效的信息反馈不仅有利于保证战略的实施，还能防止被评估部门产生抵触情绪。

第五节 企业战略的执行与控制

一、企业战略实施

1. 战略实施的内容

战略实施是为了贯彻执行已制定的经营战略所采取的一系列措施，包括3方面的内容。

（1）制定政策。经营战略用于集中解决企业发展的战略目标、基本方针和综合规划。而战略实施的全部细节要由指导战略实施的具体政策来进一步阐明。政策可视为指导人们实施战略的细则。其作用有：①通过政策的制定来审议战略的各个环节是否具有可操作性；②确保战略的意义被正确理解并变成公司各层次、各部门的行动纲领；③政策不仅是用来解释战略的，它还渗透于企业的日常经营活动，以帮助建立正常可控的行为模式。

（2）组织调整。组织要适应战略，战略要通过有效的组织结构去实施。战略是随环境的变化而变化的，组织也应随战略的变化而变化。随战略变化而变化的组织称为战略组织。有3种战略组织形态可供选择：防御型战略组织、开拓型战略组织、反应型战略组织。伴随组织调整过程还要进行人员配备。要使领导者的素质和能力与所执行的战略相匹配。

（3）编制预算，配置资源。预算是数字化的计划，是控制组织经营活动必不可少的有效杠杆。资源配置得当有利于战略的顺利实施；资源配置不当可能形成瓶颈，抑制战略的实施。战略组织的功能就在于充分利用现有资源和挖掘一切资源为战略服务。

2. 管理体制模式的选择

建立实施既定战略的管理体制，往往因企业高层管理者的风格不同而有所区别。但是，企业要生存，必须适应外部环境和自身条件的变化，企业高层领导的风格也要作出相应的变化。对企业高层管理者来说，选择好战略实施的管理体制模式是实施战略的重要工作。一般来讲，战略实施的管理体制模式有5种，如表3-3所示。

表3-3 战略实施的管理模式

模型	总经理所研究的战略问题	总经理的角色
指令型	应如何制订出最佳战略	理性行为者
转化型	战略已考虑成熟，现在应该如何实施	设计者
合作型	如何使高层管理人员从开始就对战略承担自己的责任	协调者
文化型	如何使整个企业都保证战略的实施	指导者
增长型	如何激励管理人员去执行完美的战略	评判者

（1）指令型。采用此模型的企业高层管理人员工作的重点是考虑战略制订问题。一旦企业制订出令人满意的战略，便让下级管理人员去执行战略，他们自己不介入战略的实施。此

模型比较适用于稳定行业里的小企业。如果在战略实施过程中,战略设计与客观实际比较吻合,那么,采用指令型模式实施效果是比较显著的。

(2)转化型。采用此模式的企业高层管理人员重点研究战略的实施问题,他们为有效地实施战略而研究、设计和不断完善战略实施的计划系统、组织系统、信息系统等。此模式适用于外部环境变化比较大的企业。由于在制定战略时,许多未来环境变化因素难以预料,只好制订比较概略的战略计划,而依赖过细的实施操作,以弥补概略计划的不足。

(3)合作型。采用此模式的企业高层管理人员善于启发下级管理人员去考虑战略的制订与实施,并以一个协调者的角色确保他人提出的好想法都能得到较充分的论证。此模式使企业高层管理人员在做决策时,可直接听取下级管理人员的意见,集思广益,提高战略实施的有效性。不过,讨论的时间不能过长,否则有可能错过战略机会。这种模式适用于企业领导作风民主,企业内部人际关系融合,已经形成良好的"团队"关系,而且外部环境发展变化比较平稳的情况。

(4)文化型。采用此模式的企业高层管理人员首先提出自己对企业发展总方向的看法,然后鼓励企业各个层次的职工根据企业发展的总方向去设计自己的战略实施的具体方案。文化型模式将合作型模式中的参与人员从管理人员扩大到企业的全体职工,使之都能或多或少地参与企业战略的制定和实施。当然,这也就要求企业职工的素质较高,企业文化建设比较成功,企业领导有较高的个人威望。

(5)增长型。采用此模式的企业高层管理人员在只提出有限几个量化的战略指标之后,鼓励中下层管理人员制定与实施自己的战略,自下而上地提出战略,高层管理人员在所提出的战略中做出判断。此模式适用于大型的多元化经营的企业集团。

从实践来看,上述 5 种模型并不是相互排斥的。在某种意义上讲,它们可能只是形式上有所区别。运用这些模型的条件主要取决于企业多种经营的程度、发展变化的速度以及目前的文化状态。

3. 建立有效的实施战略的组织机构

企业组织机构的设计,对战略实施关系十分重大。企业战略与企业组织之间是相互融合、相互渗透、相互适应的动态协调关系,企业组织要与企业战略相适应。企业战略实施能否顺利成功,主要取决于企业是否真正建立起与企业战略实施要求一致的组织结构。

建立有效的实施战略的组织结构要满足 3 方面的基本要求:①按战略实施的要求,功能要齐全,人员要精干,负荷要饱满;②组织机构内部管理层次的划分、各个单位责权的界定、管理幅度的大小等,都必须与上述已经确定的管理体制相呼应;③组织机构内部上下左右的信息沟通要快捷、有效,运作要相互衔接、协调,讲求效率。

美国著名管理学家钱德勒通过对美国 70 多家大企业的调查研究,提出了组织机构要因战略而异的观点。在数量扩大战略阶段,一般可采用直线职能制的组织结构;在地域扩散战略阶段,企业要在不同地区形成地区组织结构,各地的业务由公司总部和地区组织结构共同管理;在纵向一体化战略阶段,企业需要建立统一管理产、供、销的一体化组织和多职能部门结构,一体化组织结构负责对经营活动统筹安排、指挥协调,多职能部门结构则分管各自的业务范围;在多种经营战略阶段,企业大都按产品、业务功能建立事业部体制,实行公司本部和事业部并存的组织结构。

近几年来,由于世界经济普遍加速发展,科技成果产业化迅猛发展,市场趋向国际化、全球化,信息系统、交通系统进步神速,各国从业人员素质普遍提高,多企业组织结构也产生了重大变化，普遍的变化趋势是减少了管理层次，增大了管理跨度，组织机构呈现扁平化的现象。组织结构扁平化更加方便了上下级之间的信息沟通，减少了因为层次过多造成的信息传递不及时甚至失真的现象，密切了企业高层领导与各级下属之间的直接联系。

综上所述，企业在战略实施过程中，要分析各类战略组织的优缺点，选择符合战略实施所需要的组织结构，并明确相应的责任和权利，配备合适的领导人员，建立各种有效的规章制度。

二、企业战略控制

战略的实施与控制往往是密不可分的。所谓控制就是通过信息反馈系统将战略执行实效与原定战略目标进行比较，发现偏差，及时纠正，使偏差保持在允许的范围内，最终保证预期目标的顺利实现。如果发生意外的环境变化，则要重新制定战略，进行新一轮的战略管理过程。

有效的战略控制取决于 3 个条件：①根据战略目标制定效绩评价标准；②建立有效的信息系统，监控外部环境的变化与内部组织的功能与效率；③及时有效地采取纠偏措施。

1. 过程

企业经营战略控制过程由 3 个方面的活动组成：①根据企业战略目标要求制定战略评价标准；②对战略执行前、执行中和执行后信息反馈的实际成效加以分析比较；③针对偏差采取纠偏行动。这 3 个方面的活动有机地结合在一起，构成完整的战略控制过程。

企业战略控制是企业系统中战略层活动的控制，不同于管理层、作业层的控制。

2. 特点

企业经营战略控制的特点如下。

(1) 战略控制系统是开放的，因为战略层的活动处于企业与外部环境的衔接处。

(2) 战略控制的标准依据是企业的总体目标，因为战略是追随企业总体目标的一个方面，当战略规划目标接近企业总体目标时，才能起控制标准的作用。

(3) 战略控制的标准有成效标准和废弃标准两种类型，当战略执行过程中出现偏差时，若这一偏差值落入成效标准范围内，就可以采取修正措施，以保证战略目标的实现；而当这一偏差值落入废弃标准范围内，则表明原战略规划所依据的假设条件发生了重大变化，原有的战略应该废弃。

(4) 战略控制的功能是既要保护战略规划的稳定性，又要允许其变化。它使企业系统维持一种动态的平衡，使企业系统具有足够的稳定性，以承受周期性的冲击，走向相关的目标；同时，主张变化，但这种变化是可接受的和符合期望的。

3. 要素

企业经营战略控制的基本要素如下。

(1) 战略评价标准。预定的战略目标或标准，是战略控制的依据，一般由定量及定性两个方面的评价标准组成。定量评价标准一般可选用下列指标：资金利税率、人均留利、劳动生产率、销售利润率、销售增长率、市场占有率、实现利润、工业总产值、投资收益、股票价格、股息支出、每股平均收益、工时利用率等。定性评价标准一般从战略与环境的一致性、战略中存在的风险性、战略与资源的配套性、战略执行的时间性、战略与企业组织机构的协调性等几个方面加以制订。

(2) 实际成效。战略在执行过程中实际达到目标水平的综合反映。为了使这些反映客观真实，必须建立管理信息系统，并采用科学的控制方法和控制系统。

(3)绩效评价。将实际成效和预定的目标或标准进行比较分析。经过比较会出现3种情况：①超过目标(或标准)，出现正偏差；②正好相等，没有偏差；③实际成效低于目标(或标准)，出现负偏差。

4. 方法

企业经营战略控制的主要方法如下。

(1)事中控制。又称行或不行的控制，在实施过程中，按照某一标准来检查工作，确定行与不行。例如，在财务方面，对工程项目进行财务预算的控制，经过一段时间之后，要检查是否超出了财务预算，以决定是否继续将工程进行下去。

(2)事后控制。又称后馈控制，将执行结果与期望的标准相比较，看是否符合控制标准，总结经验教训，并制定行动措施，以利于将来的行动。

(3)事前控制。又称前馈控制，在战略实施前，利用前馈信息进行调节控制。由于它注意的是目前还没有发生的未来行为，进行这种控制，可事先采取预防性的矫正行动。

思考练习

1. 什么是战略管理？
2. 战略与管理层次的关系是什么？
3. 如何对行业竞争结构进行分析和评价？
4. 简述增长型战略、稳定型战略和紧缩型战略的基本特征及在什么情况下实施这些类型的战略。
5. 如果你是企业的总经理，该如何对企业实施战略管理？

第四章 生产与运作管理

学习目标

(一)知识目标

- 了解生产与运作系统;
- 理解合理组织生产过程的基本要求;
- 理解生产过程的空间组织与时间组织;
- 掌握生产能力;
- 掌握生产作业计划的期量标准以及生产作业计划的编制方法;
- 掌握网络计划技术。

(二)技能目标

- 能够计算企业的生产能力;
- 能够运用所学的生产作业计划编制方法,编制企业的生产作业计划;
- 能够利用网络计划技术编制工程项目作业计划。

生产运作是人类社会赖以生存和发展的最基本的活动,生产运作管理作为一门实践性极强的管理学科,是近代产业革命的产物,其目的是研究如何将生产要素组织成现实的生产力以有效地创造出产品和服务。与此相关的概念有生产管理、作业管理、运作管理、生产与运作管理、运营管理、服务管理等。之所以有这么多名称,其实是反映了这一学科的发展过程:生产管理(production management)的主体一般是指产业革命以来的工业企业,制造业是其中的典型代表,作业(流程)管理是其中的重点;生产与运作管理(production and operation management)表明学科的重心从第二产业向第三产业转换;运作或运营管理(operation management)则主要面对的是服务性企业。为了能够更好地反映学科发展的连续性,本书采用“生产与运作管理”这一名称。

第一节 生产与运作管理概述

一、生产与运作管理的概念

在英文中,单词 production 含有生产有形产品的意思,而单词 operation 的含义较为广泛,既包含制造有形产品的制造活动,又包含提供无形产品的劳务活动。现代观念下的生产运作管理,研究的是企业生产产品和提供服务的方式。因此,可以将生产运作管理理解为对生产产品和提供服务的系统进行设计、管理和改进,并通过上述活动过程将人力、物力和资本投入转换为产品和服务。这些生产产品和提供服务的活动发生在所有的经营组织中。

二、生产运作系统

生产运作管理的核心部分是生产运作系统。生产运作系统是指利用资源将投人转化为令顾客满意的产出的系统,其任务是在顾客有需求的时候,向其提供质量合格、价格适宜的产品和服务。生产运作活动是一个"投入—变换—产出"的过程,而生产运作系统是一个由人和机器构成的、能使一定的投入(生产资源)在经过一系列的生产服务作业后转化为特定输出(产品和服务)的有机整体。生产运作系统模型如图 4-1 所示。

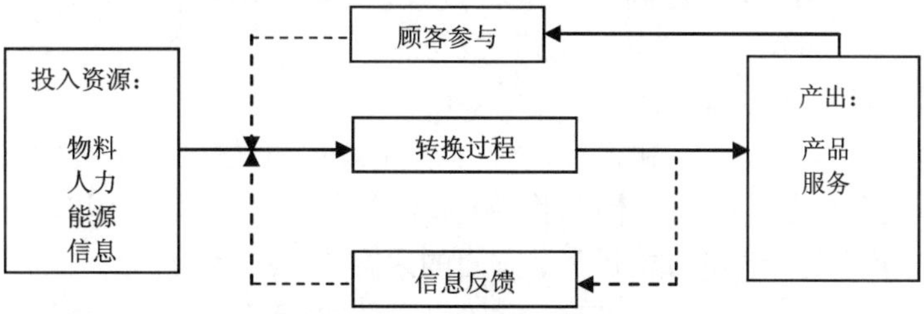

图 4-1 生产运作系统模型

在生产运作系统中,投入包括人力、物料、资金、设备、能源、信息、技术、土地等多种资源要素。图 4-1 中的虚线表示两种特殊的投入:一是顾客参与;二是有关生产运作实施情况的信息反馈。顾客参与常表现在他们不仅是产出的接受者,也是转换过程中的参与者,如患者在就医过程中配合医生治疗。信息反馈主要是指转换过程中所获得的信息,来自于生产系统内部,如生产进度报告、质量检测报告、库存分析报告等。

产出包括两大类:有形产品和无形产品。在制造类型企业中,原材料被加工成有形产品形成产出,如汽车、电视机、计算机、MP3、书籍等有形产品;而在服务类型企业中,企业提供顾客所需要的服务,如金融服务、旅游服务、咨询服务、物流服务等无形产品。有些生产运作系统仅仅生产产品,有些仅仅提供服务,但是大多数生产运作系统既生产产品又提供服务。

转换过程包括各类作业行为、劳动过程及价值增值等过程。转换过程既包括一个物质转化过程——投入的各种物质资源转换成产品,也包括一个管理过程——通过计划、组织、实施、控制等一系列活动使上述的物质转化过程得以实现。转换过程可以是形态上的转换,如对物料进行加工改变其物理属性;转换过程也可以是地理位置上的转换,如快递公司将包裹从一个地方快递到另一个地方;转换过程还可以是所有权的转换,如零售企业将商品卖给顾客的过程。尽管不同行业的生产运作系统的投入与产出的物理属性千差万别,但是它们均有特定的转换过程。

三、生产与运作管理的目标和内容

(一)生产与运作管理的目标

生产与运作管理的目标可以概括为"五适宜"、"三提高",即:在适应需要的时候,以适合的品种、适宜的价格,在适当的地点,向顾客提供适当质量的产品和服务,以达到提高顾客和社会满意度、提高竞争力、提高经济效益与社会效益的目的。

(二)生产与运作管理的内容

1. 生产与运作系统的战略决策

主要是确立生产与运作系统及其子系统的目标、行动基本方针、发展方向和重点、基本步骤与原则等，并对影响战略的基本要素提出优化组合方案。例如，决定生产什么，如何组合各种不同的产出品种，需要投入什么，如何优化配置资源要素，如何设计生产组织方式。

2. 生产运作系统的设计

主要是根据确立的生产与运作战略对生产运作系统进行设计，它主要包括：产品选择、技术选择、能力规划、选址、生产运作设施布局和工作设计。

生产运作系统的设计一般在设施建造阶段进行。但是，在生产运作系统的生命周期内，不可避免地要对生产运作系统进行更新，包括扩建新设施、增加新设备，或者由于产品和服务的变化需要对生产运作设施进行调整和重新布置，在这种情况下会遇到生产运作系统设计问题。

3. 生产运作系统的运行与控制

主要是根据生产与运作战略和系统设计方案，做好生产与运作系统的日常运行与控制。如生产与运作的总体计划、主生产计划、作业计划、进度控制、质量控制等。生产运作系统的运行，主要涉及生产计划、组织与控制3个方面的内容。

(1)计划方面解决生产什么、生产多少和何时产出的问题。这里包括预测对本企业产品和服务的需求，确定产品和服务的品种与产量，设置产品交货期和服务提供方式，编制生产运作计划，做好人员班次安排，统计生产进展情况等。

(2)组织方面解决如何合理组织生产要素，使有限的资源得到充分而合理的利用问题。生产要素包括劳动者（工人、技术人员、管理人员和服务人员等），劳动资料（设施、机器、装备、工具、能源等），劳动对象（原材料、毛坯、在制品、零部件和产成品等）和信息（技术资料、图纸、技术文件、市场信息、计划、统计资料、工作指令等）。劳动者、劳动资料、劳动对象和信息的不同组合与配置，构成了不同的组织生产的方式，或简称生产方式，例如福特生产方式、丰田生产方式。一种生产方式不是一种具体方法的运用，而是在一种基本思想指导下的一整套方法、规则所构成的体系，它涉及企业的每个部门和每一项活动。

(3)控制方面解决如何保证按计划完成任务的问题。这里主要包括接受订货控制、投料控制、生产进度控制、库存控制和成本控制等。对订货生产型企业，接受订货控制是很重要的。是否接受订货，订多少货，是一项重要决策，它决定了企业生产经营活动的效果。投料控制主要是决定投什么，投多少，何时投，它关系到产品的出产期和在制品数量。生产进度控制的目的是保证零件按期完工，产品按期装配和出产。库存控制包括对原材料库存、在制品库存和成品库存的控制。如何以最低的库存保证供应是库存控制的主要目标。任何系统都有生命周期，如果不加以维护和改进，系统就会终止。

4. 生产运作系统的维护与改进

这里主要是根据生产与运作系统运行的情况和内外部环境的动态变化，对系统进行维护和改进，包括对设施的维修与可靠性管理、质量的保证、整个生产系统的不断改进和各种先进的生产方式和管理模式的采用。

生产与运作管理的具体内容如下。

(1)生产与运作战略。它是企业总体战略下的职能战略，按照所选定的目标市场和企业既定的战略，对企业的生产与运作系统进行全局性和长远性谋划。

(2)生产准备与生产组织。它是指生产的准备工作、技术准备工作和组织工作。它包括工厂与车间的平面布置、产品的开发与设计、工作研究、生产过程组织、物资管理、设备管理等。

(3)生产与运作计划。它是指与产品有关的生产计划工作和负荷分配工作,包括生产计划、过程计划、生产作业计划、材料计划、人员计划以及负荷分配计划等。

(4)生产与运作控制。它是围绕着完成计划任务所进行的检查、调整等工作,包括进度控制、库存控制、质量控制、成本控制及企业的标准化工作。

(5)先进的生产与运作模式。为了适应企业的国际化和企业竞争的新形势,尽快提高企业管理集成度,实现生产经营一体化,已是现代生产与运作管理的热点。比如,JIT(just in time)、LP(lean production)、AM(agile manufacturing) BPR(business process reengineering)等都是先进的生产模式。

四、生产与运作管理的作用和意义

1. 生产运作过程是实现价值增值的必要环节

工业生产制造直接决定着人们的衣食住行方式,也直接影响着农业、矿业等社会其他产业技术装备的能力。作为构成社会基本单位的企业,其生产运作活动是人类最主要的生产活动,也是企业创造价值、服务社会和获取利润的主要环节。

2. 生产运作管理是企业竞争力的源泉

消费者和用户只关心企业所提供的产品或服务的效用,因此,企业之间的竞争实际上是企业产品之间的竞争,企业竞争的关键最终体现在企业提供的产品或服务的质量、价格和适时性上。哪个企业的产品质量好、价格低、又能及时推出,这个企业在竞争中就能取胜。一个企业产品的竞争力,在很大程度上取决于企业生产运作管理的绩效。

3. 生产运作管理是生产力发展的标志

生产是人类社会从事的最基本的活动,是一切社会财富的源泉。不从事生产活动,人类社会就无法生存,社会就不能发展。生产运作管理在科学有效的管理方法、手段和管理艺术的指导下,对社会各种资源进行合理配置,使生产运作系统优质、高效、灵活、准确地运转,为人们提供了具有一定效用的产品或服务,满足了人们的物质与精神需求,改变了人们的生活方式,推动了社会的发展。

五、生产与运作管理系统的特征

1. 一个多功能的综合系统

生产运作系统是由战略决策、系统设计、系统运行与控制、系统维护和改进等多种功能组成的一个综合系统,它们之间形成一个螺旋循环链,每螺旋循环一次,生产运作就向一个新的高度发展,与产品生命周期理论有一定的相似性。

2. 劳动过程或价值增值过程的统一

任何一个生产运作活动的主体是各种各样的社会组织,其中包括各行各业的众多企业组织,也包括非赢利性的各种事业组织和政府部门。这些组织虽然性质不同、形式各异,但其都具有一个共同特征:都需要投入一定的资源,经过人们一定的劳动过程,提供满足人们某种需要的、具有一定价值的劳动成果。劳动过程是价值增值过程得以实现的前提条件。价值增值是生产运作系统赖以生存的基础。劳动过程若不产生增值,会造成社会资源的浪费,提供的输出就不为人们所接受,得不到社会的承认,这样的社会组织就不能生存下去,会在竞争中被淘汰。

3. 物质系统和管理系统的结合

物质系统同生产运作过程中的物质转化过程相对应,它是一个实体系统,主要由设施、机械、运输工具、仓库、信息传递媒介等组成。例如,一个机械工厂,其实体系统包括车间,车间内各种机床、工装及运输工具,在制品仓库等。而一个化工厂,它的实体系统可能主要是化学反应罐和形形色色的管道。又如,一个经营连锁快餐店,其实体系统可能又大为不同,它们不可能集中在一个位置,而是分布在一个城市或一个地区内各个不同的地点。生产运作系统中的管理系统同管理过程相对应,它主要是指生产运作系统的计划和控制系统以及物质系统的设计、配置等问题,通过计划、组织、实施、控制等一系列活动使上述的物质转化过程得以实现。其中的主要内容是信息的收集、传递、控制和反馈。

六、生产与运作管理的发展过程

1. 凭经验管理

自人类出现以后,就有了生产活动,并随之产生了生产运作管理,但是现代意义上的生产运作管理是在产业革命之后出现的。产业革命始于 18 世纪 70 年代的英国,当时的生产运作管理主要是凭经验管理,工人劳动没有统一的操作规范,生产管理没有统一的管理办法,人员培养也主要采用师父带徒弟的方式。

2. 泰罗的科学管理法

现代生产运作管理学起源于 20 世纪初,美国人泰罗提出科学管理法以后。泰罗通过对工人作业的实际情况进行观察、测量和分析,得出了最优的工作方法,从而提高了工人的工作效率。同时,他还把工作拆分成一个个动作要素,通过累计各个动作要素的时间来计算一项工作所需的时间,并在此基础上制定了工作标准额度,实行差别计件工资制。1911 年,科学管理之父泰罗出版了《科学管理原理》一书。他在书中详细地论述了工资制度、组织结构、时间研究及劳资关系等问题。这一时期具有代表性的成果还有动作研究、甘特图、经济订货批量(EOQ)模型等。

(1)动作研究。与泰罗同一时代的吉尔布雷斯夫妇专门从事动作研究,他们将工人劳动的动作分解成动作要素,帮助工人消除多余动作和改善必要动作,从而使工人节省了体力消耗,提高了劳动生产率。

(2)甘特图。1914 年,甘特发明了至今仍在广泛使用的,用于编制作业计划的甘特图,这也是最早的编制作业计划的方法。

(3)经济订货批量模型。1915 年,哈里斯提出了库存管理数学模型——经济订货批量模型,标志着数学思想被引入管理领域。EOQ 模型是基础的库存管理模型,现在仍在广泛使用。

小案例

20 世纪初,汽车在美国开始走俏。福特公司的 T 型车大获成功,供不应求。为了提高运作效率,福特采纳了泰罗提出的科学管理原理,并采用了移动装配线。下面的这段摘录对此做了描述。

Charles Sorensen,福特公司的一个高级生产管理者,正指挥着让 T 型车底盘由小车拉着缓慢穿过 250 英尺长的加工车间,并对这一过程进行全程计时。在他身后,有 6 个工人,他们从地面上精心摆好的零件堆中拿起零件并安装到底盘上。这就是装配线的生产,是美国工业革命的真正精髓。在此之前，制造一辆汽车平均大约13小时；现在他们把装配时间减少了一半，制造一辆汽车需5小时零50分钟。他们没有就此止步，而是更加努力地创新：加长了生产线，使用了专门化的工人用于最后装配。短短几周内他们仅用2小时38分就完成了一辆汽车的制造。接着，他们又有了新突破：1914年1月，福特安装了第一条自动化传送带。福特说，这是工厂里采用的第一条移动生产线，是在芝加哥肉品包装商使用吊链运输机搬运牛肉之后建成的。在有了这一创新的2个月时间里，福特公司装配一辆汽车仅需要1个小时。这是一个惊人的成就，但这对他们来说又成了新的动力。此时一切事情都要规定时间、被合理化并分解成更小的作业或操作，从而缩短完成时间。就在几年前，当时固定底盘装配，生产出一辆汽车的最好纪录是一个工人工作728个小时；采用这一新的移动生产线后，生产出一辆汽车只需93分钟①。

3. 狭义生产管理

20世纪20—30年代，生产管理主要是针对制造业的生产管理，因此也有人称为狭义的生产管理。这一时期具有代表性的狭义生产管理包括大量生产方式的产生、抽样与质量控制的统计方法的引入及霍桑试验的广泛应用等。

（1）大量生产方式。在大量生产方式产生之前，汽车的生产都是采用单件生产方式，这种生产方式效率低、成本高，无法体现规模经济的效应。Henry Ford于1903年成立了福特汽车公司，他认为阻碍汽车业生产效率提高的主要原因是汽车结构过于复杂、缺乏通用零部件及技术工人在技艺上的差异。针对这些问题，他提出了对汽车零部件进行标准化生产的思想。首先从汽车产品的设计开始，实行简单化，并将生产的整个工作过程进行拆分，然后将拆分后的工作内容分配到特定的工人身上，实现了技术专业化。通过变革生产方式，消除了生产中不必要的浪费，从而提高了生产效率，降低了生产成本。福特汽车的大规模、低成本的生产方式改变了当时美国的生产方式，也奠定了现代生产方式的发展基础。

（2）抽样和质量控制的统计方法。1930年，贝尔实验室的休哈特等人提出了抽样和质量控制的统计方法，第一次在质量管理中引入了统计学方法。

（3）霍桑试验（人际关系理论）。尽管泰罗的科学管理方法在20世纪初对提高企业的生产效率起了很大的作用，但是企图通过该理论彻底解决提高企业的生产效率的问题是不可能的。霍桑是一家专门制造电话机的工厂，隶属于美国芝加哥城郊的西屋电器公司。该厂设备完善、福利优越，并具有良好的娱乐设施、医疗制度和养老金制度，但工人的工作效率仍然不高。为此，来自美国科学院的学者梅约和他的合作者们对这一现象进行了研究，并组织了一系列试验。研究发现，原来假定的对工厂生产效率起决定作用的照明条件、休息时间及薪水待遇与工作效率的相关程度很低，而工厂内自由宽松的群体气氛、工人的工作情绪、责任感与工作效率的相关程度却很高。也就是说，工人的生产积极性主要取决于工人与工厂管理人员的关系及工人之间的关系是否融洽等心理因素，而非工作条件等环境因素。这一结论的得出，说明企业不仅仅是一些简单因素的罗列、叠加，而是一个有情感、有需要的人的集合。作为管理者不仅应有组织、计划、指导、控制等管理技能，还应该有了解职工的需要与情感、激励职工工作热情的控制指挥能力。从此，著名的"霍桑试验"被视为划时代的经典试验，并引发了人际关系理论的诞生，也为行为科学奠定了基础。

---

① 资料来源：张群. 生产与运作管理. 北京：机械工业出版社，2009：17。

4. 第二次世界大战以后飞速发展

在第二次世界大战以后，生产管理的概念、理论和技术就开始迅速发展了。军事部门运用新的数学计算方法对作战问题进行研究，例如，线性规划方法解决了许多战争中的后勤供应问题。战争结束后，人们将运筹学的理论应用于企业管理领域，使之发展成为管理科学。库存论、数学规划方法、网络分析技术等一系列定量方法被引入制造企业的生产管理，大量生产方式逐步走向成熟和普及，这一切都使得生产管理学得到了飞速发展，并开始进入了现代生产管理的新阶段。这一时期，在生产管理中应用的主要成果有：线性规划与其他规划方法、普遍使用数学模型、高速电子计算机的应用、生产问题的模拟、生产自动化、人类工程学等。

5. 生产管理范围扩大

随着企业的生产活动越来越复杂、生产规模日益增大，使得生产和管理的分工越来越细，生产管理被进一步细分成计划管理、物料管理、设备管理、质量管理等内容，并促使企业内部成立了相应的部门。同样，在管理学科中也形成了相应的研究领域。在 20 世纪 60—70 年代，随着生产管理理论与实践认知的不断发展与完善，生产管理范围有所扩大，许多人开始从事非制造业运作管理的研究。

6. MRPⅡ、OPT、JIT 广泛应用

从 20 世纪 70 年代起，计算机技术的飞速发展促使企业不断进行技术改造，引进新设备和新技术，企业的生产方式也发生了相应的改变。从那时起，生产系统的选择、设计、调整和更新成为生产管理的新内容，从而扩大了生产管理学的范围。物料需求计划（MRP）就是在这一时期出现的，它打破了传统的生产计划方法，成为一种全新的生产与库存控制系统。进入 20 世纪 80 年代，技术更新更快，市场需求也日趋多变，世界市场进入了一个需求多样化的新时期，多品种小批量生产方式成为主流，从而也给生产管理带来了更高的要求。随后，出现了以适时制生产（JIT）、全面质量管理（TQM）等为代表的日本式生产管理方式，引起了全世界的关注和研究，极大地丰富了生产管理学的内容。为满足生产运作管理的需要，企业在 MRP 的基础上又开发了制造资源计划（MRPⅡ）。另外，最优化生产理论（OPT）也在生产运作管理中得到了发展和应用。

7. TQM、BPR、互联网、SCM 等

20 世纪 80 年代，信息技术的快速发展和计算机应用的普及，使得大量的信息技术进入企业管理领域。经济全球化的发展趋势及市场需求的快速变化，都促使企业必须尽快引入信息技术，以增强企业的竞争力。生产运作管理开始研究如何利用信息技术改进企业的生产运作方式。全面质量管理（TQM）、企业资源计划（ERP）、业务流程重组（BPR）、供应链管理（SCM）等新理论、新概念都是这一背景下的产物，直到今天，这些理论仍然是研究的热点问题。

第二节　生产过程组织

生产过程的组织与控制是企业生产管理的重要内容。在产品生产过程中，要求在空间上对各种生产要素进行合理配置，在时间上保持紧密衔接，最终达到以尽可能少的劳动耗费，生产出尽可能多的适销产品，不断提高企业经济效益的目的。

一、生产过程的概念

由于观察的角度与考虑的范围不同，生产过程可分为产品的生产过程和企业的生产过程

两种。

1. 产品的生产过程

产品的生产过程是指从原材料投入生产开始，到产品制造出来的全过程。这个过程要消耗人的劳动，故可按人的劳动消耗的不同情况进一步分解为劳动过程、自然过程、等候过程。

1）劳动过程

劳动过程就是劳动者直接参加的那部分生产过程。在劳动过程中，劳动者从事生产活动的同时要消耗自己的体力和脑力，即要消耗活劳动。劳动过程是产品生产过程的主要部分，它又可分为工艺过程、检验过程、运输过程。

（1）工艺过程。这是直接使劳动对象的形状、尺寸、性质以 及相互位置发生预定变化的那部分劳动过程。在这一过程中，既有活劳动的消耗，又有劳动对象的变化。任何一种产品的生产过程都必须包括工艺过程，工艺过程是生产过程的最基本部分。

就机械制造工艺过程而言，一般可分为毛坯加工、零件加工和产品装配 3 个阶段。每一阶段又可分为若干工序。所谓工序就是在一个工作地上，由一个或一组工人，对一个或一组劳动对象连续进行的那部分工艺过程，它是组成工艺过程的最基本的单位。无论是在加工工艺中，还是在生产管理中，工序都是一个经常使用的重要概念。

（2）检验过程。这是对原材料、半成品以及成品的物理和化学的性质进行测量分析和判断的过程。在检验过程中，检验人员将测量分析的结果同质量标准进行比较，作出合格与否的判断，这是控制产品质量的重要手段，但它并不使被检验的对象发生产品设计所要求的变化。所以，检验过程虽有活劳动的消耗，却没有形成产品所需要的变化。

（3）运输过程。这是指将劳动对象从一个地方搬运到另一地方的劳动过程。这个过程改变的不是劳动对象本身，而是它的空间位置，但通常要消耗人的劳动。

2）自然过程

劳动对象向产品变化的过程，主要是人的劳动的力量推进的，除此之外，也可能有部分过程是借助自然界的力量完成的，由自然界力量完成的那部分生产过程就叫自然过程，如金属的自然冷却、油漆涂料的自然干燥、食品产品的自然发酵、铸件的时效处理等。若生产过程存在自然过程，则常与劳动过程交错进行，当劳动对象处于自然过程中时，劳动过程就会全部或部分停止。

3）等候过程

在实际生产过程中，劳动对象并不总是连续不断地处在被加工状态中，常常由于生产技术或生产管理的原因需要停下来等候下一步加工或检验、运输，这便是等候过程。劳动对象在等待加工过程中要占有库房或生产用地，难免发生各种损耗，增加生产费用。但另一方面，它有时又能起到缓冲生产过程波动的作用，因而有限制的等候过程又是需要的。

2. 企业的生产过程

产品的生产过程是针对某种产品而言的，它没有考虑这个过程是在一个还是多个企业中完成。在一个企业中常常并不是只生产一种产品，有时会同时生产多种产品，这些产品在生产管理方面存在着相互联系。显然，在一个企业内的生产过程与某种产品的生产过程通常并不是一回事。企业的生产过程是在企业范围内各种产品的生产过程和与其直接相连的准备、服务过程的总和，它包括如下 5 部分。

（1）生产技术准备过程。在产品正式生产之前，需要准备好技术与生产的条件。具体的工作有：产品设计、样机试验鉴定、工艺设计、工艺装备的设计、试制与调整、材料与工时定额的制定、设备布置、劳动组织等。这些工作的全过程就是生产技术准备过程。

生产技术准备工作的完善程度和时间长短,直接影响到正式生产的许多方面,特别是产品的质量和竞争能力,生产费用的大小,所以这是需要努力搞好的一项重要工作。

(2)基本生产过程。这是指企业的基本产品在企业内进行的那部分生产过程。企业的基本产品是代表企业生产发展方向的产品,通常这类产品的产量或产值相对较大,生产时间较长。企业是根据基本产品生产过程的需要来选择设备、人员、生产组织形式的,因而基本生产过程对企业来说有决定性的意义,是企业生产过程中主要的部分。

(3)辅助生产过程。这是为基本生产过程提供辅助产品与劳务的过程。辅助产品就是基本生产过程需要消耗的产品,如工艺装备(工夹模具)制造等。此外,基本生产过程中使用的设备、厂房等也需要维修,这类劳动也属辅助生产过程。

(4)生产服务过程。这是为基本生产和辅助生产提供各种服务性活动的过程,如提供生产所需各类物资的供应、运输与保管等。

(5)附属生产过程。这是指利用企业生产基本产品的边角余料、其他资源、技术能力等,生产市场所需的不属于企业专业方向的产品的生产过程,如电机厂利用边角余料生产小电器制品的生产过程。附属生产过程与基本生产过程是相对的,根据市场的需求,企业的附属生产产品也可能转化成为企业的基本产品。

以上5部分,除基本生产过程不可缺少外,其余4部分对某个企业来说,不一定全部具备,视企业生产规模、专业化协作生产方式以及企业的组织结构而定。

二、合理组织生产过程的基本要求

1. 连续性

生产过程的连续性是指物料处于不停的运动之中,且流程尽可能短,它包括空间上的连续性与时间上的连续性。时间上的连续性是指物料在生产过程的各个环节的运动,自始至终处于连续状态,没有或很少有不必要的停歇与等待现象。空间上的连续性要求生产过程各个环节在空间布置上的合理紧凑,使物料的流程尽可能短,没有迂回往返现象。提高生产过程的连续性,可以缩短产品的生产周期,降低在制品的库存,加快资金的流转,提高资金的利用率。

为了保证生产过程的连续性,首先需要合理地布置企业的各个生产单位,使物流流程合理;其次要组织好各个环节,包括投料、运输、检验、工具准备及其维修等,使物料不发生停歇。

2. 平行性

生产过程的平行性是指物料在生产过程中实行平行交叉作业。平行作业是指相同的零件同时在数台相同的机床上加工;交叉作业是指一批零件在上道工序还未加工完时,将已完成的加工零件转到下道工序加工。显然平行交叉作业可以大大缩短产品的生产周期。

3. 比例性

生产过程的比例性是指生产过程的各个环节、各工序间,在生产能力的配置上要与产品制造的要求成比例,要求各个生产环节之间的生产能力保持合理的比例关系,以保证生产过程协调进行。这样既可保证设备、生产面积和劳动力、资金的充分利用,又是保证生产连续性的必要条件。要经常对生产过程的比例性进行调整。调整的方法除了在数量上对某些环节的能力进行调整之外,还可以针对瓶颈采取若干措施,以实现生产过程的比例性。

4. 均衡性(节奏性)

生产过程的均衡性,是指产品的生产从材料的投入到最后完工能够按计划有节奏地进行,并保持相等的时间间隔,如每月、每旬、每日所生产的产品数量大致相等或稳定上升,使工作地和工作人员能够经常达到均匀负荷,保证均衡地完成生产任务。有节奏地进行生产能够充分地利用人力和设备,可以防止经常性的突击赶工,有利于保证和提高产品质量,缩短生产周期,降低产品成本,有利于安全生产。

5. 准时性

生产过程的准时性是指生产过程的各个阶段、各工序都按后续阶段和工序的需要生产。即在需要的时候,按需要的数量生产所需要的零部件。准时性将用户和企业紧密联系起来。企业所做的一切都是为了让用户满意,用户需要什么样的产品,企业就生产什么样的产品;需要多少,就生产多少;何时需要,就何时提供。准时性是市场经济对生产过程提出的要求。

三、生产类型

不同企业的生产过程是不同的,生产过程即使是同种产品,由于批量不同,他们的生产过程也有很大的差别。不同的生产过程需要不同的管理方式。尽管实际生产过程千差万别,但某些生产过程大同小异,可视为一类。因此,有必要也有可能按生产过程的主要特征把各个生产过程划分为少数几种类型。

划分生产类型的方法很多,这里仅介绍按生产数量来划分的生产类型。按生产数量划分的生产类型,可分为大量生产、成批生产和单件生产,如表4-1所示。

表4-1　不同生产类型特点的比较

生产类型 / 比较项目	大量生产	成批生产	单件生产
产品品种	单一	较多	很多,型号规格很杂
工作地负担工序数	很少,一般1~2个	较多,一般11~20个	很多,一般20~40个
生产条件	生产条件稳定	生产条件不太稳定	生产条件最不稳定
生产设备	专用、自动化生产设备	部分专用,部分通用	大多采用通用设备
生产率	高	较高	低
计划管理工作	简单	较复杂	复杂多变
产品成本	低	中	高

1. 大量生产

大量生产的特点是:产品固定,品种少,产量多,生产条件稳定,生产的重复性高,如流水生产,生产线等。在通常情况下,每个工作地都固定加工一道或少数几道工序;工作地专业化水平很高,所有产品加工都有相同的工序,对个人操作技术水平要求较低。生产过程可采用专用设备、自动化与半自动化设备以及专用工艺装备。大量生产具有生产效率高、产品质量好、工人劳动熟练程度高、作业计划简单、生产成本低等优点。大量生产管理重点是物料供应、设备维修、工人出勤管理和质量控制。属于大量生产类型的生产企业有汽车制造厂、滚珠轴承厂等。

2. 单件生产

也叫单件小批生产，其特点是：产品品种繁多，而每种产品仅生产一件或少数几件，只生产一次或不定期重复，故生产条件最不稳定。由于每个工作地完成的工作内容不固定，变化很大，其专业化程度很低，大多采用通用设备，所以加工效率低；对工人操作的技能要求高；作业计划复杂，管理难度大。属于单件小批生产类型的生产企业有电站设备厂、造船厂、矿山设备厂。此外，大者如航天项目，小者如工厂扩建、新产品的开发，一次性的项目管理也可以列入此类。

3. 成批生产

成批生产的特点是：产品相对稳定，品种较多，工作地是成批地、定期或不定期地轮流进行生产，因而工作地的专业化程度较大量生产低。当轮流生产时，工作地设备和工具要适当进行调整。

在成批生产条件下，由于生产品种较多，对工人技术水平要求也较高，生产条件不大稳定，所以只能部分使用专用及自动化设备，部分使用通用设备。

四、生产过程的空间组织与生产过程的时间组织

（一）生产过程的空间组织

企业进行生产活动，实现产品的生产过程，不仅要有一定的场地、厂房设备等，而且要把这些物质生产条件按照一定的原则加以组合，划分成若干占有一定空间组织位置的车间、工段、小组等。

为了提高效率，现代化大生产应遵循分工原则，实行专业化生产。各生产单位的设施，应当在空间布局上形成一个有机的整体，这就是生产过程的空间组织。

1. 厂址的选择

厂址选择是生产运作系统规划和设计的重点内容。厂址的选择是指如何确定工厂设施的地理位置，它不仅对新建一个企业尤为重要，也是老厂因经济、技术原因需要改建、扩建或搬迁必须解决的一个首要问题。厂址选择的原则如下。

（1）符合国家政策。我国根据不同的经济地带和经济区域的生产水平，针对各自的资源条件，围绕着全国的经济发展的总体目标，正在逐步确定发挥地区优势的产业结构，各地区政府也在建立并形成有特色的产业结构，因此，在选择建厂地区时必须考虑国家生产力布局的政策。同时，必须考虑国家环境保护政策。

（2）满足生产技术的要求。厂址选择要保证工厂建成投产后能达到预定的生产规模；要保证为预定的产品质量提供必要的条件；要保证生产的安全顺利进行。

（3）综合成本最低。在满足生产技术的前提下，选择成本低的地方作为建厂地点。这里的成本不仅仅包括土地费用、场地整理费用等，还包括生产期各种原材料的运输费用、劳动力成本等。即综合比较由于建厂地点不同而造成的固定资产投资、生产成本等的差异，选择综合成本最低的地方作为建厂地点。

2. 工厂的总平面布置

工厂的总平面布置就是根据已选定的厂址和厂区，把工厂的各个组成部分作适当安排，组成一个符合生产和工作需要的有机整体，以达到方便生产、保证安全、提高经济效益的目的。

工厂平面布置的原则如下。

(1)工厂的厂房、设施和其他建筑物的布置,应满足生产过程的要求,使物件的运输路线尽可能最短,减少交叉和往返运输,从而缩短生产周期,节约生产费用。

(2)有密切联系的车间应靠近排布。辅助生产车间、生产服务部门应布置在其主要服务车间附近,以保证最短的运输距离和联系工作的方便。

(3)合理划分厂区,按照生产性质、防火和卫生条件以及劳动力需要和物料周转量,分别把同类性质的车间和建筑物布置在一个区域内。

(4)布置应尽可能紧凑,以减少建筑面积,节约投资和生产费用。

(5)充分利用城市现有的运输条件。生产过程的流向和运输系统的配置应满足货物运输路线的要求,保证物料输入和产出输出的方便。

(6)考虑企业未来的发展。工厂的总平面布置中应有预留余地,并尽可能考虑到企业的长远发展问题。

(7)工厂的总平面布置应当和周围的环境相协调,考虑企业环境的美化、绿化,使工厂的平面布置整齐、美观,为职工创造良好、舒适的工作环境。

3. 企业内部设施布置的基本类型

工厂总平面布局只是对工厂的各个组成部分进行了总体安排,确定了其相互位置,至于各个组成部分内部如何布置,这就是车间布局的问题了,在车间的各个组成部分中,设备布局是否合理,将影响产品的生产周期和生产成本,影响劳动生产率的提高。因此,在选定工厂平面布局后,必须探讨车间里设备布局的类型及方法。企业内部设施布置(即车间设备的布局)的基本类型主要有三种,即工艺专业化原则、对象专业化原则以及混合形式。

(1)工艺专业化原则

工艺专业化原则即按照生产工艺特点来设置生产单位,每个生产单位只完成产品生产过程的部分加工任务。在这种生产单位内,集中了同种类型的生产设备和相同工种的工人,对企业生产各种不同产品(零件)进行相同工艺方法的加工。如图 4－2 所示。

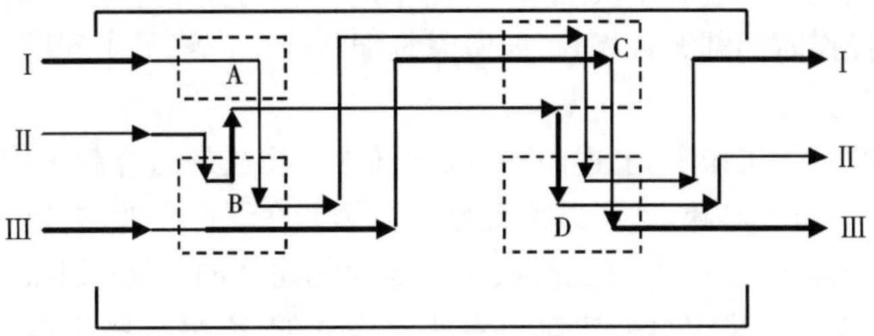

设产品工艺路线为　Ⅰ产品:A→B→C→D Ⅱ产品:B→A→C→D;
Ⅲ产品:B→C→D

图 4-2　工艺专业化示意图

工艺专业化原则的优点:① 产品制造顺序有弹性,较灵活,较好地适应产品品种变化的要求;② 便于充分利用生产设备和生产面积;③ 便于进行专业化的技术管理和指导工作。

工艺专业化原则的缺点:① 产品在生产中的运输路线长,增加了运输费用;② 产品生产周期长,占用流动资金较多;③ 各生产单位间的协作、往来频繁,使计划、在制品、质量等项管理复杂。

鉴于工艺专业化原则的优点及缺点,该种布局类型适合于小批量、多品种生产。在这种布局下,主要考虑采用何种方法布局各个不同生产单位或设备,使物流合理,达到预期的目标要求。

(2)对象专业化原则

对象专业化原则即按照不同的产品来设置生产单位,每个生产单位基本上独立完成该产品的全部工艺过程。在这种生产单位内,集中了为制造同一产品所需要的各种不同类型的生产设备和不同工种的工人,进行不同工艺方法的加工。如图 4－3 所示。

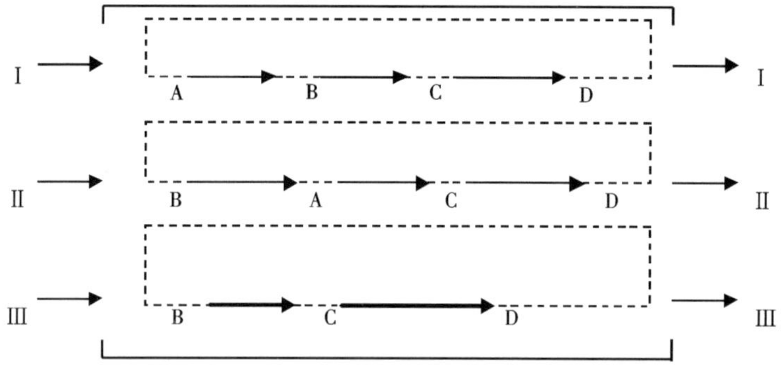

设产品工艺路线为　Ⅰ产品:A→B→C→D　Ⅱ产品:B→A→C→D;

Ⅲ产品:B→C→D

图 4-3　对象专业化示意图

对象专业化原则的优点:① 大大缩短产品在生产中的运输路线,节省运输费用;② 可以缩短生产周期,节约流动资金;③ 有利于采用先进的生产组织形式,如流水生产、成组加工等;④ 减少了车间之间的协作联系,简化了计划、在制品管理、质量管理等项工作;⑤ 有利于按期、按质、按量、成套地完成生产任务。

对象专业化原则的缺点:① 适应品种变化的能力差;② 需要较多的生产设备,投资大,设备和生产面积的利用率较低;③ 不便于对工艺进行专业化管理和指导。

对象专业化原则适合于大批量、连续生产。在对象专业化原则布局下,主要考虑如何使每一单元的操作时间都大致相等,即考虑装配线或生产线平衡问题,以提高输出效率。

(3)混合形式

在企业的实际工作中,上述两种专业化形式,往往是结合起来应用的,即兼有两种专业化形式的优点,而避免其缺点,叫做混合形式。例如在制造企业中,既有按对象专业化建立的车间,(如流水线加工、装配等),也有按工艺专业化建立的车间(如热处理车间等),也有一个车间内部,有些工段或班组可能按对象专业化建立的,而另一些工段或班组按工艺专业化建立的。总之,一个生产车间(单位)采用何种专业化形式,要因地制宜,灵活运用。

(二)生产过程的时间组织

合理组织生产过程不仅要求生产过程的空间组织能满足要求,而且在时间组织上尽可能使加工对象在各个生产单位之间的运动互相配合和衔接,实现有节奏的连续生产,从而提高劳动效率。零件在加工过程中的移动方式有顺序移动、平行移动、平行顺序移动 3 种。

1. 顺序移动方式

一批零件在上道工序全部加工完毕后整批转移到下道工序继续加工,这就是顺序移动方式。采用顺序移动方式,一批零件的加工周期 $T_{顺}$ 为:

$$T_{顺} = n\sum_{i=1}^{m} t_i \tag{4-1}$$

式中　n——零件的加工批量；

t_i——第 i 道工序的单件工序时间；

m——加工的工序数。

例 4-1　已知 $n=4, t_1=10$ min, $t_2=5$ min, $t_3=12$ min, $t_4=7$ min，求 $T_{顺}$。

解：$T_{顺}=4\times(10+5+12+7)=136(\text{min})$。这种顺序移动方式的示意图如图 4-4 所示。

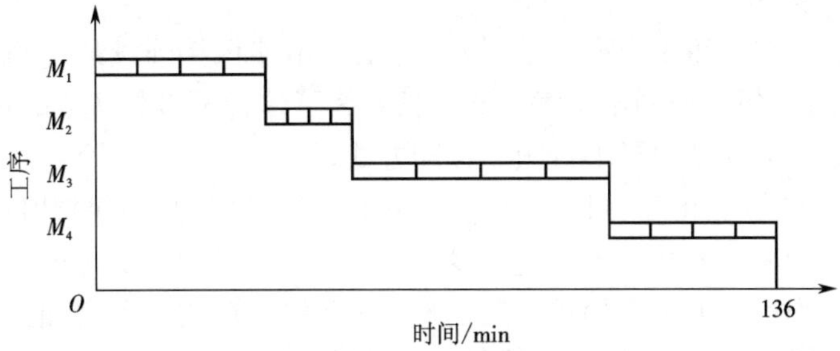

图 4-4　顺序移动方式

从图 4-2 中可以看出，按照顺序移动方式进行生产过程的时间组织，就设备开动、工人操作而言是连贯的，并不存在时间间断。同时各工序也是按批连续顺次进行的。但是就每一个零件或产品而言，还没有做到立刻向下一道工序转移，连续地进行加工，存在着等待加工和等待运输的时间，因此生产周期长。

2. 平行移动方式

当前道工序加工完成每一个零件或产品之后，立即转移到下一道工序，继续进行加工，也就是工序之间的零件或产品的传递不是整批的，而是以零件或产品为单位分别进行，从而在工序之间形成平行作业的状态。平行移动方式的周期用 $T_{平}$ 表示，则生产周期的计算式如下：

$$T_{平}=\sum_{i=1}^{m}t_i+(n-1)t_{长} \tag{4-2}$$

式中，$t_{长}$ 表示各道工序中最长的工序单件工时，其余的符号同前。如图所示，将例 4-1 中的单件工序时间代入，可求得：

$$T_{平}=(10+5+12+7)+(4-1)\times 12=70(\text{min})$$

这种平行移动方式的示意图如图 4-5 所示。

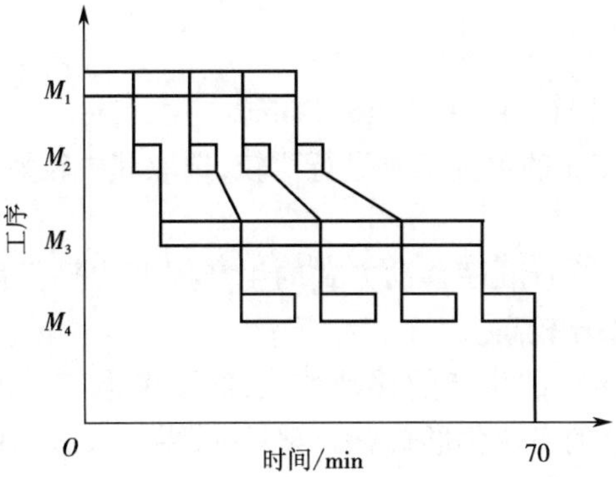

图 4-5　平行移动方式

见图4-3，从用同样的数据计算平行移动方式生产周期的结果中可以看出，平行移动方式较顺序移动方式生产周期大大缩短，后者为70 min，而前者为136 min，共缩短了66 min。但是从图4-3中可以看出，由于前后相邻工序的加工时间不等，当后道工序的加工时间小于前道工序时，就会出现设备和工人操作停歇的一部分时间，因此不利于设备及工人有效工时的利用。

3. 平行顺序移动方式

平行移动方式虽然缩短了生产周期，但某些工序不能保持连续地进行；顺序移动方式虽可保持工序的连续性，但生产周期延续得比较长。为了综合两者的优点，并排除两者的缺点，在生产过程时间组织方面产生了平行顺序移动方式。

平行顺序移动方式，指的是一批零件或产品的每道工序都必须保持既连续又与其他工序平行进行作业的一种移动方式。为了达到这一要求，可分两种情况考虑。第一种情况，当前道工序的单件工时小于后道工序的单件工时时，每个零件在前道工序加工完之后，可立即向下一道工序传送，即零件按平行移动方式转移。因为后道工序开始加工后，可以保持加工的连续性。第二种情况，当前道工序的单件时间大于后道工序的单件工时时，则要等待前一道工序完成的零件数可以保证后道工序能连续加工时，后道工序才开始加工。以i工序最后一个零件的完工时间为基准，往前推移$(n-1)\times t_{i+1}$作为零件在$(i+1)$工序的开始加工时间。这种平行顺序移动方式的示意图，如图4-6所示。

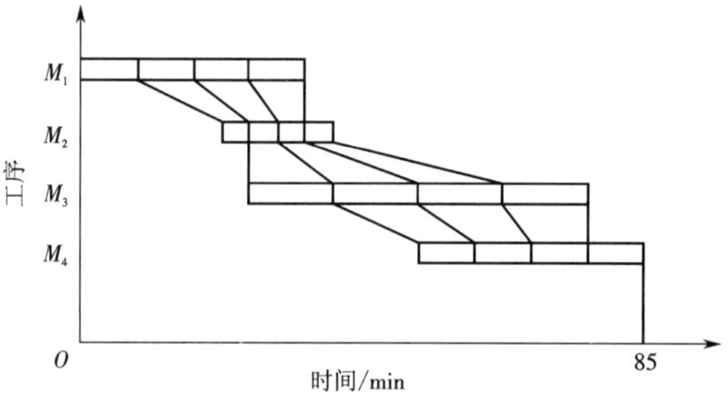

图4-6 平行顺序移动方式

平行顺序移动方式的周期用$T_{平顺}$表示，

则有：$$T_{平顺}=n\sum_{i=1}^{m}t_i-(n-1)\sum_{i=1}^{m-1}t_{短} \quad (4\text{-}3)$$

$$=136-(4-1)(5+5+7)=85(\text{min})$$

式中，$t_{短}$表示每相邻两个工序的单件工时进行比较，选取其中较短的一道工序的单件时间，比较次数为$m-1$次。

从计算结果可以看出，平行顺序移动方式的生产周期比平行移动方式的长，但比顺序移动方式的短，它的综合效果比较高。

在实际生产中，选择零件的生产的移动方式，需要考虑零件的大小、零件加工时间的长短、批量的大小及生产单位的专业化形式。一般来讲，零件大宜采用平行移动方式，零件小则采用顺序移动或平行顺序移动方式，如表4-2所示。

表 4-2　选择零件移动方式考虑的因素

移动方式	零件尺寸	加工时间	批量大小	专业化形式
平行移动方式	大	长	大	对象专业化
平行顺序移动方式	小	长	大	对象专业化
顺序移动方式	小	短	小	工艺专业化

第三节　生产计划与生产作业计划

计划是管理的重要职能之一，是组织未来活动的指导性文件，也是组织与控制等职能的依据。如果没有计划，组织的一切活动都将陷入无比的混乱之中。在现代企业中，生产运作活动是社会化的大生产，企业内部分工精细，协作严密，任何一部分的活动都不可能离开计划而独立进行。企业中的生产运作计划，是根据需求和企业生产运作能力的限制，对一个生产运作系统的产出产品品种、产出速度、产出时间、人力和设备等资源的配置以及库存等问题所预先进行的考虑与安排。

企业的生产能力与生产计划有密切关系。生产能力反映了企业生产的可能性，是制订生产计划的重要依据。只有符合企业生产能力水平的生产计划，才能使计划的实现有可靠和扎实的基础。如果生产计划定得低于生产能力水平，则会造成“能力”的浪费；相反，如果计划超过生产能力的水平，也会造成计划指导的“信誉”减退和损失。

一、生产能力的核定

（一）生产能力的概念及种类

企业的生产能力是指企业全部生产性固定资产在一定时期（通常为 1 年）和一定的生产技术组织条件下，经过综合平衡后所能生产一定种类和一定质量产品的最大数量或者能够加工处理一定原材料的最大数量。

企业生产能力在一定时期内是相对稳定的，但不是一成不变的。随着生产的发展和技术组织条件的变化，生产能力也会相应变化。根据核定生产能力时所依据的条件不同，以及具体用途的不同，生产能力可分为设计生产能力、查定生产能力和现有生产能力 3 种。

1. 设计生产能力

设计生产能力是指企业筹建时，设计任务书和技术文件中所规定的生产能力。它是按照工厂设计中规定的产品方案、技术装备和各种设计参数计算出来的最大年产量。企业基建工程竣工后，需要经过一个熟悉和掌握技术的过程，所以设计生产能力一般都需要经过一段时间以后才能达到。

2. 查定生产能力

查定生产能力是指企业在没有设计能力，或虽有设计能力，但由于产品方案、协作关系和技术组织条件发生了很大的变化，原有的生产能力不能反映实际情况时，需要重新调查核定的生产能力，这种生产能力是根据企业现有条件，并且考虑到企业在查定期内所采取的各种措施的效果来计算的。

3. 现有生产能力

现有生产能力也称计划生产能力，是指企业在计划年度内实际可能达到的生产能力。它根据企业现有条件，并考虑计划年度内所能实现的各种技术组织措施效果来计算的。

以上3种生产能力在水平上是存在差异的，它们的用途也有所不同。设计能力和查定能力，可以作为确定企业生产规模，编制企业长远规划和扩建、改建方案，安排企业技术改造项目的依据；现有生产能力可以作为企业编制年度计划、确定生产指标的依据。

（二）影响生产能力的因素

影响企业生产能力的主要因素有固定资产的数量、固定资产的工作时间和固定资产的生产效率3个。

1. 固定资产的数量

固定资产的数量是指在计划期内，用于生产的全部机器设备的数量、厂房和其他生产用建筑物面积的数量。其中机器设备的数量包括：正在运转的设备；正在检修、安装或准备检修、安装的设备；因生产任务不饱满或其他不正常原因而暂时停用的设备，但不包括已报废的设备和不配套的设备。

2. 固定资产的工作时间

固定资产的工作时间是指按照现行工作制度计算的机器设备全部有效工作时间和生产面积的利用时间。设备的有效工作时间同企业全年的工作日数、日工作班次、轮班时间、设备计划停歇时间等有关。在连续生产的企业中，机器设备的年有效工作时间一般等于日历时间减去机器设备修理所需的停工时间。在间断生产的企业中，机器设备的年有效工作时间是从日历时间中扣除节假日时间和设备检修时间后剩余的时间。

3. 固定资产的生产效率

固定资产的生产效率，也称固定资产生产率定额，它包括机器设备的生产效率和生产面积的生产效率。

机器设备的生产效率有两种表示方式：一种是单台设备在单位时间内的产量定额，例如某铣床组铣床每台时可生产0.05件甲产品；另一种是单台设备制造单位产品的时间消耗定额（台时定额），例如某铣床组每台铣床生产每件甲产品需要消耗20台时，以上两种生产效率互为倒数关系。

生产面积的生产效率也有两种表示方式：一种是单位产品占用平方米小时数定额；另一种是单位平方米小时的产量定额，两者也互为倒数关系。

固定资产的生产效率受各种因素影响很大，除了受机器设备本身技术条件的影响外，还受产品品种、质量以及原材料的质量、企业的生产组织、劳动组织和工艺方法，以及工人的技术水平和熟练程度、企业对外协作等一系列因素的影响。

（三）核定生产能力的方法

企业生产能力的核定程序一般通过自下而上的程序进行，先计算设备组的生产能力，再确定每个小组、工段的生产能力，然后确定车间及全厂的生产能力。其具体方法如下。

1. 单一品种情况下的计算公式

设备组的生产能力 = 设备的有效工作时间 × 同类设备的数量 × 单位台时的产量定额

或者设备组的生产能力 = 设备的有效工作时间 × 同类设备的数量 ÷ 单位产品的台时定额

例4－2 某机床组有车床20台，日工作时间为15小时（两班制），全年工作306天，每台机床计划检修 90 台时,生产某种产品的台时定额为 50 台时,试计算该机床组的生产能力。

机床组的生产能力 = [15 × 306 × 20 − 90 × 20] ÷ 50 = 1800(台)

2. 多品种情况下,生产能力的计算

在多品种的情况下,生产能力应按标准产品或代表产品来计算。

(1)按标准产品。例如,电机可用标准千瓦,拖拉机可用标准马力,棉纱可用标准支数等来计算生产能力。

(2)按代表产品。代表产品通常是产量大、占用工时较多或结构、工艺上具有代表性的产品,也是代表企业发展方向的主要产品。代表产品选定后,其他品种可以通过换算系数折合为代表产品。其换算式为:

换算系数 = 某产品的台时定额 ÷ 代表产品的台时定额

例 4-3 某企业生产甲乙丙 3 种产品,计划产量分别为 50 件、100 件、120 件,在铣床上加工。单位产品台时定额分别为 20、40、60 台时,若选择乙产品为代表产品,铣床组共有 3 台铣床两班制生产,设备停修率为 10%,计算铣床组的生产能力,如表 4-3 所示。

表 4-3 代表产品法计算

产品名称	计划产量(件)	单位产品台时定额(台时)	换算系数	折合代表产品产量	备注
甲	50	20	0.5	25	
乙	100	40	1	100	代表产品
丙	120	60	1.5	180	
合计	270			305	

铣床组的生产能力 = 8 × 2 × 306 × 3(1 − 10%) ÷ 40 = 330(台)

$$\text{设备的负荷系数} = \frac{\text{计划任务}}{\text{设备能力}} = \frac{305}{330} = 0.92 = 92\%$$

设备的负荷系数小于 1,说明生产能力大于生产任务,应稍加调整,以充分利用企业内部的生产能力。

(四)生产能力的综合平衡

企业的生产能力,是企业内部各环节生产能力综合平衡的结果。各环节生产能力的不平衡是绝对的,所以在计算各环节生产能力后,要由下而上地逐级平衡,即先平衡计算设备组或作业组的生产能力,再平衡计算车间的生产能力,最后进行全厂生产能力的综合平衡。生产能力的综合平衡还应包括基本车间之间生产能力平衡,基本生产能力与辅助生产能力的平衡,生产能力与生产准备能力的平衡,生产能力与储运能力的平衡等等。通过平衡就可以发现生产过程中的薄弱环节和瓶颈环节,然后根据企业计划期内可以动用的资源条件以及所能采取的组织技术措施,克服薄弱环节,使企业的生产能力得到充分发挥,以保证生产计划任务的完成。

二、生产运作计划的构成体系

制造业生产运作计划的构成可按不同的标志进行分类。按计划的对象,可分为综合生产计划、主生产计划和物料需求计划。

1. 综合生产计划

综合生产计划（aggregate production planning，简称 APP）是对企业未来较长一段时间内预计资源消耗量和市场需求量之间的平衡所做的概括性设想，是根据企业所拥有的生产能力和需求预测对企业未来较长一段时间内的产出内容、产出量等问题所做的决策性描述。

2. 主生产计划

主生产计划（master production schedule，简称 MPS,）是确定各最终产品在每一具体时间段内的生产数量。这里的最终产品，主要是指对于企业来说最终完成、要出厂的成品，它可以是直接用于消费的消费品，也可以是供其他企业使用的部件或配件。主生产计划通常是以周为单位，在有些情况下，也可能是旬或月。主生产计划根据客户合同和市场预测，把经营计划或生产大纲中的产品系列具体化，使之成为编制物料需求计划的主要依据，起到了从综合计划向具体计划过渡的承上启下的作用。

3. 物料需求计划

物料需求计划（material requirement planning，简称 MRP），就是制定企业生产所需的原材料、零件和部件的生产采购计划，包括：采购什么，生产什么，用什么物料，必须在什么时候订货或开始生产，每次订货量是多少，生产量是多少，等等。物料需求计划要解决的是主生产计划规定的最终产品在生产过程中相关物料的需求问题，而不是这些物料的独立的、随机的需求问题。这种相关需求的计划和管理比独立需求要复杂得多，对于一个企业来说也十分重要。这是因为只要在物料需求计划中漏掉或延误一个零件，就会导致整个产品的生产不能完成或延误。

本节主要介绍综合生产计划和生产作业计划。

三、综合生产计划的主要指标及编制步骤

(一)综合生产计划的指标体系

企业的综合生产计划包括产品产量计划、产值计划、产品出产进度计划、生产协作计划等。这些计划由一系列生产指标构成，其主要指标有产品的品种指标、质量指标、产量指标和产值指标。这些指标各有不同的内容和作用，并从不同的侧面反映对生产的要求。

1. 产品的品种指标

产品的品种指标规定了企业在计划期内生产的产品品名和种数。产品的品种须按具体产品的用途、型号、规格加以细分。产品的品种指标反映了企业的服务方向。

2. 产品质量指标

产品的质量指标规定了企业在计划期内产品质量应达到的水平。生产计划中的产品质量指标通常采用综合性的质量指标，如合格品率、一等品率、优质品率、废品率等。产品质量指标反映了企业产品满足用户需要的程度，企业生产技术水平和组织管理水平。

3. 产品产量指标

产量指标规定了企业在计划期内出产的合格产品的数量，一般用实物单位计量。产品的产量包括成品及准备出售的半成品的数量。成品是指在本企业生产完成后不再进行加工的产品；半成品是指本企业完成了某一个或几个工艺阶段，但尚未完成产品全部工艺阶段而准备出售的制品。产品的产量指标反映了企业向社会提供的使用价值的数量及企业生产发展的水平。

4. 产值指标

产值指标是用货币表示的产品数量。能综合反映企业生产的总成果,产值指标包含的内容不同,又可分为商品产值、总产值和净产值。

(1)商品产值。这是指企业计划期内出产的可供销售的产品价值。商品产值包括以下内容:本企业自备原材料生产可供销售的成品、半成品的价值;外单位来料加工的产品加工价值;对外承做的工业性作业价值。计算时只计算加工价值,不包括作业对象本身的价值。商品产值一般按现行价格计算。

(2)总产值。这是以货币表示的企业在计划期内完成的工作生产活动总成果的数量。总产值指标可以反映一定时期企业的生产规模及水平,是分析研究生产的发展速度,计算劳动生产率、固定资产利用率、产值资金利用率等指标的依据。总产值包括:本企业计划期内全部商品的产值;外单位来料加工的材料价值;企业的在制品、自制工具、模型等期末与期初存量差额的价值。总产值一般使用不变价格计算。

(3)净产值。是指企业在计划期内工业生产活动新创造的价值。它一般按现行价格计算。计算净产值的方法可使用生产法和分配法。

生产法:净产值 = 总产值 - 物质消耗价值;

分配法:净产值 = 工资 + 利润 + 税金 + 国民收入再分配。

(二)综合生产计划的工作内容

综合生产计划工作是指确定和实现生产目标所需要的各项业务工作,它包括具体编制计划、贯彻执行计划和检查调整计划3个主要部分,其主要内容如下。

(1)调查研究:摸清国家和社会对企业产品的需求;预测企业的外部环境条件;分析企业内部的生产条件;对各种资料和信息进行汇总、整理和综合分析。

(2)进行生产决策,确定生产计划指标。

(3)计算和核定生产能力,并进行平衡。

(4)安排产品的生产进度,确定各车间的生产任务。

(5)进行综合平衡,正式编制生产计划。

(6)落实措施,组织实施。

(7)检查、调查计划执行情况。

(8)考核、总结计划完成情况。

(三)综合生产计划的编制步骤

1. 调查研究、收集资料

企业编制生产计划的主要依据是:①国家的有关政策和法规;②企业长远发展规划;③国内外市场经济技术情报及市场预测;④计划期产品的销售量;⑤上期生产计划的实施情况;⑥技术组织措施计划与执行情况;⑦计划生产能力的利用情况;⑧产品的试制、物资供应、设备检查、劳动力调配等资料。

2. 拟定计划方案

企业根据国家、社会的需要和企业经济效益,在统筹安排的基础上,提出初步生产计划指标方案。各种产品品种合理搭配和产出进度的合理安排,将计划指标分解为各个分厂的生产任务指标等工作。

3. 综合平衡,确定最佳方案

对计划部门提出的初步指标,必须进行综合平衡,研究措施,解决矛盾,以达到社会需要与企业的生产可能之间的相互平衡,使企业的生产能力和资源都能得到充分利用,使企业获得良好的经济效益。

4. 编制综合生产计划

经过反复核算与平衡,最后编制出企业的综合生产计划。

四、生产作业计划

企业生产作业计划是企业年度生产计划(生产总体计划)的具体执行计划。它是生产总体计划的继续和补充,是对企业日常生产活动进行具体组织的行动纲领。它是根据生产总体计划分月任务的需要、上月任务的预计完成情况等,具体规定各个生产单位(车间、工段、班组、工作地),在短时期(月、旬、周、日、轮班、小时)内的生产任务。生产作业计划对组织企业的日常生产活动以及指导企业生产的进行,具有非常重要的意义。

(一)期量标准

期量标准是工业企业为了科学地组织生产活动和编制生产作业计划,为生产对象(产品、部件、零件等)在生产数量和期限上所规定的标准数据。这些标准数据通常叫"期量标准"或"作业计划标准"。期量标准的实质是科学地规定生产过程各生产环节之间在时间上、数量上的联系和比例关系。

期量标准是企业生产的客观需要,是编制生产作业计划和日常组织的重要依据之一,它直接关系企业经济效果的好坏。由于企业的生产类型、产量大小和生产组织形式不同,采用的期量标准也不相同(见表4-4)。本节只介绍大量生产和成批生产类型的期量标准。

表4-4 不同生产类型企业的期量标准

生产类型	期量标准
大量生产	节拍、节奏、在制品定额
成批生产	批量、生产间隔期、生产周期、生产提前期、在制品定额
单件小批生产	生产周期、生产提前期

1. 大量生产类型的期量标准

大量生产类型的特点是产品品种少,工作地担负的工序少且负荷稳定,一般都可以组织流水生产线,因此主要的期量标准有节拍、节奏、在制品定额等。

1)节拍

节拍是组织大量流水生产的依据,是大量流水生产期量标准中最基本的期量标准,可用有效工作时间与计划产量来计算:

$$节拍=\frac{计划期有效工作时间}{计划期产品批量}$$

其中　计划期有效工作时间=制度工作时间×时间利用系数

2)节奏

大量生产方式,顺序出产两批同样制品的时间间隔。

$$节奏=节拍\times运输批量$$

3)在制品定额

在制品是指从原材料投入生产到成品入库为止,处于生产过程中尚未完工的所有毛坯、零部件的总称。在大量生产中,生产过程各个阶段经常保持一定数量的在制品,是生产连续进行的必要条件。在制品不足,会引起生产中断;在制品过多,会造成流动资金的积压和产品生产周期的延长。因此,必须为每一生产阶段规定合理的在制品数量界限,即在制品定额。在制品定额是指在一定时间、地点和具体的生产技术组织条件下,为保证连续、有节奏地均衡生产,以实物计算的,在生产过程各个阶段上必须保持的在制品数量。

根据大量大批生产类型企业的实际,在制品占用量的构成,按存放地点分类,可分为车间内部在制品占用量和车间之间在制品。按存放地点分类的在制品占用量构成,见图4-7。

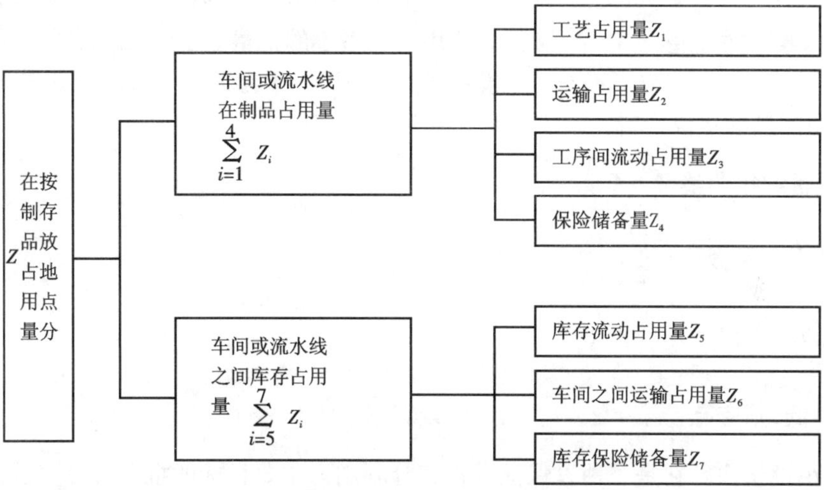

图4-7 大量生产类型在制品占有量构成

2. 成批生产类型企业的期量标准

1)生产周期

是指从原材料投入生产起,到最后完工为止,制品在生产过程中所经历的日历时间。生产周期是编制生产作业计划,确定产品及其零件在各工艺阶段投入期和出产期的主要依据。生产周期的长短反映企业的工艺技术水平和生产管理水平,对劳动生产效率、资金流转速度、产品成本等都有影响。因此生产周期的确定对于成批生产类型的企业具有重要的意义。

确定生产周期,首先要了解生产周期的构成。机械产品生产周期是产品中零件的毛坯准备、机械加工及部件装配、总装配等各工艺阶段经历的时间以及各工艺阶段之间的中断时间之和。每一工艺阶段的生产周期,即毛坯准备周期、机械加工周期、部件装配周期及总装配周期,又包括6个组成部分:①基本工序时间;②检验时间;③运输时间;④等待加工时间;⑤自然过程时间;⑥制度规定的停歇时间。

2)批量和生产间隔期

批量是指每批制品的数量,或者一次投入(或出产)的一批相同制品的数量。生产间隔期是前后两相同产品(或零件),投入(或出产)之间相隔的时间。

批量和生产间隔期之间的关系可以用下式表示:

$$批量=生产间隔期\times平均日产量$$

从上式可以看出,当生产任务确定以后,批量加大,生产间隔期就会相应延长;相反,批量减少,生产间隔期就会缩短。它们之间的变化成正比例关系。鉴于批量和生产间隔的这种关系,确定批量和生产间隔期的方法有以下两种。

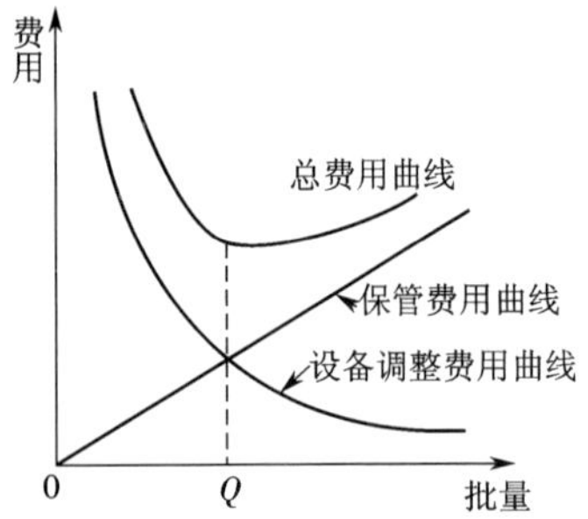

图 4-8 经济批量

(1)经济批量法。这是一种根据费用来确定合理批量的方法。这种方法不仅着眼于效率,更着重经济效益。生产批量的大小主要与两种费用有关。一是设备调整费用。批量大,设备调整次数就少,分摊到单位产品中的调整费用就越少;反之,批量小,设备的调整次数就多,分摊到单位产品中的调整费用就越多。二是存货保管费用。它随着批量的增大而增多,随着批量的减少而减少。合理的批量应该是上述两种费用之和最小时的批量。这一使设备调整费用和保管费用之和最小的批量,就是经济批量(如图 4-8)。

设:N 为年生产量;A 为每次设备的调整费;Q 为经济批量;E 为单位产品的年保管费,

则: 设备的年调整费 $=A\dfrac{N}{Q}$

年库存保管费 $=\dfrac{Q}{2}E$

总成本为 $C=A\dfrac{N}{Q}+\dfrac{Q}{2}E$

要使 C 为最低,则应有:

$$Q=\sqrt{\frac{2AN}{E}} \tag{4-4}$$

(2)最小批量法。它是一种以保证设备充分利用为主要目标的批量计算方法。这种方法着眼于充分利用设备和提高劳动生产率两个因素的综合考虑。其计算式为:

$$最小批量=\frac{设备调整时间}{单件加工时间\times设备调整时间损失系数}$$

一般调整时间损失系数规定在 0.03 至 0.15 之间,系数可按照大量系数的不同来确定。

3)生产提前期

生产提前期是指产品(毛坯、零件组、零件、部件)在各个生产环节投入或出产的日期比成品出产的日期所需提前的天数。生产提前期是以生产周期、生产间隔期为基础按反工序顺序进行计算。生产提前期有投入提前期和出产提前期两种。以机械企业为例,装配车间的出产提前期为零。各车间的提前期及其相互关系如图 4-9 所示。

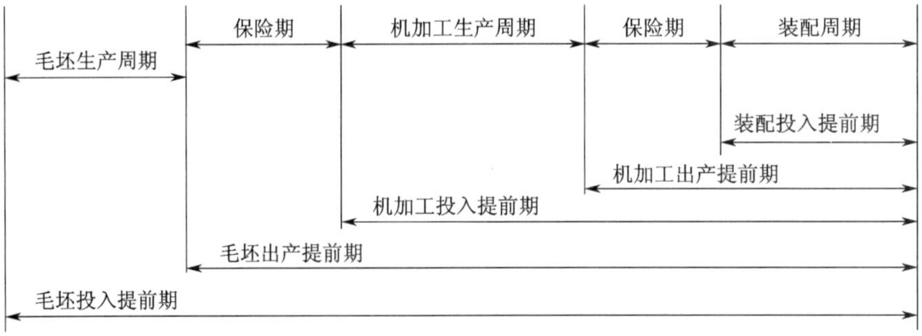

图 4-9 机械企业生产提前期及其相互关系

生产提前期要根据不同的情况分别制定。

(1)前后工序车间生产批量相等时提前期的确定。

某车间投入提前期 = 本车间出产提前期 + 本车间生产周期

某车间出产提前期 = 本车间投入提前期 + 本车间保险期

式中的本车间保险期，是指为了防止可能发生出产误期而预留的时间及办理交库、领用、运输等所需要的时间。

（2）前后工序车间生产批量不等时提前期的确定。前后工序车间生产批量不等时（前工序车间的批量为后工序车间批量的若干倍），各车间投入提前期的计算与上述公式相同。但是出产提前期的计算则有所不同。出产提前期计算式为：

某车间出产提前期 = 后车间投入提前期 + 本车间保险期 +（本车间生产间隔期 - 后车间生产间隔期）

4）在制品的占用量

成批生产类型的企业按其所在的地点不同，可分为车间在制品和库存在制品两种。

（1）车间在制品的占用量。车间在制品占用量包括正在进行加工、等待加工及处于运输或检验过程中的在制品数量。车间在制品占用量按各工艺阶段分别计算。在产品生产的条件下，各工艺阶段的车间在制品占用量等于该工艺阶段的在制品批数与批量的乘积。

即　　车间在制品占用量 = 批数 × 批量在制品批数为该工艺阶段生产周期与生产间隔期的比值

即　　$$批数 = \frac{生产周期}{生产间隔期}$$

（2）库存在制品占用量。是指存放在毛坯库、零件库等中间仓库中的在制品数量。

（二）生产作业计划的编制

不同生产类型的企业，其生产作业计划的编制方法不同，大量生产类型的企业常用在制品定额法编制生产作业计划，成批生产类型的企业常用提前期法，而单件小批生产类型的企业常用生产周期法。本节只介绍大量生产类型和成批生产类型企业的生产作业编制方法。

1. 在制品定额法

在制品定额法也叫连锁计算法，是根据企业预先制定的在制品定额，本着使在制品数量经常保持在定额水平上的原则，以最后车间（装配车间）开始，按反工艺顺序采取连锁计算法，依次计算各个车间的投入量和出产量的方法。适应于大量生产类型，因大量生产类型企业品种单一，各环节在制品数量稳定，可计算出各环节的投入、出产任务。计算式如下：

某车间出产量 = 后车间投入量 + 该车间外销量 +（库存半成品定额 - 期初库存在制品预计结存量）

某车间投入量 = 该车间出产量 + 本车间计划废品量 +（车间在制品定额 - 期初车间在制品预计结存量）

2. 提前期法

提前期法又称为累计编号法，用这种方法编制生产作业计划是将预先制定的生产提前期转化成提前量，确定各车间计划期应完成投入量和出产量，再减去上期已投入和出产累计数。其步骤如下。

（1）计算产品在各车间计划期末应达到的累计生产和投入号数：

某车间出产（投入）累计号数 = 成品生产累计号 + 该车间出产（投入）提前期 × 最后车间平均日产量

（2）计算各车间在计划期内应完成出产量和投入量：

计划期车间出产量 = 计划期末生产累计号 − 计划期初出产累计号

计划期车间投入量 = 计划期末投入累计号 − 计划期初投入累计号

(3)严格按照批量进行生产,则计算出车间出产量和投入量,还应按批量进行修正,使车间生产(投入)的数量和批量相等或是批量的倍数。

(三)生产作业计划控制

生产作业计划控制是指在生产作业计划执行过程中,对有关产品的数量和生产进度进行控制。生产作业控制是实现生产作业计划的保证。

1. 生产进度控制

生产进度控制又称生产作业控制,是在生产计划执行过程中,对有关产品生产的数量和期限的控制。其主要目的是保证完成生产作业计划所规定的产品产量和交货期限指标。生产进度控制的基本内容主要包括投入进度控制、工序进度控制和出产进度控制。

(1)投入进度控制。是指产品(或零部件)开始投入的日期、数量、品种是否按计划投入,各个生产环节及各种原材料、毛坯、零部件的投入是否按投入提前期标准进行等。投入进度控制是预防性的控制。投入不及时必然会造成生产中断、赶工突击,影响产品的按时出产;投入过多,又会造成在制品的大量积压,生产现场混乱,大量占用劳动资金。

(2)出产进度控制。是指对产品零部件的出产日期、出产提前期、出产均衡性和成套性进行的控制。做好出产进度控制,可以有效保证按时按量完成计划、生产过程中各个环节之间紧密衔接、各零部件出产成套和均衡生产。

(3)工序进度控制。是指对产品(或零部件)在生产过程中经过的每道加工工序的进度进行的控制,主要用于单件和成批生产条件下,对那些加工周期长、工序多的产品(或零部件),除控制投入和出产进度外,也要对工序进度进行控制。

2. 在制品占用量控制

在制品占用量控制是指对生产过程各个环节中尚未完成的毛坯、零件、部件和产品账目及其所在位置和数量的控制。有效地控制在制品占用量,对组织均衡生产、保证产品质量、加速资金周转、降低产品成本、提高经济效益有重要意义。

在制品占用量控制工作的主要任务是:在整个生产过程中,保持实现均衡和配套生产所必需的在制品数量,严格控制在制品的储备量和在各个生产环节之间的流转状态,以缩短生产周期,加速流动资金的周转。在制品控制的范围包括形成在制品占用量的实物和信息(账目和凭证等)的全过程。

3. 生产调度工作

生产调度工作是对企业生产过程进行直接控制和调节的一项工作。生产调度工作以生产作业计划为依据,生产作业计划要通过生产调度工作来实现。生产调度工作的任务就是在日常生产活动中,按照生产作业计划的要求,对企业生产进行有效的指挥、监督和控制,使生产能够均衡地进行,从而保证生产计划任务全面完成。

生产调度工作的主要内容包括:控制生产进度和在制品流转;督促做好生产技术准备和生产服务工作;检查生产过程中的物资供应和设备运行状况;合理调配劳动力;调整厂内运输;组织厂部和车间生产调度会议,监督有关部门执行调度决议;做好生产完成情况的检查、记录和统计分析工作。

第四节 网络计划技术

在生产类型的划分中，项目属于单件生产，但又不同于一般的单件生产，这类生产的管理有它的特殊性，如新产品开发、软件系统开发、大型设备大修、大型技术改造等，它要求在规定的时间和预算费用内完成一项大型工程或创新性强、风险大的研究项目（例如长江三峡工程、载人宇宙飞船），因此要组织由多种专业人员组成的专门队伍。因此，它属于另一种特殊的生产类型，所采用的管理方法也具有特殊性，通常称之为项目管理。

项目的进度计划是项目运营计划的基础和中心，常用的制定进度计划的方法包括：甘特图（横道图或线条图）以及网络计划技术。

资料卡

甘特图

甘特图（Gantt Chart）又叫横道图、条状图（Bar Chart），是由亨利·甘特（Henry Gantt）发明的一种计划工具。它的原理相当简单。最基本的甘特图是一种条形图，横轴代表时间，纵轴代表计划完成的活动，条块代表一段时期内的计划和实际产出。甘特图可以直观地表明任务计划在什么时候进行以及实际进展与计划要求的对比。管理者由此可以非常便利地弄清每一项任务（项目）还剩下哪些工作要做，并可评估工作是提前、滞后，还是正常进行。见图4-10。

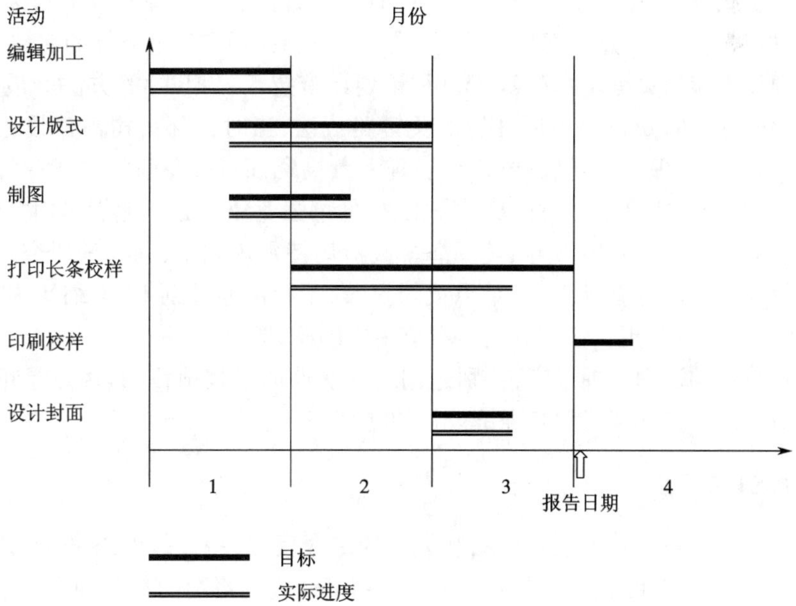

图4-10 甘特图

甘特图的优点：简单、明了、直观，易于编制，因此到目前为止仍然是小型项目中常用的工具。即使在大型工程项目中，它也是高级管理层了解全局、安排基层项目进度时有用的工具。

在甘特图上，可以看出各项活动的开始和终了时间。在绘制各项活动的起止时间时，也考虑它们的先后顺序。但各项活动的关系却没有表示出来，同时也没有指出影响工期的关键所在。因此，对于复杂的项目来说，甘特图就显得不足以发挥作用。与网络计划图相比，甘特图具有以下缺点。

首先，甘特图无法完整地表达清楚一个工程项目的各工作之间的逻辑关系；其次，利用甘特图进行动态控制具有相当的难度，即当计划中的某一工作由于各种原因提前或者延迟或者与其他工作顺序改变以后，甘特图难以进行控制；再次，甘特图处理问题的规模有限，当项目各项工作间的关系复杂，或者项目的规模大到一定程度时，利用甘特图进行项目的计划工作难度也在迅速增加，以至于单纯采用人工处理的方式根本无法满足项目管理的需要；最后，在甘特图上确定工期十分简单，可以直观地从图上看出，但是关键线路的确定就十分困难，因为甘特图上没有表示出各个工作之间的逻辑关系。

因此对于复杂项目来说，甘特图不能满足需要，必须要用网络计划技术。

一、网络计划技术的原理

网络计划技术是指在应用网络模型的基础上，对工程项目予以适当的规划、调派及有效的控制执行，使人力、物力发挥最高效能，以节省费用，缩短工期，提高工作效率的一种科学管理方法。网络计划技术最适用于一次性工程项目，如基建施工、大规模设备维修，新产品开发、科研项目、单件小批量生产等。一般来说，工程项目规模愈大，包含的工作愈多愈复杂，应用网络计划技术的成效愈大。

网络计划技术的基本原理是利用网络图来表示计划任务的进度安排，并反映组成计划任务的各项活动（或各道工序）之间的相互关系，在此基础上进行网络分析，计算网络时间，确定关键工序和关键线路，利用时差，不断改善网络计划，求得工期、资源与成本的综合优化方案。在计划执行过程中，通过信息反馈进行监督和控制，以保证预定计划目标的实现。

网络计划技术包括关键路线法（CPM）和计划评审技术（PERT）等方法。最早（1957 年）是来自于美国杜邦（DuPont）公司所开发的关键路线法，当时杜邦公司需建设一个大型化工厂，在该新建项目的管理中，不仅需要合理安排大量投资，而且，在面临同行业许多厂商激烈竞争的条件下，特别需要该工程项目及早完工，以便增强竞争能力。他们采用关键路线法，使该项目的建设取得了成功。1958 年，美国海军武器局特别规划室，独立地研究计划评审技术即 PERT，并用于北极星导弹计划，其结果成绩显著，工程由原计划 10 年缩短为 8 年。其后，PERT 就成为一种盛行的现代管理方法。本节主要讲述 PERT 方法。

网络计划技术的适用范围很广，特别适用于一次性的工程项目，其优点是可以缩短工程周期，降低成本，促进管理现代化和经济效益的提高。

二、网络图的组成

网络图是计划任务及其组成部分相互关系的综合反映，是进行网络分析、计划和计算的基础。网络图有箭线式和结点式两种，这里只介绍箭线式网络图的有关知识。箭线式网络图由事项、活动和线路 3 部分组成。

1. 事项

事项称为结点，是指某一项作业（或工序 ）的开始或结束，用圆圈“○”表示。在网络图中，第一个事项称为始点事项，表示一项任务的开始；最后一个事项称为终点事项，表示一项任务的结束。介于始点事项与终点事项之间的叫中间事项，既表示前项作业的结束又表示后续作业的开始。结点一般要编号，以便识别、检查和计算。编号可注明在圆圈内，顺序是从左到右，且箭尾事项的编号必须小于箭头事项的编号。

2. 活动

活动指一项作业或一道工序。它是生产任务中，在工艺技术和组织管理上相对独立的作业活动。一项生产任务可分解为若干个活动。完成活动需要消耗一定资源和占用一定的时间和空间。在网络图中，用箭线表示一项活动，箭头方向表示活动的流向，箭尾表示活动的开始，箭头表示活动的结束，从箭尾到箭头表示一项活动的过程。应在箭线的上方注明活动名称或代号，下部注明完成该项活动所需要的作业时间。在网络图中，有时需要引入虚活动。虚活动的作业时间为零，用虚箭线表示，它不消耗资源，也不占用时间。它的作用是把前后作业（或工序）联结起来，来表示作业之间的内在逻辑关系，指明活动的前进方向。

3. 线路

线路是指从网络始点事项开始，沿着箭头的方向，到网络终点事项为止，由一系列首尾相连的结点和箭线所组成。一个网络图一般有多条线路，其中生产周期最长的一条线路称为关键线路。

三、网络图的绘制

（一）绘制网络图的基本规则

（1）在网络图中不允许出现闭合循环线路。箭线的方向必须从左到右，不得逆向前进形成闭合回路。

（2）箭线首尾必须有结点，不能够从一条箭线的中间引出另一条箭线来。

（3）两相邻结点之间只允许有一条箭线。若在两个相邻结点之间有好几个作业需平行进行，则需要增加结点，引入虚活动。

（4）在一个网络图中，只能有一个网络始点事项和一个网络终点事项，不能出现没有先行作业或后续作业的中间事项。在实际工作中，若出现上述情况，应该用虚箭线把没有先行作业的中间事项同始点事项连接起来，把没有后续作业的中间事项同终点事项连接起来。

（二）网络图的绘制方法

例 4-4 某项工程任务经分解后，确定由 9 项作业构成，各项作业的代号、紧前作业以及作业时间见表 4-5，请根据各项作业的逻辑关系画出网络图。

表 4-5 作业明细表

作业代号	A	B	C	D	E	F	G	H	I
紧前作业	/	/	B	A	A	C,D	F	E	C,D
作业时间	3	4	7	2	10	6	8	9	2

依据网络图的绘制规则，该网络图如图 4-11 所示。

四、网络时间参数的计算和关键线路的确定

编制网络计划必须计算网络计划的时间参数。网络计划的时间参数包括：各项活动的作

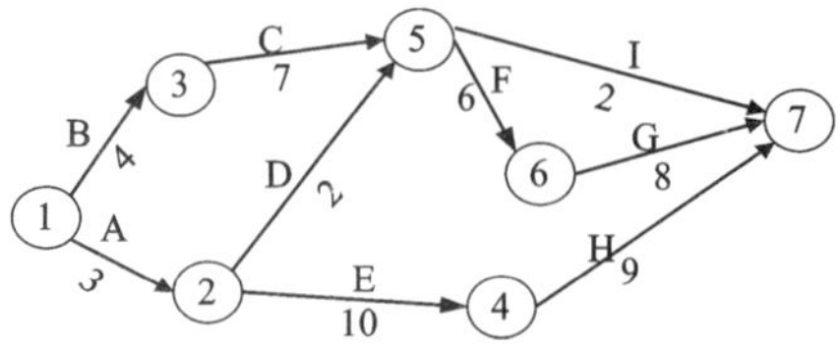

图 4-11 网络图

业时间;各结点的最早开始时间和最迟结束时间;各项活动的最早开始与结束时间,最迟开始与结束时间;时差。在此基础上确定关键作业与关键线路。

(一)各项活动作业时间的确定

1. 单值估计法

单值估计法是指对各项活动的作业时间只估计一个时间值的方法。估计时应以完成各项活动可能性最大的时间为准。这种方法适用于有类似的工时资料或经验数据可借鉴且完成活动的各有关因素比较确定的情况。

2. 三点估计法

三点估计法是指对活动的作业时间预计 3 个时间值,据此确定该项活动的作业时间的方法。这 3 个时间值分别如下。

(1)最乐观时间(a):指在顺利情况下完成某项活动可能需要的最短时间。

(2)最保守时间(b):指在不利情况下完成某项活动可能需要的最长时间。

(3)最可能时间(m):指在正常情况下完成某项活动最可能需要的时间。

用三点估计法确定时间值时,要对设备、人员、组织及技术条件等因素进行综合考虑。则作业时间 t_{ij} 的加权平均值计算公式为:

$$t_{ij}=\frac{a+4m+b}{6} \tag{4-5}$$

又由于作业时间受多种因素的影响,各项活动作业时间值的变动遵循概率法则,可用方差反映作业时间概率分布的离散程度。其标准差计算式为 :

$$\sigma=\frac{b-a}{6} \tag{4-6}$$

上式中,σ 的数值愈大,表明作业时间概率分布的离散程度愈大,平均作业时间的 t_{ij} 代表性就愈差;反之,σ 愈小,则 t_{ij} 的代表性就愈好。计算出标准差后,由此可得出整个计划任务按规定日期完成的可能性。

用三点估计法确定作业时间的网络图为非肯定型网络图,它适用于无先例可循、不可控制因素较多的项目,如研究与试制工程、新开发项目等。

(二)结点时间参数计算

结点本身不占用时间,它只表示某项活动应该在某一时刻开始或结束。因此,结点的时间有最早开始时间与最迟结束时间之分。

1. 结点最早开始时间(ET)

结点最早开始时间是指以该结点为始点的各项作业最早可能开始工作的时间。在此之前不具备开工条件。结点最早开始时间从网络图始点开始计算,通常将起始结点的最早时间规定为零，然后顺着箭线的方向依次计算直至终点。结点最早开始时间其数值记入“□”内，并标在网络图上。其计算式为：

$$ET_j = \max\{ET_i + t_{ij}\}; \qquad i < j \tag{4-7}$$

式中 ET_j——箭头结点 j 的最早开始时间；

ET_i——箭尾结点 i 的最早开始时间；

t_{ij}——作业 i—j 的作业时间。

2. 结点最迟结束时间（LT）

是指以该结点为终点的作业最迟必须完工的时间。此时若不完成，就会影响后续各工序的按时开工。结点最迟结束时间从网络终点开始计算，一般将终点的最迟时间规定等于它的最早开始时间。然后逆着箭线方向依次计算，直至始点。结点最迟结束时间其数值记入“△”内，并标在网络图上。其计算式为：

$$LT_i = \min\{LT_j - t_{ij}\} \tag{4-8}$$

式中 LT_i——箭尾结点 i 的最迟结束时间；

LT_j——箭头结点 j 的最迟结束时间。

利用上述公式计算例 4-4 的结点时间，计算结果如图 4-12 所示。

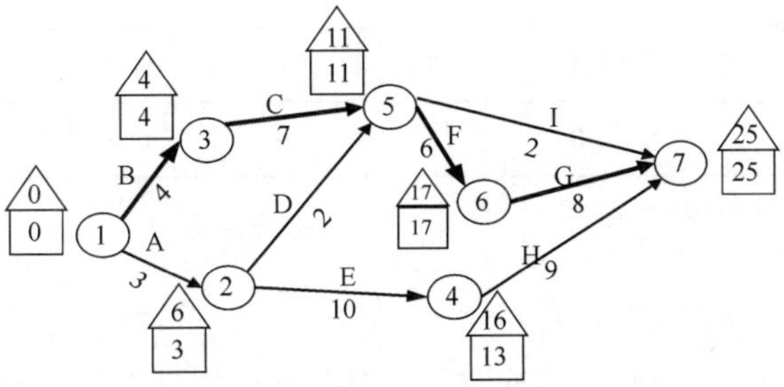

图 4-12 网络图结点时间参数计算结果

（三）作业起止时间的计算

作业的起止时间又称作业的开始和结束时间，可以分为作业的最早开始时间和最早完工时间，作业的最迟完工时间和最迟开始时间。

1. 作业的最早开始时间（ES_{ij}）

作业的最早开始时间是指作业最早什么时候可以开始，它等于代表该作业的箭尾结点的最早开始时间，可用下式表示：

$$ES_{ij} = ET_i \tag{4-9}$$

2. 作业的最早完工时间（EF_{ij}）

作业的最早完工时间是指该作业最早什么时候可以完工，它等于该作业的最早开始时间加上作业本身的作业时间；或等于代表该作业的箭尾结点的最早开始时间加上作业本身的作业时间，可用下式表示：

$$EF_{ij} = ES_{ij} + t_{ij} = ET_i + t_{ij} \tag{4-10}$$

3. 作业的最迟完工时间（LF_{ij}）

作业的最迟完工时间是指该项作业最迟在什么时候必须完工，它等于代表该作业的箭头结点的最迟结束时间，可用下式表示：

$$LF_{ij} = LT_j \tag{4-11}$$

4. 作业的最迟开始时间(LS_{ij})

作业的最迟开始时间是指该作业最迟应在什么时候开始,它等于该项作业的最迟完工时间减去该作业的本身工作时间;或者等于代表该项作业的箭头结点的最迟结束时间减去该项作业本身的工作时间,可用下式表示:

$$LS_{ij} = LF_{ij} - t_{ij} = LT_j - t_{ij} \tag{4-12}$$

根据上述计算公式,计算例4-4 各项作业的起止时间,通常采用列表计算。计算结果如表4-6 所示。

表 4-6　作业时间参数(＊为关键作业)

作业代号	A	B^*	C^*	D	E	F^*	G^*	H	I
作业时间	3	4	7	2	10	6	8	9	2
ES_{ij}	0	0	4	3	3	11	17	13	11
EF_{ij}	3	4	11	5	13	17	25	22	13
LF_{ij}	6	4	11	11	16	17	25	25	25
LS_{ij}	3	0	4	9	6	11	17	16	23
S_{ij}	3	0	0	6	3	0	0	3	12

关键工序为:B、C、F、G ;关键线路为:$B—C—F—G$

(四)时差

作业的时差又称为宽裕时间或缓冲时间。时差为计划进度的安排提供了机动性;时差也是决定网络中关键线路的依据。作业的时差有总时差和自由时差。

1. 总时差(S_{ij})

总时差是指在不影响整个工程按期完工的条件下,某些作业在最迟开工或完工时间安排上可以机动使用的“宽裕时间”或“富余时间”。它是以不影响紧后作业的最迟开始时间为前提。计算出各项作业的最早开始时间与最迟结束时间后,可以发现有的作业的最早开始时间与其最迟开始时间相等,而有的作业则不等。对于ES_{ij}与LS_{ij}不相等的作业,在开工时间的安排上,就有一定的机动性,其机动的时间幅度,即最迟开始时间与最早开始时间之差,称为总时差。用下式表示:

$$\begin{aligned} S_{ij} &= LS_{ij} - ES_{ij} \\ &= LF_{ij} - EF_{ij} \\ &= LT_j - ET_i - t_{ij} \end{aligned} \tag{4-13}$$

2. 自由时差(r_{ij})

具有总时差的作业,如果用去了总时差的一部分,将使后续作业无法在最早开始时间开工,这类作业即不具备自由时差。反之,有些作业虽然用去了总时差的一部分或全部,却不妨碍后续作业在最早开始时间开工,这类作业是具有自由时差的作业。由此可见,自由时差是在不影响后续作业在最早开始时间的条件下,某项作业所具备的时差。其计算式如下:

$$r_{ij} = ET_j - ET_i - t_{ij} \tag{4-14}$$

(五)关键线路的确定

在一个网络图中,总时差为零的作业为关键作业;由关键作业所构成的线路,叫做工程项目网络图的关键线路。组成关键线路的各项作业的时间之和是所有线路作业时间之和中最长的路线。关键线路上各项作业时间之和即是结束点的最早开始时间。一个网络图可能具有不只一条关键线路,但是他们的总作业时间必须相等。显而易见,整个工程项目的总工期也就是关键线路上的各项作业的作业时间之和。

五、网络计划的优化

网络计划的优化就是根据预定的目标,通过利用时差,不断改善网络计划的初始方案,在满足既定条件的要求下,寻求最优方案。网络计划优化的基本着眼点是找关键线路要时间,向非关键线路要资源。

网络优化的内容,主要有以下 3 个方面。

1. 时间优化

时间优化就是在人力、设备、资金等有保证的条件下,寻求缩短工程周期的措施,使其符合目标工期的要求。时间优化的具体措施如下。

(1)利用时差,从非关键线路上抽调部分人力、物力集中应用关键工序,缩短关键线路的延续时间。

(2)分解作业,增加作业之间的平行交叉程度。

(3)在可能的情况下,增加投入的人力及设备,采用新工艺、新技术等来缩短工期。

2. 时间 - 费用优化

时间 - 费用优化是综合考虑工期与费用的关系,寻求一最低的工期总费用获得最佳工期的一种方法,工程总费用是直接费用和间接费用的总和。工程总费用最低点所对应的工期为最佳工期。

3. 时间 - 资源优化

时间 - 资源优化是指在一定的资源条件下,使工程周期最短,或在工程有一定要求的条件下,通过资源平衡,求得工期与资源需要的最佳配合。

思考练习

1. 合理组织生产过程的基本要求是什么?
2. 产品在生产过程中的移动方式有哪几种?
3. 影响企业生产能力的因素有哪些?
4. 根据下表信息,按要求进行计算。

工序号	A	B	C	D	E	F	G	H	I	J	K
紧前工序	/	A	A	A	B	D	CF	D	EG	F	H
a	2	3	2	1	6	6	3	4	5	4	7
(天)m	3	6	4	3	7	8	7	6	7	6	9
b	4	9	6	5	8	10	11	8	9	8	11

(1)画出网络图。

(2)计算结点时间参数并标于图中。

(3)计算各工序总时差,确定关键作业及关键路线。

(4)若工序 B 延迟 4 天完成是否会影响总工期?

第五章 质量管理

学习目标

(一)知识目标

· 熟悉质量管理的基本术语;
· 了解质量管理的发展;
· 理解全面质量管理的基本思想和质量管理的 8 项基本原则;
· 掌握质量管理的基本方法和工具;
· 了解 ISO 9000 族标准和质量认证;
· 了解质量成本管理。

(二)技能目标

· 熟知 PDCA 循环的流程,并能灵活运用以解决简单的质量问题;
· 能够运用所学的质量管理工具分析企业存在的质量问题。

质量管理是现代企业管理的重要组成部分。随着科学技术、现代生产技术和市场经济的不断发展以及管理科学化、现代化的要求,质量管理在现代企业经营管理中的地位和作用越来越重要,有关质量管理理论和方法的探索也越来越丰富和深化,质量管理学已经从管理学中分离出来而成为一门新兴的独立学科。质量是企业素质的综合反映,对影响质量的因素进行全面、系统的管理,是企业质量管理的根本所在。目前,对质量进行系统管理的实施途径就是要建立企业的质量管理体系并使其有效地运行。ISO 9000 族标准为企业建立质量管理体系提供了一整套标准模式,使企业质量管理工作上了一个新台阶。本章以 ISO 9000 族标准为依据,介绍质量管理的基本理论和方法。

第一节 质量管理概述

一、质量管理的基本术语

(一)产品

产品:过程的结果。

产品一般有四种通用的类别:服务、软件、硬件和流程性材料。服务通常是无形的,并且是在供方和顾客接触面上需要完成至少一项活动的结果,如运输、信息提供等。软件由信息组成,通常是无形产品,并可以方法、报告或程序的形式存在,如计算机程序、字典等。硬件通常是有形产品,其量具有计数的特性,如机器设备、建筑物等。流程性材料通常是有形产品,其量具有连续的特性,如润滑油、水泥等。硬件和流程性材料经常被称为货物。许多产品由分属于不同产品类别的成分构成,其属性是服务、软件、硬件或流程性材料取决于产品本身的主导成分,例如:数控机床的金属切削机构等组件是硬件,配有计算机软件,装有润滑油和切削液等流程性材料，还包括技术和维修服务等，但其主导成分是硬件，因此，数控机床为硬件产品。航空公司主要为乘客提供空运服务，但在飞行中也提供饮料、点心等硬件。

质量保证主要关注预期的产品。产品概念是广义的，预期产品既可以是交付给顾客的最终产品，也可以是生产过程中的半成品和外购件。非预期产品，即生产预期产品的过程中伴随产生的废液、废气、废料等物质，有可能造成环境的污染，但其不属于质量管理的范畴，而属于环境管理体系（ISO 14000 系列标准）的范畴。

（二）质量

质量：指一组固有特性满足要求的程度。

质量不仅是指产品质量，也可以是某项活动或过程的工作质量，还可以是质量管理体系运行的质量。“固有的”指某事或某物本来就有的，尤其是那种永久的特性，如螺栓的直径，而不是人为赋予的，如产品的价格。“要求”是指明示的，通常隐含（即不言而喻）的或必须履行的需要或期望。对质量的要求除考虑满足顾客的需要外，还应考虑组织自身利益，提供原材料和零部件等的供方利益和社会利益等多种需求。

要求不是固定不变的。随着技术的发展、生活水平的提高，人们对产品、过程或体系会提出新的质量要求。因此，应定期评定质量要求，修订规范，不断开发新产品，改进老产品，以满足已变化的质量要求。同时，质量具有“相对性能”，不同国家、地区因自然环境条件、技术发达程度、消费水平、风俗习惯等不同，会对产品提出不同的要求。

在相对比较两个产品或体系质量的优劣时，应注意在同一“等级”的基础上进行比较。等级高并不意味着质量一定好，反之亦然。如豪华宾馆服务质量可能较差，而小旅馆服务质量可能很好。应注意“等级”含义。

质量要求具体反映为一组固有的“特性”，如性能、寿命、可靠性、安全性、经济性、服务态度、舒适、美观等。不同类别产品，其质量特性包含的内容各有不同。

（三）质量管理

质量管理：在质量方面指挥和控制组织的协调活动。

质量管理是企业围绕着使产品能满足不断更新的质量要求而开展的策划、组织、计划、实施、检查和监督、审核等所有管理活动的总和。它是企业各级职能部门领导的职责，由企业最高领导负全责。质量管理通常包括制定质量方针和质量目标、实施质量策划、开展质量控制和质量保证、进行质量改进等几个方面的内容。

（四）质量策划

质量策划：质量管理的一部分，致力于制定质量目标并规定必要的运行过程的相关资源，以实现质量目标。

组织在规定了质量目标后，就要考虑为达到质量目标应采取什么措施（必要的作业过程）和提供的必要条件（包括人员和设备等资源），并把相应活动的职责落实到相关部门或岗位上。这些活动都是质量策划活动。

（五）质量控制

质量控制：质量管理的一部分，致力于满足质量要求。

质量控制的工作内容包括专业技术和管理技术两个方面，应对影响各环节工作质量的人、机、料、法、环（5M1E）因素进行控制，分阶段验证，以便发现问题，查明原因，采取措施，减少损失。由于质量要求随着时间的进展而不断变化，因此为了满足新的质量要求，对质量控制又会提出新的任务。因此，质量控制是动态的。

（六）质量保证

质量保证：质量管理的一部分，致力于提供质量要求会得到满足的信任。

质量保证以保证质量为基础，进一步引申到提供"信任"这一基本目的。要使用户（或第三方）能"信任"，企业应加强质量管理，完善质量管理体系，对合同产品有一整套完善的质量控制方案、办法，并认真贯彻执行，对实施过程及成果进行分阶段验证，以确保其有效性。企业要使用户能了解企业的实力、业绩、管理水平等，使对方建立信心，相信企业提供的产品能达到所规定的质量要求。

（七）质量改进

质量改进：质量管理的一部分，致力于增强满足质量要求的能力。

技术在不断发展，顾客和外部相关方的需求在不断变化，组织要在市场竞争的环境中求生存和发展，必须不断开发新产品，改进老产品，提高管理水平，实施持续的质量改进，提高各项质量活动的有效性和效率。

（八）质量管理体系

质量管理体系：指在质量方面指挥和控制组织的管理体系。

质量管理体系是建立质量方针和质量目标并为实现这些目标的一组相互关联作用的要素的集合。它包括硬件和软件两大部分。组织在进行质量管理时，首先根据质量目标的要求准备必要的条件如人员素质、试验、加工等资源，然后设置机构，具体开展质量管理活动。这一有机整体就是组织的质量管理体系。

一个组织可以建立一个综合的管理体系，其内容可包含质量管理体系、环境管理体系和财务管理体系等。2000 版 ISO 9000 族标准就已经开始考虑了与 ISO 14000 族环境管理体系标准的协调，为组织综合管理体系的建立提供了方便。

二、质量职能

（一）产品质量的形成过程

1. 质量螺旋

任何产品质量都有一个产生、形成和实现的过程，对于这个产品质量形成过程，国际著名质量管理专家朱兰博士用"质量螺旋"进行了描述，意思是指产品质量在使用中又产生新的想法，构成动力再开始新的质量过程，不断循环，产品质量水平呈螺旋式上升，每经过一次循环，产品质量就提高一步，循环不断，产品质量也就不断提高。质量螺旋曲线又称为朱兰质量螺旋曲线，如图 5-1 所示。

2. 质量环

产品质量形成过程的另一种表达方式是"质量环"。质量环包括 12 个环节，如图 5-2 所示。质量环不是简单的重复循环，它与质量螺旋有相同意义，每循环一次，意味着产品质量就提高一步，循环不断，产品质量也就不断提高。可以把它看成是质量螺旋曲线的俯视图。质量环是指导企业建立质量管理体系的理论基础和基本依据。

（二）质量职能

质量职能是指为实现产品满足顾客要求所进行的一系列与质量有关活动总和的效能。

质量职能并非指某一单项质量活动的效能，而是指为了使产品具有一定适用性而开展许多质量活动所产生的综合效能。按照影响产品适用性形成的规律，直接影响产品质量的主要质量职能有市场调研、开发设计、采购、工艺技术准备、生产制造、质量检验、销售、用户服务

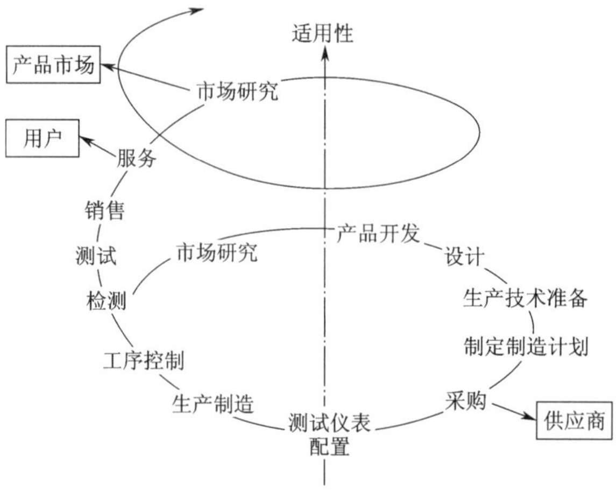

图 5-1　朱兰质量螺旋曲线

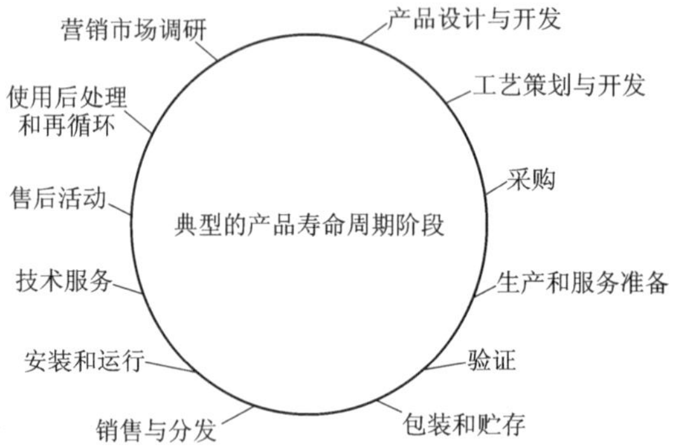

图 5-2　质量环(对质量有影响的主要活动)

等。企业内的质量职能应由企业各职能部门分别承担,但质量职能不等于部门职能。根据企业的规模大小和机构设置的情况不同,质量职能及其活动的分配亦不相同,有些职能部门对产品质量无直接关系,但有间接关系,同样承担着一定的质量职能。如教育部门的主要质量职能是质量教育,财务部门的质量职能是质量经济性管理等,其他部门也都以各自的工作质量来保证产品质量。

三、质量管理的发展

质量管理这一概念早在 20 世纪初就提出来了,它是伴随着企业管理理论与实践的发展而不断完善发展起来的,至今已形成为一门独立的学科。从质量管理的发展历史可以看出,不同时期质量管理的理论、技术和方法都在不断地发展和变化,并且有不同的特点。从一些工业发达国家来看,质量管理的发展大致经历了 3 个阶段。

1. 产品质量的检验阶段(20 世纪 20—30 年代)

质量检验就是对生产的产品进行检验,看其是否符合质量标准的过程。这个阶段是在美国工程师泰罗提出的把计划职能和执行职能分开的基础上,为了保证各环节协调发展,检查计划的执行情况,强调产品检验职能应从制造过程中分离出来,由专职的检验人员进行产品的质量检验,以进行不合格品的质量把关。这阶段的质量管理特点就是按照标准规定,对成品进行检验，从成品中挑出不合格品，其任务只是“把关”，即严禁不合格品出厂或流入下一道工序，但不能预防废品和不合格品的产生；并且，该方式只注重结果，出现质量问题时责任不明确。另外，这种方式不适用于破坏产品的检验，如灯管、炮弹等。

2. 统计质量管理阶段（20 世纪 40—50 年代）

1924 年，美国贝尔电话研究所的统计学家休哈特博士运用概率论与数理统计的方法提出了“预防缺陷”的概念。他认为，质量管理除检验外，还应做到预防，解决的办法就是采用他提出的“6σ”控制图。与此同时，他的同事道奇和罗米格联合提出，在破坏性检验情况下采用“抽样检验表”，使质量管理的方法得以发展。但限于当时的经济形势和生产条件，该方法在实践中并没有得到普及和应用。二战期间，由于对大量生产（尤其是军需品）的需要，质量检验方法显示出其致命弱点，此时，客观上对这种新的质量控制方法就有了迫切需要。这种质量控制方法的关键在于通过使用从生产过程中取得的统计数据所绘制的控制图，分析产生不合格品的原因，对生产过程进行动态控制，这就是所谓的统计质量管理，简称 SQC。但由于该方法过分强调数理统计方法，忽视了组织管理工作和生产者的能动作用，当时质量管理被认为是少数数学家和学者的事，因而对统计质量管理产生了一种高不可攀、望而生畏的感觉，阻碍了这种方法的推广和发展。

3. 全面质量管理阶段（20 世纪 60 年代—至今）

从 20 世纪 60 年代开始，随着生产和科学技术的发展，产品寿命周期迅速缩短，用户对产品质量的要求越来越高，特别是对产品的安全性、可靠性的要求，仅通过传统的事后检验或统计方法的控制已无法满足如此高水平的质量目标，面对激烈的市场竞争和日益高涨的保护消费者利益的呼声，美国通用电气公司的费根堡姆和质量管理专家朱兰提出了“全面质量管理”（total quality control，简称 TQC）的概念，将质量管理引入了一个崭新的发展阶段。此后，许多日本专家和学者对于该理论的丰富做出了巨大的贡献。

全面质量管理阶段的标志是把企业的经营管理思想、数理统计方法等管理手段和现代科学技术密切地结合起来，建立一套质量管理体系，以保证经济地生产出满足用户需要的产品。这个时期的质量，无论在深度上还是广度上均有所发展。近年，随着质量管理的国际化，质量管理的思想和体系不断深化，要求企业严格按 ISO 9000 族标准开展质量管理活动。

全面质量管理是指一个组织以质量为中心，以全员参与为基础，通过让顾客满意和本组织所有成员及社会受益而达到长期成功的管理途径。与传统的质量管理思想相比，全面质量管理从过去的事后检验、把关为主，转变为以预防、改进为主；从管理结果转变为管理因素；从就事论事、分散管理转变为以系统观点为指导的全面综合治理；从单纯符合标准转变为满足顾客需要；从相关职能部门管理转变为发动全员参与；从只注重改进产品质量转变为更注重过程质量的持续改进。全面质量管理的特点概括如下。

（1）全面的质量管理。全面质量管理强调全面的“质量”概念，企业不仅要对产品质量进行管理，还要对形成产品的工作质量进行管理，用工作质量保证产品质量，做到防控结合；企业不仅要对产品的性能及其可靠性、安全性进行管理，还要对产品的使用费用、故障损失和重新购置损失等经济性进行管理；不仅要对物进行管理，还要对人进行培训与管理。

（2）全过程的质量管理。任何产品的质量都有一个产生、形成和实现的过程。因此，全面质量管理的范围应当包括质量形成的全过程（即质量环的 12 个环节），把影响质量的所有环节和因素都控制起来，同时注重各个环节之间的协调，使之形成一个综合性的质量管理体系，为产品质量提供强有力的保障。

(3)全员参加的质量管理。员工是企业的根本,产品质量归根结底是企业各层级、各部门、各环节人员工作质量的综合反映,任何一个员工的工作质量都在不同程度地、直接或间接地影响着产品质量。因此,质量管理必须全员参与,提高全体员工的技术素质和管理素质,建立健全所有部门和人员的质量责任制,广泛开展群众性的质量管理小组活动。只有真正做到人人关心质量,人人为质量负责,才能生产出顾客满意的产品。

(4)全面运用各种管理方法。质量管理是一项涉及众多方面、众多环节、众多人员的活动,要想把这样一项复杂活动全面管好,就必须广泛地借助于多样化的管理方法,以数据为科学依据,以统计质量控制方法为基础,实行组织管理、专业技术和数理统计相结合的复合型方法体系。

(5)提高全社会的效益。全面质量管理强调让顾客满意、本组织成员和社会收益,谋求长期的经济效益和社会效益,即以提高包括本企业效益在内的以质量成效为核心的整个社会的经济效益为宗旨,而不是仅仅追求本企业获得利润。

四、质量管理的7项基本原则

质量管理7项原则是在总结质量管理实践经验的基础上,用高度概括的语言所表述的最基本、最通用的一般规律,可以指导一个组织在长时期内通过关注顾客及其他相关方的需求和期望而达到改进其总体业绩的目的。它可以成为组织文化的一个重要组成部分。

1. 以顾客为关注焦点

质量管理的主要关注点是满意顾客要求并且努力超越顾客的期望。顾客是每个组织存在的基础,组织应把顾客的要求放在第一位。组织要明确谁是自己的顾客,调查顾客的需求是什么,研究怎样满足顾客的需求,同时注意潜在的顾客。组织必须时刻关注顾客的动向,顾客的潜在需求和期望,以及对现有产品的满意程度。目的是可以根据顾客要求和期望的变化做出改进,以取得顾客的信任,从而稳定地占有市场,并能根据市场的变化动向做出快速反应,进而更多地占有市场。

2. 领导作用

领导作为决策者在质量管理中起着举足轻重的作用。一个组织的领导者即最高管理者是"在最高层指挥和控制组织的一个人或一组人"。最高管理者要想指挥好和控制好一个组织,就要在考虑组织和所有者、员工、顾客、合作伙伴、行业、社会等各类相关方的需求后制定方针,做出规划,确定有挑战性的目标,使员工理解并动员他们去实现这个目标。通过其领导作用及所采取的各项措施,创造并保持一个能使全体员工充分参与和实现组织目标的良好的内部环境,确保质量管理体系有效运行。

3. 全员参与

员工是组织的根本,产品是员工劳动的结果,质量管理体系需要全体员工充分参与。所以要对员工进行质量意识、职业道德、以顾客为关注焦点的意识和敬业精神的教育,激发他们的积极性和责任感,让员工了解他们在组织中的作用及他们工作的重要性,为完成任务自己应该做些什么,然后给予机会提高他们的知识、能力和经验,使之能胜任相应工作,要使他们对组织的成功负有使命感和责任感,渴望参与持续改进并努力做出贡献。

4. 过程方法

以过程为基本单元是质量管理考虑问题的一种基本思路。质量管理体系是由相互关联的过程所组成,对组成质量管理体系的各个过程加以识别、理解和系统的管理,才有可能更加有效和高效地实现质量方针和质量目标。

5. 改进

成功的组织总是致力于持续改进，不断增强满足要求的能力。市场是变化的，顾客会不断地提出新的要求和期望，如果组织不能随之持续改进，就会失去市场、失去顾客。另外，质量管理体系的充分性是相对的，从不够充分到比较充分，再到很充分也是持续改进的过程。只有坚持持续改进，组织才能不断进步。

6. 循证决策

循证决策即基于查实的决策。决策是组织中各级领导的职责之一，基于事实的决策方法就是指组织的各级领导在做出决策时要有事实依据，这是减少决策不当和避免决策失误的重要原则。数据是事实的形式，信息是有用的数据，组织通过对真实数据进行分析后获得信息，再通过合乎逻辑的分析，做出正确的决策。

7. 关系管理

组织的活动不是孤立的，为了持续成功，组织需要管理与相关的关系，其中组织与供方的关系尤为重要。供方向组织提供的产品将对组织向顾客提供的产品产生重要影响，因此处理好与供方的关系，影响到组织能否持续稳定地提供顾客满意的产品。在专业化和协作化日益发展、供应链日趋复杂的今天，与供方的关系还影响到组织对市场的快速反应能力。因此，组织要考虑短期利益和长远利益的平衡，营造一个清晰和公开的沟通渠道，与关键的供方共享必要的信息和利益，确定联合改进活动，激发、鼓励和承认供方的改进成果。这种"双赢"的思想，可以增强供需双方创造价值的能力，使成本和资源进一步优化，能够更灵活和快速一致地对变化的市场做出反应。

资料卡

全面质量管理的三种模式①

20 世纪 60 年代以来，费根堡姆的全面质量管理概念逐步被世界各国所接受，但是由于国情不同，各国企业在运用时又加进了一些自己的实践成果，各有所长。

在第二次世界大战以后，整个世界的工业需要恢复。全面质量管理在发展过程中，逐渐形成了以美国为代表的"美国模式"、以日本为代表的"日本模式"以及以苏联和东欧国家为代表的"苏联模式"，这三种全面质量管理模式各有自己的特点。

一、以美国为代表的"美国模式"

在全面质量管理的发展过程中，无缺陷运动是不可忽略的。这项活动来源于第二次世界大战期间，当时，为了能够确保军品的生产质量，各个工厂成立了一些最新的质量管理组织机构。特别是以美国为代表的美国模式，在质量管理过程中第一次展开了质量成本或质量费用的研究，即认为质量管理是需要付出成本的，具体研究内容包括故障费用、评价鉴定费用和预防费用等。

二、以日本为代表的"日本模式"

从 20 世纪 70 年代开始，日本开始在全国范围内推广全面质量管理，并在美国经验的基

① 资料来源：刘立户. 全面质量管理. 北京：北京大学出版社，2004：2。

础上发展出了 QC 小组这种全民性的质量管理活动形式。QC 小组成为全面质量管理活动的核心要素之一，费根堡姆等质量管理大师都曾到日本激励推动 QC 小组的活动。到 20 世纪 70 年代末期，日本国内已经发展出了 70 万个 QC 小组，共有 500 多万成员参与了 QC 小组活动，这样就形成了具有日本特色的“日本模式”。

三、以苏联和东欧国家为代表的“苏联模式”

为了尽快恢复正常的工业生产，第二次世界大战结束后苏联和东欧开始了质量管理方面的研究，代表人物主要有布拉钦斯基和杜布维可夫，他们在苏联从军品向民品的转换生产过程中提出了全面质量管理的思路和模式。苏联为了鼓励质量改进，将杜布维可夫所创造出来的系列方法称为“萨莱托夫制度”，该制度的核心如下。

(1)对产品或零件制定了明确的规格和标准，这样就使得零件的使用相当便捷，而且能大幅度降低生产的成本。

(2)用合适的机器，生产合乎标准要求的产品。

(3)提供适当信息、测定仪器、操作方法来生产。

(4)进行充分的培训。

第二节 ISO 标准简介与质量认证

一、ISO 9000 族标准产生的背景

任何标准都是为了适应科学、技术、社会和经济等客观因素的发展变化需要而产生的，ISO 9000 族标准亦是如此。随着社会的发展，人们对质量的要求越来越高，用户越来越要求得到保证符合规范要求的产品。但由于技术的进步，产品品种越来越多，产品结构日趋复杂，也使越来越多的顾客无法凭借自己的能力判断所购产品的质量是否可靠。企业为了避免因产品质量问题而追究的巨额赔款，在产品质量形成过程中迫切需要加强管理并由需方或第三方实施监督。还有，20 世纪 60 年代以来，世界贸易量迅速增长，为了适应国际贸易的发展，一些国际性组织开始大量研究质量管理国际化问题，目的是使不同国家、企业间在贸易往来上具有共同的语言、统一的认识和共同遵守的规范。ISO 9000 族标准就是在上述客观条件、要求以及质量管理理论和实践的基础上，由国际标准化组织(ISO 进行全面分析、研究和总结，最后于 1994 年正式发布。自了布以来该标准得到世界各国组织的广泛采用。目前已成为影响最大的质量管理方面的国际标准。)

二、ISO 9000 族标准的制订

ISO 9000 族标准是由国际标准化组织下设的国际标准化组织质量管理技术委员会(ISO/TC176)负责制定的系列国际标准。1986 年和 1987 年国际标准化组织先后发布了 36 项国际标准，通称为 ISO 9000 系列标准。ISO9000 系列标准发布后很快得到各国工业界的承认和推广，都以其作为质量体系认证的依据。

1994 年，针对实施中出现的问题以及质量保证、质量管理理论和实践的发展，ISO/TC176 对 ISO 9000 系列标准进行了较大幅度的修订和扩展，提出了“ISO9000 族”的概念，将原来的 6 项标准发展为 16 项，发布了 1994 版 ISO 9000 族标准，完成了对标准的第一次修订。

此后,ISO/TC 176 又启动了对标准的第二次修订工作,这次修订被称之为"彻底修订",2000 年 12 月 ISO 正式发布了 2000 版 ISO 9000 族标准,正式提出了质量管理的基本原则,作为 ISO 9000 族标准的设计思想。

随着时间的流逝,为了更好的适应质量管理过程中出现的新趋势和新需求,国际标准化组织又于 2008 年和 2015 年分两次再次修订了 ISO 9000 族标准,先后发布了 2008 版和 2015 版 ISO 9000 族标准。目前正在实施的是 2015 版 ISO 9000 族标准。和之前的版本相比,新版标准增加了对关键性术语和概念的注释,使标准在语义表述上更加准确、唯一,增强了实施过程中的可操作性。

我国 1988 年开始等效采用 ISO 9000 系列标准,之后又于 1993 年改为等同采用,每当新版 ISO 9000 族标准发布之后,我国都会及时将其等同转化为国家标准,如 GB/T 19000 - 2016 对应 ISO 9000:2015(质量管理体系 基础和术语),GB/T 19001 - 2016 对应 ISO 9001:2015(质量管理体系要求)。

三、质量认证

(一)质量认证的概念

"认证"是指由可以充分信任的第三方证实某一经鉴定的产品符合特定标准或规范性文件的活动。质量认证又称合格评定,由质量认证和机构人员认可这两部分组成。质量认证是合格评定的主体活动,它包含产品质量认证和质量管理体系认证。产品认证又包含合格认证和安全认证。机构人员认可包含校准和检验机构、检查机构或审核机构、认证机构、检查员/评审员资格等的认可。

(1)质量认证包含产品质量认证和质量管理体系认证。

(2)标准是认证的基础。无论实行哪一种认证制度,都要有适用的标准,国际上通用的是以 ISO 9000 族标准为认证基础。

(3)取得认证资格的证明方式是合格证书或合格标志。

(4)质量认证是第三方从事的活动。通常把产品的生产企业称为"第一方",把产品的采购者称为"第二方","第三方"是独立于第一方和第二方之外的一方。在质量认证活动中,第三方是一个公正的机构,它与第一方和第二方都没有任何行政上的隶属关系和经济上的利害关系。

质量管理体系认证获准的表示是认证机构给予注册,并以企业名录形式公布。国际惯例规定质量管理体系认证不能替代产品认证,故质量管理体系认证合格不等于产品认证合格。

(二)质量认证的发展及意义

认证的最大特点是由第三方进行的证明活动。现代的第三方质量认证制度起始于英国,于 1903 年便开始使用第一个质量标准,即风筝标志,并于 1922 年按英国商标法注册,成为受法律保护的认证标志,至今在国际上仍享有较高的信誉。此后从 20 世纪 30 年代开始,质量认证得到了较快的发展;到 20 世纪 50 年代,在工业发达国家中已基本普及,而其他发展中国家一般是从 20 世纪 70 年代开始实行质量认证制度。随着时间的推移,质量认证制度本身也有了较大的发展,起初各认证机构仅对产品本身进行检验和试验,认证只能证明供方的产品设计符合要求,并不能担保供方以后继续遵守技术规范。之后,认证机构增加了对供方的质量保证能力的检查和评定,以及获证后的定期监督,从而证明供方产品持续符合标准。至 20 世纪 70 年代,质量认证制度又有了新的发展,出现了单独对供方质量体系进行评定的认证形式。为了协调和推动认证工作,国际标准化组织在其后致力于质量认证工作,使认证工作又有了新的发展并要求按 ISO 9000 族标准进行认证。

质量认证是国际上通行的制度,是商品经济发展的产物。随着商品经济规模扩大和经济多元化、国际化,为提高产品信誉度,减少产品质量重复检验,消除贸易技术壁垒,维护供方、需方、用户、消费者的利益,产生了第三方认证。这种认证已发展为一种世界性趋势,形成世界范围的广泛国际认证。这种不受产、销双方经济利益支配,以公正、科学的工作态度为基础的第三方认证,已逐步树立起神圣的权威和良好的信誉,成为各国对产品和企业进行质量评价和监督的惯例。它有利于提高供方质量信誉,增强国际竞争力,保护消费者利益,并能使各组织的产品能更顺利地打入国际市场。

第三节 质量管理的基本方法和工具

在建立完善的质量管理体系的同时,组织质量管理工作还应采用一套科学的质量管理方法。这里介绍几种常用的质量管理方法。

一、PDCA 循环

PDCA 循环是质量管理的基本工作方法,也是做任何事情都应遵循的规律。由于 PDCA 循环是由美国质量管理专家戴明博士首先提出的,所以又称之为“戴明环”。PDCA 循环就是计划(plan)、执行(do)、检查(check)、处理(action)的简称,是全面质量管理工作必须经过的四个阶段。

(一)PDCA 循环的工作内容

2005 版 ISO 9000 族标准对 PDCA 循环在过程模式的应用表述如下。

1. P—策划、计划

根据顾客的要求和组织的方针,为提供结果建立必要的目标和过程,包括四个步骤:①分析质量现状,找出存在的质量问题;②寻找主要问题发生的原因或影响因素;③找出主要原因;④制定对策、措施、计划。

2. D—实施、执行

该过程只有一个步骤,即按计划实施。

3. C—检查

根据方针、目标和产品要求,对过程和产品进行监视和测量,并报告结果。该过程也只有一个步骤,即调查采取措施的效果。

4. A—处置、处理

采取措施,以持续改进过程业绩。该阶段包括两个步骤:①总结经验,巩固成绩,形成一定制度和标准;②提出遗留问题并转移到下一个循环处理,以达到持续改进的目的。

(二)PDCA 循环的特点

1. 大环套小环,相互衔接,互相促进

组织内的各环节和各部门乃至每个人、每件事情都存在 PDCA 循环,形成大环套小环,下一级循环是上一级循环的保证,而上一级循环是下一级循环的依据,如图 5-3 所示。

2. 转动前进,螺旋上升

PDCA 循环是螺旋式上升的,有人形象地称之为"爬楼梯",如图 5-3 所示。PDCA 4 个阶段每循环一次就前进一步,上升到一个新的高度,质量问题就得到一定程度的解决。如此周而复始,企业质量问题得到不断解决,质量水平不断提高。

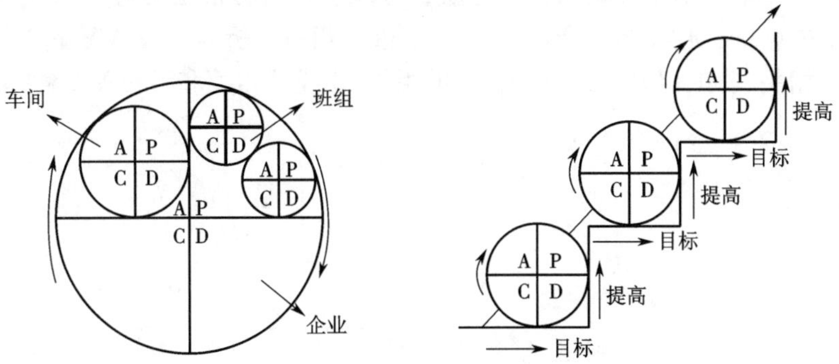

图 5-3　PDCA 循环特点示意

3. 关键在于"处置"阶段

"处置",一是要总结经验,肯定成绩,纠正错误,预防再犯,并把成功的经验标准化、制度化;二是把尚未解决的问题留到下一个循环解决,以持续改进过程业绩。它是十分关键的,起着承上启下的作用。

PDCA 循环是可以在组织过程中应用的动态循环。它与产品实现及其他质量管理体系过程的策划、实施、控制和持续改进密切相关,可通过在组织内各层次应用 PDCA 循环概念来保持和持续改进其过程能力。对高层战略过程如质量管理体系策划或管理评审以及作为产品实现过程的简单运行活动都可同样应用 PDCA 循环。

二、因果分析图

因果分析图又称为鱼刺图、石川图,最早由日本质量管理专家石川馨(Kaoru Ishikawa)提出,它以结果(质量问题)作为特性,以原因(影响要素)作为因素,用箭头连接表示因果关系,是一种寻求影响质量问题各种原因的有效方法。

当企业出现了某种未知原因的质量问题时,可以针对问题发动大家从人(操作者)、机(机器与设备)、料(原材料与零部件)、法(生产工艺与操作方法)、环(生产环境)、测(测量方法与工具)等方面入手寻找可能的原因。在寻求原因的过程中,要从粗到细,从大到小,如每一类原因可能由哪些子因素造成,每一个子因素又由哪些更具体的因素造成,以此类推,形象地描述出它们的因果关系,直到能具体采取措施解决为止,如图 5-4 所示。

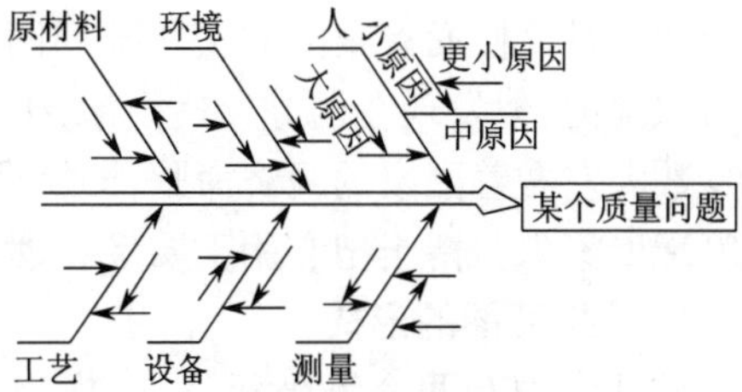

图 5-4　因果分析

三、散布图

散布图又称为相关图,用以分析某影响因素与质量特性之间的相互关系及相关程度,以控制影响产品质量相关因素的一种有效方法。在实际生产中,人们常会发现:热处理时淬火温度或冷却速度与工件硬度有关,机床加工精度与加工时进刀量有关,材料强度与原材料中某元素的含量有关等。这种关系虽然存在,但难以用精确的公式或函数关系表示,在这种情况下,用散布图分析就非常方便。

散布图在研究某一质量影响因素 x 与质量特性 y 之间的相互关系时,通过实验取得数据并在散布图上描点,根据点的分布形态对 x 与 y 进行相关分析。一般情况下,x 与 y 之间的相关类型有强正相关、弱正相关、强负相关、弱负相关、非线性相关和不相关 6 种,如图 5-5 所示。

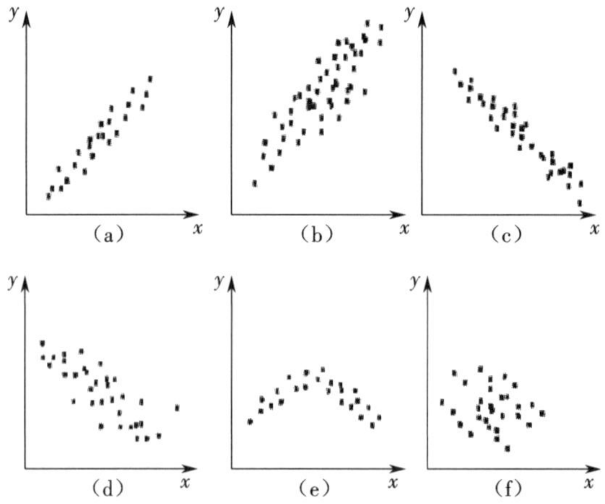

图 5-5 散布图的六种典型分布形式

(a)当 x 增加,y 也增加,称 x 与 y 为正相关,又因为点分散程度小,表示 x 与 y 关系较密切,称 x 与 y 强正相关;
(b)当 x 增加,y 也增加,但点分散程度大,称 x 与 y 弱正相关;
(c)当 x 增加,y 值减小,同时点分布比较密集,称 x 与 y 强负相关;
(d)当 x 增加,y 值减小,同时点比较分散,称 x 与 y 弱负相关;
(e)当 x 与 y 呈曲线变化关系,则称为非线性相关或曲线相关;
(f)当 x 与 y 在变化时无任何关系,称 x 与 y 不相关或零相关。

四、排列图法

排列图法也叫帕累托法或 ABC 分类法,它是寻找主要质量问题或影响产品质量的主要因素的一种简便而有效的方法。排列图最早是意大利经济学家帕累托用来分析社会财富的分布状况的,他发现在西方发达国家,少数人占有大量财富,而多数人却只占有少量财富。这些少数人左右着国家的经济命脉,即所谓的“关键的少数和次要的多数”现象。后来,美国质量管理专家朱兰博士把它用于质量管理,作为改善质量活动中寻找主要矛盾的一种方法。

(一)排列图的形式

排列图中有两个纵坐标,一个横坐标,若干个直方形和一条由左向右逐步上升的折线。左边的纵坐标为频数(如不合格品数),右边的纵坐标为频率(%)。横坐标为影响产品质量的各种问题,按其影响程度大小,从左至右顺序排列,直方形的高度表示某问题的影响程度。图中的折线通常也称曲线,表示各问题影响程度的累计百分数。

借助于排列图,通常可把影响产品质量的因素或项目分为 A、B、C 3 类:A 类是累计频率占 70% 左右的因素或项目,是影响产品质量的主要因素;B 类是累计频率占 70% ~90% 的因素或项目,是影响产品质量的次要因素;C 类是累计频率占 90% ~100% 的因素或项目,是影响产品质量的一般因素。在其后的质量管理中,A 类因素应当成为重点分析和解决的对象,此类因素解决了,质量问题大部分就得到了解决。

(二)排列图的作法

制作排列图,通常可按步骤进行:①收集一定期间的数据,并按项目分类;②统计各项目的频数,计算其百分比及累计百分比,列于表 5-1 中;③作图,如图 5-6 所示;④在排列图的下方要注明排列图的名称、绘图时间、绘图者等。

下面结合例题加以说明。

例 5-1 现收集了某厂某年 1 ~ 3 月卷烟外观质量不合格品数 990 个数据,经分层整理后列成数据表。

表 5-1 卷烟外观质量不合格品数统计

序号	项目	不合格品数 频数/个	累计不合格数 累计频数/个	频率 /%	累计频率 /%
1	空松	458	458	46.3	46.3
2	贴口	297	755	30	76.3
3	切口	80	835	8	84.3
4	表面	55	890	5.9	89.9
5	短烟	35	925	4.5	93.4
6	过紧	28	953	2.9	96.3
7	其他	37	990	3.7	100
	合计	990		100	

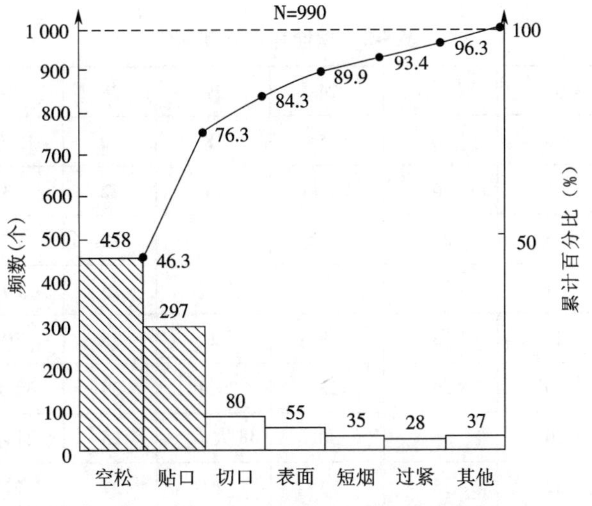

图 5-6 卷烟外观质量不合格品数排列

(三)画排列图的注意事项

(1)主要原因(A 类项目)一般只有 1 ~ 2 项,最多不超过 3 项。若出现主要原因过多,则有必要考虑重新分类。

(2)纵坐标可以用“件数”或“金额”等来表示,原则上以更好地找到“主要原因”为准。

(3)若主要原因尚不明确,可针对该项目进一步进行分层,画出几个不同的排列图加以分析,以便发现主要问题或原因。

(4)确定了主要因素并在采取措施后,为验证其实施效果,还要按原项目重新画出排列图,以进行比较。

五、直方图

直方图又称质量分布图,是对数据进行加工整理以判断过程质量变化情况、控制过程质量的一种统计方法。它是由很多直方形连接起来,表示质量数据离散程度的一种图形。因为在任何相同的工艺条件下,同一个操作者加工出来的产品质量也不会完全相同,总是在某个范围内波动。通过观察直方图的形状,并与公差标准要求对比,可判断生产过程是否处于稳定状态并预测生产过程的不合格品率。

(一)直方图的做法

做直方图包括制频数分布表和画直方图两个步骤。下面结合实例介绍。

例 5-2 某工厂加工 $\phi8^{-0.10}_{-0.05}$的螺栓杆外径,从一批产品中抽取 100 件,实测数据见表 5-2 所示。

1. 绘制频数分布表

频数即指出现的次数。把收集的数据分成若干组(区间),某组的频数是指数据出现在该组的次数。

(1)收集数据。数据个数以 N 表示,一般在 100 个以上,本例收集 100 个数据。按收集的先后顺序,依次分行记录,把各行内最大和最小的数据用符号“大”或“小”标出(见表 5-2)。

表 5-2 螺栓杆尺寸观测值 (单位:mm)

7.938 大	30	37	14 小	24	29	28	20	18	23
30 大	25	30	30	25	18	20	18 小	28	28
18	13 小 S_{min}	25	26	28 大	24	22	23	15	19
25	25	25	25	27 大	20 小	22	27	23	25
23	27	27	27	23	22 小	23	29	31 大	22
30 大	20	24	25	29	22	25	30	26	18 小
20	25	30	26	23	20 小	29	30 大	25	22
29	28	30	35	30	38 大 L_{max}	25	24 小	30	35
22	18 小	22	25	25	20	27	22	30 大	30
25	38 大	22	15 小	18	27	35	31	19	22

注:大——行中最大值;小——行中最小值。

(2)找出数据的最大值和最小值,计算极差 R。极差为测定值中最大值与最小值之差。它是表示数据分布范围的特征值。求法是从数据表中各行的最大值与最小值里找出全部数

据的最大值 L_{max} 与最小值 S_{min}。则 $R = L_{max} - S_{min}$。

本例中 $R = 7.938 - 7.913 = 0.025$

(3)分组。在极差范围内,把所收集的数据,划分成几个等间隔的组,首先确定组数 K,一般按表5-3经验值确定。

表 5-3 直方图分组数

数据个数 N	适当组数 K	一般使用组数 K'
50 ~ 100	6 ~ 10	
101 ~ 250	7 ~ 12	10
250 ~ 以上	10 ~ 20	

经验证明,组数太少会掩盖各组内数据的变动情况,组数太多会使各组高度参差不齐,从而看不出明显的规律。本例取 $K = 10$ 组。

(4)计算组距(h)。h 为组与组之间的间隔,一般用下式确定:

$$h = \frac{L_{max} - S_{min}}{K}$$

本例 $h = \dfrac{7.938 - 7.913}{10} = 0.0025 \approx 0.003$

(5)计算各组的上、下界限值。F 分组的组界值要比抽取的数据多一位小数,以使数据不致落入两组的组界。因此先取测量单位的1/2,然后用最小值减去测量单位的1/2,作为第一组的下界值;再加上组距,作为第一组的上界值。依次加到最大一组的上界值(即包括最大值为止)。

本例第一组的下界值为:S_{min} - 测量单位/2 = 7.913 - 0.0015 = 7.9115

第一组的上界值为:7.9115 + 0.003 = 7.9145

第二组的上界值为:7.9145 + 0.003 = 7.9175

依此类推,得各组上、下界限值。

(6)计算各组的中心值(X_i),中心值是每组中间的数值,按下式计算:

$$X_i = \frac{\text{某组下界限值} + \text{某组上界限值}}{2}$$

本例第一组中心值 $X_1 = \dfrac{7.9115 + 7.9145}{2} = 7.9130$

第二组中心值 $X_2 = \dfrac{7.9145 + 7.9175}{2} = 7.9160$

(7)记录各组的数据,整理成频数分布表(见表5-4)。

(8)统计落入各组的频数(f_i)。

(9)计算各组简化中心值 u_i,将频数 f_i 最大一栏中的中心值记为 a(众数),用下式确定 u_i 值。

表 5-4 频数分布

组号	组距	中心值 X_i	频数记号	f_i	u_i	f_iu_i	$f_iu_i^2$
1	7.911 5～7.914 5	7.913	丅	2	-4	-8	32
2	7.914 5～7.917 5	7.916	丅	2	-3	-6	18
3	7.917 5～7.920 5	7.919	正正正一	16	-2	-32	64
4	7.920 5～7.923 5	7.922	正正正上	18	-1	-18	18
5	7.923 5～7.926 5	7.925a	正正正正上	23	0	0	0
6	7.926 5～7.929 5	7.928	正正正丅	17	1	17	17
7	7.929 5～7.932 5	7.931	正正正	15	2	30	60
8	7.932 5～7.935 5	7.934	上	3	3	9	27
9	7.935 5～7.938 5	7.937	止	4	4	16	64
				100		8	300
合计				$\sum f_iu_i$		$\sum f_iu_i$	$\sum f_iu_i^2$

即 $$u_i = \frac{X_i - a}{h}$$

本例 $a = 7.925$

$$u_1 = \frac{7.913 - 7.925}{0.003} = -4, u_2 = \frac{7.916 - 7.925}{0.003} = -3$$

(10)计算频数与简化中心值的乘积f_iu_i。

(11)计算频数与简化中心值平方的乘积$f_iu_i^2$。

(12)计算平均值$\overline{X}$。

$$\overline{X} = a + h\left(\frac{\sum f_iu_i}{\sum f_i}\right)$$

本例 $\bar{x} = 7.925 + 0.003 \times \frac{8}{100} = 7.925\ 24$

(13)计算标准偏差 S。

$$S = h\sqrt{\frac{\sum f_iu_i^2}{\sum f_i} - \left(\frac{\sum f_iu_i}{\sum f_i}\right)^2}$$

本例 $S = 0.003\sqrt{\frac{300}{100} - (\frac{8}{100})^2} = 0.005\ 19$

2. 画直方图

以纵坐标为频数(或频率),横坐标为组距,画出一系列的直方形就是直方图,如图 5-7 所示。

(二)直方图的观察分析

1. 观察分布状态

观察直方图的整体分布状态可判别它是正常型的,还是异常型的;是异常型的直方图,则应进一步区别它是哪一种异常,以便分析原因,采取相应的措施和对策,见图 5-8(a)～(f)。

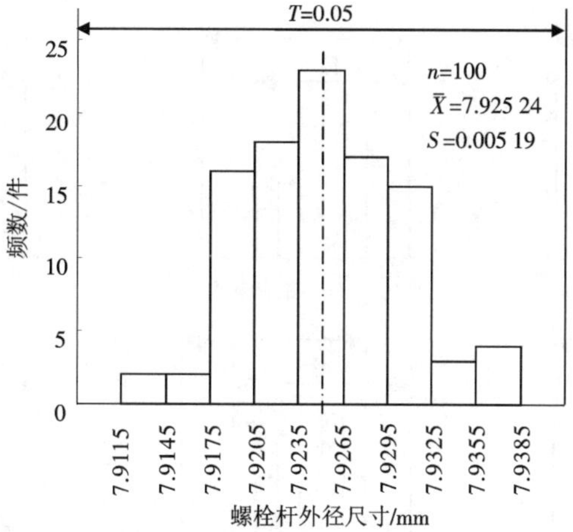

图 5-7　螺栓杆外径尺寸直方图

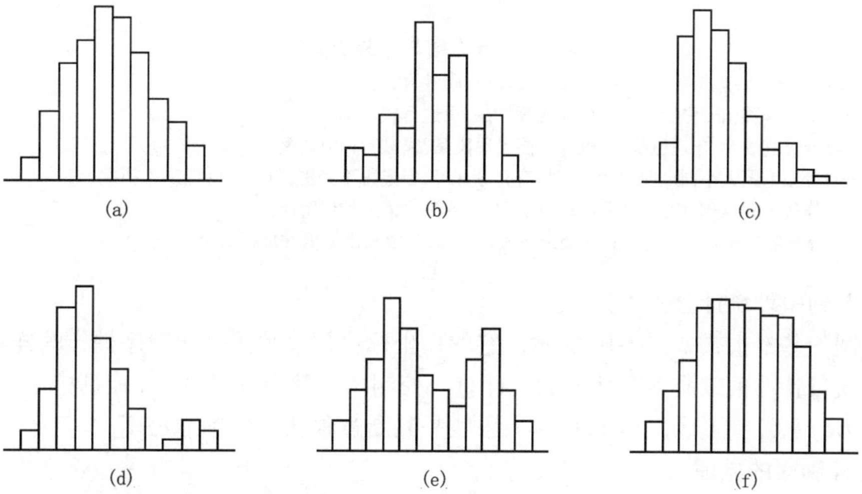

图 5-8　直方图的类型

(a)正常型：正常，表示工序稳定。

(b)锯齿型：异常，常因测量方法不当或测量不准确等原因造成。

(c)偏向型：异常，常因习惯等造成。

(d)孤岛型：异常，常因原材料变化、不熟练工人替班等原因造成。

(e)双峰型：异常，多因两组不同性质的数据未进行分层引起。

(f)平顶型：异常，常因刀具缓慢磨损、操作工人疲劳等缓慢因素造成。

2. 与公差相比较

与公差相比较是在直方图上画出公差界限，用以观察产品质量分布是否符合公差界限的要求，同时也掌握生产过程所处的状态，见图 5-9(a)～(f)。

六、控制图

控制图又叫管理图，是控制生产过程状态，保证过程加工质量的重要工具。应用控制图可以对过程状态进行分析、预测、判断、监控和持续改进。控制图是 1924 年由美国贝尔电话研究所的休哈特博士首先提出的。因为它的用法简单，效果显著，易于掌握，现已成为质量管

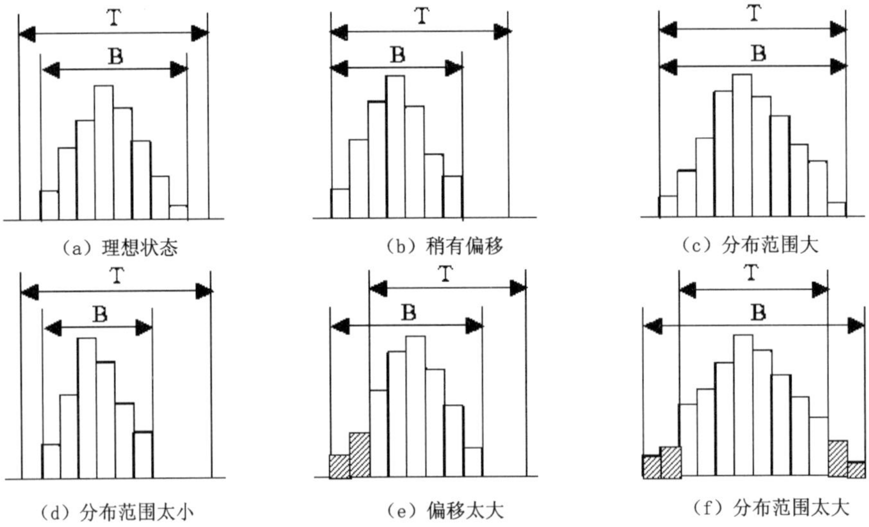

图 5-9　直方图与公差的关系

(a)理想状态:理想状态,说明产品分布合理,质量稳定。
(b)稍有偏移:非理想状态,有可能出现废品,可进行相应调整。
(c)分布范围大:非理想状态,极有可能出现废品,须进行相应调整。
(d)分布范围太小:非理想状态,质量有充分保障,但显得不经济,可适当降低加工精度。
(e)偏移太大:异常状态,已经出现废品,必须找出原因并加以解决。
(f)分布范围太大:异常状态,已经出现大量废品,必须找出原因并加以解决。

理中很重要的一种统计分析工具。

控制图的基本模式如图 5-10 所示。它的横坐标通常表示按时间顺序抽样的样本编号,纵坐标表示质量特性值或质量特性值的统计量。控制图一般有 3 条线,即控制中心线(*CL*)、控制上线(*UCL*)和控制下线(*LCL*),控制界限线是判断过程状态的标准尺度。

(一)控制图的原理

根据数据统计原理,若质量特性值服从正态分布,那么在 $\pm 3\sigma$ 范围内包含了 99.73% 的质量特性值,也即在 $\pm 3\sigma$ 的范围内几乎 100% 描述了质量特性值的总体分布规律,这就是所谓的"$\pm 3\sigma$"原则,通常控制图根据"$\pm 3\sigma$"原则确定控制界限(见图 5-10)。

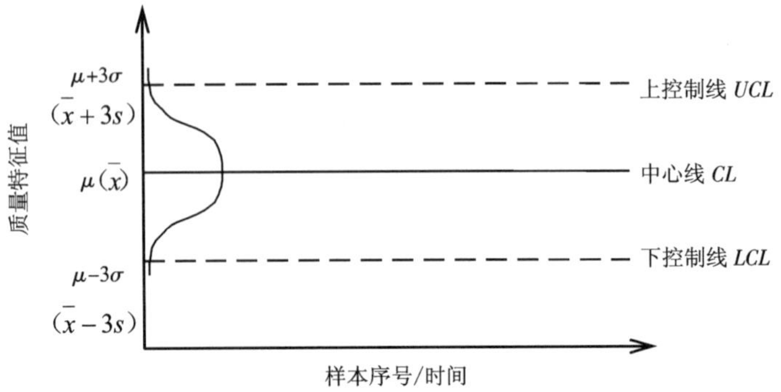

图 5-10　控制图模式

(二)控制图的分类

控制图按质量特性值数据特点可以分为计量值控制图和计数值控制图两大类。

1. 计量值控制图

计量值控制图是利用样本统计量反映和控制总体数据特征的集中位置(μ)和分散程度(σ)的图形,它对系统性原因的存在反应敏感,具有及时查明并消除异常的明显作用。

2. 计数值控制图

计数值控制图是以不合格品数、不合格品率为研究和控制对象,目的是分析和控制过程的稳定性,预防不合格品的发生,保证产品质量。

常用控制图的控制界限见表5-5。

表中的 A_2、D_3、D_4 为与样本数有关的系数,具体见表5-6。

表5-5 常用控制图的控制界限一览

分类	控制图名称	统计量	控制界限	
计量值控制图	$\overline{X}$—R 图	$\overline{X}$图	样本平均值$\overline{X}$ 样本极差 R	$CL=\overline{X}(\mu)$ $UCL=\overline{X}+A_2\overline{R}$ $LCL=\overline{X}-A_2\overline{R}$
		R 图	样本极差 R	$UCL=\overline{R}$ $CL=D_4\overline{R}$ $LCL=D_3\overline{R}$
计数值控制图	P 图	不合格品率 p		$CL=\bar{p}$ $UCL=\bar{p}+3\sqrt{\frac{\bar{p}(1-\bar{p})}{n}}$ $LCL=\bar{p}-3\sqrt{\frac{\bar{p}(1-\bar{p})}{n}}$
	C 图	缺陷数 c		$CL=\bar{c}$ $UCL=\bar{c}+3\sqrt{c}$ $LCL=\bar{c}-3\sqrt{c}$

表5-6 控制图用系数

样本大小	平均数控制图用			标准差控制图用				极差控制图用			
n	A	A_1	A_2	B_1	B_2	B_3	B_4	D_1	D_2	D_4	D_4
2	2.121	3.760	1.880	0	1.843	0	3.276	0	3.686	0	3.267
3	1.732	2.394	1.023	0	1.858	0	2.568	0	4.358	0	2.575
4	1.500	1.880	0.729	0	1.808	0	2.266	0	4.698	0	2.282
5	1.342	1.596	0.577	0	1.756	0	2.089	0	4.918	0	2.115
6	1.225	1.410	0.483	0.026	1.711	0.030	1.970	0	5.078	0	2.004

(三)控制图的作法[$\overline{X}$—R(均值-极差)控制图]

$\overline{X}$—R(均值-极差)控制图是各种控制图中最重要、最常用的一种控制图,熟悉了这种制图,其他控制图也就容易掌握了。$\overline{X}$ 控制图反映过程平均值即数据集中位置的变动,R 图观察过程离散程度的变化，这种控制图能提供较多的技术信息，使用广泛，$\overline{X}$—R 控制图的作法如下。

(1)收集数据，从所管理的过程，收集近期的至少 100 个数据。

(2)分组，将所收集到的数据分做 20～25 组，分组的一般原则是尽量使同一组内的数据来自大体相同的生产条件，且无特殊要求时各组的数据个数相同，然后，将所有数据填入一张数据表。

(3)计算各组的平均值$\overline{X}$。

(4)计算总平均值$\overline{\overline{X}}$：总计各组的平均值$\overline{X}$再除以组数 K，即得总平均值$\overline{\overline{X}}$。

(5)计算各组极差 R：R = 组内最大值 - 组内最小值。

(6)计算各组 R 的平均值$\overline{R}$。

(7)计算控制界限。

(8)记录控制界限：图的上方标$\overline{X}$图的控制线，下方标 R 图的控制线。

(9)按各组的$\overline{X}$、R 值，在图上打点。

(10)记录有关事项，如数据收集日期、记录人、作图者等。

例 5-3 某工厂加工 5 072 号轴，轴径的尺寸公差为 $\phi 50^{+0.020}_{+0.009}$ mm。现从车床加工工序中按时间顺序随机抽取 $n=4$ 的 25 组样本，其具体测量数据如表 5-7 所示。根据这些资料画出 $\overline{X}$-R 控制图。

表 5-7 $\overline{X}$—R 控制图数据

组号	X_1	X_2	X_3	X_4	$\overline{X}$	R
1	15	17	13	17	15.5	4
2	17	16	19	15	16.8	4
3	15	17	16	15	15.8	2
4	17	14	17	15	15.8	3
5	15	19	17	15	16.5	4
6	16	14	18	14	15.5	4
7	18	13	17	13	15.3	5
8	16	13	14	17	15.0	4
9	14	13	17	15	14.8	4
10	16	15	17	14	15.5	3
11	13	17	13	13	14.0	4
12	15	19	19	14	16.8	5
13	19	14	14	16	15.8	5
14	18	15	20	14	16.8	6
15	16	13	17	12	14.5	5
16	16	13	13	15	14.3	3
17	17	15	18	16	16.5	3
18	13	17	16	15	15.3	4
19	16	11	17	11	13.8	6

续表

组号	X_1	X_2	X_3	X_4	$\overline{X}$	R
20	18	14	14	17	15.8	4
21	15	17	18	16	16.5	3
22	17	13	12	17	14.8	5
23	15	16	16	13	15.0	3
24	15	15	12	12	13.5	3
25	17	15	16	13	15.5	4
合计					385.2	100
平均					15.41	4.00

注：表中数据 X_i =（测量值 - 50）× 1 000。

解：计算总平均值$\overline{\overline{X}}$和极差平均值$\overline{R}$。

$$\overline{\overline{X}} = \frac{\sum_{i=1}^{K} X_i}{K} = \frac{15.5 + 16.8 + \cdots 15.5}{25} = 15.41$$

$$\overline{R} = \frac{\sum_{i=1}^{K} \overline{R}_i}{K} = \frac{4 + 4 + \cdots 4}{25} = 4.00$$

计算控制中心线及上、下界限值。

$\overline{X}$图：$CL = \overline{\overline{X}} = 15.41$（即 0.015 41 mm）

$UCL = \overline{\overline{X}} + A_2\overline{R} = 0.729 \times 4 \approx 18.33$（即 0.018 33 mm）

$LCL = \overline{X} - A_2\overline{R} = 15.41 - 0.729 \times 4 \approx 12.49$（即 0.012 49 mm）

R 图：$CL = \overline{R} = 4$（即 0.004 0 mm）

$UCL = D_4\ \overline{R} = 2.282 \times 4 \approx 9.13$（即 0.009 13 mm）

$LCL = D_3\ \overline{R}$，$n = 4$ 时 D_3 取作 0，所以不考虑 LCL。

画控制图，记点并记上有关事项，如图 5-11 所示。

（四）控制图的判断

判断过程是否处于正常状态的基本标志是根据测量数据所描绘的圆点是否在控制界限以内，如果圆点超出控制界限，则说明过程存在异常原因，应加以调整。但有时虽然圆点全在界限以内，过程也会存在异常，例如控制图存在下列现象时，过程也并非处于稳定状态。

（1）圆点在中心线一侧连续出现 7 点以上。

（2）圆点在中心线一侧多次出现，如连续 11 点中有 10 个点在中心一侧。

（3）7 个以上的圆点连续上升或下降。

（4）圆点呈周期性变化。

以上情况分别如图 5-12 中（a）（b）（c）和（d）所示。

五、过程能力分析

（一）过程能力

过程能力是指稳定的正常条件（即 5M1E 均受到完全的管理和控制时）下过程的实际加

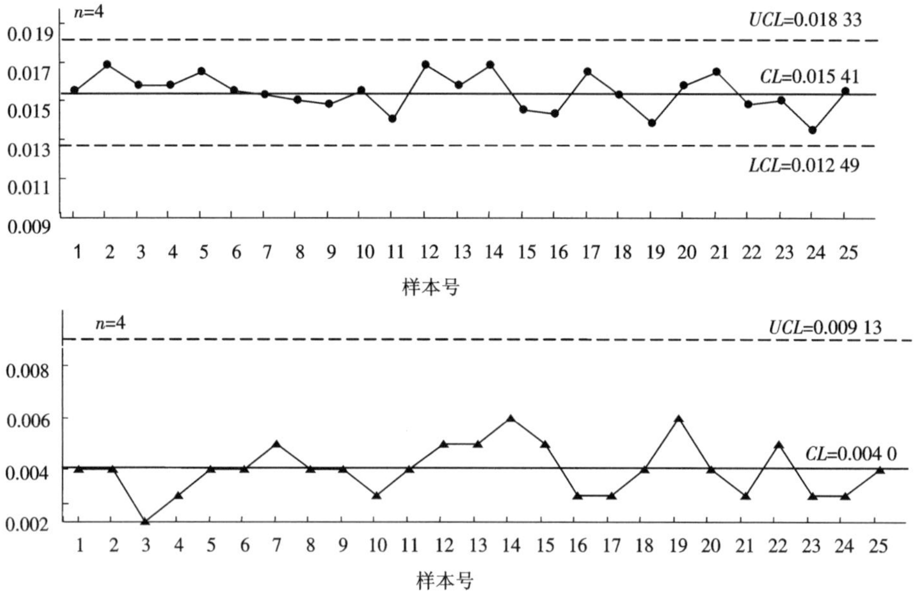

图 5-11　5072 号轴 $\overline{X}$—R 控制

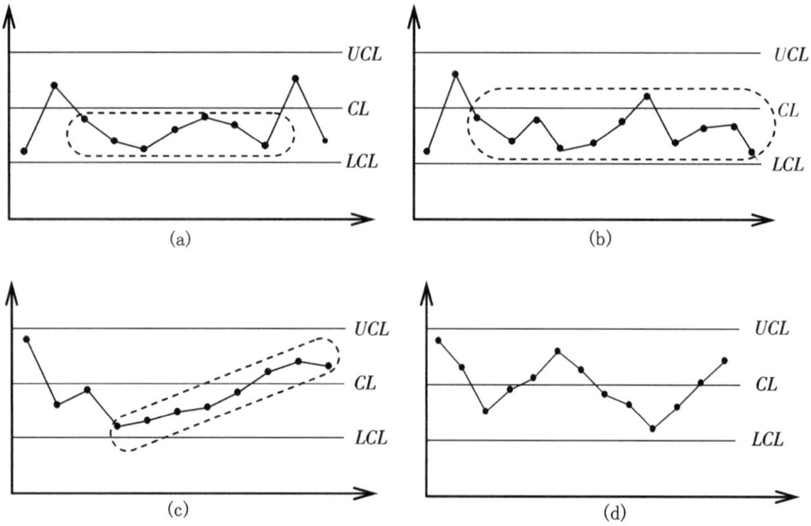

图 5-12　工序质量异常的控制

工能力，一般用 6σ 表示，这是因为根据 3σ 原则，在正态分布情况下 6σ 范围内包含了 99.73% 的质量特性值，过程能力定量表示为 $B=6\sigma$。

（二）过程能力指数 C_P

过程能力能否满足客观技术要求，需要进行比较衡量。过程能力指数就是表示过程能力满足产品质量标准程度的评价指标，一般用 C_P 表示。

当样本的分布中心 μ 与公差中心 M 重合时，过程能力指数为：

$$C_P=\frac{T}{6\sigma}=\frac{T_U-T_L}{6\sigma}\approx\frac{T_U-T_L}{6\sigma}$$

式中　T——公差范围；

σ——总体标准差(或用样本标准差 S 近似代替)；

T_U、T_L——公差上、下限。

$$T = T_U - T_L$$

当公差中心与实际分布中心不重合时，则：

$$C_{pk} = (1-k)\frac{T}{6\sigma}$$

式中　k——相对偏移量。

$$k = \frac{u - \bar{X}}{T/2} = \frac{2\varepsilon}{T}$$

式中　ε——分布中心与公差中心绝对偏移量。$\varepsilon = |\mu - M|$

过程能力指数 C_P 有 3 种基本情况：①$C_P > 1$，表明过程能力能满足质量要求；②$C_P < 1$，说明过程能力不能满足质量要求；③$C_P = 1$，过程能力刚刚满足加工质量要求，稍有偏差就会产生不合格品。

当质量特性值为单向偏差时，过程能力指数为：

$$C_P = \frac{T_{U-\mu}}{3\sigma} \text{或 } C_P = \frac{\mu - T_L}{3\sigma}$$

例 5-4　某零件内径尺寸公差为 $\phi 20^{+0.025}_{-0.010}$mm，从已加工的零件中随机抽取 100 件，得到 $\bar{x} = 20.011$ mm，$s = 0.005$ mm，求 C_P。

公差中心 $M = \frac{T_U + T_L}{2} = \frac{20.025 + 19.990}{2} = 20.0075$(mm)

已知分布中心为 $\bar{x} = 20.011$mm

说明公差中心与分布中心不重合，偏移量为：

$$\varepsilon = |M - \mu| = |20.0075 - 20.011| = 0.0035\text{(mm)}$$

$$k = \frac{\varepsilon}{(T_U - T_L)/2} = \frac{0.0035}{(20.025 - 19.990)/2} = 0.2$$

$$C_{pk} = C_p \cdot (1-k) = \frac{T_U - T_L}{6\sigma}(1-k) = \frac{20.025 - 19.990}{6 \times 0.005} = \times(1 - 0.2) = 0.933$$

所以该过程的过程能力不足，需要分析并改进过程状态。

小案例

质量管理工具在针织生产中的应用①

某企业在开发彩棉新产品时，出现绿色彩棉降等率高的状况，企业决定以排列图与因果分析图为分析工具，以 PDCA 循环为工作方法对问题进行分析解决。

1. 第一次循环

企业收集了 2008 年 5 月份的绿色彩棉降等疵点数据，对影响质量的外观疵点进行分析，分析结果如表 5-8 所示。根据表 5-8 统计数据，做出相应的排列图，如图 5-13 所示。

---

① 资料来源：王志坚，徐红. 检查表与散布图在针织生产质量管理中的应用. 针织工业，2008(12)：63～66.

表 5-8　第一次循环绿色彩棉降等疵点统计

序号	项目	频数	累计数	累计百分数/%
1	色花	213	213	46
2	土污	103	316	68
3	油污	77	393	85
4	纬斜	36	429	93
5	色渍	27	456	99
6	死褶	6	462	100

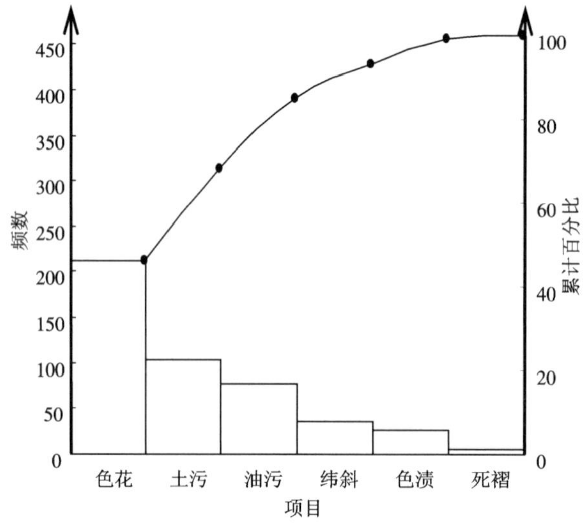

图 5-13　第一次循环绿色彩棉不合格因素排列

针对绿色彩棉严重色花问题进行分析，找出关键因素所在，并按其相互关系绘制因果图，如图 5-14 所示。

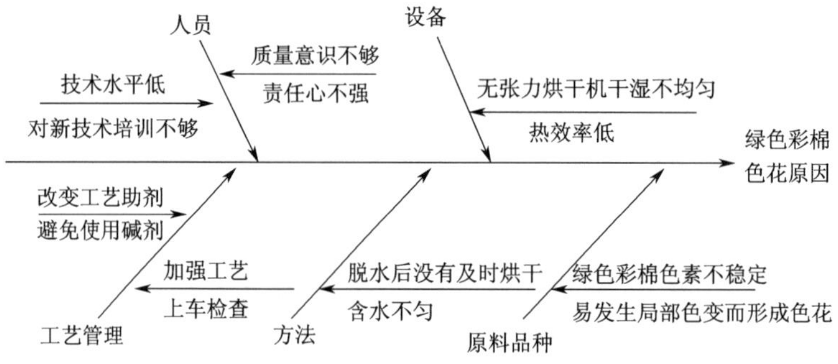

图 5-14　绿色彩棉色花因果示意

针对影响色花的主要因素，企业制定了相应措施，实施 2 个月后，绿色彩棉色花的情况基本消除，彩棉一等品率由 51. 9% 上升至 91. 7% 。

2. 第二次循环

在第一次循环的基础上，收集了 7 月份降等疵点数据，统计结果及排列图见表 5-9 和图 5-15。

从表 5-9 和图 5-15 可知，油、土污成为影响质量的主要原因，针对这些疵点分析原因，绘制因果图，如图 5-16 所示。

针对图 5-16 造成油、土污的主要因素，企业再次制定了相应的措施，实施 3 个月后，对彩棉坯布造成降等的主要疵点也基本上消除，彩棉一等品率稳步提高到 98.9%。

表 5-9　第二次循环绿色彩棉降等疵点统计表

序号	项目	频数	累计数	累计百分数/%
1	土污	110	110	36
2	油污	80	190	62
3	色花	56	246	80
4	纬斜	32	278	90
5	色渍	26	304	99
6	死褶	4	308	100

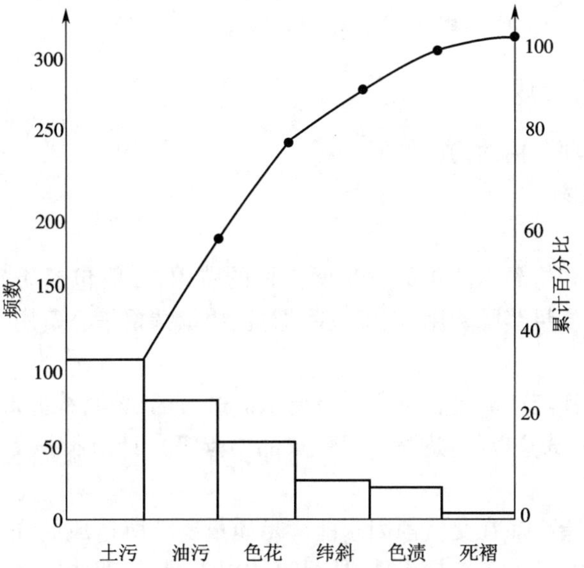

图 5-15　第二次循环绿色彩棉不合格因素排列

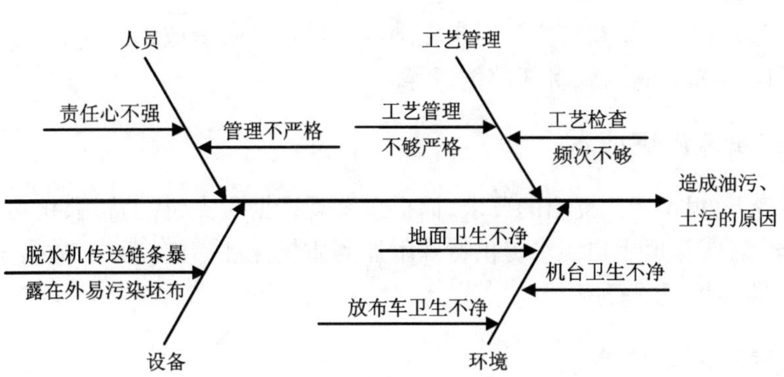

图 5-16　绿色彩棉油、土污因果示意

第四节 质量成本管理

一、质量成本的基本概念

质量成本概念是由美国质量管理专家米兰、费根堡姆等人在20世纪50年代提出来的，首次把质量成本同企业经济效益联系起来。质量成本理论对我国的经济发展具有非常重要的意义，从20世纪80年代引入我国后，很多企业都积极开展了质量成本的推算与管理，对提高企业经济效益起到了非常重要的作用。

质量成本也称质量费用，它是指为了确保和保证满意的质量而发生的费用以及没有达到满意的质量所造成的损失，它是由企业生产总成本核算所组成的。

质量成本一般由运行质量成本和外部质量保证成本两部分组成，而运行质量成本又包括：①预防成本；②鉴定成本；③内部故障成本；④外部故障成本。其中，①②两项之和统称为可控成本；③④两项之和统称为损失成本或结果成本。

二、质量成本的构成

质量成本核算各项费用的构成如下。

（一）运行质量成本

1. 预防成本

是指用于预防不合格品与故障的发生所支付的费用，一般包括质量计划费用、质量评审费用、质量培训费用、质量奖励费用、工资及附加费、质量情报信息费用、质量改进措施费等。

2. 鉴定成本

鉴定成本是指为评定产品是否符合质量要求而进行的试验，检验和检查等项目所支付的费用，一般包括检验和试验费（含进货、工序、成品检验等）、计量服务费、质量审验费等。

3. 内部故障成本

内部故障成本是指产品在交货前因未能满足质量要求所造成的损失，一般包括废品损失费、重新加工或返工损失费、停工损失费、质量事故损失费、处理费用、降低产量损失等。

4. 外部故障成本

外部故障成本是指产品在交货后因未能满足质量要求所造成的损失，一般包括产品维护修理费、担保和退货费、折价费、责任赔偿费等。

（二）外部质量保证成本

在合同环境下，根据用户提出的要求，而提供客观证据所支付的费用，统称为外部质量保证成本，一般包括：①根据用户要求提供特殊附加的质量保证措施、程序、数据所支付的费用；② 产品证实试验和评定的费用。

三、最适宜的质量成本

实践证明，质量成本的构成项目之间及质量成本与相关指数之间的相互关系，都客观地存在着一定的规律性。通过数据积累，经过系统地比较分析就能发现这些规律，从而确定适宜质量成本比率。为了确定适宜质量水平，首先要了解质量成本特性曲线，其理论模型如图 5-17 所示。

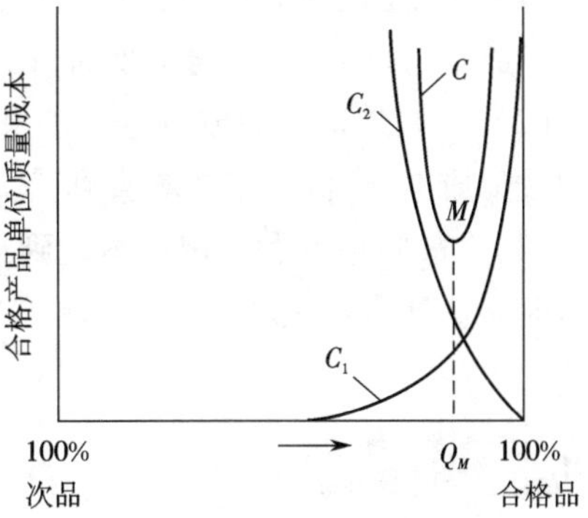

图 5-17　质量成本特性曲线理论模型

图 5-17 中，曲线 C_1 代表鉴定成本和预防成本，曲线 C_2 代表内、外部故障成本，曲线 C 代表质量总成本，即 C_1 和 C_2 的和，从图 5-17 中可以看出，内、外部故障成本随着质量水平的提高，由高向低以较快的速度下降；鉴定成本和预防成本在质量较差的水平上提高到与内部故障成本核算相当时，质量水平有较大幅度的提高，而鉴定成本与预防成本提高的幅度不是很大；当质量水平进一步提高时，鉴定成本和预防成本增加的速度很快。这表明，要提高产品质量，必须增加预防成本和鉴定成本，特别是预防成本的增加较多。上述 C_1、C_2 两条曲线的合成曲线 C 的最代点 M 所对应的合格率 Q_M 就是企业生产时应当控制的合格质量水平，即适宜的质量水平。M 点对应的质量成本就是适宜的质量成本，即最佳质量成本。现对质量成本曲线做进一步分析，从中找出最佳质量成本区域，质量成本模式的最佳区域如图 5-18 所示。

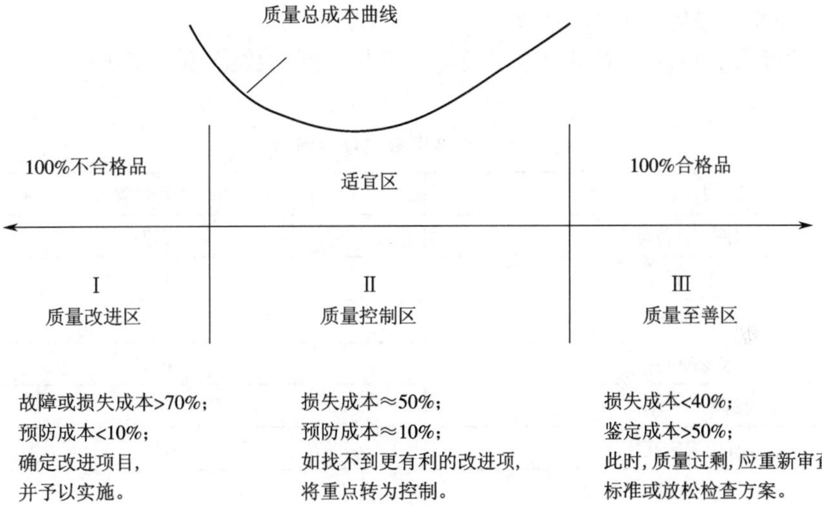

图 5-18　质量成本模式最佳区域

图 5-18 的左边是质量改进区域，这一区域里的质量水平较低，一般内、外部故障成本占质量成本总额的 70% 以上，而预防成本低于总额的 10%，质量成本总额较高，应重点抓好质量改进工作，寻求预防措施，降低内、外部故障成本，最终达到降低质量成本的目的。中间区域为质量成本最佳区域，这一区域的特点是故障成本占质量成本总额的 50% 左右，而预防成本占总额的 10% 左右，这时如果用户认为质量水平已达到要求，改善质量又不能给企业带来经济效益，且此时的质量成本又最低，应重点控制原质量水平和质量成本，围绕保证质量成本处于最佳区域开展各项质量管理活动。右边区域为至善区域，这一区域产品的合格率较高，鉴定成本所占比例较大，此时在满足用户质量要求的前提下应首先研究和修订检验标准，加强预防，以降低鉴定成本。要使质量成本降低到最低限度，不能孤立地降低质量成本构成中的每项成本，必须分析各项成本之间的相互关系。质量成本的最佳区域的确定方法如下。

(1)在规定的时间内,在一定的生产技术条件下,先固定鉴定成本和预防成本,降低内、外部故障成本,直到其无法再降低时,内、外故障成本核算就能达到最佳区域。

(2)当内、外部故障成本达到了最佳区域,而检验标准、方法和手段基本良好,固定预防成本和故障成本,降低鉴定成本直到其无法再降低时,鉴定成本就能达到最佳区域。

(3)在故障成本和鉴定成本达到最佳区域后,降低预防成本,直到其无法再降低时,预防成本即能达到最佳区域。

思考练习

1. 简述质量、质量管理和质量管理体系的概念。
2. 如何理解产品质量和工作质量之间的关系?
3. 何为质量管理的 8 项原则?
4. 什么是全面质量管理?
5. 简述 *PDCA* 循环的内容和特点。
6. 如何建立质量管理体系?
7. 如何使质量管理体系有效运行?
8. 用排列图法,分析从一个印刷电路板生产线收集到的数据,见表 5-10。

表 5-10 电路板缺陷项目统计

缺 陷	缺陷频数
部件本身故障	217
部件未插牢	146
黏结剂过量	64
错装部件	600
线路板尺寸不当	143
标错固定孔	14
电路问题	92

(1)请画出排列图。

(2)从上述资料的分析中,可以得出什么结论?

9. 车床加工零件外径尺寸测定的 50 个数据如表 5-11 所示,技术要求为 10.00 ± 0.20mm。

(1)作频数分布表;

(2)画直方图;

(3)计算 $\bar{x}$;

(4)计算过程能力指数;

(5)估计过程不合格品率。

表 5-11 零件外径数据 （单位：mm）

10.08	10.07	10.13	10.13	10.24
10.12	9.91	10.08	10.05	9.99
10.01	10.05	10.20	10.28	10.01
10.13	10.00	10.20	10.07	9.85
10.16	10.13	10.18	10.00	10.03
10.15	10.08	10.19	10.17	9.98
10.03	9.93	10.05	10.10	10.02
10.16	9.98	10.04	10.14	10.09
10.12	9.96	10.13	10.04	10.14
10.15	10.10	9.97	10.05	10.08

10. 设某零件外形尺寸测量值如表 5-12 所示，绘制$\overline{X}-R$ 控制图。

表 5-12 零件外形尺寸

自然状态 / 测量值 / 样本号	8:30	9:30	10:00	11:00	12:00
	X_1	X_2	X_3	X_4	X_5
1	11.2	11.3	11.5	11.3	11.3
2	11.5	11.5	11.4	11.2	11.3
3	11.8	11.9	11.7	11.2	11.5
4	11.2	11.1	11.2	11.2	11.1
5	11.5	11.6	11.7	11.7	11.7
6	11.6	11.6	11.6	11.1	11.7
7	11.5	11.7	11.5	11.2	11.8
8	11.3	11.7	11.5	11.3	11.9
9	11.4	11.3	11.7	11.4	11.7
10	11.6	11.3	11.3	11.7	11.2
11	11.8	11.5	11.3	11.9	11.3
12	11.9	11.6	11.6	11.1	11.5
13	11.6	11.3	11.7	11.7	11.2
14	11.9	11.3	11.9	11.7	11.4
15	11.7	11.3	11.7	11.2	11.1

第六章 市场营销

学习目标

(一)知识目标

· 了解市场营销和市场营销管理的基本概念;
· 理解市场细分的依据和市场预测;
· 理解市场细分与选择;
· 掌握市场营销组合策略。

(二)技能目标

· 能够熟练应用定价策略提出企业产品定价方案;
· 能够运用所学的促销策略知识内容分析不同产品的促销问题。

第一节 市场营销概述

一、市场营销及相关的概念

1. 市场营销的定义

国内外学者对市场营销的定义有上百种,企业界对营销的理解更是各有千秋。美国学者基恩·凯洛斯曾将各种市场营销定义分为3类:①将市场营销看做是一种为消费者服务的理论;②强调市场营销是对社会现象的一种认识;③认为市场营销是通过销售渠道把生产企业同市场联系起来的过程。这从一个侧面反映了市场营销的复杂性。本书采用著名营销学家飞利浦·科特勒教授的定义:市场营销是个人和群体通过创造并同他人交换产品和价值以满足需求和欲望的一种社会过程和管理过程。由于市场营销是与市场有关的人类活动,因此,市场营销不是观念的产物,而是人类活动的产物。

根据这一定义,可以将市场营销概念具体归纳为:①市场营销的最终目标是“满足需求和欲望”;②“交换”是市场营销的核心,交换过程是一个主动、积极寻找机会,满足双方需求和欲望的社会过程和管理过程;③交换过程能否顺利进行,取决于营销者创造的产品和价值满足顾客需求的程度和交换过程管理的水平。

2. 市场营销的相关概念

市场营销的相关概念包括:需要、欲望和需求;产品、价值和满意程度;交换和交易;市场;营销者。这些概念都贯穿全学科的理论导向和主要线索。

1)需要、欲望和需求

需要和欲望是市场营销活动的起点。所谓需要是指人类与生俱来的基本需要,如人类为了生存必然有对吃、穿、住、安全、归属、受人尊重的需要。这些需要存在于人类自身生理和社会之中,市场营销者可用不同方式去满足它,但不能凭空创造。

欲望是指想得到上述需要的具体满足品的愿望,是个人受不同文化及社会环境影响表现出来的对基本需要的特定追求。如为满足“解渴”生理需要,人们可能选择(追求)喝开水、茶、汽水、果汁、绿豆汤或者蒸馏水。市场营销者无法创造需要,但可以影响欲望,用开发及销售特定的产品和服务来满足欲望。

需求是指人们有能力购买并愿意购买某个具体产品的欲望。需求实际上也就是对某特定产品及服务的市场需求。市场营销者总是通过各种营销手段来影响需求,并根据对需求的预测结果决定是否进入某一产品(服务)市场。

2)产品

人们靠产品来满足自己的各种需要和欲望。从广义上来说,任何能满足人类某种需要或欲望的东西都是产品。因此现代营销学认为,产品不仅包括实体产品,还包括服务和体验。实体产品是指对人有某种效用的实物,如一台电冰箱、一杯饮料等。人们购买实体产品的主要目的不在于拥有该产品,而在于使用它来满足需要和欲望。如人们购买电冰箱不是为了观赏,而是用以冷藏和保存食品;购买饮料是为了解渴。所以实体产品是满足人们需要的核心产品,但如果制造商只关心产品实体,忽视围绕产品提供的各种服务和体验,那就目光短浅,容易造成“营销近视”。产品实体是服务和体验的外壳,营销者的任务一是推销产品实体,二是提供产品实体中所包含的各种服务和体验。

3)价值和满意

一个能满足欲望的产品到底能值多少钱呢?有些经济学家主张,一个产品的价值是所投入的人力、物力和时间的总和。换言之,产品价值等于其客观成本的总和。实际上产品的价值也含有主观方面的因素。顾客价值是指顾客从拥有和使用某产品过程中所获得的利益的理解与为获得该产品所付出的成本的理解之差。营销学上的商品价值是指消费者对产品满足各种需要的能力的评估,而不是指产品本身价值的大小。产品的价值取决于给人的满意程度。顾客满意取决于购买者所理解的某种产品的性能与其期望值进行的比较。消费者可以把产品按最喜欢的到最不喜欢的次序排列,位于顶端的,即最喜欢的那个产品,对他来说价值最大。

4)交换和交易

所谓交换是指通过提供某种东西作为回报,从别人那里取得所需物的行为。交换应看成是一个过程而不是一个事件。如果双方正在谈判,并趋于达成协议,这就意味着他们正在进行交换。一旦达成协议,我们就说发生了交易行为。交易是交换活动的基本单元,是由双方之间的价值交换所构成的行为。只有交换活动,即以交换方式来满足需要和欲望,才足以构成市场营销活动。人类对需求或欲望的满足可以通过各种方式,如自产自用、强取豪夺、乞求、交换(买卖)等来实现,但市场营销只有通过交换来满足人类的需求和欲望。交换的发生必须符合5个条件:①至少有两个以上的买卖(或交换)双方;②交换双方都拥有另一方想要的东西(价值);③每一方都有沟通及向另一方运送货品的能力;④交换的双方都觉得值得与对方交易;⑤双方都可以自由接受或拒绝对方的产品。

5)市场

市场是由那些具有特定的需要或欲望,而且愿意并能够通过交换来满足这种需要或欲望的全部潜在顾客构成。因此这个市场的大小就取决于那些表示有某种需要,并拥有使别人感兴趣的资源,而且愿意以这种资源来换取其需要的东西的人数。在这里,市场是指某种产品的现实购买者与潜在购买者需求的总和。站在销售者市场营销的立场上,同行供给者即其他销售者都是竞争者,而不是市场。销售者构成行业,购买者构成市场。市场包含有某种需要的人、为满足这种需要的购买能力和购买欲望三个主要因素。用下式表示:

市场 = 人口 + 购买力 + 购买欲望

人口、购买力和购买欲望这3个要素,互相制约,缺一不可。如果人口很多,收入很低,则市场非常狭窄;相反,假如一个国家或地区的居民收入很高,但人口很少,市场同样也有限;只有人口很多,居民收入又高的国家,才是有潜力的市场。

市场可以根据不同的标准划分为多种类型,但一般市场营销学只是根据两种标准划分。一是根据购买者的身份,划分为消费者市场、生产者市场、中间商市场和政府市场。这种分类方法有利于分别研究各类市场的特点,使营销者能按照特定顾客的要求制定专门的市场营销策略。二是根据产品或服务的具体用途,划分为生活资料市场、生产资料市场、技术服务市场、金融市场、房地产市场、旅游市场等。这种分类方法有利于研究不同产品和服务的特点,制定特定的营销策略。

6)营销者

市场营销作为一种与市场有关的人类活动,是指以满足人类各种需要和欲望为目的,通过市场变潜在交换为现实交换的活动。在交换双方中,如果一方比另一方更主动、更积极地寻求交换,则前者称为市场营销者,后者称为潜在顾客。所谓市场营销者,是指那种希望从别人那里取得资源并愿意以某种有价之物作为交换的人。市场营销者可以是卖主,也可以是买主。假如有几个人同时想买正在市场上出售的某种奇缺产品,每人都尽力使自己被卖主选中,这些购买者就都在进行市场营销活动。每个准备购买的双方都在积极寻求交换,我们就把双方都称为市场营销者,并把这种情况称为相互市场营销。

综上所述,营销产生于人类的需要和欲望;需要和欲望要由产品来满足;消费者在对产品做出选择时,要考虑产品价值,产品价值的大小取决于给人的满意程度;营销者面对市场开展营销活动,实质上就是使潜在交换成为现实交换而进行的一系列活动。

3. 市场营销与企业的职能

迄今为止,市场营销的主要应用领域是企业。市场营销学的形成和发展,与企业经营在不同时期所面临的问题及其解决途径是紧密联系在一起的。

在市场经济体系中,企业存在的价值在于它能否有效地提供满足他人(顾客)需要的商品。因此,管理大师彼得·德鲁克(Peter F. Drucker)指出,顾客是企业得以生存的基础,企业的目的是创造顾客,任何组织若没有营销或营销只是其业务的一部分,则不能称之为企业。"企业的基本职能只有两个,这就是市场营销和创新。"这是由于以下几方面原因所决定的。

(1)企业作为交换体系中的一个成员,必须以对方(顾客)的存在为前提。没有顾客,就没有企业。

(2)顾客决定企业的本质。只有顾客愿意花钱购买产品和服务,才能使企业资源变成财富。企业生产什么产品并不是最重要的,顾客对他们所购物品的感觉及价值判断才是最重要的。顾客的这些感觉、判断及购买行为,决定着企业的命运。

(3)企业最显著、最独特的功能是市场营销。企业的其他功能,如生产功能、财务功能、人事功能,只有在实现市场营销功能的情况下,才是有意义的。因此,市场营销不仅用"创造产品或服务的市场"标准将企业与其他组织区分开来,而且将营销作为企业的核心职能,不断促使企业将营销观念贯彻于每一个部门。

在现实中,许多企业尽管对市场营销及其方法颇为重视,但并未把它作为企业核心职能全面贯彻。如一些经理认为营销就是“有组织地执行销售功能”。他们着眼于用“我们的产品”,寻求“我们的市场”,而不是立足于顾客需求、欲望和价值的满足。事实上,市场营销并不等于销售。市场营销的核心是清楚地了解顾客,并使企业所提供的产品(服务)适合顾客需要。不做好这一工作,即使拼命推销,顾客也不可能积极购买。因此,企业尽管也需要做销售工作,但市场营销的目标却是要减少推销工作,甚至使得销售行为变得多余。

全面构建和贯彻面向市场(顾客)的企业职能,关系到企业能否生存和健康成长。

二、市场营销管理

市场营销管理是指为了实现企业目标,创造、建立和保持与目标市场之间的互利交换和关系,而对设计方案进行的分析、计划、执行和控制。市场营销管理的任务,就是为促进企业目标的实现而调节需求的水平、时机和性质。市场营销管理的实质是需求管理。

根据需求水平、时间和性质的不同,可归纳出 8 种不同的需求状况。在不同的需求状况下,市场营销管理的任务有所不同。

(1)负需求。负需求是指绝大多数人对某个产品感到厌恶,甚至愿意出钱回避它的一种需求状况。在负需求情况下,市场营销管理的任务是改变市场营销,将负需求转变为正需求。

(2)无需求。无需求是指目标市场对产品毫无兴趣或漠不关心的一种需求状况。在无需求情况下,市场营销管理的任务是刺激市场营销,即通过大力促销及其他市场营销措施,努力将产品所能提供的利益与人的自然需要和兴趣联系起来。

(3)潜伏需求。潜伏需求是指相当一部分消费者对某物有强烈的要求,而现有产品或服务又无法使之满足的一种需求状况。在潜伏需求情况下,市场营销管理的任务是开发市场营销,即开展市场营销研究和潜在市场范围的测量,进而开发有效的物品和服务来满足这些需求,将潜伏需求变为现实需求。

(4)下降需求。下降需求是指市场对一个或几个产品的需求呈下降趋势的一种需求状况。在下降需求情况下,市场营销管理的任务是重振市场营销,使老产品开始新的生命周期,并通过创造性的产品再营销来扭转需求下降的趋势。

(5)不规则需求。不规则需求是指某些物品或服务的市场需求在一年不同季节,或一周不同日子,甚至一天不同时间上下波动很大的一种需求状况。在不规则需求情况下,市场营销管理的任务是协调市场营销,使物品或服务的市场供给与需求在时间上协调一致。

(6)充分需求。充分需求是指某种物品或服务的目前需求水平和时间等于预期的需求水平和时间的一种需求状况。这是企业最理想的一种需求状况。市场营销管理的任务是维持市场营销,千方百计维持目前需求水平。

(7)过量需求。过量需求是指某种物品或服务的市场需求超过了企业所能供给或所愿供给的水平的一种需求状况。在过量需求情况下,市场营销管理的任务是降低市场营销。需要强调的是,降低市场营销并不是杜绝需求,而是降低需求水平。

(8)有害需求。有害需求是指市场对某些有害物品或服务的需求。对于有害需求,市场营销管理的任务是反市场营销。降低市场营销与反市场营销的区别在于:前者是采取措施减少需求,后者是采取措施消灭需求。

需求分类见表 6-1。

表 6-1　需求分类

需求状况	需求特征	营销管理任务
负需求	绝大多数人不喜欢,甚至花费一定代价也要回避某种产品	改变性营销:试图使原来不喜欢某些事物的人变得喜欢。人们态度的改变取决于这种营销所表明的好处是否为个人所接受
无需求	目标消费者对于某些产品或服务不感兴趣或漠不关心的一种状态	刺激性营销:刺激人们对不了解的或无意取得产品的需求
潜伏需求	当许多消费者对实际不存在的某些东西有强烈的需求时,就形成了潜伏需求的状况	开发性营销:衡量潜在市场的范围,试图发展某种新产品或新的服务
下降需求	市场对一个或几个产品的需求呈下降趋势的情况	扭转性营销:企业通过各种方式企图重新引导人们对产品或服务产生兴趣
不规则需求	在某些时候,需求低于供给能力;而在某些时候,供给低于需求能力	协调性营销:设法使产品的需求配合供给
充分需求	营销者对其营业额感到满意的状况	维持性营销:面对消费者偏好变动、竞争加剧的情况维持现有的需求水平。营销者必须维持或改进其产品的质量,不断评估消费者的满足程度
过量需求	某产品或服务的市场需求超过企业所能供给或愿意供给的水平	降低营销:暂时地或长期地减少市场对产品的需求
有害需求	市场对某些有害物品或服务的需求	反营销:试图移植市场对某种产品或服务的需求

所谓市场营销管理过程就是识别、分析、选择和发掘市场营销机会,以实现企业的任务和目标的管理过程,亦即企业与它的最佳市场机会相适应的过程。这个过程包括 4 个步骤:①分析市场机会;②选择目标市场;③制定、优化市场营销组合;④管理营销活动。

三、市场营销管理哲学及其演进

市场营销学是一门研究市场营销活动及其规律性的应用科学。而市场营销活动是在一定商业哲学指导下进行的,因此,准确把握与市场营销有关的概念,正确认识市场营销管理的实质与任务,全面理解市场营销管理哲学的演变,密切注视市场营销管理的最新发展,对于搞好市场营销,加强经营管理,提高经济效益具有重要意义。

市场营销管理哲学的核心是正确处理企业、顾客和社会三者之间的利益关系。在许多情况下,这些利益是相互矛盾的,也是相辅相成的。企业必须在全面分析市场环境的基础上,正确处理三者关系,确定自己的原则和基本取向,并用于指导营销实践,才能有效地实现企业目标,保证企业的成功。

随着生产和交换日益向纵深发展,社会、经济与市场环境的变迁和企业经营经验的积累发生了深刻变化。这种变化的基本轨迹是由企业利益导向转变为顾客利益导向,再发展到社会利益导向。图 6-1 显示了西方企业在兼顾三者利益关系上,营销管理观念的变化趋势。

现代企业的市场营销管理哲学可归纳为 6 大阶段的演变,即生产观念、产品观念、推销观念、市场营销观念、社会市场营销观念和大市场营销观念的演变。

1. 生产观念(production concept)

生产观念是指导销售者行为的最古老的观念之一。生产观念认为,消费者喜欢那些可以随处买得到而且价格低廉的产品,企业应致力于提高生产效率和分销效率,扩大生产、降低成

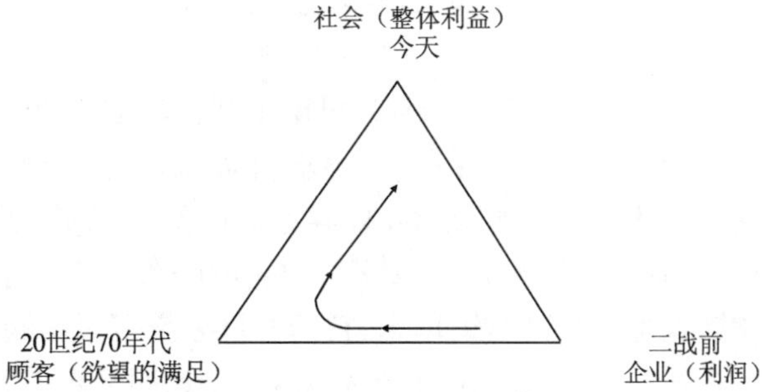

图 6-1　企业营销管理观念的变化

本以扩展市场。显然,生产观念是一种重生产、轻市场营销的商业哲学。生产观念是在卖方市场条件下产生的。

生产观念的产生有其历史原因。一般来说,当社会生产力较低时,相对于社会对商品的需求而言,整个市场就会呈现出供不应求的状况,形成“卖方市场”。在这种情况下,经营者最重要的任务就是做好生产。菲利普·科特勒认为生产观念的基本观点是:顾客会接受任何他能买到并且买得起的产品。因此,管理者的主要任务就是提高生产和分销的效率。这种观念是最早的营销思想。

总而言之,生产观念是一种以生产为中心的营销观念。企业管理的中心问题只是如何提高生产效率和降低成本,重心在于生产管理,销售工作是不受重视的。尽管生产观念是指导企业生产经营活动最古老和陈旧的一种观念,但是在两种情况下仍然适用:①当生产成本太高时,管理部门应该采取各种方式来增加生产;②需要提高生产效率以降低成本。

2. 产品观念(product concept)

产品观念认为,消费者最喜欢高质量、多功能和具有某种特色的产品。企业应致力于生产高值产品,并不断改进。它产生于市场产品供不应求的“卖方市场”形势下。最容易滋生产品观念的场合,莫过于当企业发明一项新产品时。此时,企业最容易导致“市场营销近视”,即不适当地把注意力放在产品上,而不是放在市场需要上,在市场营销管理中缺乏远见。

产品观念是另一种营销观念,其基本假设是:顾客喜欢质量最好、功能最强的产品。因此企业的主要任务是集中力量改进产品。一些生产企业相信,只要他们能够生产出质量更好的产品,自然就会顾客盈门,但是市场反应有时却会令他们大失所望。因为顾客可能会寻找一种产品的替代品,或寻求其他更有效的服务。此外,即使是一种质量很好的产品,如果它在设计、包装和价格上缺乏吸引力,分销渠道不够畅通,也不能引起顾客的注意。例如,中国的许多生产企业就曾经忽视产品的外包装,使得产品在进入国外市场时,被消费者认为是低档产品,影响了产品的销售。

产品观念还有可能导致营销近视。例如,许多人就曾经认为高中毕业生需要的是通才教育,而忽视了社会对职业教育日益增加的需求。与生产观念相似,产品观念也和消费者的需求与愿望往往相连。因此,这种营销理念也必然会被新的观念所替代。

3. 推销观念(selling concept)

推销观念(或称销售观念)是为许多企业所采取的另一种观念。它认为,消费者通常表现出一种购买惰性或抗衡心理,如果听其自然的话,消费者一般不会足量购买某一企业的产品,因此,企业必须积极推销和大力促销,以刺激消费者大量购买本企业产品。推销观念在现代市场经济条件下被大量用于推销那些非渴求物品。推销观念产生于资本主义国家由“卖方市场”向“买方市场”过渡的阶段。

推销观念的基本假设认为:消费者一般不会根据主观需求去选购产品,只有通过推销才能诱导其产生购买商品的行为。这种观念在“非寻求商品(unsought goods)”的生产厂商中尤为盛行。所谓非寻求商品是指在正常情况下,顾客不想购买的商品,例如百科全书和保险。这种观念可以概括为“生产什么,就努力推销什么,顾客就购买什么”。如今仍然有很多生产能力过剩的厂商采取推销观念作为其营销理念,它们的目标是销售出制造的产品而非市场需要的产品。由于这种观念强调销售的交易而非与顾客建立长期互惠关系,所以营销活动具有很大的风险。这种观念假设被诱导的顾客喜欢这种产品,即使不喜欢也会很快忘记,还会重复购买。显然,这种假设是错误的。

与生产观念及产品观念相比,推销观念是企业营销工作的一大进步,它加强了企业的销售力量,促进了产品价值的实现,也促进了社会经济的发展。但是从生产者和市场的关系来看,推销观念在本质上仍然是“以产定销”的经营思想,所以它还是一种旧式的营销观念。

4. 市场营销观念(marketing concept)

市场营销观念是作为对上述诸观念的挑战而出现的一种新型的企业经营哲学。市场营销观念认为,实现企业各项目标的关键,在于正确确定目标市场的需要和欲望,并且比竞争者更有效地传送目标市场所期望的物品或服务,进而比竞争者更有效地满足目标市场的需要和欲望。从本质上说,市场营销观念是一种以顾客需要和欲望为导向的哲学,是消费者主权论在企业市场营销管理中的体现。

比较推销观念和营销观念,我们可以发现两者的过程刚好相反。前者是由内向外进行的,它始于工厂,强调公司当前的产品,进行大量的推销和促销以便获利,追求短期利益。与此相反,营销观念是由外向内进行的。它起始于明确定义的市场,强调顾客的需求,按照顾客的价值和满意状况建立与顾客长期的互惠关系并由此获利。福特公司的某位经理曾经说过这样一句话:“如果我们不是以顾客为导向的,那我们生产的轿车不可能令顾客满意。”

5. 社会市场营销观念(social marketing concept)

社会市场营销观念认为,企业的任务是确定各个目标市场的需要、欲望和利益,以保护或提高消费者和社会福利的一种方式。社会市场营销观念要求市场营销者在制定市场营销政策时,要统筹兼顾3方面的利益,即企业利润、消费者需要的满足和社会利益。

近年来,由于环境污染、资源短缺、人口迅速膨胀、世界范围的经济以及被忽视的社会服务等一系列问题的凸显,使人们开始怀疑纯营销观念是否仍然适宜。因此,一些有远见的企业家和市场营销专家提出了社会营销的观念,他们认为:企业生产产品或提供服务时,不仅要满足消费者的需求和欲望,而且还必须符合消费者的利益和社会公众的长远利益,必须以维护全社会的公共利益作为企业经营的根本责任。按照社会营销的观念,纯营销观念忽视了顾客短期需要和长期福利之间的冲突。

诸如此类的情况和矛盾导致了社会营销观念的出现。社会营销观念要求营销在企业利润、顾客需求和社会福利3方面进行平衡,对于有害于社会或有害于消费者的需求,不仅不应该满足,还应该进行抑制性的反营销。企业不仅要追求最大的经济效益,而且必须兼顾社会效益,要力求做到企业效益服从社会效益。可以这样说,企业通过协调企业利益、顾客利益和社会利益,使市场营销观念达到一个更为完善的阶段,如表6-2所示。

表 6-2　营销管理哲学的比较

观念	规划顺序	重点	手段	目的	条件
生产观念	产品—市场	生产	生产效率	利润	卖方
产品观念	产品—市场	产品	高质产品	利润	卖方
推销观念	产品—市场	推销	广告、推广	利润	卖方—买方
市场营销	市场—产品	顾客需求	整体营销	需求满足	买方
社会营销	市场—产品	需求	整体营销	需求满足	客方
大市场营销	市场—产品	需求	整体营销	需求满足	客方

6. 大市场营销观念(mega-marketing concept)

大市场营销观念是美国菲利普·科特勒教授于20世纪80年代提出的一种全新的营销观念。他认为,商品经济发展到目前阶段,在世界贸易保护主义重新抬头、贸易壁垒增强和贸易摩擦时有发生的情况下,企业想要成功地进入某一特定市场,并从事营销活动,单靠传统的市场营销4Ps已很难奏效,而必须同时采取政治、经济、心理以及公共关系等手段赢得若干参与者的合作,从而进入市场。

菲利普·科特勒首先将市场营销组合由E. J. 麦卡锡的4Ps,即product(产品)、price(价格)、place(渠道)、promotion(促销)组合,扩展为6Ps组合,即增加了2Ps:political power(政治力量)和public relations(公共关系)。后来,他又将之发展成为10Ps组合理论,即在6Ps组合的基础上加上新的4Ps组合,即probing(市场研究)、partitioning(市场细分)、prioritizing(目标优选)、positioning(产品定位)。不久,科特勒在上述的10Ps组合的基础上加了第11个P,即people(人),意指理解人和向人们提供服务。第11个P贯穿于市场营销活动的全过程,它是实施前面10个P的成功保证。该P将企业内部营销理论纳入市场营销之中,主张经营管理者了解和掌握职工需求动向和规律,解决职工的实际困难,适当满足职工的物质和精神需求,以此来激励职工的工作积极性。“大市场营销观念”理论将市场营销组合从战术营销转向战略营销,意义十分重大,被称为市场营销学的“第二次革命”。

第二节　市场分析与调查预测

一、市场的分类及分析

出于营销管理的需要,可以从不同的角度对市场进行分析,从而就有多种多样的市场类型划分方法。

(一)按流通区域划分

市场按商品流通区域可划分为国内市场和国际市场。国内市场又可以分为城市市场与农村市场、本埠市场与外埠市场、沿海地区市场与内陆地区市场以及民族地区市场等,不同地域的市场由于经济发展水平、文化、习俗、宗教等因素的影响,存在一定的差异。

(二)按竞争程度划分

经济学通常将市场类型按其不同的竞争程度分为完全竞争、完全垄断、垄断竞争、寡头垄断4类。完全竞争和完全垄断是市场结构的两个极端。

(三)按产品形态划分

市场按产品形态可分为有形产品市场、无形产品市场与货币资金市场。有形产品市场指一般商品市场,包括工业品市场与消费品市场。无形产品市场指不提供有形产品,但通过交换提供各种形式的服务以满足消费需求,包括劳务市场、信息市场、技术市场等。货币资金市场指以利率作为价格,调整资金运动方向的资金融通市场。

(四)按市场运行的基本态势划分

按市场运行的基本态势划分,市场可分为卖方市场、买方市场和均衡市场。所谓卖方市场,是指卖方在市场上处于支配地位,买方处于被支配地位,在具有压倒优势的卖方力量的统治下运行的市场。买方市场则是指买方在市场上处于支配地位,卖方则处于被支配的地位,在具有压倒优势的买方力量控制下运行的市场。均衡市场是指买卖双方大体上处于平衡状况,在双方力量相互制约下稳定而又均衡地运行的市场。

(五)按市场交易的方式划分

按市场交易的方式划分,市场可分为现货交易市场、期货交易市场和贷款交易市场。现货交易是根据约定付款和交货方式,在限定的、极短的时间内完成交割的交易方式。期货交易是先达成交易契约,然后在将来的某一日期进行交割的交易方式。贷款交易是通过借贷关系所进行的商品交易,它有延期付款交易和预先付款交易两种具体形式。

(六)按市场购买和购买欲望划分

按市场购买和购买欲望划分,市场可分为消费者市场和组织市场两类。组织市场包括生产者市场、中间市场和政府市场。

二、消费者市场分析

消费者市场是指所有为了个人消费而购买物品或服务的个人和家庭所构成的市场。消费者市场是现代营销理论研究的主要对象,是商品的最终归宿,研究影响消费者购买行为的主要因素及其购买决策过程,对于开展有效的市场营销活动至关重要。

(一)消费者市场的特点

消费者市场具有的特点:①人多面广,包括了生活中的每一个人;②需求复杂,经常变化;③零星购买和经常购买,购买次数频繁;④产品专用性不强;⑤需求弹性较大,受价格影响明显;⑥非专家购买,易受促销影响,产生购买冲动;⑦购买力经常流动,这种流动主要在不同地区间进行。

(二)影响消费者购买行为的主要因素

消费者在一定条件下作出的购买决策在很大程度上受到文化、社会、个人和心理等因素的影响。

1. 文化因素

文化是人类欲望和行为最基本的决定因素。低级动物的行为主要受其本能的控制,而人类行为大部分是从学习中得来的,在社会中成长的儿童通过其家庭和其他机构的社会化过程学到了一些基本观念。每一文化都包含着能为其成员提供更为具体的认同感和社会化较小的亚文化群体。

文化、亚文化及社会阶层等因素直接关系到人们的观念、习惯和偏好的形成,从而影响到消费者的购买行为。因此,营销者在制订营销方案时,必须首先了解掌握这些因素。

2. 社会因素

消费者购买行为也要受到诸如参照群体、家庭、社会角色与地位等一系列社会因素的影响。

参照群体对消费者购买行为的影响,表现在3个方面:①参照群体为消费者展示出新的行为模式和生活方式;②由于消费者有仿效其参照群体的愿望,因而消费者对某些事物的看法和对某些产品的态度也受到参照群体的影响;③参照群体促使人们的行为趋于某种“一致化”,从而影响消费者对某些产品和品牌的选择。此外,参照群体的影响力还取决于产品、品牌以及产品的生命周期等。企业应善于运用参照群体对消费者施加影响,扩大产品销售。

家庭是社会组织的一个基本单位,对消费者购买行为有着重要影响。家庭购买决策大致可分为丈夫决定型、妻子决定型、共同决定型和各自做主型4种类型。由于各地的生活习惯、妇女的就业状况、夫妻双方的工资及教育水平、家庭内部的分工以及产品的种类等方面的差异,使得家庭成员在购买决策中的影响力不同。因此企业在设计产品和拟定营销方案时,必须考虑家庭的购买决策中心,有针对性地进行营销活动。一个人在其一生中会参加许多群体,如家庭、俱乐部或其他各种组织。每个人在各个群体中的位置可用角色和地位来确定。每一角色都伴随着一种地位,这一地位反映了社会对它的总评价,而地位标志又随着不同阶层和地理区域而有所变化。不同的角色和地位其需求也不同,而这些都在某种程度上影响其购买行为。

3. 个人因素

消费者的购买决策也受到个人特性的影响,特别受其年龄、职业、经济状况、生活方式、个性以及自我观念的影响。

(1)不同年龄的人有不同的需要和偏好。人们在衣食住行各方面的消费需要,都随着自然年龄的变化而变化。除了自然年龄的不同阶段外,还要注意消费者心理生命周期的阶段。有些人心理上的年龄往往与他们的实际年龄不一致,如有些年轻人“少年老成”,有些中老年人却充满青春活力,因而他们的消费行为同他们的自然年龄相异,因此在企业的经营决策中应该考虑心理年龄对消费行为的影响。

(2)一个人的职业也影响其消费方式。一般来说,营销者应当分析出哪种职业者对自己的产品和服务感兴趣,甚至可以专门提供适合于某种职业者的产品和服务,针对其需求特点进行营销活动。

(3)经济状况包括个人可支配的收入、储蓄、资产、借款能力以及对开支和储蓄的态度等,也决定着个人和家庭的购买能力。

(4)个性是指一个人所特有的心理特征,它导致一个人对他所处的环境相对一致和持续不断的反应。一个人的个性可以用外向、内向、自信、顺从、实际、保守等性格特征来描述。与此相联系的是消费者的自我观念(或称自我形象)。营销者所设计的品牌形象必须与消费者个性和自我形象相吻合,才能受到消费者的认同。

(5)生活方式是一个人在世界上所表现的有关活动、兴趣和看法的生活模式。了解了一个人所处的社会阶层,只能推断出他行为的某些特征,但却无法了解其本人的具体特点。如果已知一个人的个性,就能推断其不同的心理特征 ,但对他的实际活动、兴趣和看法却知之不多,而研究生活方式就能把握一个人活动的全部模式。

4. 心理因素

消费者的购买行为要受动机、知觉、学习以及信念和态度等主要心理因素的影响。

(1)人的行为是由动机支配的,动机是由未满足需要引起的。当人产生某种需要又未能得到满足时,人体内便出现一种紧张状态,形成一种内在动力,即动机,促使人们采取行动满足需要。因此营销者必须根据消费者的需要,设置某些刺激物,激发足以引起消费者行为的动机,从而促进企业目标的实现。

(2)处在相同激励状态和目标的情况下,由于对情况的知觉不同,可能会导致不同的行为。所谓知觉是指个人通过感觉器官对客观刺激的反应。它不仅取决于刺激物的特征,而且还依赖于刺激物同周围环境的关系以及个人所处的状况。人们之所以对同一刺激物产生不同的知觉,是因为人们通过感觉对刺激物进行理解时要经历选择性主义、选择性曲解和选择性记忆3种知觉过程,随着感觉的深入,将感觉到的材料通过大脑进行分析综合,从而得到知觉。对同样的刺激,不同人的知觉就不同。了解掌握这一点,营销者在消费者传递产品信息时,需要选用大量戏剧性和重复性的手段,以便被消费者感知并认可。

(3)学习是指由于经验而引起的个人行为的改变。人类行为大都来源于学习。一个人的学习是通过驱动力、刺激物、诱因、反应和强化的相互影响而产生的。消费者一般在内在需要驱动下形成行为动机,对某种刺激作出反应,反应之后若满足其需要则该反应得到加强。对于营销者来说,可以通过把学习同强烈驱动力联系起来,运用刺激性暗示和提供积极强化等手段来建立对产品的需求。

(4)通过行为和学习,人们获得了自己的态度,它反过来又影响着人们的购买行为。所谓态度是指一个人对某些事物或观念长期持有的好与坏的认识上的评价、情感上的感受和行动倾向。态度能使人们对相似的事物产生相当一致的行为。一个人的态度呈现为稳定一致的模式,改变一种态度就需要在其他态度方面作重大调整。

以上4个方面因素是影响消费者购买行为的主要因素,营销者必须分析研究,以便更有效地为消费者服务。

(四)消费者的购买决策过程

1. 参与购买的角色

人们在购买决策过程中可能扮演不同的角色,起不同的作用。按其在决策过程中的作用不同,可分为倡议者、影响者、决策者、购买者、使用者5种角色。营销者分清参与购买的不同角色,有针对性地开展活动,才能取得最佳效果。

2. 消费者购买行为类型

消费者的购买决策随产品的复杂性、价值大小及购买情况不同而不同。较为复杂和花钱多的决策往往凝结着购买者的反复权衡和众多人的参与与决策。消费者购买决策随其购买类型的不同而变化。阿萨尔根据消费者在购买过程中参与者的介入程度和品牌间的差异程度,将消费者购买行为划分为4种类型,见表6-3。

表6-3 消费者购买行为类型

介入程度 / 品牌间关系程度	高度介入	低度介入
很大	复杂的购买行为	寻求多样化的购买行为
极小	化解不协调的购买行为	习惯性购买行为

(1)习惯性购买行为。对于价格低廉、经常购买、品牌差异小的产品,消费者在购买时介

入程度最低，他们不需要经过搜集信息、比较评价的过程，只是出于习惯而购买。这类产品可用优惠价格、销售促进等方式鼓励消费者反复使用。

（2）化解不协调的购买行为。有些产品品牌差异不大，消费者不经常购买，而购买时又有一定风险，因此，需要选择比较，如果合适，消费者才会决定购买。购买以后，消费者也许会感到有些不满意，产生不协调感。在使用过程中，他会主动了解更多情况，并寻求种种理由来减轻、化解这种不协调，以证明自己的购买是正确的。针对这种情况，营销者及时向消费者提供有关产品评价的信息，增强消费者的信心，保持消费者的满意感。

（3）寻求多样化的购买行为。有些产品的差异明显，但消费者并不愿花时间来估价，而是经常变换所购产品的品牌，寻求多样化的体验。品牌的选择变化常起因于产品的多品种。针对这种购买类型，营销者应保障供应，利用各种促销手段来鼓励消费者购买。

（4）复杂的购买行为。对于贵重的、不常买的、有风险且又非常有意义的产品，由于品牌差异大，消费者对此缺乏了解，因而需要一个学习过程，从而对产品产生某种看法，最后决定购买。对于这种购买行为，营销者应采取有效措施帮助消费者了解产品性能、特点，并介绍产品优势，从而影响购买者的最终选择。

3. 购买决策过程

在复杂的购买行为中，购买者的购买决策过程由引起需要、收集信息、评价方案、决定购买和买后行为 5 个阶段构成。

（1）引起需要。购买者产生某种需要，是其过程的开始。这种需要由内在刺激或外在刺激引起。营销人员应善于安排诱因，促使消费者对产品产生强烈需求，从而引起购买行动。

（2）收集信息。消费者必须收集有关信息来支持自己的购买行为。其信息来源主要有家庭、朋友等个人来源；广告、推销商、展示会等商业来源；大众传播媒体、消费者评审组织等公共来源；自身处理、检查和使用产品的经验来源等。营销者必须利用各种渠道扩大对自己有利信息的传播，从而影响消费者。

（3）评价方案。消费者在收集信息的基础上对产品的性能、特点进行分析、评价。由于个人需求不同，对产品属性重要程度的认识也不同。通过评价，消费者会形成某种偏好，从而形成购买意图。

（4）决定购买。在消费者形成购买意图之后，并不意味着实际购买就会发生，这时别人的态度和意外情况会对购买行为有直接影响。对这种情况，营销者应积极引导，减少消费风险，增强消费者的信心，鼓励消费者购买。

（5）买后行为。消费者购买某种产品后会产生某种程度的满意或不满意。消费者的满意程度取决于消费者对产品的预期性能与产品使用中的实际性能之间的对比。若符合预期效果，则较满意；超过预期，则很满意；未达到预期，则不满意。购买后的满意程度决定了消费者是否重复购买这种产品，决定了消费者对这一品牌的态度，并且还会影响到其他消费者。因此，营销者在消费者购买前应适当地宣传产品的优点，并在售后进行周到服务，增加消费者的满意度。

通过分析，了解掌握影响消费者购买行为的因素、购买决策的全过程及其特点，就可以为目标市场设计有效的营销计划，实行有效的管理。

二、市场调查

企业要做正确的市场营销决策，就必须通过市场调研，及时准确地掌握市场情况，使决策建立在坚实可靠的基础之上。企业市场营销决策失误的风险,主要来自企业外界市场营销条件下的不确定性。减少这种不确定性是市场调查的重要任务。

市场调查是指企业采用科学的方法,系统地收集、整理与分析研究有关企业经营的信息,从而掌握市场现状及其未来发展趋势的活动。通过市场调研,为企业指定产品计划和营销目标、决定分销渠道、制定营销价格、采取促销策略和检验经营成果提供科学依据;在经营决策的贯彻执行中,为计划提供依据,起到检验和矫正的作用。

1. 市场调查的内容

影响市场需求的因素很多,既有宏观的,又有微观的;既有内部的,又有外部的。企业在全面了解的基础上要做好几方面的调查:①顾客需求调查;②环境因素的调查;③企业自身条件调查;④竞争者调查等。

2. 市场调查的基本步骤

为了好、快、准地收集有关市场信息资料,市场调查必须依照一定的科学程序有步骤地进行。市场调研一般要经过以下几个阶段。

(1)确定调查目标。市场调查是为了解决企业经营过程中遇到的问题而进行的。在确定调查目标之前,首先要对企业的生产经营活动现状进行全面分析研究,找出所要解决的问题,以便确定调查目标。

(2)拟订调查计划。调查目标定好之后就要制定调查计划,使抽象目标具体化。计划的内容包括:调查目标和要求、对象和范围、时间和地点、方式和方法、调查表的设计以及调查人员的培训等。

(3)实施计划。在实施过程中,应按计划有组织地进行具体的调查,收集有关信息资料。同时对调查中出现的异常现象及时处理和调整。

(4)整理分析资料。对收集的信息资料进行整理分析,包括资料的分类、统计和编辑等。对调查得来的资料,要检查误差,同时对有关信息的影响也应考虑进去。

(5)撰写调研报告。调研报告是市场调查的最终结果,报告要求紧扣调研主题,客观、扼要地对有关情况进行描述或分析。

整个过程如图6-2所示。

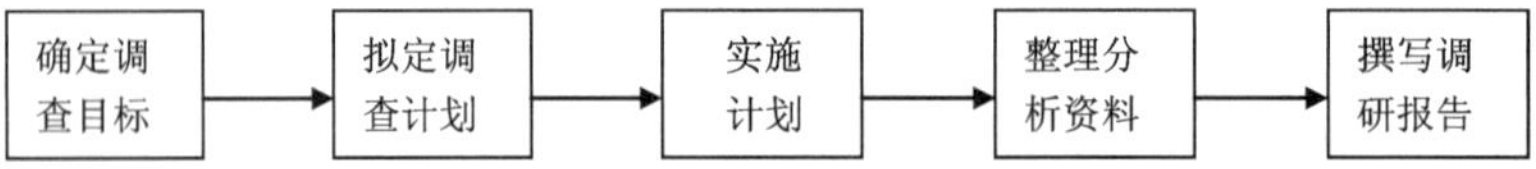

图6-2 市场调查阶段组成

3. 市场调查的方法

市场调查的方法有很多种,但常用的主要有以下几种。

(1)询问法。询问法的特征是采取提出问题,向调研对象征求答案的形式搜集有关信息。它的主要形式有面谈、电话询问、邮寄问卷等几种形式。它的优点是有利于企业和用户之间的思想和感情交流;不足之处在于调查面窄,客观性差。

(2)观察法。观察法的特征是调查者亲临现场,直接观察或利用必要手段间接观察被调查对象的行为或有关情况。该方法的优点是客观、真实,缺点是观察不到内在的情况。

(3)市场实验。市场实验的特征是对需要调查的问题,选用适当的方式和手段进行实验,从而根据实验结果取得市场信息。它的优点是客观性强;不足之处在于所需时间长,费用高,而且若选择实验不当，直接影响后续工作的效果。

三、市场预测的基本方法

市场预测主要是需求预测，其方法很多，但是主要有两类：一类是定性分析的预测方法，一类是定量分析的预测方法。

1. 定性分析方法

定性分析方法是指预测者通过调查研究，了解实际情况，凭自己的实践经验和理论、业务水平，对各种资料进行综合分析，来预测市场未来的变化趋势的方法，也分为判断预测或调查预测。这种方法简便易行，因为不需要太多的技术设备和数学基础作支持，一般易普及和推广。定性预测的准确程度，由于主要取决于预测者的经验、理论、业务水平以及掌握的情况和分析判断能力，因此，带有一定的主观片面性。定性分析方法主要有以下几种。

(1) 购买者意向调查法。当顾客有清晰的意图，这种意图可能会转化为购买行为，购买者愿意将其意图告诉调查者时，这种方法会更加有效。

(2) 销售人员意见综合法。当调查者难以与顾客直接见面时，企业可以通过听取销售人员的意见来估计市场需求。这种方法是利用销售人员接近购买者。与他人相比，销售人员对顾客有较全面的了解，有更充分的认识和洞察力，这样，每位销售人员对每位现行的和潜在的顾客做出估计会更加敏锐，可以更好地把握未来市场销售的发展趋势。

(3) 专家意见法。是指专家给出预测结果，专家可以通过小组讨论法、单独预测集中法、德尔菲法等来进行预测。此外，在选择合适的专家方面也比较困难，征询意见的时间较长，对于需要快速判断的预测问题不宜采用此方法。尽管如此，因简便可靠，专家意见法仍是人们常用的方法。

2. 定量分析方法

定量分析法是依据市场调查所得的比较完备的统计资料，运用数学特别是数理统计的方法，建立数学模型，用以预测市场变化未来数量表现的方法的总称。运用定量分析法，必须有大量的统计资料和统计手段及相关的统计及数学知识做基础。一般适用于历史资料比较准确、详尽，预测对象变化发展的趋势比较稳定的对象的预测。常用的方法主要有时间序列分析预测法和因果分析预测法两大类。

1) 时间序列预测方法

时间序列分析预测法就是应用数学方法找出时间数列的发展趋势或变化规律，并使其向外延伸，预测市场未来变化趋势的一种定量预测方法。由于这种方法考虑影响预测目标的因素只是时间，所以时间序列预测法的目的是力求寻找预测目标随时间变化的规律。时间序列是指将某种经济统计指标的数值按时间的先后顺序排列所形成的序列，如按月份或季度排列的产品销售量。时间序列预测法就是通过编制和分析时间序列，根据时间序列所反映的发展过程、方向和趋势加以外推或延伸，来预测下一时间可能达到的水平。许多事物的发展都存在延续性，这种延续性使时间序列预测方法具有广泛的应用基础。

时间序列预测法有许多具体的预测方法，如线形变化趋势、非线形变化趋势等。对于不同的预测对象或预测对象的不同发展趋势，应采用不同的方法，配合不同的曲线。同时要注意，在长时期内保持固定发展趋势不变的时间序列是不存在的，也就是说，没有一种曲线模式可以长期配合一组序列。因而，必须不断调查研究新情况和新问题，根据最新资料去修正趋势线或趋势线的参数，并对预测结果进行必需的调查。

2)因果分析预测法

因果分析预测法是从市场变化的因果关系本质入手,用统计方法研究市场变量之相互影响、相互依存关系的一种定量预测方法。这是以事物之间的相互关联,相互依存关系为根据的预测方法,是在定性研究的基础上,确定影响预测对象的主要因素,从而根据这些变量的观测值建立回归方程,并由自变量的变化来推测因变量的变化。因果分析法的主要工具是回归分析技术,因此,此法又可叫回归预测方法。因果分析方法的主要依据是相关原则,事物之间的相关性越强,预测精度就越高;反之预测精度则越低。在应用回归模型进行预测时,还要研究事物之间相关性的稳定性,若不稳定,则应用回归模型就会有错。

不管是定性还是定量或是某一个具体的预测方法,都有其使用的前提和条件,在应用时,应根据具体情况加以选择,也可把其中的几个方法结合起来使用,这样可以弥补单一预测方法的不足,使预测的准确性有明显的提高。

第三节　市场细分与目标市场选择

一、市场细分

1. 市场细分的概念

市场细分的概念是美国市场学家温德尔·史密斯(Wendell R. Smith)于20世纪50年代中期提出来的。市场细分是指根据市场需求的多样性和购买行为的差异性,将整个市场划分为若干具有相似特征的市场部分(称为子市场)。市场细分是企业确定目标市场、制定营销策略的前提和基础。

具体来看它的作用主要有:有利于分析市场机会、开拓新市场;有利于企业根据子市场的特点,集中人力、物力和财力,生产适销对路的产品;有利于制定和调整企业的营销策略。

2. 市场细分的依据

市场需求千差万别,影响因素错综复杂。对市场细分没有一个固定的模式,各行业和企业可根据自身的特点和需要依据适宜的因素对市场进行划分,以求得最佳的营销机会。用来进行市场细分的主要依据如下。

1)消费者市场细分的标准

消费者市场的购买者是为了个人或家庭的生活需要而进行非营利性购买的。由于该市场人数众多,构成复杂,因此,可以从多方面进行细分。

(1)地理细分。地理细分的特点是企业按消费者所在的地理位置以及其他地理变量(如城镇、地形、气候、交通状况等)来细分消费者市场。处在不同地理位置的消费者,他们对产品有不同的需要和偏好,对企业的营销策略也会有不同的反应。此外,市场潜量和成本费用也会因市场位置的不同而不同,企业应选择那些本企业能最好为之服务的、效益最好的地理市场为目标市场。

(2)人口细分。人口细分的特点是将市场按人口统计变量如年龄、性别、家庭人数、收入、职业、教育、宗教、种族以及国籍等为基础划分为不同的群体。

(3)心理细分。心理细分的特点是按照购买者社会阶层、生活方式或个性特点,将购买者划分为不同的群体。

在分析影响消费者市场购买力的因素时,我们已经讲到上述三方面因素将对消费者的购买行为产生重大影响,企业可以因此明显区分不同的需求。

(4)行为细分。行为细分是按照消费者购买和使用某种产品的时间、消费者的购买动机、使用者情况、消费者对某种产品的使用数量、消费者对品牌的忠诚程度、消费者待购阶段和消费者对产品的态度等行为变量来细分消费者市场。

2)产业市场细分的标准

产业市场细分的依据有些与消费者市场相同,如行为标准、地理标准等,但根据其特点还有其他一些标准如下。

(1)最终用户。不同的最终使用者常常追求不同的利益,需要运用不同的营销组合才能达到目的。例如,对橡胶轮胎市场来说,购买轮胎用作零部件的汽车制造商的需要是不同的,赛车的制造商比标准汽车的制造商需要轮胎的等级要高得多。

(2)用户规模。用户规模是指根据用户规模的大小来细分市场,对大用户和中小用户采取不同的营销策略。

在进行市场细分时,往往同时选用多个标准,同时从多个角度进行细分,从而有效识别需求。无论采取何种因素、何种方式对市场进行细分,细分后的市场应该是一个有效的子市场,不然就没有任何意义。作为一个有效的子市场的评价标准应该是:差异性、可衡量性、可进入性、效益性和不同的反应率。如果满足上述几个标准,那么细分就是有效的。

3. 市场细分的程序

美国市场学家麦卡锡提出细分市场的一整套程序,这一程序的步骤如下。

(1)选定产品市场范围,即确定进入什么行业,生产什么产品。产品市场范围应以顾客的需求,而不是产品本身特性来确定。例如,某一房地产公司打算在乡间建造一幢简朴的住宅,若只考虑产品特征,该公司可能认为这幢住宅的出租对象是低收入顾客,但从市场需求角度看,高收入者也可能是这幢住宅的潜在顾客。因为高收入者在住腻了高楼大厦之后,恰恰可能向往乡间的清静,从而可能成为这种住宅的顾客。

(2)列举潜在顾客的基本需求。比如,公司可以通过调查,了解潜在消费者对前述住宅的基本需求。这些需求可能包括:遮风蔽雨,安全、方便、宁静,设计合理,室内陈设完备,工程质量好等。

(3)了解不同潜在用户的不同要求。对于列举出来的基本需求,不同顾客强调的侧重点可能会存在差异。比如,经济、安全、遮风蔽雨是所有顾客共同强调的,但有的用户可能特别重视生活的方便,另外一类用户则对环境的安静、内部装修等有很高的要求。通过这种差异比较,不同的顾客群体即可初步被识别出来。

(4)剔出潜在顾客的共同要求,而以特殊需求作为细分标准。上述所列购房的共同要求固然重要,但不能作为市场细分的基础。如遮风蔽雨、安全是每位用户的要求,就不能作为细分市场的标准,因而应该剔出。

(5)根据潜在顾客基本需求上的差异方面,将其划分为不同的群体或子市场,并赋予每一子市场一定的名称。例如,西方房地产公司常把购房的顾客分为好动者、老成者、新婚者、度假者等多个子市场,并据此采用不同的营销策略。

(6)进一步分析每一细分市场需求与购买行为特点,并分析其原因,以便在此基础上决定是否可以对这些细分出来的市场进行合并,或作进一步细分。

(7)估计每一细分市场的规模,即在调查基础上,估计每一细分市场的顾客数量、购买频

率 、平均每次的购买数量等,并对细分市场上产品竞争状况及发展趋势作出分析。

二、市场选择

1. 目标市场的概念及选择标准

市场细分的目的在于有效地选择并进入目标市场。目标市场是指企业经过比较和选择,确定作为服务对象的相应的子市场。目标市场可以包含一个、多个或全部子市场。企业在对整体市场进行细分之后,要对各细分市场进行评估,然后根据细分市场的市场潜力、竞争状况、本企业资源条件等多种因素决定把哪一个或哪几个细分市场作为目标市场。一般而言,企业考虑进入的目标市场,应符合以下标准或条件。

1)有一定的规模和发展潜力

企业进入某一市场是期望能够有利可图,如果市场规模狭小或者趋于萎缩状态,企业进入后难以获得发展,此时,应审慎考虑,不宜轻易进入。当然, 企业也不宜以市场吸引力作为唯一取舍,特别是应力求避免“多数谬误”,即与竞争企业遵循同一思维逻辑,将规模最大、吸引力最大的市场作为目标市场。大家共同争夺同一个顾客群的结果,是造成过度竞争和社会资源的无端浪费,同时使消费者的一些本应得到满足的需求遭受冷落和忽视。现在国内很多企业动辄将城市尤其是大中城市作为其首选市场,而对小城镇和农村市场不屑一顾,很可能就步入了“多数谬误”的误区,如果转换一下思维角度, 一些目前经营尚不理想的企业说不定会出现“柳暗花明”的局面。

2)细分市场结构的吸引力

细分市场可能具备理想的规模和发展特征,然而从赢利的观点看,它未必有吸引力。波特认为有 5 种力量决定整个市场或其中任何一个细分市场的长期的内在吸引力。这 5 种力量包括:细分市场内激烈竞争的威胁,新竞争者的威胁,购买者讨价还价能力加强的威胁,供应商讨价还价能力加强的威胁,替代品的市场竞争力加强的威胁。

3)符合企业目标和能力

某些细分市场虽然有较大吸引力,但不能推动企业实现发展目标 ,甚至分散企业的精力,使之无法完成其主要目标,这样的市场应考虑放弃。另一方面,还应考虑企业的资源条件是否适合在某一细分市场经营。只有选择那些企业有条件进入、能充分发挥其资源优势的市场作为目标市场,企业才会立于不败之地。

2. 市场选择模式

市场细分是探讨企业可能把握的各种市场机会,市场的选择则是在评估基础上寻找企业发展机会。企业可以考虑的市场选择模式一般有以下 5 种。

(1)市场集中化。这是一种简单的市场模式,即企业只选取一个细分市场,只生产一类产品,供应某一单一的顾客群,进行集中营销。

(2)产品专业化。是企业集中生产一种产品,并向各类顾客销售这种产品,是实施非市场细分化战略,即不分割整体市场。

(3)市场专业化。是企业专门满足某一顾客群体需要的各种产品。市场专业化经营的产品类型比较多,能有效地分散经营风险。但由于集中于某一类顾客,当这一类顾客的需求下降时,企业也会遇到收益下降的风险。

(4)选择专业化。是企业选取若干个良好的赢利潜力和结构吸引力,且符合企业的目标和资源的细分市场作为目标市场,其中每个细分市场与其他细分市场之间较少联系。优点是可以有效地分散经营风险，即使某个细分的市场赢利不佳，仍可以在其他的细分市场取得赢利。

(5)市场全面化。是企业生产多种产品去满足各种顾客群体的需求。实力雄厚的大型企业选用这种模式。

目标市场是指企业经过比较和选择，确定作为服务对象的相应的子市场。企业决定为多少子市场服务，即确定其目标市场涵盖战略时，有 3 种选择，如图 6-3 所示。

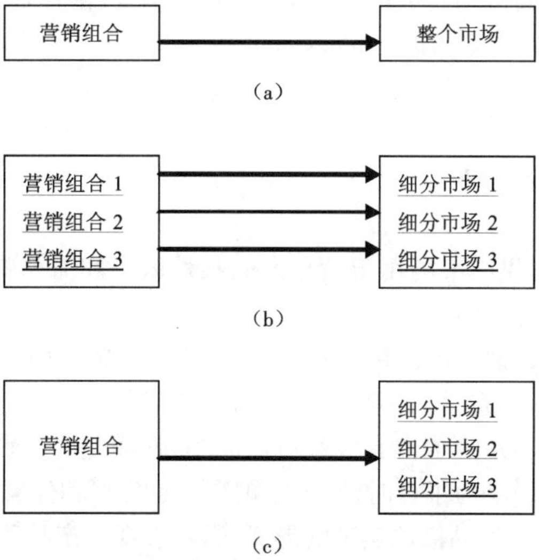

图 6-3　三种可供选择的目标营销战略

(a)无差异性营销战略；(b)差异性营销战略；(c)集中性营销战略

(1)无差异市场营销。这里是指企业不考虑各子市场的特性差异，而只注重各子市场需求方面的共性，把所有子市场看做是一个大的目标市场，设计一种产品和制定单一的市场营销组合，力求在一定程度上适应尽可能多的顾客需求。

优点：有效地适用于广泛需求的产品，品种、规格、款式简单，并能够进行标准化的大量生产、大量分销，有利于大大降低生产、存货、运输、研究、促销等成本费用，并简单易行，便于管理。

缺点：忽视了顾客需求的差异，因此大多数产品不宜采用，它只适用于那些具有同质性的产品。另外，这样会使最大的子市场内的竞争日益加剧。

(2)差异市场营销。这里是指企业决定同时为几个子市场服务，设计不同的产品，并在定价、渠道和促销等方面都加以相应的改变，以适应不同子市场的需求。

优点：企业的产品种类同时在几个子市场都具有优势，能大大增强消费者对企业的信任感，进而提高重复购买力；还可以通过多样化的渠道和多样化的产品线进行销售，有利于扩大企业的销售总额。

缺点：会使企业生产成本和营销费用大大增加，因此实施这种战略要受到企业资源条件的限制，资源缺乏的中小企业难以实行。

(3)集中市场营销。这是指企业集中全部力量，只选择一个或少数几个性质相似的子市场作为目标市场，开发一种理性产品，实行高度专业化生产与营销，试图在较少的子市场上占有较大的市场份额。

优点:特别适合那些资源有限的中小企业,或初次进入新市场的大企业。

缺点:有较大的风险性。

第四节 市场营销组合分析

目前最一般、最常用的市场营销组合策略是“4P”组合,即产品策略(product)、定价策略(price)、分销策略(place)、促销策略(promotion)。

一、产品策略

(一)产品及产品组合策略

1. 产品的整体概念

所谓产品是指能够提供给市场用于满足人们某种欲望和需要的任何事务,包括实物、服务、场所、组织、思想和主意等。

从产品的整体概念来理解,产品包含核心产品、有形产品、附加产品3个层次。

(1)核心产品。是指消费者购买某种产品时所追求的利益,是产品概念的最核心部分。消费者购买某种产品,并不是为了占有或获得产品本身,而是为了获得能满足某种需要的效用或利益。比如,购买手表是为了计时,购买冰箱是为了冷藏和保鲜。

(2)有形产品。是核心产品借以实现的形式,通常表现为产品质量水平、外观、式样、品牌名称或包装等,产品的基本效用必须通过这些具体的形式才能得以实现。

(3)附加产品。是顾客购买有形产品时所获得的全部附加服务和利益,包括提供信贷、免费送货、安装、售后服务等。

产品的三个层次告诉企业的经营者,企业在营销活动中应注意对产品的整体概念的理解。随着市场经济的不断发展,有形产品方面相同的产品之间的竞争越来越显著地表现为随同核心产品所提供的更具有差别优势的附加产品的竞争。

2. 产品组合策略

在现代社会化大生产条件下,大多数企业都生产和销售多种产品。所谓产品组合是指某一企业所生产或销售的全部产品大类、产品项目的组合。

(1)产品大类(产品线或产品系列)。这是产品类别中具有密切关系的一组产品(例如:一家企业其产品中鞋类,服装类,帽类,每一类都是一个产品大类)。

(2)产品项目。这是指某一品牌或产品大类内由尺码、价格、外观及其他属性来区别的具体产品。

产品组合有一定的宽度、长度、深度和关联性。

(1)产品组合的宽度。这是指一个企业有多少产品大类。

(2)产品组合的长度。这是指一个企业的产品组合中所包含的产品项目的总数。

(3)产品组合的深度。这是指产品大类中每种产品有多少花色、品种和规格。例如某品牌有3种规格,2种味道,那么这种产品的深度就是$2\times3=6$。

(4)产品组合的关联性。这是指一个企业的各个产品大类在最终使用、生产条件、分销渠道等方面的密切相关程度。

对产品组合的宽度、深度和关联性的不同选择就构成了产品组合的不同策略。企业在调整和优化产品组合时，依据情况不同，可选择如下策略。

(1)扩大产品组合。包括拓展产品组合的宽度和加强产品组合的深度。当企业预测现有产品大类的销售额在未来一段时间内有可能下降时，就应考虑在现行产品组合中增加新的产品大类，或加强其中有发展潜力的产品大类；当企业打算增加产品特色，或为更多的细分市场提供产品时，则可选择在原有产品大类内增加新的产品项目。一般而言，扩大产品组合，可使企业充分利用资源，分散风险，增强竞争能力。

(2)缩减产品组合。当市场不景气或原料、能源供应紧张时，就必须从产品组合中提出那些获利很小甚至不获利的产品大类或产品项目，使企业集中力量发展获利多的产品。

(3)产品线延伸。是指全部或部分地改变公司原有产品的市场定位，具体有向下延伸、向上延伸和双向延伸 3 种。向下延伸是指企业原来生产高档产品，后来决定增加低档产品。当高档产品市场竞争激烈或低档产品市场出现空缺时采用此策略。向上延伸是指企业原来生产中低档产品，后来决定增加中高档产品。双向延伸指原定位于中档产品市场的企业形成了市场优势之后，决定向产品大类的上下两个方向延伸，另一方面也增加高档产品，一方面增加低档产品，扩大市场占有率。

(二)品牌与商标策略

品牌是指用来识别商品或劳务的名称、记号、图案、颜色及其组合，包括品牌名称和品牌标志两部分。品牌名称是指品牌中可以用语言称呼的部分。品牌标志是指品牌中可以被识别但不能用语言来称呼的部分。

商标是指已获得专用权并受法律保护的一个品牌或一个品牌的一部分。

商标与品牌既有联系又有区别。其联系主要表现为，它们都是无形资产，都具有一定专有性，其目的都是为了区别于竞争者，有助于消费者识别。两者区别主要表现在：品牌主要表明产品的生产和销售单位，而商标则是区别不同产品的标记。品牌比商标有更广的内涵，品牌代表一定的企业文化，而商标则只是一个标记。一个企业的品牌和商标可以是相同的，也可以是不相同的，所有的商标都是品牌，但并非所有的品牌都是商标。品牌无须注册，一经注册，品牌就成了商标了；商标是法律概念，商标需要注册，使其成为受法律保护的一个品牌或品牌的一部分，其产权可以转让和买卖。因此，品牌与商标的根本区别在于是否经过一定的法律程序。

企业经常采用的品牌与商标策略包括：

1. 品牌化决策

品牌化决策要回答的首要问题是，企业要不要给产品建立一个品牌。历史上，许多产品不用品牌，生产者或经销商直接把产品从麻包、箱子等容器中取出销售，市场对同类产品没有任何辨认的凭证。欧洲最早的品牌约在 200 年前的中世纪才出现，当时的基尔特(手工业者行会)要求手工业者在他们的产品上加印标记，以保护他们的产品声誉，并使消费者不受劣质产品的损害。品牌的真正发展始于美国的南北战争以后，随着现代资本主义、市场经济的高度发展，品牌化的趋势迅猛异常，品牌化几乎统治了所有的产品，尽管如此，仍有少量产品不使用品牌。在以下情况下可以考虑不使用品牌：

(1)大多数未经加工的原料产品，如棉花、大豆、矿砂，无须用品牌。不过，随着经济的发展和人民生活水平的提高，许多农产品都可以加工成小包装，加品牌出售。

(2)不会因生产商不同而形成不同特色的商品，如钢材、煤炭等。

(3)某些生产比较简单、选择性不大的小商品。

无品牌营销者的目的是节约广告和包装费用，以降低成本和售价，加强竞争，吸引低收入的购买者。在国外无品牌的商品售价大约低于同类品牌产品的15%～30%。在我国，相当数量的农副产品不使用品牌销售。不过，我国企业因缺乏品牌意识，经济上遭受损失的例子屡见不鲜。如天津盛产的青麻叶大白菜，好吃口嫩，以低价批量销往香港，经香港经销商精选处理，赋予品牌包装后，身价倍增。这类经验教训是我们应当吸取的。

2. 品牌归属决策

品牌归属决策即品牌所有权归谁，由谁管理和负责。品牌归属有三种选择：生产者品牌（也称全国性品牌）；经销商品牌（或称专用牌号）；或者以上两种品牌同时兼用，即生产企业一部分用自己的品牌，一部分用经销商的品牌。传统上，品牌是厂商的制造标记，这是由于产品的设计、质量、特色都是由生产商决定的。但是，近年来经销商的牌子日益增多。在西方国家，许多有名望的大百货公司、超级市场、服装商店都使用自己的品牌。如美国著名的希尔斯（Sears）百货公司，90%的商品都用自己的牌子。由于该公司在美国市场上享有良好声誉，制造商的产品也贴上"Sears"的牌子，目的是增强对价格、厂商等方面的控制能力。

企业究竟是使用制造商品牌还是经销商品牌，必须全面地权衡利弊，以做出决策。在制造商具有良好市场声誉、拥有较大市场份额的条件下，多使用制造商品牌。制造商的品牌成为名牌后，使用制造商品牌将更为有利。无力经营自己品牌的中间商，只能接受制造商品牌。相反，在制造商资金能力薄弱、市场营销力量相对不足的情况下，可以使用经销商品牌。尤其是那些新进人市场的中小企业，无力将自己的品牌产品打人市场，往往借助于中间商品牌。如果中间商在某一市场领域中拥有良好的品牌信誉及庞大完善的销售体系，利用中间商品牌也是有利的。

3. 统一品牌和个别品牌决策

这是生产者选择品牌名称的决策. 即企业所生产的不同种类、规格、质量的产品是分别使用不同的品牌名称，还是全部用一个品牌名称，有如下四种选择：

（1）个别品牌策略。个别品牌策略是指企业按产品的品种，用途和质量的不同分别采用不同品牌，例如五粮液集团就分别采用"五粮液"、"五粮醇"、"五粮春"等多个品牌。这种品牌策略有以下好处：企业不会因某一品牌信誉下降而承担较大的风险；个别品牌为新产品寻求最佳品牌提供了条件，有利于新产品和优质产品的推广；新产品在市场上销路不畅时，不致影响原有品牌信誉；可以发展多种产品线和产品项目，开拓更广泛的市场。个别品牌策略的最大缺点是加大了产品的促销费用，使企业在竞争中处于不利地位。同时，品牌过于繁多，也不利于企业创立品牌。

（2）统一的家族品牌策略。企业将所生产的全部产品都用统一的品牌。例如"长虹""蒙牛"" 郁美净"等对自己生产的所有产品使用统一的品牌。运用家族品牌的主要优点是：建立一个厂牌信誉，可以带动许多产品，并可以显示企业的实力，提高企业的威望，在消费者心目中更好地树立企业形象；有助于新产品进入目标市场，因为已有的品牌信誉，有利于消除顾客对新产品的不信任感；可以运用各种广告媒体，集中宣传一个品牌形象，节约广告费用，收到更好的推销效果；在统一品牌下的各种产品可以互相声援，扩大销售。但企业采用统一品牌是有条件的：第一，这种品牌必须在市场上已获得了一定的信誉；第二，采用统一品牌的各种产品应具有相同的质量水平。如果各类产品的质量水平不同，使用统一品牌就会影响品牌信誉，特别是有损于较高质量产品的信誉。

（3）分类家族品牌名称。分类家族品牌名称，即各条产品线分别采用统一品牌名称。美国著名的西尔斯·罗伯克大型百货公司所经营的家用电器、妇女服装、家用设备等不同种类的产品分别使用不同的品牌。广东万宝电器公司在冰箱和抽油烟机上分别使用"万宝""高宝"品牌。分类家族品牌名称可以把需求具有显著差异的产品区别开来(如化妆品和农药),以免相互混淆,造成误解。

(4)企业名称加个别品牌策略。该策略是指即在每一种个别品牌前边冠以公司名称。例如海尔集团的"海尔小王子""海尔小统帅""海尔小神童"等。企业名称与个别品牌并用,采用这种决策的好处是可以使新产品享受企业的声誉,节省广告促销费用,又可以使各品牌保持自己的特点和相对独立性。

4. 品牌扩展策略

也叫品牌延伸策略,是指企业利用已出名的品牌推出改进型产品或全新产品。以改进型产品为例,北京洗衣机厂曾推出"白兰"牌单缸洗衣机、"白兰"牌双缸洗衣机,而后又推出"白兰"牌半自动洗衣机。如娃哈哈在1989年成为儿童营养液市场的领导者之后,迅速延伸到果奶、可乐、碳酸饮料、童装领域,成功地实现品牌拓展。品牌扩展策略也包括推出新的包装规格、新的口味及新的款式等。品牌扩展可为生产企业节省广告促销费用,使市场能够迅速识别接受新产品。如果新产品不能令人满意,则会影响品牌声誉。

5. 多品牌策略

实行多品牌策略的企业在同一种产品上设立两个或两个以上相互竞争的品牌。这种策略由宝洁公司(P&G)首创并获得了成功。在中国市场上,宝洁公司为自己生产的洗发液产品设计了3个品牌:飘柔、海飞丝和潘婷。宝洁公司洗发液产品的多品牌策略在巾国获得了令人瞩目的市场业绩,飘柔、海飞丝和潘婷3个品牌的市场占有率总共达到了66.7%。企业运用多品牌策略可以在产品分销过程中占有更大的货架空间,进而压缩或挤占竞争者产品的货架面积,为获得较高的市场占有率奠定基础。而且还应看到,多种不同的品牌代表了不同的产品特色,多品牌可吸引多种具有不同需求的顾客,提高市场占有率,还需提及的是,由于多种不同的品牌同时并存必然会使企业促销费用增高且存在自身竞争的风险,所以,在运用多种品牌策略时,要注意各品牌市场份额的大小及变化趋势,适时撤销市场占有率过低的品牌,以免造成自身品牌的过度竞争。

(三)包装策略

包装的作用主要是保护商品,便于运输、携带和保存,此外可以向消费者传递信息,介绍商品,并起到美化商品、促进销售的作用。

包装的策略主要有以下几种。

(1)相似包装策略。这是指企业生产的各种产品在包装上采用相似设计,体现共同特征。这样能节约设计成本,促进新产品销售,但也存在个别产品质量下降而影响全局的问题。

(2)差别包装策略。这是指各种产品都有自己的包装设计,体现各自特色。

(3)组合包装策略。这是指将相关产品配套放在同一包装物内一起出售,如系列化产品包装。这样可方便顾客购买,有利于新产品销售。

(4)复用包装策略。这是指包装内产品用完之后,包装物本身还可做他用,通过给消费者额外利益而扩大产品销售。

(5)附赠品包装策略。这是指在包装上或包装内附赠奖券或实物,以吸引消费者购买。

(四)产品生命周期

1. 产品生命周期的概念

产品生命周期是指从产品试制成功投入市场销售开始，到被淘汰出市场所经历的市场循环过程，包括投入期、成长期、成熟期和衰退期4个阶段。如图6-4所示。

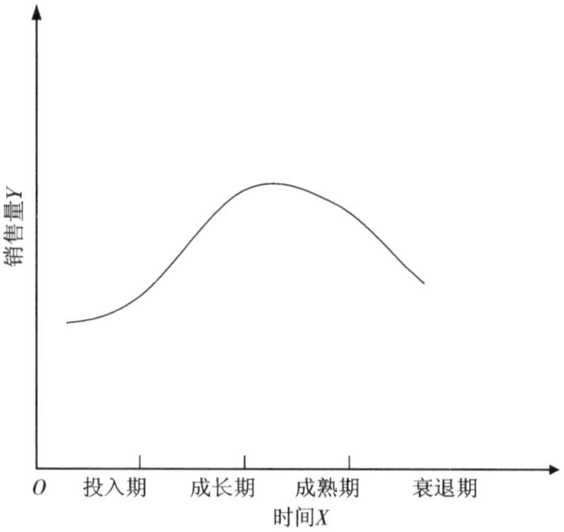

图6-4 产品生命周期曲线

决定和影响产品生命周期长短的主要因素有市场需求、市场竞争以及新技术的发展等。

2. 产品生命周期各阶段的特点

(1)投入期。此阶段只有少数企业生产该产品。生产工艺尚不成熟，工人劳动熟练程度低，废品率高，广告推销费用也高，因而产品成本较高。而此时用户对产品不十分了解，产品尚未被多数人所接受。因此，这阶段销售量和利润都较少，甚至可能亏本。

(2)成长期。产品销售量迅速增长。这是由于顾客开始了解该产品，购者日增。另一方面，产品设计已基本定型，生产工艺已基本确定，设备已经齐备，形成了较强的生产能力，成本大幅度下降，企业开始赢利，但竞争者也日益增加。

(3)成熟期。此时市场已基本饱和，新的需求不多，顾客购买产品往往是由于更换旧产品的需要。产品已完全定型，生产技术已经成熟，成本可进一步降低，利润水平较高。由于该产品较长时间内有赢利，生产企业增多，竞争十分激烈。

(4)衰退期。产品的销售量和利润都迅速下降。产品在技术上和经济上都趋于老化，市场上已有同类新产品出现，老产品逐渐无人问津，最后退出市场。

3. 产品生命周期各阶段的策略

(1)投入期。这一阶段的主要特点是顾客对产品不了解，销售量少，利润低。企业营销策略应加强广告宣传，灵活选择销售渠道，根据消费者反馈意见完善产品，以提高新产品的生命力和竞争力。

(2)成长期。这一阶段的主要特点是产品销售量和利润都增长很快，但市场竞争开始加剧，本企业能否在竞争中取胜还不肯定。企业营销策略应当是狠抓产品质量，争创名牌。要特别防止只求数量而忽视质量的倾向。同时争取建立广泛的销售渠道，努力提高市场占有率，使企业在竞争中处于有利地位。

(3)成熟期。这一阶段的主要特点是销售量大，利润较高，但市场竞争白热化。企业营销策略的重点是尽量延长这种产品可以获利的时期，巩固和加强企业产品的竞争地位。具体措施是改进产品,增加功能,扩大用途或发展变型产品,满足不同需求以开拓市场。在价格上适当降低,以吸引新顾客。

(4)衰退期。这一阶段的主要特点是产品已经老化,销售量和利润迅速下降。企业营销策略应设法吸引晚期采用型的顾客,或者有计划地逐步减产撤退,开发新产品,代替老产品。

4. 产品生命周期理论的意义

(1)为企业制定灵活的经营策略提供了理论依据。产品生命周期理论告诉我们,产品在市场上的活动过程可以分为4个阶段,各阶段的特点有很大的不同,企业要针对各阶段的特色来制定相应的经营策略,才能提高企业的经济效益。

(2)为开发新产品及新产品投入市场的时机提供了理论依据。由于科学技术的进步,产品生命周期普遍呈缩短的趋势。二战之前,工业产品的生命周期是30年左右;之后,欧美各国产品的生命周期缩短到10年;目前,某些机电产品缩短得更多,只有3~5年。因此,企业必须有不断创新的精神,不断地开发新产品,否则就会失去生命力与生存条件。

(3)揭示了延长产品生命周期的可能性和重要性。一般说来,延长产品生命周期的方法有:开发新市场、扩展产品的用途、改进产品、降价出售、加强售后服务工作等。

(4)为组织多种产品的生产经营、优化产品组合提供了依据。现代企业不应该仅仅生产经营单一的产品项目,必须搞多种产品的经营,同时还必须重视优化产品组合。

二、定价策略

价格是影响产品销售的最直接、最重要的因素之一。合理确定企业产品的价格对增强企业竞争力、提高利润水平有重要作用。

(一)影响定价的因素

1. 成本

产品成本是产品价格的下限。产品价格必须能够补偿产品生产、分销和促销的所有费用,并补偿企业为产品承担风险的代价。因此成本是影响定价的一个重要因素,企业必须通过降低成本以期降低价格、扩大销售。如果企业产品成本高于竞争者,该产品在市场上就会处于不利地位。

2. 市场需求

产品最高价格取决于产品的市场需求,而需求又受价格和收入变动的影响,因价格和收入等因素而引起的需求的相应变动率就叫需求弹性。正因为价格会影响市场需求,所以企业所制定的价格高低会影响企业产品的销售,因此企业定价必须掌握某产品需求的价格弹性。当市场上没有替代品或没有竞争者,购买者对较高价格不在意或即使提价也难很快改变消费习惯的情况下,需求往往缺乏弹性。如果不具备上述条件,应采用适当价格,以刺激需求,促进销售。

3. 竞争

产品的最高价格取决于市场需求,最低价格取决于该产品的成本费用,在这一幅度内,企业如何定价,则取决于竞争者同种产品的价格水平。企业必须采取适当方式,了解竞争者所提供产品的质量和价格,可以与竞争产品比质比价,更准确地制定本企业产品价格。同时要及时掌握竞争者价格及其他策略的变动,并做出明智的反应。

(二)定价方法

定价方法主要有以成本为基础的定价方法、以需求为导向的定价方法、以竞争为依据的定价方法 3 大类。

成本定价法具体包括成本加成定价法和目标定价法，需求定价法具体包括认知价值定价法和需求差别定价法，竞争定价法具体包括随行就市定价法和密封投标定价法。

1. 以成本为基础的定价方法

1）成本加成法

成本加成法即按照产品的总成本确定价格，常用平均单位成本加上若干百分比利润（加成的含义就是一定比率的利润）。

成本加成定价计算式为：单位产品价格 = 单位产品总成本 ×（1 + 加成率）

例如，某手表厂生产某品牌石英表单位成本为 120 元/只，加成率为 50%，则每只手表价格为 120 ×（1 +50%）=180 元。

零售企业往往以售价为基础进行加成定价。其加成率的衡量方法有两种：① 用零售价格来衡量，即加成（毛利）率 = 毛利（加成）/售价；② 用进货成本来衡量，即加成率 = 毛利（加成）/进货成本。

成本加成定价法之所以颇受企业界欢迎，主要原因是：① 成本的不确定性一般比需求少，将价格盯住单位成本，可以大大简化企业定价程序，而不必根据需求情况的瞬息万变而作调整；② 只要行业中所有企业都采取这种定价方法，则价格在成本与加成相似的情况下也大致相似，价格竞争也会因此减至最低限度；③ 许多人感到成本加成法对买方和卖方讲都比较公平，当买方需求强烈时，卖方不利用这一有利条件谋取额外利益仍能获得公平的投资报酬。成本加成定价法的缺陷是忽视了需求弹性。

2）目标收益法（目标定价法）

目标收益法是根据总销售收入（销售额）和估计的产量（销售量）来确定目标收益率，制定价格。目标收益法的缺陷是：企业必须以预计销量倒推价格，但价格却又恰恰是影响销量的重要因素。因而就可能出现达不到预计销量，实现不了预期目标收益的情况。

2. 以需求为导向的定价方法

1）理解价值定价法（认知价值定价法）

理解价值定价法就是企业根据购买者对产品价值的认知（"值多少钱"）来制定价格。现实购买中，顾客往往是根据对价值的认知和感受而不是产品的实际成本去决定同意付出的价格。认知价值定价与现代市场定位观念相一致。企业在为其目标市场开发新产品时，在质量、价格、服务等各方面都需要体现特定的市场定位观念。因此，首先要决定所提供的价值及价格；之后，企业要估计在此价格下所能销售的数量，再根据这一销售量决定所需要的产能、投资及单位成本；接着，管理人员还要计算在此价格和成本下能否获得满意的利润。如能获得满意的利润，则继续开发这一新产品，否则，就要放弃这一产品概念。

认知价值定价有两个关键。一是对顾客的认知价值做出正确的估计和判断。企业如果过高地估计认知价值，便会定出偏高的价格；如果过低地估计认知价值，则会定出偏低的价格。为准确把握市场认知价值，必须进行市场营销调研。二是用营销手段中的各种非价格因素对顾客的认知价值做出有效引导。如利用产品形象、促销活动和网点选择等对顾客施加影响，使他们形成既定的"认知价值"。

2）需求差别定价法（差别取价法）

需求差别定价法主要是根据消费者不同的需求强度、不同的购买力、不同的购买地点、不同的购买时间等方面的差异来确定不同价格。

3. 以竞争为依据的定价方法

1)随行就市定价法

随行就市定价法指企业按照行业的平均现行价格水平来定价。往往采取这种定价方法的情况:① 难以估算成本;②企业打算与同行和平共处;③ 如果另行定价,很难了解购买者和竞争者对本企业的价格的反应。不论市场结构是完全竞争的市场,还是寡头竞争的市场,随行就市定价都是同质产品市场的惯用定价方法。

2)密封投标定价法

密封投标定价法是买方引导卖方通过竞争确定成交价格的一种方法。买方公开招标,卖方密封投标参与比价。这种价格是供货企业根据对竞争者的报价的估计制定的,而不是按照供货企业自己的成本费用或市场需求来制定的。供货企业的目的在于赢得合同,所以它的报价应低于竞争对手(其他投标人)的报价。

特别注意:供货企业不能将其报价定得低于边际成本,以免使其经营状况恶化。如果企业报价远远高出边际成本,虽然潜在利润增加了,但却减少了取得合同的机会。

(三)价格修订

依据成本、需求和竞争等因素决定了产品的基础价格之后,还需要根据产品的生产地点、经销地点、顾客、付款方式等因素,对基础价格进行不断的修订。

1. 地区定价

决定对不同地区的顾客,实行怎样的价格,通常有 4 种做法:原地交货定价,即不同地区不同价格;统一交货定价,即在全国范围内不论远近,运费平均计算;分区定价,即同一价格区同一交货价格;运费减免定价等。

2. 折扣与折让定价

企业为了鼓励顾客及早付清货款、大量购买、淡季购买,还可以酌情降低其基本价格。这种价格修订叫做折扣和折让。价格折扣和折让主要有现金折扣、数量折扣、职能折扣、季节折扣、折让等。

3. 差别对待定价

差别对待定价又叫价格歧视,指企业按照两种或两种以上与成本无关的差异价格来销售同一种产品,以适应顾客的不同需要,从而扩大销售,增加收益。常见的有不同顾客不同价格、不同花色(款式)不同价格、不同地点不同价格、不同时间不同价格、不同用途不同价格等。

4. 新产品定价

一般来讲,新产品定价有两种策略可供选择。一为撇脂定价,即高价策略。它是指在新产品投入市场时,将其价格尽可能定高,以便在最短的时间里攫取最大的利润。企业所以能这样做,是因为购买者常常是非内行非专家。二为渗透定价,即低价策略。它与撇脂策略相反,是将投入市场的新产品价格定得尽量低,使新产品迅速被顾客接受,迅速打开和扩大市场,在价格上取得竞争优势。

5. 心理定价

利用顾客价格对心理的影响来定价。企业利用消费者仰慕名牌商品或名店的心理来制定商品的价格,故意把价格定成整数或高价;定价时保留小数点后的尾数,使消费者产生价格较廉的感觉,还能使消费者留下定价认真的印象,从而使消费者对定价产生信任感。

三、分销策略(销售渠道)

在现代市场经济条件下,生产者与消费者在时间、地点、数量、品种、信用、产品估价和所有权等多方面存在着差异和矛盾。企业产品生产出来后，必须通过一定的渠道，经过适当物流过程，才能在适当的时间、地点，以适当的价格供应给广大消费者或用户。因此，采取何种分销渠道将产品安全、及时地送到消费者手里，是企业应当研究的重要问题。

（一）影响企业分销渠道设计的因素

1. 产品条件

（1）产品的价值。产品价值指商品的单位价值的大小。一般情况下，产品单位价值的大小与市场营销渠道的宽窄、长短成反比。

（2）产品的时尚性。对于式样或款式变化比较快的产品，一般宜采取少环节的短渠道分销。

（3）产品的易腐易毁性。这是指不易储、不易运的产品经营。对于易腐的鲜活产品，应尽量缩短营销渠道，迅速把产品出售给消费者。

（4）产品的体积与重量。体积过大或过重的产品，应采用少环节的短渠道。

（5）产品的技术与服务要求。凡技术性较强而又需提供售前、售中、售后服务的商品，企业应该尽量直接卖给消费者。

（6）产品的季节性。季节性越强的商品，越适宜采用稍长一些的渠道结构；反之，则适宜使用短渠道。

（7）产品的经济生命周期。对处在试销阶段的新产品，企业可组织自己的推销队伍，通过试销门市部、专营店等各种形式与消费者直接见面。处在饱和阶段（或叫成熟期）的产品，以间接渠道销售的居多。

（8）产品的用途。用途广泛、通用的、标准的商品，可用间接销售渠道；而专用性强的商品，如专用设备、特殊品种和规格以及特殊用途产品，以采取直接销售渠道结构为好。

2. 市场条件

（1）目标顾客的类型。目标顾客类型是指生活资料的消费者还是生产资料的用户。

（2）潜在顾客的数量。潜在的顾客多，市场大，需要中间商为之服务；潜在的顾客少，则可由厂家直接供应。

（3）目标顾客的分布。目标顾客集中，企业有条件采用直接式渠道销售。反之，对于目标顾客分布得很分散的企业，往往采用间接式渠道。

（4）购买数量。主要指消费者或用户一次购买商品的数量，常称为“批量”。购买批量大的，可以采用直接销售渠道结构，客户购买批量小的，则利用中间商销售最有利。

（5）竞争状况。要根据竞争企业采取的营销渠道策略而制订相应的渠道策略，以争取竞争中的有利位置。

此外，还要考虑消费者购买不同产品时接近渠道的习惯。

3. 企业自身条件

（1）企业的规模和实力。规模大、资金力量雄厚的企业，往往愿意自己对渠道的控制程度高些，或者要求渠道短些。而规模小、资金力量不强的企业，往往须依靠中间商为企业提供销售服务。

（2）企业的声誉和市场地位。对生产企业或经营企业来说，声誉越高，抉择的余地就越大，选择的实力就越强；相反，声誉不高或没有地位的企业，抉择的余地就比较小。

（3）企业的经营管理能力。如果领导管理经验丰富、经营推销能力强，职工的业务素质高，抉择营销渠道的主动性就大，决策权也大；否则渠道的选择权就小。

(4)控制渠道的要求。凡企业在营销中需要对渠道时刻控制的,不宜采取长渠道、宽渠道结构。企业如有较强的销售能力,最宜把产品直接出售给消费者或用户,或者选择较短的渠道结构。

此外,还应考虑企业的产品组合、市场营销组合的状况。

(二)分销渠道的类型

1. 渠道长度

渠道长度的含义就是中间机构层次的数目,也就是产品从厂家到消费者手中所经过的环节的多少。

根据中间环节的多少可将其分为零级渠道、一级渠道等,如图6-5所示。

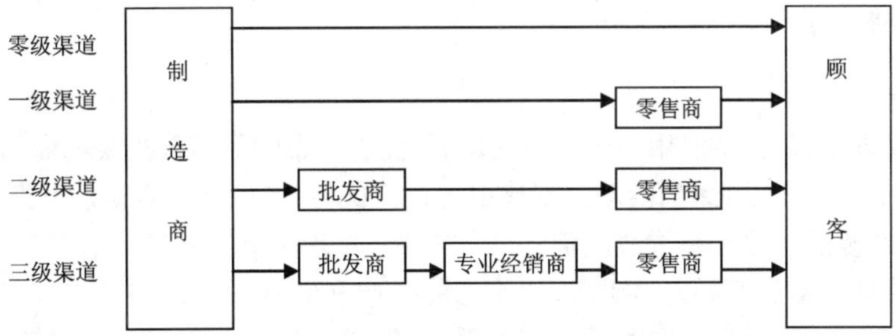

图6-5　分销渠道长度

2. 渠道宽度

渠道宽度的含义是渠道使用同类中间商的数量。同一层次或环节的中间商多,渠道就较宽;反之,渠道就较窄。

分销渠道宽度主要有以下3种可供选择。

(1)密集型分销。通过较多的中间商,扩大市场覆盖面,或快速进入一个新市场。这种策略适用于价格低廉、无差异性的日用消费品,或生产资料中普遍使用的标准件小工具等的销售。

(2)选择型分销。委托部分中间商经销;重心是维护企业、产品的形象和声誉,巩固市场地位。这种渠道策略大都适用于一些选择性较强的日用消费品和专用性较强的零配件以及技术服务要求较高的商品的经营。

(3)独家型分销。在一定时间、一定地区内,选择一家经销商。通常双方订有协议——经销商不得经营竞争者的产品,企业也不得向其他中间商供应产品。这种策略,一般适用于新产品、名牌产品以及有某种特殊性能和用途的产品。

(三)渠道设计的主要内容

渠道设计的主要内容有:①确定销售网络的长度;②确定销售网络的宽度;③明确网络成员的权利和义务。

(四)分销渠道的管理

分销渠道的管理包括:①选择渠道成员;②激励渠道成员;③处理渠道冲突(包括渠道的水平冲突和垂直冲突);④渠道的评估及改进。

(五)分销渠道的功能

分销渠道的功能如下。

(1)信息沟通:即收集和传播渠道运作时所必需的信息。

(2)销售:即向产品的购买者(包括渠道中间的和终端的购买者)提供各种服务。

(3)促销:即运用多种手段对所供应的货物进行说服性沟通。

(4)谈判:即尽力达成价格及对有关条件达成最后协议,以实现所有权的转移。

(5)订货:即营销渠道成员向生产厂家进行有购买意图的反向沟通行为。

(6)融资:即为负担渠道运作的成本费用而收集和分散资金。

(7)承担风险:即承担产品在从生产者转移到消费者过程中的全部风险。

(8)储运:即产品实体从原料供应者到最终顾客的连续运输、储存等工作。

(9)付款:即买方通过银行和其他金融机构向卖方付货款。

(10)所有权交换:即货物的所有权从一个机构或个人转移到另一个机构或个人。

四、促销策略

(一)促销的概念

促销即促进销售,指企业用一定的方式说服、促进和影响顾客购买某项商品(劳务),或使顾客对商品(劳务)产生好感的活动。现代市场营销认为,市场交换活动是由买方和卖方共同实现的,企业的产品或服务是否适应消费者的需要,关键在于生产者与消费者之间的信息能否沟通。如果卖方不了解买方的需求,就不可能生产和经营适销对路的产品;买方如果不了解卖方的供应信息,就不会采取购买行动。因此,促销的任务在于将产品或劳务的信息传送给目标顾客,从而引起顾客的兴趣,促进其购买,实现企业产品销售。促销的实质就是传播和沟通信息。

(二)促销决策的步骤

促销决策过程分为以下几个步骤。

(1)找出目标接收者。该工作即认定企业欲加以影响的人是哪些。

(2)确定沟通目标。不同情形下企业的沟通包括不同的目标:注意、认识、喜欢、偏好、信念、购买。

(3)信息的设计。一个理想的信息应能得到被影响者的注意,保持其兴趣,激发其欲望及使其付诸行动(AIDA 模式)。具体信息的设计,需主要解决 4 个问题:说什么(信息内容)、如何逻辑地说(信息结构)、如何以符号的方式来说(信息格式)以及由谁来说(信息来源)。

(4)选择沟通渠道。信息沟通渠道通常分为人员沟通渠道和非人员沟通渠道两大类。

(5)制定促销预算。常用的方法有量力支出法、促销额百分比法、竞争对等法、目标与任务法。

(6)确定促销组合。确定所采用的广告、人员推销、销售促进、宣传等促销方式的组合方式和使用力度。

(三)促销组合策略和促销策略的制定应考虑的因素

所谓促销组合就是企业根据产品的特点和营销目标,综合各种影响因素,对各种促销方式的选择、编配和运用。促销组合是促销策略的前提,在促销组合的基础上,才能制定相应的促销策略。因此,促销策略也称促销组合策略。

促销组合和促销策略的制定,其影响因素较多,主要应考虑以下几个因素。

1.促销目标

促销目标是企业从事促销活动所要达到的目的。在企业营销的不同阶段为适应市场营销活动的不断变化,要求有不同的促销目标。无目标的促销活动收不到理想的效果。因此,促销组合和促销策略的制定，要符合企业的促销目标，根据不同的促销目标，采用不同的促销组合和促销策略。

2. 产品因素

产品因素主要包括以下几个。

(1)产品的性质。不同性质的产品，购买者和购买目的就不相同，因此，对不同性质的产品必须采用不同的促销组合和促销策略。一般说来，在对消费品促销时，因市场范围广而更多地采用拉式策略，尤其以销售促进和广告形式促销为多；在对工业品或生产资料促销时，因购买者购买批量较大，市场相对集中，则以人员推销为主要形式，如图 6-6 所示。

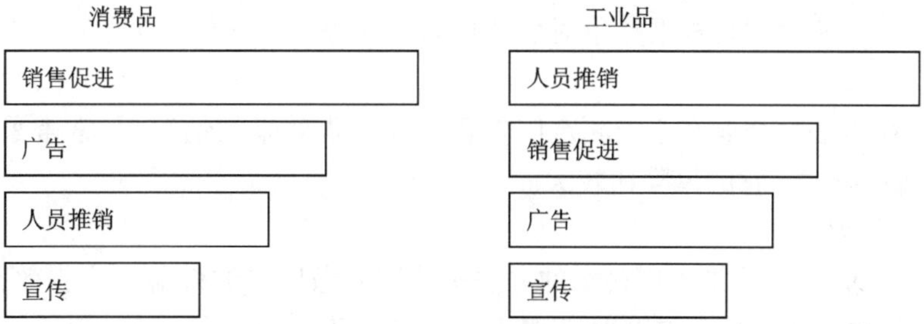

图 6-6　促销工具在消费品和工业品销售中的相对重要性

(2)产品的市场寿命周期。促销目标在产品市场寿命周期的不同阶段是不同的，这就决定了在市场寿命周期各阶段要相应选配不同的促销组合，采用不同的促销策略。

(3)市场条件。市场条件不同，促销组合与促销策略也有所不同。从市场地理范围大小看，若促销对象是小规模的本地市场，则应以人员推销为主；而对广泛的全国甚至世界市场进行促销，则多采用广告形式。从市场类型看，消费者市场因消费者多而分散，多数靠广告等非人员推销形式；而对用户较少、批量购买、成交额较大的生产者市场，则主要采用人员推销形式。此外，在有竞争者的市场条件下，制定促销组合和促销策略还应考虑竞争者的促销形式和策略，要有针对性地不断变换自己的促销组合及促销策略。

(4)促销预算。企业开展促销活动，必然要支付一定的费用。费用是企业经营十分关心的问题，并且企业能够用于促销活动的费用总是有限的。因此，在满足促销目标的前提下，要做到效果好而费用省。企业确定的促销预算额应该是企业有能力负担的，并且是能够适应竞争需要的。为了避免盲目性，在确定促销预算额时，除了考虑营业额的多少外，还应考虑到促销目标的要求、产品市场寿命等其他影响促销的因素。

(四)促销方式

促销的主要方式主要有广告、人员推销、销售促进(销售推广)、宣传等 4 种方式。

1. 广告

1)定义

广告是由明确的发起者以公开支付费用的做法，以非人员的任何形式，对产品、服务或某项行动的意见和想法等的介绍。

2)广告的设计原则

广告的设计应遵循的原则有社会性原则、针对性原则、感召性原则、简明性原则和艺术性原则。

3)广告媒体的选择

可供选择的广告媒体有:①印刷品广告,如报纸广告、杂志广告;②电子媒体广告,如电视广告、广播广告、网络广告;③户外广告;④邮寄广告;⑤POP广告;⑥其他广告。

4)广告费用预算

广告费用预算可有以下4种不同的选择方案。

(1)销售百分比法。根据过去经验,按计划销售额的一定百分比确定广告费用。好处是简便易行,缺点是实际操作中过于呆板,不能适应市场变化。

(2)目标任务法。明确广告目标后,选定广告媒体,再计算出为实现这一广告目标应支出的广告费用。这种方法在实际操作中难度较大,因为广告目标很难用数字来精确计算。

(3)竞争对抗法。它是根据竞争对手的广告宣传情况,来决定自己的广告费用支出的一种方法。

(4)倾力投掷法。企业在不能测定广告目标和广告效果的情况下,常常采用有多少费用就做多少广告的办法,它的风险比较大。

5)广告效果评估

广告效果的评估就是指运用科学的方法来鉴定所做广告的效益。广告效益包括3方面:①广告的经济效益,指广告促进商品或服务销售的程度和企业的产值、利税等经济指标增长的程度;②广告的心理效益,指消费者对所做广告的心理认同程度和购买意向,购买频率;③广告的社会效益,指广告是否符合社会公德,是否寓教于销。

2. 人员推销

1)定义

人员推销是指企业通过派出销售人员与一个或一个以上可能成为购买者的人交谈,做口头陈述,以推销商品,促进和扩大销售。

2)人员推销的工作任务

人员推销的工作任务有:①积极寻找和发现更多的可能的顾客或潜在顾客;②把关于企业产品和服务方面的信息传递给现有及潜在的顾客;③运用推销技术,千方百计地推销产品;④向顾客提供各种服务,如向顾客提供咨询服务,帮助顾客解决某些技术问题,安排融资,催促加快办理交货等;⑤经常向企业报告访问推销活动情况,并进行市场调查和收集市场情报。

3)人员推销决策

人员推销决策是指企业根据外部环境变化和内部资源条件设计和管理销售队伍的一系列经济过程,包括:①确立人员推销在企业市场营销组合中的地位,为销售人员制定出适当的销售活动组合;②根据企业资源条件和销售预算等确定销售队伍的规模;③根据顾客、产品和销售区域分配资源和时间;④对销售活动(任务)进行组织激励和控制。

人员推销决策的内容尽管很多,但大体上可以分为两种:①战略决策,包括销售队伍的大小、区域设计和访问计划等;②管理决策,包括对销售人员的招募、挑选、培训、委派、报酬、激励和控制等。

3. 销售促进

1)定义

所谓销售促进是指企业运用各种短期诱因,鼓励购买或销售企业产品或服务的促销活动。企业的销售促进决策包括确定目标、选择工具、制订方案、预试方案、实施和控制方案,以及评价结果等内容。

销售促进目标是由基本的市场营销沟通目标推衍出来的,而后者又是由产品的更基本的市场营销目标推衍出来的。销售促进的特定目标将依目标市场的不同而有所差异。

2)工具

选择销售促进工具必须充分考虑市场类型、销售促进目标、竞争情况以及每一种销售促进工具的成本效益等各种因素。

(1)企业使用于消费者市场的销售促进工具。如果销售促进目标是抵制竞争者的促销,则可设计一组降价的产品组合,以取得快速的防御性反应。如果企业产品有明显的竞争优势,目标在于吸引消费者率先采用,则产品样品可作为有效的销售促进工具。企业可以向消费者赠送免费样品或试用样品。

(2)零售商使用于消费者市场的销售促进工具。零售商关心的是顾客的光顾、购买以及吸引更多的人进入店中,销售促进工具的选择便以此目标为中心。折价券、特价包、赠奖、交易印花、购(售)点陈列和商品示范表演、竞赛、兑奖、游戏等在零售业最常用。

折价券就是给持有人一个凭证,他在购买某种商品时可凭此券免付一定的金额。

特价包就是向消费者提供低于正常价格的销售商品的一种方法,其做法是在商品包装或标签上加以附带标明。

赠奖就是以相当低的价格出售或免费赠送商品,作为购买特定商品的刺激。它有3种主要形式:①随附赠品;②免费邮寄赠品,即消费者交出买过这种商品的包装、标签或其他证据,商店就免费给他寄去相应的商品;③低价赠奖,即以低于正常零售价的价格出售给需要此种商品的消费者。

交易印花是顾客通过购买而得到的一种特殊类型的赠奖。

竞赛、兑奖和游戏是让消费者、中间商或推销人员有某种机会去赢得一些物品。

(3)企业使用于中间商的销售促进工具。企业为取得批发商和零售商的合作,可以运用购买折让、广告折让、陈列折让等销售促进工具。购买折让是指购货者在规定期限内购买某种商品时,每买一次就可以享受一定的小额购货折让。

(4)企业使用于推销人员的销售促进工具。企业常运用销售竞赛、销售红利、奖品等销售促进工具直接刺激推销人员。

3)方案内容

(1)诱因的大小。市场营销人员必须确定使企业成本/效益效果最佳的诱因规模。

(2)参与者的条件。销售促进决策的另一个重要内容,就是决定参与者的条件。

(3)促销媒体的分配。必须决定如何将促销方案向目标商场贯彻。

(4)促销时间的长短。市场营销人员还要决定销售促进时间的长短。如果时间太短,一些顾客可能无法重购,或由于太忙而无法利用促销的好处。如果促销时间太长,则消费者可能认为这是长期降价,而使促销失去效力。

(5)促销时机的选择。对促销时机的把握非常重要,只有在恰当的时机做促销,才能收到预期的效果。

(6)促销的总预算。确定销售促进预算的方法有两种。一种是全面分析法,即零售店铺经营者对各促销方式进行选择,然后匡算出它们所需的费用。另一种是总促销预算百分比法,即根据该零售店铺的销售额在总销售额中的比例来确定促销预算的一种方法。

4)效果的评价

企业可用多种方法对销售促进结果进行评价。评价程序随着市场类型的不同而有所差异。企业在测定对零售商促销的有效性时，可根据零售商销售量、商店货档空间的分布和零售商对合作广告的投入等进行评估。企业可通过比较销售绩效的变动来测定消费者促销的有效性。

测定销售促进效果的另一种方法是在目标市场中找一组样本消费者面谈，以了解有多少消费者还记得促销，他们认为如何，有多少人从中获得利益，促销对他们以后的品牌选择行为有何影响。这种方法常用来有选择地研究某种销售促进工具对消费者的影响。

4. 促销宣传

1）定义

促销宣传指的是企业为实现销售指标，在所有媒体上免费获得编排的版面和播放时间，供企业顾客或可能顾客读、看、听的各种活动。

宣传可以这样来理解：①企业围绕一个可销售的实体制造事件和新闻，撰写有价值的新闻报道，争取在报刊、广播、电视等媒体上刊登、播映，供广大目标公众读、听、看，以推销这种实体；②企业无须为占用报刊版面、播映时间而支付费用。

2）优势与特性

宣传能使公众留下难忘的印象，而广告则很难做到这一点，即使做到了，所花费的成本也不会那么低。

宣传的特性：①高度真实感；②没有防御；③戏剧化表现。

3）宣传决策的主要内容

宣传决策包括：①确定宣传目标；②选择宣传的信息与工具；③实施宣传方案；④评价宣传效果。

（五）促销的作用

1. 沟通营销主客体之间的信息

在市场中，信息对商品交换具有重要作用。一方面，企业必须把有关的产品信息传递到目标顾客那里，帮助人们认识产品的特点和性能，引起他们的注意和兴趣。另一方面，生产者必须不断搜集市场需求信息，才能组织生产适销对路的产品。企业在市场调研中主要是收集信息，但只能做到信息的单向沟通，促销则起到了双向沟通的作用。一般认为，最理想的信息沟通应对消费者产生 4 个方面的影响，即引起注意（attention）、产生兴趣（interest）、激起欲望（desire）、促进行动（action），这就是“AIDA”模式。

2. 突出特点，诱导和激发需求

企业以及产品和服务的异质性（heterogeneity）是该企业及其产品和服务区别于竞争对手及其产品和服务的特点和优势所在，如何在激烈竞争的市场中有效地宣传、突出这种特点，是企业赢得顾客的关键。

3. 培养偏好，稳定和扩大销售

有效的促销可以培养顾客的消费偏好（consumption preference），形成顾客的品牌偏好（brand preference），从而能够稳定已经占领的市场，达到稳定销售的目的。同时，有效的促销活动通过对顾客的“教育”和指导，不仅可以诱导和激发需求，在一定条件下还可以激发顾客购买产品的欲望等，变潜在需求为现实需求，实现扩大销售的目的。

4. 提高企业和产品的社会形象

企业和产品的形象主要取决于企业的信誉和产品的质量和销售服务。但顾客往往难以辨别或察觉许多同类产品的不同特点，通过促销活动能介绍本企业及产品与竞争企业产品的不同特点，以及它给顾客带来的特殊利益，树立起本企业及产品的良好形象。

第五节 市场营销的新领域与新概念

一、绿色营销

（一）绿色营销的含义和特点

绿色代表着生机、活力和可持续发展。绿色营销中的绿色正是可持续的意思。所谓绿色营销，是指企业以生态环境保护观念为营销的哲学思想，以绿色文化为价值观念，以消费者的绿色消费为中心和出发点，通过制定和实施相应的营销策略，来实现企业的经营目标，满足消费者的绿色需求。绿色营销的中心意思是要保护地球生态环境，维护人和自然、社会经济和生态环境的和谐关系，确保人类社会经济的持续发展。绿色营销涉及企业营销过程的各个方面，包括绿色战略管理、绿色营销管理、绿色信息、绿色资源、绿色投资、绿色技术、绿色设计、绿色产品、绿色生产、绿色包装、绿色品牌、绿色形象、绿色定价、绿色分销、绿色促销、绿色服务、绿色认证等内容。

绿色营销观念要求企业在对产品开发、生产、定价、分销进行策划和实施的整个过程中，始终体现"绿色"的理念。具体来说包括：①企业必须向消费者提供安全、卫生的产品，尽量使产品易回收或具有复用功能；②企业的生产技术应尽量减少生产过程对环境保护的不利影响；③在商品使用和消费过程中，应引导消费者降低对环境造成的负面影响；④在生产、包装设计等方面，要努力减少其使用后的残余物，考虑包装物的处理；⑤对各种商品的软件服务应符合节省资源、减少污染的原则。

绿色营销是社会营销的一个重要组成部分，但又不等于社会营销。社会营销既包含企业营销过程中的环境保护问题，又包含其他社会问题，即所谓伦理营销。绿色营销与社会营销的不同之处在于，绿色营销更关注企业运作对自然环境带来的影响，更具有长远和全面的特点，更具有全球性视野。

（二）绿色营销实施的过程

企业实施绿色营销，要求将"绿色"理念落实到生产、销售等各个环节，最终成为一家"绿色"企业。

1. 树立绿色营销观念

企业开展绿色营销，首先要以绿色营销观念为指导思想，使绿色观念贯彻到企业营销过程的始终。在收集、分析、研究绿色市场信息的基础上，制订绿色营销计划，开发绿色资源。

2. 研发绿色产品，创立绿色品牌

研制和开发绿色产品是开展绿色营销的核心环节。它是企业适应绿色潮流，为了保护环境和满足绿色消费需求以赢得发展而研制绿色产品、更新老产品的过程。研发绿色产品的程序与新产品开发一样，包括寻求绿色创意、对绿色创意的筛选、绿色产品概念的形成和测试、制订绿色产品营销计划，进行商业分析，市场试销，最后正式推出新产品。

3. 制定绿色价格，开辟绿色营销渠道

传统的市场定价没有考虑自然环境资源的价值，也没有考虑人与资源的交换关系中作为消费者的人应做的"环境消费付费"。而绿色价格的制定要求树立"环境有偿使用"和"排污者付费”的观念，把用于环保的支出计入成本，使绿色成本成为绿色价格的一部分。所以，绿色产品定价的基本原则是按照环境消耗与保护含量使价格上浮。有些绿色产品在国外一些地方的销售价格比普通产品要高出50% ~200%。

目前，分销渠道虽然没有成为绿色营销的重点，但也日益受到关注，因为它涉及绿色产品的质量保证及销货过程中的资源耗损等问题，会影响绿色价格，并影响企业的绿色形象。

4. 开展绿色促销

绿色促销与传统促销相比，多许多“绿色”特性。它要求通过绿色媒体，传递绿色产品及绿色企业的信息，引起消费者对绿色产品的需求及购买行为。在促销方式上，绿色促销同样包括绿色广告、绿色公关、绿色人员推销和营业推广。绿色广告旨在通过绿色媒介向消费者传递绿色信息。绿色公关旨在通过公关活动来树立企业的绿色形象。绿色人员推销和营业推广旨在对其他绿色营销行为进行补充和深化，以便更有效地实施绿色营销策略。

5. 引导绿色消费、实施绿色营销监管

一个完整的绿色营销过程应包括对消费者习惯和消费倾向的引导和教育，激发消费者对绿色消费的兴趣，培养和强化消费者的绿色意识，引导他们消费绿色产品和服务，并使其在消费过程中注意环境保护。在绿色营销过程中，企业应系统全面地对营销活动进行监管，密切注意绿色营销实施的结果和反馈的信息，并及时强化、调查绿色营销行为与方式。

二、整合营销

（一）整合营销的概念

整合营销包括两方面的含义：一是各种营销职能（销售力量、广告、产品管理、营销调研等）必须彼此协调；二是营销部门必须和其他部门相协调。为了激励所有部门的团队精神，企业既要进行外部营销，又要进行内部营销。外部营销（external marketing）是对公司以外的企业和个人的营销；内部营销（internal marketing）是指成功地雇佣、训练和尽可能激励企业员工更好地为顾客服务。

由此可见，整合营销实质上是根据企业的目标和营销环境的变化，整合企业的内外部资源和各种营销工具与手段，以使交换双方在交互中实现各自目标的营销理论和方法。它是一种系统化的营销方法，具有自身的指导理念、分析方法、思维模式和运作方式，它既包括如何将企业的文化、理念贯彻到企业每一个部门、每一个员工中去，以保证顾客在与企业的每一个员工接触时都能体验到企业一致、高效、优质服务的内部营销，又包括如何整合产品价值链上游的各原料供应商、下游的各分销商和消费者，以实现顾客价值最大化，并给企业带来经济效益的外部营销。整合营销是使内部营销和外部营销、内部力量和外部力量相统一形成营销合力的战略，是营销各要素的整合，即营销整合。营销整合与营销组合一脉相承，二者都强调市场营销各种要素组合的重要性，但营销整合更强调各种要素的关联性，要求它们成为一个统一的有机体。

（二）整合营销的实施

整合营销的实施要以市场为调节方式，以价值为联系方式，以互动为行为方式，对各种营销工具和手段进行系统化整合。这种整合具体包括以下4个关键层次。

1. 整合营销策略组合

这是整合营销的核心内容，包括对4P营销组合的整合和对顾客产品促销渠道等的整合。例如协调营销传播中的广告、公共关系、人员推销、销售促进、直接营销的功能，使之成为一个连贯、统一的整体。

2. 整合企业营销管理

整合企业营销管理具体又包括以下方面。

(1)贯彻整合营销观念:要求将整合营销观念和工作统一到与解决顾客的问题、使顾客满意度最大化等与顾客相关的因素上来,剔除组织或系统中因功能划分和人事关系所导致的干扰因素。

(2)整合组织机构:要求再造企业管理组织,使之扁平化、信息化,从组织上保证整合营销的实施。

(3)整合营销管理方法:要求实施系统集成管理、计算机管理、网络化管理等先进的管理手段。

(4)整合顾客管理系统:一是顾客态度的管理,要求建立健全顾客投诉和建议制度,定期组织对顾客的调查并分析结果,以形成早期预警;二是客户数据库管理,要求运用计算机技术储存所有的客户信息,建立详细档案,并经常进行分析、整理;三是客户关系管理,要求设立客户经理,为客户特别是关键客户提供专门服务。

3. 整合营销过程

整合营销过程,即改变传统的部门营销,实现企业一体化、全过程营销和全员营销。

4. 整合外部价值链

整合外部价值链,即以实现顾客价值最大化和共同利益为目标,整合产品价值链上游各原料供应商以及下游的各分销商和消费者,使各方协调一致,企业内外协调一致。

5. 整合营销传播

这是整合营销理论的有机组成部分和核心内容。

三、关系营销

(一)关系营销的概念

关系营销也称为“忠诚度营销”、“一对一营销”、“数据库营销”等,是指企业通过建立、维持和促进与利益相关方之间的关系,以实现参与交易各方的目标,也就是将建立、巩固兼顾各方利益的长期关系作为企业市场营销的重要工作。这里提到的关系是指建立在正常商务往来基础上的互惠互利、实现双赢的业务关系,但并不排斥双方员工之间建立起来的私人友谊。

(二)关系营销的主要内容

关系营销要求找出对公司利润有重大贡献的重点顾客,并为其创造更多的价值、提供更多更好的服务,使之成为公司的忠诚顾客,长久地为公司创造利润。因此,关系营销理念的建立,使企业的营销手段和方式发生了相应的变化,主要体现在以下方面。

1. 营销组合因素扩大

从关系营销的观点看,企业的营销组合已不限于传统的4P组合,而新增了3个新的因素,即顾客服务、人员和进程。

(1)顾客服务。把顾客服务作为一项新的营销组合因素,主要原因:一是顾客需求的变化,不但对产品和服务的质量、价格,而且还对企业的附加服务提出了更高的要求;二是竞争手段变化,市场竞争手段已不仅仅局限于质量、性能、价格方面,而是更注重提供优质的服务;三是关系战略的需要,即制定出一个能给顾客带来附加价值的有效顾客服务战略的需要。

(2)人员。企业人员对完成营销任务、维护顾客联系起着重要作用。根据各种人员与顾客接触的程度及其在企业营销活动中所承担的工作内容,可以把企业的人员分为4种:①接触者,指经常或定期与顾客直接接触者,如销售人员与顾客服务人员;②影响者,指与企业关系营销战略执行有关的人员,但并不参与顾客的日常营销联系,如产品开发部门、市场调研部门及运输部门的人员;③更正者,指关系营销战略的制订者,如企业的决策层;④隔离者,指对企业关系营销活动起间接作用的人员,如人事部门的人员。尽管企业中的人员与企业营销活动的关系有紧有疏,但每一类人员对企业的营销活动的最终结果都有着直接或间接的关系,其工作任务完成情况、对关系与营销的认识程度都会对营销活动产生重大影响。

(3)进程。指把产品和服务交付给顾客的活动过程。这一过程完成得好坏直接影响顾客的满意程度、企业保持顾客的程度和企业与顾客建立的长期关系。

2. 市场营销范围扩大

传统的营销观是基本局限在目标市场上,即各种顾客群。而关系营销把一切内部和外部利益相关者纳入研究范围,用系统的方法考察企业所有活动及其相互关系。它涉及的市场范围包括顾客市场、供应商市场、劳动力市场、影响者市场及内部市场等多个方面。

(1)顾客市场:关系营销的重点对象是顾客,关系营销的目的是尽可能使每一位顾客都成为未来的长期而忠诚的客户。

(2)供应商市场:关系营销观认为,企业与供应商应从对手关系转变为长期紧密合作和互惠互利的关系。企业与供应商在产品开发、产品质量、制造与后勤方面的沟通与合作,可使产品既与企业生产能力相适应,又与供应商的需要相适应,可避免退货现象,减少供应商与顾客的工作量,降低成本,为双方带来长期效益。

(3)竞争者市场:关系营销观认为,在当今市场竞争日趋激烈的形势下,过去视竞争对手为仇敌,彼此势不两立的竞争原则已经过时。要实行“强强联合”,依靠各自的资源优势,可以实现双赢。

(4)影响者市场:关系营销观认为,与外部市场相对应,企业还应注重内部市场的存在。

(5)内部市场,即企业内部的关系:如果内部关系没有理顺,就会出现“后院起火”的被动局面。因此,企业应加强团队精神的建设,形成和谐的企业内部关系。

四、网络营销

(一)网络营销的概念

“网络营销”(“network marketing”)一词解释为“控制复杂系统的科学”,而实际应用中,其含义还演化为计算机和通信实现交会的无形“空间”。因此,“网络营销”即被解释为借助计算机互联网技术开展各项市场营销活动,以实现企业营销目标的一种营销方式。

(二)网络营销的作用

网络营销是一种功能最强大的营销工具,它同时兼具渠道、促销、电子交易、顾客互动服务以及市场信息收集、分析等多种功能,符合顾客主导、成本低廉、使用方便、充分沟通的要求。其作用主要有如下方面。

1. 降低成本

网络通信具有成本低廉的特点。利用网络,企业既可以较低的成本去了解顾客需求,又可以较低的花费向消费者传递产品信息,还可以进行网上交易。这有利于降低产品的成本和价格,提高产品的性价比。

2. 扩大市场范围，增加销售量

企业通过网络可以提供全天候的广告服务和人员服务，联通国际、国内市场，从而可以扩大销售范围，创造更多的销售机会。

3. 方便消费者购买

通过上网销售，消费者不再被动地接受铺天盖地的广告宣传，而只需根据自己的喜好或需要去选择相应的信息，做出购买的决定。这种轻松自在的选择，不受时间、地点的限制。另外，网上结算也给企业和消费者带来更大的便利。网络营销还可以满足那些重视隐私权、不愿亲自登门购买或老年、残疾等行动不便顾客的特殊需要。

4. 提供全新的沟通渠道

网络已经拉近了厂商与消费者的距离，企业可直接与供应商、消费者沟通，并在网上实现订货与销售。上网企业不但可以通过设置主页和电子邮件、制作调查表、网上论坛等方式与消费者交流信息，为消费者提供咨询与服务，了解消费者的需求，收集顾客意见，让消费者更加紧密地参与企业产品的开发和研制，而且还可以对网上目标顾客进行产品测试与满意度调查，以满足其个性化需求。

5. 树立企业形象

目前，网络具有文字、图片、色彩、声音、动画、电影、三维空间、虚拟现实等所有广告媒体的功能，更有能力不断地容纳各项高科技随时开发出来的新成果。通过互联网来从事营销活动，可以根据创意完整地将企业形象表现出来，提高企业在消费者心目中的形象。

总之，网络营销作为一种全新的营销方式，与传统营销方式相比具有传播范围广、速度快、无时间地域限制、内容详尽、形象生动、双向交流、反馈迅速、无店面租金成本等特点。网络营销更为企业架起了一座通向国际市场的绿色通道。

资料卡

新经济时代市场营销发展新趋势①

营销管理的趋势主要体现为“3个转变”。

一是从硬性管理向柔性管理的转变。与传统宝塔式等级组织相对应的是传统营销管理，其特点主要体现为集中管理和硬性管理，通过大量硬性指标和规章制度来强化对营销人员的管理，且营销管理者与被管理者之间的双向沟通缺乏，营销管理的效率不高，组织绩效低下。可以说这种滞后的营销管理在新经济的冲击下不堪一击。在传统工业经济时代，生产和经营是通过庞大的规模和集中的管理来获得高效率的；但是在新经济时代，知识型营销人员增多，靠强制性的硬性管理不但不能见效，相反只会起反作用。知识型员工更需要与管理者的沟通，过去“你说我听”的指令型管理模式需要改变为双向沟通。知识和信息在营销中的应用正成为现代营销管理的发展方向，如以数字化管理为代表的柔性营销管理。此外，知识经济时代企业不再把传统工业经济时代沿袭下来的速度、数量、产值作为追求的目标，不再只注重以往的流水线、节拍等严密的分工组织形式和工艺流程，而是重视人的主观能动性、独立性和创造性。

① 资料来源：http://www.taiya.com.cn/subject_new/garden_man_1112_4.htm.

二是从忽视企业内外部协调向运用客户关系管理系统联结内外部营销管理转变。传统营销管理观念存在着明显与新经济不相适应的方面,即营销管理缺乏内外部协调。传统营销管理要么是只重视内部的产品和人员的管理,要么只重视外部公共关系的开展,而没有将内外部营销管理有机地结合起来,新经济强调的是持续发展,重外轻内或重内轻外都将妨碍企业的长期发展。营销的目的是要满足顾客的需求,因而企业要在重视企业内部营销管理的同时,将重心转移至外部顾客服务上来,特别注意通过加强内部的管理来实现外部的顾客满意目标。客户关系管理(CRM),是一种倡导企业以客户为中心的营销管理思想和方法,成为未来营销管理的发展趋势。

三是从忽视营销管理的整合到大力实施整合营销管理的转变。市场营销策略包括4P,营销管理的整体效果取决于4P的整合程度。根据木桶原理,即根据木桶盛水的多少取决于木桶的最短边而非最长边。那么营销效果的高低实际上是取决于4P中的最弱的方面,而非最好的方面。我们的企业在进行营销活动时,非常重视促销(尤其是广告)和价格。这未免有失偏颇。可以预见未来在营销管理中强化营销组合的整合程度将是营销管理成败的关键。整合营销(IM:integrated marketing)是一种通过对各种营销工具和手段的系统化结合,根据环境进行即时性动态修正,以使交换双方在交互中实现价值增值的营销理论与营销方法。这一营销方式必将成为未来营销管理的又一趋势。

思考练习

1. 什么是市场营销?市场营销的哲学有哪些?
2. 市场预测的基本方法有哪些?
3. 市场选择模式有哪几种?
4. 市场定价策略中的方法有哪些?请举例说明。
5. 简述市场营销的新领域及新概念。

第七章　财务管理

学习目标

（一）知识目标

· 了解财务管理的基本概念和内容；

· 了解企业筹集资金的渠道和方式；

· 理解企业资金运用管理的基本思想；

· 掌握企业财务分析的基本方法和分析指标。

（二）技能目标

· 能够运用所学的财务分析方法和指标对企业财务报表进行实际分析。

财务管理学（financial management）是经济学的一个分支。财务管理是现代企业组织协调企业财务关系、实现企业经营目标的一项重要经济管理活动。财务管理学是研究企业如何有效地开展财务活动进而使企业价值最大化的一门学科，其形成与发展，既是企业组织不断发展的产物，更是市场（特别是资本市场）体系日趋完善的产物。随着企业组织的发展以及财务管理环境的不断变迁，财务管理的重心和内容也不断发展和完善。

企业财务管理是组织企业财务活动、处理财务关系的一项经济管理工作。本章主要介绍筹资管理、资金运作管理和财务分析。

第一节　财务管理概述

一、财务管理的概念及内容

（一）财务管理的概念

企业财务管理是依照国家法律法规和政策以及企业经营要求，遵循资本营运规律，对企业财务活动进行组织、预测、决策、计划、控制、分析和监督等一系列管理工作的总称，即企业财务管理是企业组织财务活动、处理财务关系的一项综合性管理工作。财务管理的基本特征是价值管理，管理的客体是企业的财务活动，管理的核心是企业财务活动所体现的各种财务关系，因此，企业财务管理是利用价值形式对企业财务活动及其体现的财务关系进行的综合性管理工作。

在市场经济条件下，企业财务管理水平决定着企业生产经营规模和市场竞争能力，财务管理应当成为企业管理的核心。加强企业财务管理，对改善企业的生存条件，提高企业的经济实力，推动企业的发展，起着重大的作用。

(二)财务管理的内容

财务管理是基于企业再生产过程中客观存在的财务活动和财务关系而产生的,是企业组织财务活动、处理与各方面财务关系的一项经济管理工作。企业筹资、投资、资金营运和收益分配构成了完整的企业财务活动,与此对应的,企业筹资管理、投资管理、营运资金管理和收益分配管理便成为企业财务管理的基本内容。

1. 筹资管理

筹资管理是企业财务管理的首要环节,是企业投资活动的基础。筹资管理主要解决的问题是如何取得企业所需要的资金,即指在何时向谁融通多少资金。事实上,在企业发展过程中,筹资及筹资管理是贯穿始终的。无论是在企业创立之时,还是在企业成长过程中追求规模扩张,甚至在日常经营周转过程中,都可能需要筹措资金。可见筹资是指企业为了满足投资和用资的需要,筹措和集中所需资金的过程。在筹资过程中,企业一方面需要确定筹资的总规模,以保证投资所需要的资金;另一方面要选择筹资方式,降低筹资的代价和筹资风险。

企业的资金来源按产权关系可以分为权益资金和负债资金。一般来说,企业完全通过权益资金筹资是不明智的,不能得到负债经营的好处。但负债的比例大则风险也大,企业随时可能陷入财务危机。因此,筹资决策的一个重要内容是确定最佳的资本结构。

企业资金来源按使用的期限,可分为长期资金和短期资金。长期资金和短期资金的筹资速度、筹资成本、筹资风险以及借款时企业所受到的限制不同。因此,筹资决策要解决的另一个重要内容是安排长期资金与短期资金的比例关系。

2. 投资管理

投资是指企业资金的运用,是为了获得收益或避免风险而进行的资金投放活动。在投资过程中,企业必须考虑投资规模;同时,企业还必须通过投资方向和投资方式的选择,确定合理的投资结构,以提高投资效益、降低投资风险。投资是企业财务管理的重要环节。投资决策的失败,对企业未来经营成败具有根本性的影响。

投资按其方式可分为直接投资和间接投资。直接投资是指将资金投放在生产经营性资产上,以便获得利润的投资,如购买设备、兴建厂房、开办商店等。间接投资又称证券投资,是指将资金投放在金融商品上,以便获得利息或股利收入的投资,如购买政府债券、企业债券和企业股票等。

投资按其影响的期限长短分为长期投资和短期投资。长期投资是指其影响超过一年以上的投资,如固定资产投资和长期债券投资。长期投资又称资本性投资。短期投资是指其影响和回收期限在一年以内的投资,如应收账款、存货和短期证券投资。短期投资又称流动资产投资或营运资金投资。由于长期投资涉及的时间长、风险大,直接决定着企业的生存和发展,因此,在决策分析时更重视资金的时间价值和投资风险价值。

投资按其活动范围分为对内投资和对外投资。对内投资是对企业自身生产经营活动的投资,如购置流动资产、固定资产、无形资产等。对外投资是以企业合法资产对其他企业或对金融资产进行投资,如企业与其他企业联营、购买其他企业的股票、债券等。

3. 营运资金管理

营运资金管理主要是对企业流动资产的管理,包括对现金、应收账款、交易性金融资产和存货的管理。因为流动资产在企业经营中随着经营过程的进行不断变换其形态,在一定时期内资金周转越快,利用相同数量的资金获得的报酬就越多,流动资产的周转速度和使用效率直接影响企业的经营收益。因此,企业必须对其流动资产周转速度和使用效率进行管理。

4. 收益分配管理

利润是指企业在一定会计期间内实现的收入减去费用后的净额，是企业最终经营成果的反映。企业实现的利润，必须在企业的各利益相关者之间进行合理的分配，这关系到国家、企业所有者、债权人、经理、职工及社会各方面的利益。一方面，企业取得的净利润（税后利润）主要是在所有者和企业之间进行分配，不同的所有者由于投资目的不同，对待分配的利润和企业留存利润的态度也不尽相同，这将直接影响企业的利润分配决策。另一方面，随着利润分配过程的进行，资金退出或者留存企业，必然会影响企业的资金运动，这不仅表现在资金运动的规模上，而且表现在资金运动的结构上，如筹资结构。因此，在国家法律、法规允许的范围内，如何合理确定企业税后利润的分配规模和分配方式，以提高企业的潜在收益能力，进而提高企业的总价值，是企业财务管理的又一项重要内容。

二、财务管理的目标

企业财务管理目标既是企业财务管理所希望实现的结果，又是评价企业理财活动效益的基本标准。不同的财务管理目标，会产生不同的财务管理运行机制。财务管理目标的设置，必须与企业整体发展战略一致，符合企业长期发展战略的需要，体现企业发展战略的意图。

财务管理目标按照所涵盖的范围不同，可分为不同的层次，即总体目标和具体目标。总体目标是整个企业财务管理要达到的目标，与企业发展的战略目标一致。具体目标是将总体目标进行分解，即把企业财务的总目标分解到企业的各个部门，形成部门的具体目标，甚至再进一步分解到班组和岗位。

企业财务管理目标是企业财务管理的一个基本理论问题，有以下几种具有代表性的模式。

（一）利润最大化目标

利润最大化目标就是假定在投资预期收益确定的情况下，财务管理行为将朝着有利于企业利润最大化的方向发展。利润最大化理财目标在我国和西方都曾是流传甚广的一种观点，对企业具有重大的影响。

一般所讲的利润最大化，就是指反映在企业“利润表”中的税后利润总额的最大化。我国企业在告别高度集中的计划经济体制以后，企业经营方式由单纯生产型向生产经营型转变。在开始实行政企分开、两权分离的过程中，企业逐步有了自主权，有了自己的经济利益，人们开始扭转过去“产值最大化”的做法，注重利润的实现与增长，企业财务管理便围绕着利润的增长来进行。根据当时我国经济发展状况，以利润最大化作为理财目标是有一定道理的。

以利润最大化作为财务管理的目标主要原因有 3 点。

（1）利润额是企业在一定期间经营收入和经营费用的差额，是按照收入费用配比原则计算出来的。利润额反映了当期经营活动中投入与产出对比的结果，其在一定程度上体现了企业经济效益的高低。人类从事生产经营活动的目的是为了创造更多的剩余产品，在商品经济条件下，剩余产品的多少可以用利润这个价值指标来衡量。

（2）在自由竞争的资本市场中，利润的高低在某种意义上代表企业的竞争能力。根据资本的趋利性，资本将会向赢利能力高的企业流动，资本的使用权最终属于获利最多的企业。

（3）利润是增加业主投资收益、提高职工劳动报酬的来源，也是企业补充资本积累、扩大经营规模的源泉。

(二)每股收益最大化目标

每股收益是指归属于普通股东的净利润与发行在外的普通股股数的比值,它的大小反映了投资者投入资本获得回报的能力。所有者作为企业的投资者,其投资目标是取得资本收益,在股份制企业中,投资者持有公司的股票并成为公司的股东。许多人认为,股票市场价格的高低,体现着投资大众对公司价值所作的客观评价。

按照现代委托代理学说,企业的代理关系是一种契约或合同关系。在这种关系下,企业的日常财务管理工作由受托的经营者负责处理,基于委托代理条件下的受托的财产责任,经营者应最大限度地谋求股东或委托人的利益,而股东或委托人的利益目标则是提高资本报酬,增加股东财富,实现权益资本的保值增值。因此,股东财富最大化这一理财目标受到人们的普遍关注。

(三)企业价值最大化目标

投资者建立企业的重要目的,在于创造尽可能多的财富。这种财富首先表现为企业的价值。何为企业价值?一些学者指出,公司价值是指公司全部资产的市场价值。在对企业评价时,企业价值最大化目标考核重点不是企业已经获得的利润水平,而是企业潜在的获利能力。企业价值最大化目标有两种计量方法。

1. 未来企业贴现报酬值

企业价值最大化目标下存在的关键问题,是如何合理计量。计量方法可以有许多种,目前多数人主张采用"未来企业报酬贴现值",即要以未来一定期间归属于股东权益的现金流量,按考虑风险报酬率的资本成本换算现值。将企业所能创造的预计未来现金流量的现值,能够反映企业潜在的或预期的获利能力和成长能力。

2. 资产评估值

企业也可以通过资产评估的程序来取得企业资产的价值,即由专业资产评估师运用科学的方法、法定的程序,对企业资产进行评估,其结果比较符合资产的市场价值。但是,资产评估通常是在企业经营方式变更、资产流动、产权变更时采用,在企业日常管理、业绩评价中采用,则费时费力,事实上也很难行得通。

三、财务管理的环节

财务管理的环节是财务管理的工作步骤与工作程序,是企业在财务管理各工作阶段所使用的财务手段。一般而言,企业财务管理主要包括财务预测、财务决策、财务预算、财务控制和财务分析 5 个环节,各环节既相互联系,又有各自的特点,从而构成财务管理的工作体系,各环节的具体内容如下。

(一)财务预测

企业战略目标的实现需要确定与之相匹配的企业财务战略目标。企业财务人员根据企业战略目标和规划,结合对未来宏观、微观形势的要求,对企业未来财务活动和财务成果做出合理的预测,从而建立企业财务的战略目标和规划。因此,企业战略目标是财务预测的依据,财务战略目标是企业战略目标的具体体现。

在企业战略目标的指导下,企业财务人员要根据企业财务活动的历时资料,考虑现实的要求和条件,预测财务收支的发展变换情况,对企业未来的财务活动作出较为具体的测算,为决策者提供可靠的依据。财务预测工作的主要内容包括明确预测的对象与目的、收集和整理相关资料、确定合理的预测方法与模型、实施财务预测并提出预测结果。

(二)财务决策

财务决策是企业财务管理人员按照既定的财务目标的总体要求,利用定性与定量的方法对若干备选方案进行比较和分析,从中优选最佳方案的过程。财务决策是在财务预测基础上进行的,属于事前管理,是财务预测的延续,也是编制财务预算的依据。

财务决策事关企业财务活动的成败,决定着企业未来的发展方向,财务决策的成功与否直接关系到企业的兴衰成败,是财务管理的核心环节。财务决策工作的内容主要包括确定决策目标、拟定备选方案、方案优选等步骤。

(三)财务预算

根据新财务通则的精神,财务预算应纳入企业全面预算体系中去,构成企业全面预算体系的重要组成部分。财务预算是企业依据企业战略要求和发展规划,在财务预测、决策基础上,利用价值形式对未来一定期间的财务活动进行规划和安排,明确财务目标,确立预算指标和编制财务计划,并提供财务考核以及奖惩标准的过程。企业在制定了财务目标后,要在企业内部建立财务预算体系,并以财务决策的方案和各种预测提供的信息为基础编制财务计划。财务预算的建立和财务预算的编制是实现企业财务目标的基础,是企业经营目标的具体化,是企业财务控制和分析的主要依据。

财务预算环节的工作内容包括:分析财务环境,确定预算主要指标;协调企业资源,组织综合平衡;选择预算方法,编制财务计划。

(四)财务控制

财务控制是以财务预算和制度规定为依据,按照一定的程序和方式,对企业财务活动进行约束和调节,确保企业及其内部机构和人员全面落实财务预算。其特征是以价值形式为控制手段,以不同岗位、部门和层次的不同经济业务为综合控制对象,以控制日常现金流量为主要内容。财务控制是企业落实财务预算,开展财务管理的重要环节。由于企业各个部门的运作及预算的执行都会最终以价值的形式体现出来,都会对企业的资金运动产生影响,为保证对各部门财务预算的执行情况进行有效的监督和控制,需要设计适当合理的财务控制制度以监控预算的执行,同时保证这种财务控制制度符合企业整体对内部控制制度的要求。这就需要协调企业各部门的关系,发动和激励企业全体员工参与全面预算的落实和执行,以使得企业的经营能高效运转,实现价值增值。此外,财务控制还要协调好与企业外部各方面的关系,并充分利用各方面的资源,为企业谋取更大的利益。在此基础上,要对财务活动的各个环节进行风险控制和管理,以保证目标和预算的执行。财务控制环节的工作内容包括:制定合理的控制指标,进行责任分解;计算执行中的差异,适时进行调控;考核评价业绩,落实奖惩。

(五)财务分析

财务分析是根据财务核算的有关资料,运用特定方法,对企业财务活动过程及其结果进行分析和评价的一项工作。在财务分析的基础上建立的经营业绩评价体系是企业建立激励机制和发挥激励作用的依据和前提,而激励机制的有效性又是企业目标实现的动力和保证。借助财务分析,可以掌握各项财务预算的完成情况。财务分析是评价和衡量企业、部门以及各级管理人员经营业绩的重要依据,是挖掘资源潜力、改进现行工作、纠正执行偏差、实现财务管理目标和企业战略目标的重要手段,是合理实施企业决策的重要步骤。

财务分析既是对已完成的财务活动的总结,也是财务预测的前提。财务分析环节的工作内容包括:收集相关资料,掌握信息;进行指标对比,找出偏差;分析偏差的原因,明确责任;提出具体措施,改善工作。

资料卡

企业投资、融资与筹资

投资是企业根据国家有关财政金融政策，以其资产购买有价证券或向其他单位以实物（包括现金和银行存款）、无形资产等注入资金并获取经济利益的一种经济行为。

融资是企业为寻求发展，扩大经营规模，以发行有价证券或吸收其他单位资金来扩充资金的一种经济行为。融资是从企业外部筹集资金的方式，包括直接融资和间接融资，其中：直接融资主要是指直接向资金持有人，如股东、投资人等筹集资金的方式，比如在股票市场发行股票，以获取资金用于企业的发展、经营等；间接融资主要是指通过金融机构，如银行、财务公司、信托公司等，以借入长短期借款、发行债券等方式获得资金的方式。

筹资是企业根据生产经营等活动对资金的需要，通过一定的渠道、采取适当的方式，获取所需资金的财务活动。筹资既包括从企业外部筹集资金，即融资之外，还包括通过对企业内部资金的合理安排，如税后利润、折旧、投资收益等，以筹集企业为发展某一项目的资金而所做的财务安排；此外，筹资还包括申请政府拨款补助、资助，或民间借贷等方式。

第二节 筹资管理

一、企业筹集资金的渠道和方式

企业的筹资活动需要通过一定的渠道并采用一定的方式来完成。

（一）筹资渠道

筹资渠道是指客观存在的筹措资金的来源与通道，反映可供企业选择的资金来源渠道与供应量。长期以来，我国企业的资金来源渠道主要有国家财政拨款、向银行借入资金和企业自留资金3种。随着经济体制改革的深入进行、市场经济体制的确立和资金市场的开放，企业的资金来源渠道逐渐呈现多样化的态势。我国企业目前筹资渠道主要归纳为以下几种。

1. 国家财政资金

国家财政部门为了保证国家职能的实现，通过税收等形式集中一部分国民收入，按照国民经济和社会发展计划的要求，再进行分配，其中一部分用于对企业的投资。只有国家倾向投资的产业和需要扶持的地区企业才能得到国家财政资金。目前国家财政投资方式主要是直接拨款投资，此外，还可以较长的期限和较低的利息借给企业周转使用。

2. 银行信贷资金

它是各类企业筹资的重要来源。由于银行拥有居民储蓄、单位存款等经常性的资本来源，因此其贷款方式灵活多样，可以适应各类企业债券资本筹资的需要。

3. 非银行金融机构资金

金融机构是专门进行资金融通的机构，如信托投资公司、租赁公司、财务公司等非银行金融机构，可以向企业提供委托代理、租赁、担保等金融服务。

4. 其他企业资金

企业在生产经营过程中,往往有部分暂时闲置的资金,可在企业之间相互调剂使用。企业间的购销业务中的商业信用行为会形成企业间的债权债务关系,形成债务人对债权人的信用资金占用。随着企业间横向经济联合的广泛发展,使用其他企业资金也成为企业资金的重要来源之一。

5. 居民个人资金

社会闲散资金是指个人手中拥有的现金,包括本企业职工在内的城乡居民的经济收入和生活结余。随着社会经济的发展,个体经济收入不断地增长,企业可采用发行股票、债权等方式对社会闲散资金筹集利用。这种资金来源的所有者在资金使用上基本上没有严格的限制,但筹集成本较高。另外,这种资金来源弹性大,若组织得好,可以筹集到较多资金;若组织不好,则筹集不足所需资金。

6. 企业自留资金

企业自留资金是指企业内部形成的资金,主要是计提折旧、资本公积金、提取盈余公积金、未分配利润而形成的资金,还包括一些经常性的延期支付款项而形成的资金来源,如应付工资、应交税金、应付股利等。这一渠道的资金除资本公积金外都由企业内部生产或转移,它一般并不增加企业资本总量,但能增加可供周转的营运资金;它可以长期留用,无须偿还,不需要支付筹资费用,也无须承担财务风险;另外,它无须通过任何筹资活动进行筹集。

(二)筹资方式

如果说筹资渠道属于客观存在,那么筹集资金的方式属于企业主观能动行为。筹资方式是指可供企业在筹措资金时选用的具体筹资形式。我国企业目前的筹资方式主要有:①吸收直接投资;②发行股票;③利用留存收益;④银行借款;⑤利用商业信用;⑥发行公司债券;⑦融资租赁。

二、资金成本

(一)资金成本的概念

资金成本是指企业为筹集和使用资金而付出的代价,包括筹资过程中发生的筹资费用和使用资金过程中支付的使用费用。筹资费用在筹资时发生,与占用期没有直接联系,可看作是资金成本的变动费用。

一般情况下,资金成本指标用资金成本率表示。因为筹资规模不同将导致资金成本总额不同,使资本成本失去可比性,因此,为了便于分析比较,资金成本常用相对数来表示。通常所说的资金成本,实际上是资金成本率,它等于资金使用和筹集资金净额的比率。资金成本率(一般称为资金成本)的计算式为:

$$K = \frac{D}{P(1-F)}$$

式中 K——资金成本率;

D——资金使用费用;

P——筹资资金总额;

F——筹资费比率。

在具体运用这一公式时,要根据筹资方式和资金性质的不同,分别确定公式中各个量的数值。若是长期借款或是发行企业债券,D 表示每年的利息费用;若是发行股票,D 表示每年支付的股息。筹资费比率 F 随筹资规模的大小而变动，筹资额越大，F 值越小，筹资额越小，F 值越大，一般情况下 F 值为 2% ~6%。

例 7-1 某公司发行企业债券 5 000 万元，期限 5 年，年利率 11.5%，筹资费比率为 3%，则资金成本率为：

$$K=\frac{5\,000\times 11.5\%}{5\,000\times(1-3\%)}=\frac{575}{4\,850}=11.86\%$$

（二）资金成本的作用

企业都希望以最低的代价获得所需的资金，因此，分析资金成本可以帮助企业评价和选择筹资方案、确定资金结构以及最大限度地提高筹资效益。具体地说，分析资金成本有以下作用。

1）资金成本是选择资金来源、拟定筹资方案的依据

不同资金来源，其成本的高低和支付的方式也有所不同，企业的综合资金成本率就会随之变化。企业为了以最低的资金成本获得所需的资金，就必须分析各种资金来源的资金成本的高低，合理配置，选择合理的筹资方案。

2）资金成本是评价项目是否可行的重要尺度

在评价投资方案是否可行的标准上，一般是以项目本身的投资收益率与其资金成本进行比较，如果投资项目的预期收益率大于资金成本，则是可行的；反之，如果预期投资收益率小于资金成本，则为不可行。因此，资金成本是企业用以评价投资项目是否可行的标准之一。

3）资金成本是衡量企业经营业绩的重要标准

资金成本作为一种投资报酬，是企业最低限度的投资收益率。企业为了补偿使用资金的成本，就必须实现这一最低的投资收益率。因此，资金成本可以促使资金使用者充分挖掘资金的潜力，节约资金的占用，提高资金的使用效益。

三、筹资结构优化分析

筹资结构是指权益资本和债务资本之间的比例关系。这一比例关系会影响到企业的财务费用、财务风险和权益收益率。增大债务资本的比重可以提高权益收益率和每股收益，但同时也增加了财务费用和财务风险。筹资结构优化分析就是要确定一个合理的资产负债比率，在控制财务风险的前提下，提高每股收益。

权益资本是指通过发行普通股所筹措到的资本。债务资本是指通过发行企业债券或向银行申请贷款而形成的资本。当企业面临是采用股票还是债券融资的筹资决策时，其决策依据是每股收益大者为最优化方案。在实践中，*EBIT-EPS* 分析法为常用的分析工具。*EBIT* 是息税前收益，指支付利息和所得税之前的收益；*EPS* 是每股收益，*EPS* = 净收益/总股本。*EBIT-EPS* 法的计算过程是：先求普通股和债券筹资的无差别点，再根据实际的 *EBIT* 来决定采用哪种筹资方案。无差别点是指使两个方案的 *EPS* 相等的 *EBIT* 值，用 $EBIT^*$ 表示。*EPS* 的计算式为：

$$EPS=\frac{(EBIT-I)(1-T)}{N}$$

式中 I——债务利息；

T——企业所得税率；

N——普通股数。

无差别点的计算式为

$$\frac{(EBIT^{*}-I_{1})(1-T)}{N_{1}}=\frac{(EBIT^{*}-I_{2})(1-T)}{N_{2}}$$

求出 $EBIT^{*}$ 后，若企业实际 $EBIT<EBIT^{*}$，应该发行股票筹资；若 $EBIT>EBIT^{*}$，应发行债券。$EBIT-EPS$ 法的决策依据是：备选筹资方案中 EPS 最大的方案为最优方案。

例 7-2　假定某企业原有资本为：普通股 1 500 万股，每股净资产 2 元，共 3 000 万元，长期负债 2 700 万元，年利率 8%，$EBIT$ 为 1 000 万元，所得税率为 15%。企业现要筹资3 000 万元，有两个方案：

(1)发行 1 500 万股普通股，每股发行价 2 元；

(2)发行 3 000 万元公司债券，年利率 10%。

用 $EBIT-EPS$ 法进行决策。本例中，$I_{1}=2\,700\times8\%=216$(万元)，$N_{1}=1\,500+1\,500=3\,000$(万股)；$I_{2}=2\,700\times8\%+3\,000\times10\%=216+300=516$(万元)，$N_{2}=1\,500$(万股)，将这些数字代入计算式：

$$\frac{(EBIT^{*}-216)(1-15\%)}{3\,000}=\frac{(EBIT^{*}-516)(1-15\%)}{1\,500}$$

$EBIT^{*}=816$ 万元，因为 $EBIT>EBIT^{*}$，所以发行公司债券筹资。用 EPS 验证决策是否正确：$EPS_{1}=[(1\,000-216)\times(1-15\%)]/3\,000=0.22$(元)；$EPS_{2}=[(1\,000-516)\times(1-15\%)]/1\,500=0.27$(元)。$EBIT-EPS$ 法的实质是只有当投资方案的 $EBIT$ 足够大时，即 $EBIT>EBIT^{*}$，才能采用债券筹资，否则只能采用股票融资。若前例中的 $EBIT$ 为 600 万元，则应采用方案一。

此时，股票筹资优于债券筹资。

$$EPS_{1}=[(600-216)\times(1-15\%)]/3\,000=0.11\text{(元)}$$

$$EPS_{2}=[(600-516)\times(1-15\%)]/1\,500=0.05\text{(元)}$$

合理的筹资结构不仅可以提高 EPS，还可以降低筹资成本，并使企业价值达到最大值。

资料卡

起步创业融资方式 12 种手段

(1)综合授信。综合授信是指银行对一些经营状况好、信用可靠的企业，授予一定时期内一定金额的信贷额度，企业在有效期与额度范围内可以循环使用。综合授信额度由企业一次性申报有关材料，银行一次性审批。企业可以根据自己的营运情况分期用款，随借随还，企业借款十分方便，同时也节约了融资成本。银行采用这种方式提供贷款，一般是针对有工商登记、年检合格、管理有方、信誉可靠、同银行有较长期合作关系的企业。

(2)信用担保贷款。目前在全国 31 个省、市中，已有 100 多个城市建立了中小企业信用担保机构。这些机构大多实行会员制管理的形式，属于公共服务性、行业自律性、自身非赢利性组织。担保基金的来源，一般是由当地政府财政拨款、会员自愿交纳的会员基金、社会募集的资金、商业银行的资金等几部分组成。会员企业向银行借款时，可以由中小企业担保机构予以担保。另外，中小企业还可以向专门开展中介服务的担保公司寻求担保服务。当企业提供不出银行所能接受的担保措施时，如抵押、质押或第三方信用保证人等，担保公司却可以解决这些难题。因为与银行相比而言,担保公司对抵押品的要求更为灵活。当然,担保公司为了保障自己的利益,往往会要求企业提供反担保措施,有时担保公司还会派人员到企业监控资金流动情况。

(3)买方贷款。如果企业的产品有可靠的销路,但在自身资本金不足、财务管理基础较差、可以提供的担保品或寻求第三方担保比较困难的情况下,银行可以按照销售合同,对其产品的购买方提供贷款支持。卖方可以向买方收取一定比例的预付款,以解决生产过程中的资金困难。或者由买方签发银行承兑汇票,卖方持汇票到银行贴现。

(4)异地联合协作贷款。有些中小企业产品销路很广,或者是为某些大企业提供配套零部件,或者是企业集团的松散型子公司。在生产协作产品过程中,需要补充生产资金,可以寻求一家主办银行牵头,对集团公司统一提供贷款,再由集团公司对协作企业提供必要的资金,由当地银行配合进行合同监督;也可由牵头银行同异地协作企业的开户银行结合,分头提供贷款。

(5)项目开发贷款。一些高科技中小企业如果拥有重大价值的科技成果转化项目,初始投入资金数额比较大,企业自有资本难以承受,可以向银行申请项目开发贷款。商业银行对拥有成熟技术及良好市场前景的高新技术产品或专利项目的中小企业以及利用高新技术成果进行技术改造的中小企业,将会给予积极的信贷支持,以促进企业加快科技成果转化的速度。对与高等院校、科研机构建立稳定项目开发关系或拥有自己研究部门的高科技中小企业,银行除了提供流动资金贷款外,也可办理项目开发贷款。

(6)出口创汇贷款。对于生产出口产品的企业,银行可根据出口合同,或进口方提供的信用签证,提供打包贷款。对有现汇账户的企业,可以提供外汇抵押贷款。对有外汇收入来源的企业,可以凭结汇凭证取得人民币贷款。对出口前景看好的企业,还可以商借一定数额的技术改造贷款。

(7)自然人担保贷款。2002年8月,中国工商银行率先推出了自然人担保贷款业务。今后,工商银行的境内机构对中小企业办理期限在3年以内信贷业务时,可以由自然人提供财产担保并承担代偿责任。自然人担保可采取抵押、权利质押、抵押加保证3种方式。可作抵押的财产包括个人所有的房产、土地使用权和交通运输工具等。可作质押的个人财产包括储蓄存单、凭证式国债和记名式金融债券。抵押加保证则是指在财产抵押的基础上,附加抵押人的连带责任保证。如果借款人未能按期偿还全部贷款本息或发生其他违约事项,银行将会要求担保人履行担保义务。

(8)个人委托贷款。中国建设银行、民生银行、中信实业银行等商业银行相继推出了一项融资业务新品种——个人委托贷款,即由个人委托提供资金,由商业银行根据委托人确定的贷款对象、用途、金额、期限、利率等,代为发放、监督、使用并协助收回的一种贷款。办理个人委托贷款的基本程序是:①由委托人向银行提出放款申请;②银行根据双方的条件和要求进行选择配对,并分别向委托方和借款方推介;③委托人和借款人双方直接见面,就具体事项和细节如借款金额、利率、贷款期限、还款方式等进行洽谈协商并作出决定;④借贷双方谈妥要求条件之后,一起到银行并分别与银行签订委托协议;⑤银行对借贷人的资信状况及还款能力进行调查并出具调查报告,然后借贷双方签订借款合同并经银行审批后发放贷款。

(9)无形资产担保贷款。依据《中华人民共和国担保法》的有关规定,依法可以转让的商标专用权、专利权、著作权中的财产权等无形资产都可以作为贷款质押物。

(10)票据贴现融资。是指票据持有人将商业票据转让给银行,取得扣除贴现利息后的资金。在我国,商业票据主要是指银行承兑汇票和商业承兑汇票。这种融资方式的好处之一是银行不按照企业的资产规模来放款,而是依据市场情况(销售合同)来贷款。企业收到票据至票据到期兑现之日,往往是少则几十天,多则300天,资金在这段时间处于闲置状态。企业如果能充分利用票据贴现融资,远比申请贷款手续简便,而且融资成本很低。票据贴现只需带上相应的票据到银行办理有关手续即可,一般在3个营业日内就能办妥,对于企业来说,这是"用明天的钱赚后天的钱",这种融资方式值得中小企业广泛、积极地利用。

(11)金融租赁。在经济发达国家已经成为设备投资中仅次于银行信贷的第二大融资方式,是一种集信贷、贸易、租赁于一体,以租赁物件的所有权与使用权相分离为特征的新型融资方式。设备使用厂家看中某种设备后,即可委托金融租赁公司出资购得,然后再以租赁的形式将设备交付企业使用。当企业在合同期内把租金还清后,最终还将拥有该设备的所有权。通过金融租赁,企业可用少量资金取得所需的先进技术设备,可以边生产边还租金。对于资金缺乏的企业来说,金融租赁不失为加速投资、扩大生产的好办法;就某些产品积压的企业来说,金融租赁不失为促进销售、拓展市场的好手段。

(12)典当融资。典当是以实物为抵押,以实物所有权转移的形式取得临时性贷款的一种融资方式。与银行贷款相比,典当贷款成本高、贷款规模小,但典当也有银行贷款所无法相比的优势。首先,与银行对借款人的资信条件近乎苛刻的要求相比,典当行对客户的信用要求几乎为零,典当行只重典当物品是否货真价实。而且一般商业银行只做不动产抵押,而典当行则可以动产与不动产质押二者兼为。其次,到典当行典当物品的起点低,千元、百元的物品都可以当。与银行相反,典当行更注重对个人客户和中小企业提供服务。再次,与银行贷款手续繁杂、审批周期长相比,典当贷款手续十分简便,大多立等可取,即使是不动产抵押,也比银行要便捷许多。最后,客户向银行借款时,贷款的用途不能超越银行指定的范围;而典当行则不问贷款的用途,钱使用起来十分自由,周而复始,大大提高了资金使用率。

第三节 资金运用管理

一、流动资产管理

(一)流动资产概述

流动资产是指企业可以在1年或超过1年的1个营业周期内变现或运用的资产,包括货币资金、有价证券、应收款和预付款、存货等。占用在流动资产上的资金称为流动资金。流动资产是企业进行生产经营的必备条件,在生产经营的每个环节都需要一定数量的流动资产,某一环节流动资产投入不足,必将引起生产经营活动的中断。流动资产的数量及构成情况还在于企业生产经营活动的全过程,流动资产的管理对提高整个企业的经营管理水平、提高资产使用效率和改善财务状况,具有重要意义。流动资产管理在企业财务管理中占有重要地位,企业财务经理一般要花50%~60%的工作时间从事流动资产的管理。与固定资产相比,流动资产具有以下特点。

1. 流动性

马克思在分析资本循环时指出:"资本作为整体的同时,在空间上并列地处于在它的各个不同阶段上。但是,每一个部分都不断地依次由一个阶段过渡到另一个阶段,由一种职能形式过渡到另一种职能形式，从而依次在一切阶段和一切职能形式中执行职能。因此，这些形式都是流动的形式，它们的同时并列，是由于它们的相继进行而引起的。”流动资产在企业再生产过程中的循环方式是各种占用形态的统一。研究这种循环方式，有助于合理地配置各种占用形态，提高流动资产的使用效果。

2. 波动性

流动资产在使用中由于供、产、销和其他因素的影响，占用数量有高有低，起伏不定，具有波动性。研究流动资产的波动性，有利于企业综合考虑资金来源和需求量大小，合理安排资金的供需平衡。

3. 一致性

企业生产经营周期完成一期，流动资产也完成一次循环，二者在循环上具有一致性。财务部门要协助有关职能部门，合理地组织生产经营过程，加速流动资产的周转。

（二）存货管理

对多数企业来说，存货往往是占用资金最多而变现能力较差的流动资产项目，对存货的管理直接关系到资产的确定和企业收益能力的大小。为了使存货的品种、数量及占用的资金既能保证正常的生产经营需要，又不因占用过多而形成积压，必须对存货进行严格的管理。随着信息技术和现代物流管理的发展，存货管理也有了新的内容和现代化的手段，存货数量和资金占用额都呈下降的趋势。

1. 存货的概念和种类

存货是指企业在生产经营过程中为生产或销售而储存的各种资产，包括原材料、燃料、在制品、半成品、产成品以及包装材料、低值易耗品、外购商品等。企业存货的目的在于保证生产经营能够正常进行，防止停工待料而造成缺货，给企业带来损失，在通货膨胀情况下，存货能使企业获得物价上涨的利益。企业有时为了获得价格折扣，降低进货成本，往往大量采购，这也是存货的一个原因。企业保持一定数量的存货，具有许多益处，但过多的存货会加大资金的占用量，有时会使企业资金周转困难，陷入困境。

按照在生产经营过程中所处的位置不同，存货可以分为3类：原材料和其他材料，在制品、半成品和产成品。

存储和及时提供原材料，是企业生产得以正常进行的物质前提。为了保证生产的顺利进行，企业必须储备一定量的原材料，它能够在生产不均衡和市场供求发生较大波动时，起到缓冲的作用。

在产品是原材料到产成品的生产过程中的中介部分，不管是哪一种生产类型，总要经过多道工序才能完成产品的制造。为了保证生产的连续性和均衡性，在每道工序之间，总要储备一定量的在产品，在两大生产部门之间还设有半成品库，用来储存半成品。在保证生产正常进行的前提下，企业应尽量减少在产品资金的占用。

2. 存货成本

由于各种原因，企业必须保持一定数量的存货，为保持存货而付出的代价成为存货成本，存货成本一般包括以下几项内容。

（1）采购成本。采购成本是由于存货的购买价格、运杂费以及其他费用构成，其中购买价格是主要部分。采购成本的高低取决于采购数量和购买单价，用公式表示就是：采购成本 = 采购数量 × 购买单价。从企业生产角度来看，一定时间内的采购数量是一个固定数，这个固定采购量必须要确保，否则就会影响正常生产。因此，实际上采购成本主要受购买单价的影响。影响购买单价的因素一个是供应商之间的价格竞争，另一个是采购批量的大小。一般地说，采购批量大，就可以享受价格折扣，从而使单价降低，但采购批量还要受其他因素的制约，也必定有个限额，不能过大。

(2)订货成本。订货成本是指为订购存货而发生的成本，包括手续费、差旅费、邮电费等。每次的订货费基本上是不变的。因此，在一定时期内，需求量若固定不变，订货次数多，订货成本就高，而订货次数少，订货总成本就低。企业要想降低订货成本，就应该设法扩大每次采购的数量，从而减少总的订货次数。

(3)储存成本。储存成本是指存货在储备过程中发生的仓库保管费、保险费、占用资金的利息等费用。储存成本等于平均存货量乘以单位储存成本。因此，企业要降低储存成本，就应该压缩采购数量，增加采购次数，从而降低平均存货量，达到降低储存成本的目的。

3. 经济订购量法

通过对存货成本的分析可看出，储存成本随订购次数的增加以及采购批量的减少而降低；订货成本则相反，随订购次数的减少以及采购批量的增大而降低。为了使总的存货成本达到最小，就要确定一个最经济的采购批量。所谓经济批量是使总存货成本为最小的订货量，按此订货量订货，可使订货成本和储存成本之和达到最低。需要指出的是，这里所说的总的存货成本是指订货成本之和达到最低。需要指出的是，这里所说的总的存货成本是指订货成本和储存成本之和，不包括采购成本。

设：Q 为每批订货数量；D 为某种存货的全年需用量；J 为每次订货费用；M 为单件存货的年储存成本，就可求得经济批量计算式为：

$$Q=\sqrt{\frac{2DJ}{M}}$$

例 7-3　红星纺织厂每年需购进棉花 1 000 吨，每次订货费用为 2 000 元，每吨棉花的年储存成本为 50 元。则经济订购批量为

$$Q=\sqrt{\frac{2DJ}{M}}=\sqrt{\frac{2\times 1\ 000\times 2\ 000}{50}}=283(\text{吨})$$

需要注意的是，上述经济批量模型是在一种比较理想的假定条件下建立的，如存货的全年需要量是不变的，每次的订货费用是固定的，单位储存成本和单位采购价格也是固定不变的等。而事实上在企业的经营活动中却常常发生与上述“假定”相反的情况，因此，企业在运用该模型时还需根据实际情况灵活掌握。

(三)应收账款管理

1. 应收账款的概念

应收账款是企业对外销售产品而形成的尚未收回的被购买方所占用的资金，它是未来货币资金收入的重要来源，是企业流动资产的重要组成部分，是企业的债权。从营销的角度看，应收账款是企业使用商业信用促销的产物。在市场经济条件下，扩大商业信用是企业扩大销售的有力措施，也是提高企业竞争力的重要因素。企业通过为客户暂时提供所购商品的资金，就可以使那些手头没现金的顾客成为销售对象。随着经济的发展，企业间的竞争也日趋激烈，商业信用的使用面越来越广，因此，应收账款的管理日益重要。

企业将资金投资于应收账款，虽然可以扩大销售，但如果应收账款投资过多，并且不能在短期内收回，将会影响企业正常的资金周转，极有可能使企业遭受坏账损失的经营风险，所以应加强对应收账款的管理。应收账款数额的大小取决于企业信用销售的数量和平均收账期，

它们之间的关系可用下式表示：

应收账款总额 = 每日信用销售额 × 平均收账期

例 7-4 某企业的每日信用销售量为 500 件，单价为 80 元，平均收账期为 15 天，则应收账款总额 = 80 × 500 × 15 = 600 000（元）。

2. 信用政策

信用政策又称为应收账款政策，是企业财务政策的重要组成部分。它是企业给予客户先付货而后收款的结算优惠，这种优惠实质是企业对客户先付货而后收款的结算优惠，是企业对客户的一种短期融资。企业应收账款管理的重点，就是制定合理的信用政策，这主要包括信用标准、信用条件和收账方针 3 部分内容。

（1）信用标准。信用标准是指企业在赊销时同意给予顾客商业信用的最低标准。换句话说，信用标准是客户在购物时能够享受企业商业信用所应具备的条件。企业信用标准定得过高，即信用条件过于苛刻，虽然能减少应收账款资金占用额和坏账损失，但也会将大量信用条件一般的客户拒之门外，从而影响了企业的销售规模；但如果信用标准定得过于宽松，则会使大量品质较差的客户享受到企业的商业信用，从而增大坏账损失的风险，所以企业在确定信用标准时要全面综合地考虑问题，经常性地对客户进行信用评估和信用等级分析，及时修正信用标准的宽严程度。

企业在评估客户的信用状况时，可用"5C 评价法"，即品德（character）、能力（capacity）、资本（capital）、担保（collateral）和外部环境（condition）。企业应通过各种渠道，收集客户在这 5 个方面的信息，运用打分法对客户的信用状况进行评估，然后制定出信用标准。

（2）信用条件。信用条件是指企业在销货时为客户规定的付款条件，包括信用期限、折扣期限和现金折扣。信用期限是企业规定客户推迟付款的最长时间；折扣期限是客户可以享受现金折扣的付款期限；现金折扣是鼓励客户提前付款所给予的价格优惠。例如，信用条件"2/10，n/30"表示客户可以在 30 天付款，如果能在 10 天付款，可以享受 2% 的现金折扣。这里，30 天为信用期限，10 天为折扣期限，2% 为现金折扣。

（3）收账方针。收账方针指的是企业为催收已过期的应收账款所采用的程序和方法。一般情况下，当客户不能按时付款时，企业应先确定一个容忍拖欠的期限，超过这个期限后，可采取必要的催收行动。企业首先可给客户发出一封语气婉转的通知付款的信件，如无效，可连续发出几封语气越来越严厉的催收信。采用上述方法后，客户拖欠的账款若仍收不回来，可交由账款催收机构来处理，万不得已的情况下，诉诸法庭。

3. 账龄分析

账龄分析是指债务人所欠账款的期限。账龄分析是通过了解应收账款的账龄，对不同期限账款分别加以管理的一种方法。一般是把各区段应收账款的金额进行汇总，并计算出各区段中应收账款占总额的比重，以便检查企业现有应收款中有无拖欠的情况，以及拖欠时间长短和拖欠金额大小。通过账龄分析，针对不同情况，按照企业有关政策予以催收或处理。

表 7-1 资料全面显示了企业应收账款的占用情况。有 70% 的应收账款还未到期限，对这部分账款应密切注意，尽量防止过期拖欠；18% 的应收账款逾期近一个月，应加紧催收；12% 的账款逾期 1 ~ 3 个月，这部分应引起企业的足够重视，采取有力措施追回，确实无法追回的，应按规定做坏账损失处理，见表 7-1。

表 7-1 应收账款账龄分析表

账龄	金额/元	比重/%
未到期	350 000	70
过期 1 ~ 30 天	90 000	18
过期 30 ~ 60 天	40 000	8
过期 60 ~ 90 天	20 000	4
过期 90 天以上	0	0
合计	500 000	100

二、固定资产管理

(一)固定资产概述

1. 固定资产的概念

固定资产是指使用年限和单位价值在规定的标准以上,并在使用过程中保持实物形态的资产,包括房屋及建筑物、机器设备、运输设备、工具、器具等。固定资产是企业进行经营活动的主要劳动资料,是企业重要的物质技术基础。在实际工作中,并非所有的劳动资料都列为固定资产,而是根据管理的需要将其分为固定资产和低值易耗品。现行财务制度规定,凡符合下列条件的劳动资料,列为固定资产:①生产经营用的资料中,使用年限超过一年的房屋、建筑物、机器、设备、器具、工具等列为固定资产;②非生产经营用的主要设备及物品,单位价值在 2 000 元以上,使用期限超过两年的列为固定资产。

不具备以上条件的劳动资料均列为流动资产。

2. 固定资产的特点

固定资产的特点,主要表现在它的价值转移和价值补偿上。固定资产能多次参加生产过程而不改变其实物形态,但其价值则按照固定资产的损耗程度分次地、逐渐地以折旧的形式转移到产品价值中去。固定资产的价值运动有以下特点。

(1)投资的一次性和回收的多次性。企业购置固定资产的投资往往是一次性的,并且投资额较大,而固定资产在其使用寿命期内被不断地重复使用,逐渐磨损,其价值一部分、一部分地分次转移到产品价值中,并通过产品销售而得到补偿,即固定资产投资的收回是分次逐步实现的,往往需要较长的时间。

(2)价值补偿和实物更新分别进行。固定资产的价值是随着固定资产的损耗逐渐转移的,随着产品的销售逐渐得到补偿。而固定资产的实物更新,则是在原有的固定资产不能或不宜使用时,才利用平时积累的货币准备去实现的。这表明固定资产的价值补偿和实物更新在时间上是分离的。

(3)循环周转速度慢。固定资产的价值完成一次循环需要较长的时间,同流动资产相比周转速度较慢。这是因为固定资产的循环周期是由其使用年限决定的,使用年限越长,它的循环周期就越长。普通机床使用年限一般为 5 ~ 10 年;而房屋、建筑的使用年限则可达 30 年以上。固定资产的使用年限还受许多因素的制约,如固定资产的使用情况、使用条件、维修保养等。因此,企业在确定资产折旧年限时,应综合考虑各项因素,合理选择折旧方法。

3. 固定资产计价

固定资产计价就是对固定资产价值进行合理的确定。其计价正确与否,对固定资产的评估和折旧的计提有重要的影响。固定资产有以下3种计价方法。

(1)原始价值。固定资产原始价值又称固定资产原值,它是指固定资产在建造或购入过程中所发生的所有费用支出,包括构建价格、运杂费用、安装费用等。按照原始价值计价方法确定固定资产的价值,可以反应企业原始投资数额大小和企业规模等情况。

(2)净值。固定资产净值是指固定资产原值扣除累计折旧之后的余额,它反映企业固定资产的现有价值。采用净值法进行固定资产计价,可以了解企业固定资产的新旧程度,便于进行固定资产的更新,是进行财务分析的重要依据。

(3)重置价值。重置价值又称重置完全价值,它是指在当前市场情况和生产条件下,购置、重建与原固定资产基本相同的固定资产所需的全部费用。对使用时间较长,因技术进步等因素影响,其原有价值已有较大变动的固定资产,应按重置价值估算,以免过分脱离现实价值。采用重置价值,可以比较实际地反映企业现有固定资产的规模,有利于在统一的价格水平上,考查企业各时期的装备水平。

4. 固定资产管理的内容

随着我国现代化建设的不断发展,企业拥有的固定资产将越来越多,技术性能会越来越先进,固定资产在企业全部资产中的比重也将越来越大。因此,加强固定资产的管理,提高固定资产的利用率,加速固定资产的更新改造,是企业财务管理工作的一项重要任务。

(1)进行固定资产的预测分析。正确预测固定资产需要量,是搞好企业固定资产管理的一项基础工作,也是固定资产管理的首要环节。企业应根据生产经营的任务和规模,采用科学的方法测算各类固定资产的需要量,并加以合理配置,以尽可能少的固定资产满足企业生产经营的需要。

(2)正确计提固定资产折旧。固定资产在使用过程中发生的价值损耗,必须通过计提折旧的方式加以合理补偿。正确计提折旧,应在遵守国家财务制度规定的前提下,综合考虑影响固定资产价值的各种因素,合理确定折旧年限,并根据固定资产的使用状况选择合适的折旧方法。企业提取的折旧是固定资产更新的资金来源,应加以有效地使用和管理。

(3)合理使用固定资产。固定资产是进行生产的主要物质技术条件,企业应充分有效地使用固定资产,定期对固定资产的构成、利用率、完好率以及固定资产的利用效果等指标进行分析,以便发现问题,找出原因,采取改进措施。财务部门还应配合设备部门,搞好老设备的挖潜、改造、革新工作,使其得到充分的利用。对经济上不宜继续使用的设备,应予以淘汰,并做好善后清理工作。

(4)保证固定资产的完整无缺。固定资产是企业的重要物资,保证固定资产的完整无缺,是固定资产管理的基本任务。为此,企业应该做到一切固定资产都有物、有卡、有账,并及时准确地反映各种固定资产的增减变动、使用和结余情况。财务部门应编制固定资产目录,建立、健全固定资产竣工验收、调拨转移、清理报废等各项管理制度,要坚决同一切盗窃、破坏国家财产和违反财经纪律的行为做斗争。

(二)固定资产折旧

定期计提固定资产折旧是财务管理的一项重要工作内容。固定资产折旧是企业计算产品成本的重要因素,折旧计算的正确与否,直接关系到企业的成本利润,因此,应予以充分的重视。

1. 固定资产折旧的概念

固定资产由于使用或其他原因发生损耗,这部分损耗的价值逐渐转移到产品成本中,并从产品销售收入中逐步收回相应的货币资金。固定资产损耗价值量,包括有形损耗和无形损耗两部分。有形损耗的价值,是指固定资产因使用和自然力的作用而损耗的价值;无形损耗的价值,是由于技术进步和新的、效率更高的设备出现,使固定资产贬值或提前报废而损失的价值。不论是哪种类型的损耗价值,都应给予合理的补偿。正确计提固定资产折旧,是实现固定资产的价值补偿、实物更新和保证企业再生产过程顺利进行的必要条件。

2. 固定资产折旧的方法

常用的折旧方法有直线法、工作量法和加速折旧法。我国工业企业,一般采用直线法和工作量法;特殊行业的企业,经财政部门批准,可以采用加速折旧法。由于不同的折旧方法计算的结果不同,为了使各个时期财务指标具有可比性,折旧方法一经确定,一般不应经常变动。

1)直线法

直线法又称使用年限法,它是按固定资产的预计使用年限将其价值平均分摊到各年,即每年提取的折旧额是相等的。其计算式为:

$$年折旧率=\frac{1-预计净残值比率}{折旧年限}$$

$$年折旧额=固定资产原值\times 年折旧率$$

净残值率一般可确定在3% ~5%之间,在实际工作中,企业可根据资产的实际情况,取低于3%或高于5%的数值。直线法适用于常年均衡使用的固定资产,纺织行业和其他制造业一般都采用直线法计算折旧。

例7-5 某种设备预计使用10年,净残值率定为3%,设备原值150 000元,年折旧额计算如下:

$$年折旧率=\frac{1-3\%}{10}=0.097$$

$$年折旧额=150\ 000\times 0.097=14\ 550(元)$$

2)工作量法

工作量法是将固定资产的价值平均分配到单位工作量中来计提折旧的方法。每单位工作量所计提的折旧额是相等的,但每年的折旧额一般是不相等的。该法是先计算出单位工作量折旧额,然后根据每年的实际工作量计算年折旧额。工作量法适用某些大型设备和施工机械。交通运输企业可根据行驶里程和单位里程折旧额来计提折旧。其计算式为:

$$单位工作折旧额=\frac{固定资产原值(1-预计净残值比率)}{预计总工作量}$$

$$年折旧额=年工作量\times 单位工作量折旧额$$

3)加速折旧法

加速折旧法是一种在固定资产使用年限内先多提,后逐渐少提折旧的方法。采用这种方式,可使固定资产价值在使用年限的早期快速得到补偿,使企业能很快收回固定资产投资,减少无形磨损的损耗,降低固定资产的投资风险。常用的加速折旧法有余额递减法、年限总额法和双倍余额递减法等。这里仅介绍双倍余额递减法。

双倍余额递减法是不考虑残值,按每年递减的固定资产账面净值与两倍的直线法折旧率计算折旧的一种方法。其计算式为:

$$年折旧率=\frac{2}{预计使用年限}\times 100\%$$

年折旧额 = 固定资产净值 × 年折旧率

例 7-6 某种设备原值 200 000 元,残值 6 000 元,折旧年限 6 年,则

$$年折旧率 = \frac{2}{6} \times 100\% = 33\%$$

各年折旧额见表 7-2。

表 7-2 折旧计算 (单位:元)

年度	折旧额	累计折旧额	年末净值
1	66 000	66 000	134 000
2	44 220	110 220	89 780
3	29 627	139 847	60 153
4	19 850	159 697	40 303
5	13 300	172 997	27 003
6	21 003	194 000	6 000

第四节 财务分析

一、财务分析概述

财务分析是指对企业财务状况、资金运用能力和经营成果所做的分析,它是财务管理的重要方法,其分析结果也是评价企业管理水平和作出经营决策的依据。财务分析所使用的资料主要是财务报表,包括资产负债表、收入表、财务状况变动表和现金流量表。财务报表提供了大量的财务指标和数据,分析者运用各种分析工具和技术,将这些数据加工处理,就可得到有关企业财务状况的有用信息,并作出相应的决策。

财务分析对企业的不同利益相关者来说都是十分重要的。企业管理者通过财务分析可以了解企业的优势是什么，存在哪些不足，需要采取哪些改进措施，从而提高企业的经营管理水平。对投资者而言，了解企业过去的经营业绩，掌握企业目前的财务状况以及预测未来的发展趋势，尤其是深刻了解企业都是负债经营的，企业财务状况好坏同债权人息息相关。银行要关注企业的短期偿债能力，以确保贷款的按时归还；长期债券持有人则要关心企业的经营方向和长期偿债能力，以确保利息按时支付和到期时本金的足额偿付。政府部门也需要对企业进行财务分析，一方面政府要了解企业在经营中面临哪些困难，并据此制定相应的政策，如调整税收政策和利率，为企业营造一个良好的经营环境；另一方面政府为国有企业的所有者，要关心国有资产的保值、增值，并在需要的时候以满意的价格转让国有资产。

表 7-3 和表 7-4 给出了某公司的损益表及资产负债表,作为财务分析的案例。

表 7-3 损益表 单位:万元

项目	2005 年度	2004 年度	2003 年度
1. 主营业务收入	2 500	1 970	1 570
减:主营业务成本	2 237	1 760	1 400
主营业务税金及附加	50	35	28
2. 主营业务利润	213	175	142
加:其他业务利润	60	40	50
减:营业费用	25	20	18
管理费用	40	50	38
财务费用	50	20	18
3. 营业利润	188	125	118
加:投资收益	20	-10	-8
营业外收入	30	17	28
减:营业外支出	10	50	20
4. 利润总额	198	82	118
减:所得税	65	27	39
5. 净利润	133	55	79

表 7-4 资产负债表 单位:万元

项目	2005 年度	2004 年度	2003 年度
货币资金	95	45	15
应收账款	80	50	50
预付账款	90	95	65
存货	320	300	240
流动资产合计	585	490	370
固定资产原值	1 100	950	890
减:累计折旧	390	300	210
固定资产净值	710	650	680
资产总计	1 295	1 140	1 050
短期借款	440	350	340
应付账款	200	180	160
其他应付款	80	38	23
流动负债合计	720	568	523
长期借款	225	172	206
负债合计	945	740	730
股东权益	350	400	320
负债和股东权益合计	1 295	1 140	1 050

二、财务分析的方法

(一)趋势分析法

趋势分析是对不同时期财务指标的变动趋势及变化原因所做的分析。趋势分析一般可分为增长趋势、减少趋势和波动趋势。在进行趋势分析时至少有两期以上的数据,并应注意数据的可比性。描述变动趋势的指标有变动额和变动率。变动额是一个绝对数据指标,它等于报告期数减去基期数。变动率是一个相对指标,表明变化的幅度。两个指标的计算式为:

变动额 = 报告期数 - 基期数

变动率 = 变动额/基期数 × 100%

根据所选基期的不同,可分为定基变动幅度和环比变动幅度。定基指基期固定不变,以后每期的指标都按这一基期计算;环比是指每一期指标都按上一期指标计算。表 7-5 和表 7-6 给出了案例中的收入及利润的变动趋势。

表 7-5　主营业务收入变动趋势分析

变动指标 / 基期	变动额/万元		变动率/%	
	2005 年	2004 年	2005 年	2004 年
固定基期	930	400	59.24	25.48
环比基期	530	400	26.90	25.48

表 7-5 显示,近两年来公司呈现出较好的发展趋势,2005 年主营收入比上年增加了 530 万元,增幅达 26.9%,这属于环比分析;如果是定期分析,2003 年为固定基期,主营收入的变动额为 930 万元,增幅达 59.24%。

在进行趋势分析时,仅分析一项指标是不够的,需要同时分析相关指标,才能得出有意义的结果。例如,案例的主营收入增长良好,表明公司的生产规模和市场份额都在扩大,但却无法显示公司赢利水平的变化及成本的增减,这就需要对成本指标和利润指标做进一步分析。

表 7-6　主营利润变动趋势分析

变动指标 / 基期	变动额/万元		变动率/%	
	2005 年	2004 年	2005 年	2004 年
固定基期	71	33	50	23.24
环比基期	38	33	21.71	23.24

表 7-6 显示,从固定基期角度看,2005 年主营利润的增幅小于收入,环比分析也有类似情况,其原因可能是产品售价降低或成本上升。

(二)共同比分析法

共同比分析是将某一关键性项目设定为 100%,而将其余项目换算成对该项目的百分比,以显示各项目的相对重要性。例如,可以将总资产定为 100%,其余各项目分别计算百分比,就可得知资产中的重要因素,在调整资产结构时就可有的放矢,抓住重点。在资产负债表中,关键性项目是总资产或负债与权益总额。表 7-7 给出了公司的共同比损益表,在损益表中关键性项目为主营收入。

表 7-7　共同比损益表

项目	2005 年度/%
主营收入	100
减:主营成本	86
税金	1.9
主营利润	8.2
加:其他业务利润	2.3
减:三项费用	3.3
营业利润	7.2
加:投资收益	0.8
营业外收入	1.2
减:营业外支出	1.6
利润总额	7.6

表 7-7 显示,主营成本占主营业务收入的 86%,表明公司的成本管理水平有待提高;利润总额占主营收入的 7.6%,在降低成本的同时,公司应改进产品质量,争取提高售价,从而提高产品的利润率。

(三)比率分析

比率分析是财务分析中运用最广的一种分析工具。财务报表中许多性质不同的项目,将两个不同的项目组合在一起,计算其比值,就可得到反映企业财务状况的指标,每一项指标仅能反映财务状况的某一方面,因此要计算多项财务指标,以反映公司财务状况的全貌。财务比率可以是百分数、比率或倍数。

三、财务指标分析

(一)偿债能力指标

偿债能力是指企业偿还各种到期债务的能力。偿债能力分析就是通过对企业资产变现能力及保障程度的分析,观察和判断企业是否具有偿还到期债务的能力及其偿债能力的强弱。偿债能力指标分为短期偿债能力指标和长期偿债能力指标。

1. 短期偿债能力分析

短期偿债能力是指企业用本企业的流动资产支付在一年内即将到期的流动负债的能力。企业的短期偿债能力是衡量企业偿还当前债务能力的指标,也是企业生存、发展的重要基础。如果企业短期偿债能力弱,意味着企业的流动资产对偿还企业本身流动负债的保障能力弱,企业会因此受到损害,甚至导致企业破产。除此之外,企业偿还能力弱还会影响企业信用,进而削弱企业的短期筹资能力,增大筹资成本和进货成本,从而对企业的投资能力和获利能力产生重大影响。企业短期偿债能力受企业流动资产的多少、流动资产变现能力、资产结构状况和流动负债的多少等诸多因素的影响。

1)衡量和评价指标

衡量和评价企业短期偿债能力的指标主要有流动比率、速动比率和现金比率等。

(1)流动比率(current ratio)。是指企业流动资产与流动负债之间的比率关系,表明每1元流动负债有多少流动资产可以作为支付保证,主要是一年内到期的流动资产能否偿还流动负债的能力,一般希望该指标高一点。其计算式为

$$现金流动负债比率 = \frac{年经营现金流量}{年末流动负债} \times 100\%$$

企业流动比率反映了企业用短期流动资产偿还到期债务的能力。一般情况下,流动比率越高,反映企业短期偿债能力越强,债权人的权益越有保证。根据国际上的经验,一般公认2:1的比例比较适宜。当流动比率满足这一比率时,表明企业财务状况稳定可靠,说明企业除了满足日常生产经营的流动资金需要外,还有足够的财力偿付到期短期债务;反之,则说明企业难以如期偿还到期的债务。但是,流动比率也不是越高越好,流动比率过高,则表明企业在流动资产占用方面较多,不但影响资金的使用效率和企业的筹资成本,还会影响获利能力。

(2)速动比率(quick ratio or acid - test ratio)。是指企业速动资产与流动负债的比例关系,说明企业在一定时期内每1元流动负债有多少速动资产作为支付保证。速动资产是指流动资产扣除变现能力较差的存货、预付账款、一年内到期的非流动资产和其他流动资产等后的余额,具体包括现金及各种存款、有价证券和应收账款等。速动比率的计算式为:

$$速动比率 = \frac{速动资产}{流动负债} \times 100\%$$

式中　速动资产 = 流动资产 - 存货

存货是企业流动资产中变现能力较弱的资产,是企业持续经营必备的资产准备,只要企业仍在持续经营,存货就不能变现。

由于比率计算中剔除了变现能力较弱且不稳定的资产,在短期偿债能力评价中,能够更可靠、更准确地评价企业资产的流动性和偿还短期负债的能力。

一般来说,速动比率越高越好,表明企业偿还短期负债的能力越强。通常认为正常的速动比率为1,低于1的速动比率被认为是短期偿债能力偏低。影响速动比率的重要因素是应收账款的变现能力。如果企业的应收账款中,有较大部分不易收回,可能会成为坏账,那么速动比率就不能真实地反映企业的偿债能力。

虽然速动比率比流动比率能更准确地反映流动负债的偿债能力,但是,由于各行业经营特点不同,速动比率会有很大差别,没有统一标准。在采用现金销售的商店,几乎没有应收账款,速动比率大大低于1是很正常的。反之,应收账款较多的企业,速动比率必然要大于1 。

速动资产应该包括哪几项流动资产,目前还有不同观点。本教材以会计中级职称考试所持的观点为准,其他观点各自具有不同的理论基础,在此不再一一介绍。

(3)现金流动负债比率。现金流动负债比率是企业一定时期的经营现金净流量同流动负债的比率,说明企业在一定时期内每1元流动负债有多少经营净现金流量作为支付保证。现金流动负债比率可以从现金流量的角度来反映企业当期的短期负债能力,其计算式为:

$$现金流动负债比率 = \frac{年经营现金流量}{年末流动负债} \times 100\%$$

式中,年经营现金净流量是指一定时期内企业经营活动所产生的现金及现金等价物流入量与流出量的差额。

一般而言,现金流动负债比率越大,表明企业经营活动产生的现金流量越多,越能保证企业按期偿还到期债务。但是,该指标也不是越大越好,该指标过大表明企业流动资金可能利

用得不够充分,进而导致获利能力不强。

现金流动负债比率是以收付实现制为基础计量的现金流量负债指标,是从企业现金流入和流出的动态角度对企业的实际偿还短期债务能力进行考察,充分体现了企业经营活动所产生的净现金流量能从多大的程度上保证短期流动负债的偿还,真实、直观地反映了企业偿还负债的实际能力。

2)影响资产变现能力的其他因素

上述指标都是按财务报表资料计算得出的,在财务报表中有些影响企业变现能力的因素并没有反映出来。投资者、债权人、政府以及相关利益群体应更多地关注财务报表以外的因素,才能做出正确的判断。

(1)增强变现能力的因素。影响企业短期偿债能力的因素主要是企业流动资产的实际变现能力,比企业财务报表中所含项目更能真实地反映企业变现能力。企业流动资产的实际变现能力主要由几个因素决定:可动用的银行贷款指标、准备近期变现的长期资产和企业的信誉。

(2)减弱变现能力的因素。降低企业短期偿债能力的因素主要也是流动资产的实际变现能力,未在会计报表中反映的减弱企业流动资产变现能力的因素主要包括:未做记录的或有负债、由担保责任引起的负债等。

2. 长期偿债能力分析

长期偿债能力是企业偿还长期债务的能力。企业的长期偿债能力不仅受其短期偿债能力的制约,还受企业获利能力的影响。企业的长期偿债能力的强弱,不仅意味着企业财务风险强弱,也意味着在利用财务杠杆获取负债利益等方面的成败和企业资本结构的好坏。企业长期偿债能力的评价指标主要包括:资产负债率、产权比率和已获利息倍数。

1)资产负债率

资产负债率是评价企业长期负债能力的指标,是企业负债总额与资产总额的比率,它反映企业全部资产中负债所占的比重,表明企业资产对债权人的保障程度。其计算式为:

$$\text{资产负债率} = \frac{\text{负债总额}}{\text{资产总额}} \times 100\%$$

资产负债率是反映企业长期偿债能力强弱、衡量企业总资产中所有者权益与债权人权益的比例是否合理的重要财务指标。一般情况下,资产负债率越小,说明企业长期偿债能力越强,但是,该指标也不是越小越好。国际上通常认为,资产负债率为60%较为适当,保守的观点则认为资产负债率不应高于50%。

2)产权比率

产权比率也称负债权益比率,是指企业负债总额与所有者权益的比率。产权比率越小,说明所有者对债权的保障程度越高,反之越低。其计算式为:

$$\text{产权比率} = \frac{\text{负债总额}}{\text{所有者权益总额}} \times 100\%$$

产权比率反映由债权人提供的资本与股东提供的资本的相对关系,该项指标表明债权人投入的资本受到股东权益保障的程度,或者说是企业清算时对债权人利益的保障程度,其反映企业基本财务结构是否稳定。一般来说,股东自有资金大于借入资金较好,对债权人的保证程度就越高,但也不能一概而论。在通货膨胀加剧时期,企业多借债可以把损失和风险转嫁给债权人,对企业所有者是有利的;在经济繁荣时期,多借债可以获得额外的利润,对企业所有者也是有利的；在经济萎缩时期，少借债可以减少利息负担和财务风险。但是，如果该比率过高，当公司进行清算时，则债权人的利益因股东提供的资本所占比重较小而缺乏保障。

资产负债率与产权比率具有共同的经济意义，两个指标可以相互补充。

3）已获利息倍数

已获利息倍数又称利息保障倍数，是指企业在一定时期内所获得的息税前利润与当期所支付利息费用的比率，该指标反映了企业以所获取利润总额承担支付利息的能力。其计算式为：

$$已获利息倍数=\frac{息税前利润总额}{利息支出}$$

式中，息税前利润是指未支付利息和所得税之前的利息，是息税前利润加上利息费用，实际计算时常用利润表中的利润总额加财务费用，由于我国现行利润表中利息费用没有单列，是混在财务费用之中的，外部报表使用人只好用利润总额加财务费用来加以评价。

（二）营运能力指标

营运能力是指企业的总资产及其各组成要素的运营能力，即企业在外部市场环境的约束下，通过生产资料等有限资源的整合、优化和利用，从而对财务目标的实现产生作用，从价值的角度看就是企业资金利用效果。

企业负债和所有者权益的增加形成了企业足够的营运能力，也使企业的资产增加，企业拥有或控制的生产资料表现为各项资产占用。一般情况下，企业管理人员的经营管理能力以及对资源的配置能力都有可能通过相关的财务指标反映出来。

企业营运能力的指标包括流动资产周转率、固定资产周转率、总资产周转率、存货周转率和应收账款周转率等指标。

1）流动资产周转率

流动资产周转率是指企业流动资产在一定时期内营业收入额与平均流动资产占用额之间的比率关系，反映流动资产在一定时期内的周转速度和营运能力的指标。该指标通常用流动资产周转次数和周转天数表示，其计算式为：

$$流动资产周转率（周转次数）=\frac{营业收入}{平均流动资产总额}$$

式中 $$流动资产平均占用额=（期初流动资产+期末流动资产）\div 2$$

$$流动资产周转期（周转天数）=\frac{360}{流动资产周转次数}$$

从流动资产周转率的公式可以看出，在其他条件不变和销售额既定的条件下，如果流动资产周转速度越快，投资于流动资产的资金就越少，表明以相同的流动资产完成的周转额越多，流动资产的利用效果越好，流动资产所带来的经济效益就越高，说明企业经营管理水平越高，资源利用效率越高；反之，周转速度越慢，投资于流动资产的资金就越多，流动资产的利用效果较差，流动资产所带来的经济效益较低，说明企业经营管理存在一定问题，资源利用效率不高。从流动资产周转天数的公式看，周转天数越少，表明流动资产在生产和销售阶段所占用的时间越短，即表明流动资产的利用效果越好，流动资产所带来的经济效益就越高。

2）固定资产周转率

固定资产周转率是指企业固定资产在一定时期内营业收入额与平均固定资产净值之间的比率关系，是衡量固定资产利用效率的指标。该指标通常用固定资产周转次数和周转天数

表示,其计算式为:

$$固定资产周转率(周转次数)=\frac{营业收入}{平均固定资产净值}$$

$$固定资产周转期(周转天数)=\frac{360}{固定资产周转次数}$$

式中 $$平均固定资产净值=\frac{固定资产净值年初数-固定资产净值年末数}{2}$$

$$固定资产净值=固定资产原值-累计折旧-已计提的减值准备$$

固定资产周转率是反映固定资产周转情况的主要指标,在一定时期内固定资产周转率高,表明企业固定资产利用越充分,固定资产结构合理,且能充分发挥资产的效率。但是,在运用该指标时,应注意固定资产折旧方法对分析的影响。同时,也应注意固定资产重置时可能产生其净值突然增减对分析的影响。

3)总资产周转率

总资产周转率是指企业流动资产在一定时期内营业收入额与平均资产总额之间的比率关系,反映企业全部资产利用效率。该指标通常用总资产周转次数和周转天数表示,其计算式为:

$$总资产周转率(周转次数)=\frac{营业收入}{平均资产总额}$$

$$总资产周转期(周转天数)=\frac{360}{总资产周转次数}$$

式中 $$平均资产总额=\frac{资产总额年初数-资产总额年末数}{2}$$

总资产周转率反映资产总额的周转速度,该指标越高,反映销售能力越强,表明企业全部资产的运营效率较高;反之,则相反。从总资产周转天数来看,周转天数越少,说明周转越快,企业在有限的资源下可得到更多的收益。企业可以通过薄利多销的办法,加速资产的周转,带来利润绝对额的增加。

4)存货周转率

存货周转率是指企业在一定时期内的销售成本与同期的存货平均余额之间的比率,是反映企业流动资产流动性的指标。存货周转率的高低能衡量企业生产经营各环节中存货运营效率的高低。该指标通常用存货的周转次数和周转天数表示,其计算式为:

$$存货周转率(周转次数)=\frac{营业成本}{平均存货余额}$$

$$存货周转期(周转天数)=\frac{360}{存货周转次数}$$

式中 $$平均存货余额=\frac{存货余额年初数-存货余额年末数}{2}$$

企业存货周转率越高,表明企业从采购、储存到生产、销售各环节的管理工作水平和效率越高。存货周转次数越多,反映存货变现速度越快,说明企业销售能力越强,营运资金占压在存货上的量越小;反之,存货周转次数少,反映企业存货变现速度慢,说明企业销售能力弱,存货积压,营运资金沉淀于存货的量大。存货周转率是从存货变现速度的角度来评价企业的销售能力及存货适量程度的,同时,反映了企业偿债能力和获利能力的大小。在用该指标进行评价分析时,要注意该指标没有一个绝对的标准,对不同的行业有不同的标准。

5)应收账款周转率

应收账款周转率是指企业在一定时期内营业收入额与平均应收账款余额之间的比率关系,是反映企业应收账款变现速度快慢和管理效率高低的指标。该指标通常用应收账款周转次数和周转天数表示,其计算式为:

$$\text{应收账款周转率(周转次数)}=\frac{\text{营业收入}}{\text{平均应收账款余额}}$$

$$\text{应收账款周转期(周转天数)}=\frac{360}{\text{应收账款周转次数}}$$

式中

$$\text{平均应收账款余额}=\frac{\text{应收账款余额年初数}-\text{应收账款余额年末数}}{2}$$

应收账款周转率客观地说明企业收账速度的快慢、流动资产流动性和短期偿债能力的强弱。应收账款周转次数多,说明企业组织收回应收账款的速度快,造成坏账损失的风险小,资产的流动性好,短期偿债能力强。反之,应收账款周转次数少,说明企业组织收回应收账款的速度越慢,坏账损失风险越大,资产的流动性差,短期偿债能力弱。

(三)获利能力指标

获利能力是指企业获取利润的能力,反映着企业收益数额的大小,反映了企业财务结构状况和经营绩效,是企业偿债能力和营运能力的综合体现。由于企业的资源是有限的,企业在资源的配置上是否高效,直接从资产结构状况、资产运用效率、资产周转速度以及偿债能力等方面表现出来,从而决定着企业的获利水平。企业的生存与发展的关键因素包括企业的营运能力、偿债能力和获利能力。企业的营运能力、偿债能力和获利能力三者的有机结合,能使企业均衡发展。

1. 营业利润率

营业利润率是企业一定时期营业利润与营业收入的比率,从不同角度反映营业获利水平的财务指标有 3 个,包括营业利润率、销售毛利率和销售净利率。

1)营业利润率

营业利润率是营业利润与主营业务收入净额的比率,其计算式为:

$$\text{营业利润率}=\frac{\text{营业利润}}{\text{主营业务收入净额}}\times 100\%$$

式中,主营业务收入净额是指主营业务收入扣除销售退回后的净收入额。营业利润率反映了企业主营业务利润占主营业务收入的比率关系,该指标越大,说明企业主营业务的获利能力越强。财务报表通过该指标揭示企业主营业务的获利能力。

2)销售毛利率

销售毛利率是企业的销售收入减销售成本后的差额与销售收入净额的比率,其计算式为:

$$\text{销售毛利率}=\frac{\text{销售收入}-\text{销售成本}}{\text{销售收入}}\times 100\%$$

式中,销售收入是指销售收入的净额;销售收入净额是指产品销售收入扣除销售退回、销售折扣与折让后的净额。销售毛利率反映了企业的销售成本与销售收入净额的比例关系,毛利率越大,反映了企业在销售收入净额中销售成本所占比重越小,企业通过销售获取利润的能力越强。

3)销售净利率

销售净利率是企业净利润与销售收入净额的比率。其计算式为:

$$销售净利率 = \frac{净利润}{销售收入} \times 100\%$$

销售净利率指标反映了企业每1元销售收入所带来的净利润,即企业净利润占销售收入的比例。其可以评价企业通过销售赚取利润的能力,指标越高,说明企业通过销售获取收益的能力越强。分析评价企业的销售净利率的升降变动,能从中分析判断企业销售净利率的变化趋势。但是,对于不同行业而言,销售净利率指标有较大的不同,因此,还应结合不同行业的具体情况进行分析。

2. 成本费用利润率

成本费用利润率是企业某一会计期间利润总额与成本费用总额的比例关系,其计算式为:

$$成本费用利润率 = \frac{净利润总额}{成本费用总额} \times 100\%$$

成本费用利润率指标是通过企业成本费用所能产生的利润额来衡量企业付出代价所能创造的收益程度,成本费用控制得越好,获利能力越强。该指标高,说明企业每1元成本费用获利能力越高。但是,在分析评价成本费用开支时,应注意成本费用与利润之间在计算口径上的一致性和对应关系。

3. 盈余现金保障倍数

盈余现金保障倍数是企业某一会计期间经营现金流量与净利润的比值关系,其计算式为:

$$盈余现金保障倍数 = \frac{经营现金净流量}{净利润} \times 100\%$$

该公式的计算结果是以收付实现制为基础计算得出的,盈余现金保障倍数是从现金的流入与流出的角度对企业经营活动成果与现金流量的关系对企业收益的质量进行分析和评价。该指标高,表明企业当期的经营利润中有较多的现金保障。一般而言,企业的净利润如果大于0,盈余现金保障倍数应当大于1。

4. 总资产报酬率

总资产报酬率是在某一会计期间企业利润总额与平均资产总额之间的比率。其计算式为:

$$总资产报酬率 = \frac{息税前利润总额}{平均资产总额} \times 100\%$$

式中　平均资产总额 = (期初资产总额 + 期末资产总额) ÷ 2

总资产报酬率是企业全部资产获取利润的水平,一般情况下,该指标越高,企业的资产利润率越高,说明企业总资产利用效果越好,获利能力越强。

5. 净资产收益率

净资产收益率也称权益报酬率,是企业在某一会计期间净利润与平均净资产的比率,其计算式为:

$$净资产收益率 = \frac{净利润}{平均净资产} \times 100\%$$

式中　平均净资产 = (期初净资产 + 期末净资产) ÷ 2

资产净利率反映企业在一定时期的平均资产总额创造净利润的能力,净资产收益率是企业所有者权益获得投资报酬的比率,是一个综合性很强的评价指标,反映企业资产运营的综合效益。一般认为,企业净资产收益率越高,企业自有资本获取收益的能力越强,运营效益越好,对企业投资人和债权人的保障程度越高。

6. 资本收益率

资本收益率是企业某一会计期间的净利润与平均资本的比率,其计算式为:

$$资本收益率=\frac{净利润}{平均资本}\times 100\%$$

式中 $$平均资本=\frac{\left[\frac{实收资本}{年初数}+\frac{资本公积}{年初数}\right]+\left[\frac{实收资本}{年末数}+\frac{资本公积}{年末数}\right]}{2}$$

资本收益率是企业资本(即所有者权益)的获利能力指标,其中所有者权益的数额包括所有者投入的资本、直接计入所有者权益的利得和留存收益等。该指标越高,表明企业平均资本的获利能力越强,反映企业实际获得投资的回报水平越高。

7. 每股收益与每股股利

每股收益是企业某一会计期间净利润与当期发行在外普通股的加权平均数,其计算式为:

$$每股收益=\frac{净利润}{发行在外的普通股股数}$$

每股收益指标主要是上市企业进行财务分析时所用的指标,反映企业普通股股东持有每股股份所能享有的企业利润和承担的亏损。该指标越高,说明企业的获利能力越强,企业股东所能获得的收益越高。

与每股收益不同,每股股利是上市企业会计年度发放的普通股现金股利的总额与年末普通股股数的比值,其计算式为:

$$每股股利=\frac{普通股股利总额}{年末普通股股数}$$

每股股利指标是普通股股东在当期可获得现金股利程度的评价指标,反映了企业所有者获得股利的能力。该指标越高,说明企业股东可得到的现金股利的程度越高,同时反映上市企业当期利润的积累和分配情况。

8. 市盈率

市盈率是上市企业普通股每股市价相当于每股收益的倍数,其计算式为:

$$市盈率=\frac{普通股每股市价}{普通股每股收益}$$

市盈率是投资者对上市企业每股净利润愿意支付的价格,反映了上市企业的获利能力,是投资者是否投资该企业的重要参考依据。一般而言,该指标高,表明投资者愿意付出较高的价格购买该企业的股票,说明投资者对该上市企业的发展前景抱有较乐观的看法。

9. 每股净资产

每股净资产是上市企业年末净资产与年末普通股股数的比率,其计算式为:

$$每股净资产=\frac{年末股东权益}{年末普通股股数}$$

每股净资产是反映上市企业赢利能力的一个公认指标,是企业普通股股东每股享有企业净资产程度的指标。该指标越高,说明企业普通股股东享有的净资产的数量越大,从股东的获利角度反映了企业获取收益和积累收益的能力。

（四）发展能力指标

获利、生存、发展是企业持续经营的前提，企业的发展必须要与企业的经济资源相协调，也就是与企业的资金支持相匹配。在企业生产经营中，发展缓慢的企业主要是因为企业资源得不到合理利用，不能够利用有限的经济资源提升企业的竞争能力。发展是企业生存的有效途径，但是，企业的发展需要资金的支持，企业增长的财务意义就表现为资金的增长。当企业快速增长时，企业对由于销售增长引起的存货、应收账款等资金的需要量也相应加大，只有企业销售的增长与企业资金的增长相协调，才能保证企业稳定成长。分析企业发展能力主要考察8项指标：营业收入增长率、资本保值增值率、资本积累率、总资产增长率、营业利润增长率、技术投入比率、营业收入3年平均增长率和资本3年平均增长率。

1. 营业收入增长率

营业收入增长率是企业本年营业收入增长额与上年营业收入总额的比率，该指标反映企业成长状况，从企业的经营业绩考核企业的成长。其计算式为：

$$营业增长率=\frac{本年营业收入增长额}{上年营业收入总额}\times 100\%$$

本年收入的增长额=本年营业收入总额-上年营业收入总额

在财务管理的实务中，评价企业生产经营情况也可以使用销售增长率来分析企业的成长和发展能力。其计算式为：

$$销售增长率=\frac{本年销售收入增长额}{上年销售收入总额}\times 100\%$$

营业收益的大小可以表明企业经营状况，同时也从这一指标衡量出企业的市场占有能力。该指标大于零，说明企业的营业收入不断增加，指标值越高，说明企业的营业收入增长速度越快；若该指标小于零，说明企业在销售过程中遇到问题，导致销量下降，市场份额萎缩。该指标是一个相对数正指标，指标越大表明企业的销售增长越快，销售量呈增长的趋势，同时也表明该企业的市场份额增加。

该指标在实际分析中，还应结合企业的历史和行业发展情况共同分析，才能对企业的现行营业状况做出正确的评价。

2. 资本保值增值率

资本保值增值率是企业扣除客观因素后的年末所有者权益总额与年初所有者权益总额的比率，反映了企业所有者权益在企业自身努力下的增减变动情况以及企业为所有者做出的贡献，其计算式为：

$$资本保值增值率=\frac{扣除客观因素后的年末所有者权益总额}{年初所有者权益总额}\times 100\%$$

资本保值增值率指标是从所有者投入资本的安全角度出发，考核企业生产经营的业绩，资本保值增值率指标一般应该大于100%。该指标越高，表明企业资本保全状况越好，所有者权益总额的增长越快，债权人的债务也越有保障。

3. 资本积累率

资本积累率是企业本年所有者权益增长额与年初所有者权益总额的比率，反映了企业当年所有者权益的积累能力以及企业所有者权益在当年的变动水平，其计算式为：

$$资本积累率=\frac{本年所有者权益增长额}{年初所有者权益}\times 100\%$$

所有者权益增长额=所有者权益年末数-所有者权益年初数

资本积累率体现了企业资本的积累，是投资者投入资本的保值、增值的衡量指标。该指标主要是企业所有者权益总额的增长率，指标越大，则说明企业的发展程度越好，企业具有一定的发展潜力。若指标大于零，说明企业所有者权益有了一定的增长，即企业的资本有一定的积累，同时说明企业继续发展的能力较强；若指标小于零，则说明企业所有者的权益产生一定的损失，即所有者权益受到一定的侵害。分析该指标有利于企业对所有者投入资本安全性进行衡量，也可以衡量企业继续发展的能力。

4. 总资产增长率

总资产增长率是企业本年总资产增长额与年初资产总额的比率，反映了企业当年资产总额的增长比率，计算式为：

$$总资产增长率=\frac{本年总资产增长额}{年初资产总额}\times 100\%$$

5. 营业利润增值率

营业利润增长率是企业当年营业利润增长额与上年营业利润总额的比率，反映了企业当年营业利润的变动情况，计算式为：

$$营业利润增长率=\frac{本年营业利润增长额}{上年营业利润总额}\times 100\%$$

$$本年营业利润增长额=本年营业利润总额-上年营业利润总额$$

营业利润增长率表明企业营业利润的增长比率，是企业获利能力的具体体现，也是企业继续发展的基础。该指标越高，表明企业的获利能力越强，企业继续发展的能力越强。分析该指标，有利于企业分析生产经营状况，为企业继续发展做好准备。

6. 技术投入比率

技术投入比率是企业研发支出总额与当年营业收入净额的比率，反映了企业在技术进步方面的投入能力，其计算式为：

$$技术投入比率=\frac{本年企业研发支出总额}{本年营业收入净额}\times 100\%$$

技术投入比率体现了企业技术投入的程度，表明企业研发的能力，同时表明企业的发展能力。在竞争日益激烈的市场环境下，企业的技术能力的增强是企业核心竞争力的增强，也是企业继续发展能力的增强。该指标越高，表明企业技术发展能力越强，为企业日后的发展提供的保障越强。

7. 营业收入 3 年平均增长率

营业收入 3 年平均增长率是企业连续 3 年的营业收入总额与 3 年前营业收入总额之间的关系，其计算式为：

$$营业收入3年平均增长率=\left(\sqrt[3]{\frac{本年营业收入总额}{3年前营业收入总额}}-1\right)\times 100\%$$

3 年前营业收入总额是指企业 3 年前那一年的营业收入总额，例如，评价 2008 年的营业收入 3 年增值率时，3 年前营业收入总额为 2005 年的营业收入总额。

分析营业收入 3 年平均增长率能分析出企业营业收入的增长状况。该指标的高低表明企业营业增长水平高低。企业营业收入是企业生存与发展的基础，营业收入 3 年平均增长率越高，说明企业继续发展的基础越牢固。一般认为，该指标越高越好，越高表明企业的经营能力越强。

在分析的过程中，也可以用销售收入3年平均增长率来分析企业的经营能力的增减变动情况，计算式为：

$$销售收入3年平均增长率=\left(\sqrt[3]{\frac{本年销售收入总额}{3年前销售收入总额}}-1\right)\times100\%$$

8. 资本三年平均增长率

资本3年平均增长率是年末所有者权益与3年前所有者权益总额之间的关系，即企业资本连续3年的积累情况，其计算式为：

$$资本3年平均增长率=\left(\sqrt[3]{\frac{年末所有者权益总额}{3年前年末所有者权益总额}}-1\right)\times100\%$$

3年前所有者权益总额是指企业3年前那一年的所有者权益总额数，例如，评价2008年的所有者权益3年平均增长率时，3年前所有者权益总额为2005年的所有者权益总额。

利用资本3年平均增长率进行分析，该指标的高低，表明企业所有者权益的增长程度。该指标越高，说明企业所有者权益的保障程度越高。一般来讲，资本3年平均增长率高，企业长期使用的资金较为充足，有利于企业债权人权益的保证，有利于企业的持续发展。

四、财务综合分析

（一）综合指标分析的含义与特点

财务分析的目的是使财务数据的使用者能对企业经济效益的优劣做出合理、准确的评价。本书已经对各单项财务指标进行了较全面的分析，但是，单独对各单项财务指标进行的分析不能全面反映和评价企业的财务状况和经营成果，要使财务数据的使用者对企业财务状况和经营成果有一个较全面的了解，要对各财务指标的关联性进行分析，并采用适当的标准进行综合性评价。综合财务分析，是将经营效率与财务比率连接在一起进行分析的方法，是对企业的经营状况与财务状况的全面反映。

综合指标分析的综合性使其有别于单项财务指标分析，其特点主要有：财务指标的综合性、功能的多样性和单项指标的关联性。

1. 财务指标的综合性

综合指标涵盖了企业的运营能力、偿债能力和获利能力等各方面的能力，能对企业的经营情况和财务状况进行总体考核，克服了单项指标考核不全面的缺点，将各单项指标有机地结合起来，为财务数据的使用者提供帮助。

2. 功能的多样性

企业财务数据的使用者因与企业的财务关系不同，对企业财务各项数据的关注点也不同，这就要求企业财务评价指标体系必须具备能够提供多层次、多角度的信息资料，既能满足企业内部管理人员实施决策时对充分而具体的财务信息的需求，同时又能满足外部投资者、潜在投资者、债权人和政府的决策需要。

3. 单项指标的关联性

单独分析任何一项财务指标，只能从一个侧面反映企业财务状况，单项指标之间的关联关系不能从单项指标中看出。综合指标分析可以将各单项指标之间的关联关系较好地反映出来，从全方位描述企业的财务状况，并将各单项指标的关联关系在分析的过程中反映出来。

（二）综合指标分析内容

财务综合指标分析所涉及的指标主要有杜邦财务分析体系和沃尔评分法。

1. 杜邦财务分析体系

杜邦财务分析体系是美国杜邦公司首先创造使用的，故称杜邦分析法。杜邦财务分析体系是综合分析企业财务状况的一种方法，该评价指标利用几种主要财务比率之间的内在联系，剖析企业经营情况和财务状况。杜邦分析体系所涉及的主要财务指标包括净资产收益率、权益乘数、总资产净利率、营业净利率和资产周转率等。

杜邦财务分析体系核心指标是净资产收益率，也称权益净利率。杜邦财务分析体系将核心指标净资产收益率分解为若干财务指标，通过分析各分解指标的变动对企业净资产收益率的影响来揭示企业获利能力及其变动的原因。

杜邦财务分析体系各指标之间的关系如下：

净资产收益率 = 总资产净利率 × 权益乘数

= 营业净利率 × 总资产周转率 × 权益乘数

净资产收益率是一个综合性最强的指标。净资产收益率反映了所有者投入资金的获利能力，反映了企业筹资、投资、资产运营等活动的效率，是所有者财富最大化财务管理总目标的具体体现。提高净资产收益率是实现财务管理目标的基本保证。净资产收益率的高低取决于营业净利率、总资产周转率和权益乘数。

1）净资产收益率与资产净利率及权益乘数之间的关系

该关系用下式表示：

净资产收益率 = 总资产净利率 × 权益乘数

权益乘数是负债总额于资产总额的比率，反映了所有者权益与总资产之间的关系。权益乘数越大，表明企业的负债程度越高。负债程度较高能给企业带来较大的财务杠杆利益，但同时也加大了企业的财务风险。企业通过对权益乘数的分析，能分析企业资产的结构，有利于企业合理使用全部资产。

2）总资产净利率与营业净利率和总资产周转率之间的关系

该关系可用下式表示：

总资产净利率 = 营业净利率 × 总资产周转率

总资产净利率与营业净利率和总资产周转率的乘积，反映企业运用资产进行生产经营活动的效率高低，揭示了企业全部资产获利的情况。企业的销售收入、成本费用、资产结构、资产周转速度以及资金占用量等各种因素都直接影响到总资产净利率的高低。该指标越高，表明企业全部资产的获利能力越强。对该指标的分析主要从营业净利率和总资产周转率角度进行。

3）营业净利率与净利润及营业收入之间的关系

该关系可用下式表示：

营业净利率 = 净利润 ÷ 营业收入

营业净利率是净利润与营业收入的比率，反映了企业净利润与营业收入之间的关系，该指标是考核企业获利能力的关键因素。该指标越高，表明企业在同等销售收入的情况下，获取净利润的能力越强。一般来说，营业收入增加，企业的净利率也会随之增加，要想提高营业净利率应该尽量提高营业收入。企业降低各种成本费用是提高营业净利率的另一条途径。各种成本费用的降低能使净利润的增长高于营业收入的增长，从而使营业净利率得到提高。因而，提高销售净利率必须从以下两个方面进行努力：一方面是开拓市场，增加销售收入；另一方面是加强成本费用的控制，降低耗费，增加利润。

4）资产周转率与营业收入及资产平均总额之间的关系

该关系可用下式表示：

总资产周转率 = 营业收入 ÷ 资产平均总额

总资产周转率是企业营业收入与资产平均总额的比率，揭示企业资产总额实现销售收入的综合能力。指标越高，表明企业相同资产总额下实现的销售收入越高。一般来说，资产周转情况的分析要从分析企业总资产周转率、企业存货周转率与应收账款周转率几方面进行，并将其周转情况与资金占用情况结合分析。如果企业流动资产中的货币资金占的比重过大，会因为过量地持有现金而影响企业的获利能力。如果企业流动资产中的存货与应收账款过多，也会占用大量的资金，影响企业的资金周转。同时，如果企业资产周转慢，就会占用大量资金，增加资金成本，减少企业的利润。通过对该指标的分析，可以对企业资产的合理使用情况进行分析，有利于企业合理地安排资产的结构。

杜邦分析体系是对企业财务状况进行的自上而下的综合分析。通过几种主要的财务指标之间的关系，不仅能解释企业各项财务指标之间的结构关系，还能直观、明了地反映出企业的偿债能力、营运能力、获利能力，从而为经营者提供解决企业财务问题的思路并为企业提供财务目标的分解、控制途径。杜邦分析体系各主要指标之间的关系如图7-1 所示。

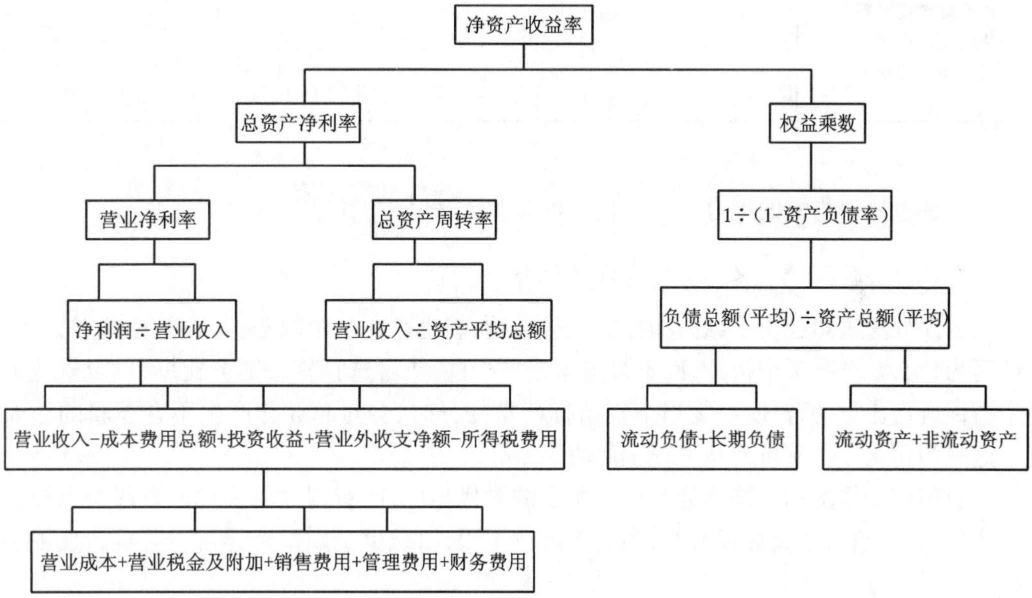

图 7-1 杜邦分析体系

从图 7-1 中可以看出企业的获利能力涉及生产经营活动的方方面面。净资产收益率与企业的筹资结构、销售规模、成本水平及资产管理等因素密切相关，这些因素构成一个完整的系统，系统内部各因素之间相互作用。

企业财务管理的重要目标之一就是实现股东财富的最大化。从图 7-1 中可以看出净资产收益率是杜邦财务分析体系的核心，是综合性指标，反映着企业财务管理的目标。权益报酬率正是反映了股东投入资金的获利能力，这一比率反映了企业筹资、投资和生产运营等各方面经营活动的效率。因此，协调好系统内部各个因素之间的关系，才能使净资产收益率达到最高,从而实现股东财富最大化的理财目标。

2. 沃尔评分法

不同行业的企业在进行财务分析时,往往难以对各财务指标进行具体的定位。与本企业的历史相比,只能看出自身的变化,难以评价企业在市场竞争中的地位。为了有效地评价企业财务状况,企业可利用沃尔评分法,该方法的发明者是亚历山大·沃尔。沃尔在 20 世纪初出版的《信用晴雨表研究》和《财务报表比率分析》中提出了信用能力指数的概念,把若干个财务比率用线性关系结合起来,以评价企业的信用水平。在评价中选择了 7 种财务比率,即流动比率、产权比率、固定资产比率、存货周转率、应收账款周转率、固定资产周转率和自由资金周转率。分别给定了其在总体评价中所占的比重,然后确定标准比率,并与实际比率相比较,评出每项指标的得分,最后求出总评分,从而对企业业绩进行评价。具体如表 7-8 所示。

表 7-8 沃尔评分

选择指标	分配权重 ①	指标的标准值 ②	指标的实际值 ③	实际得分 ④ = ① × ② ÷ ③
流动比率				
产权比率				
固定资产比率				
存货周转率				
应收账款周转率				
固定资产周转率				
自由资金周转率				
合计				

$$\text{各项评价指标的得分} = \text{各项指标的权重} \times \frac{\text{指标的实际值}}{\text{标准值}}$$

$$\text{综合分数} = \sum \text{各项评价指标的得分}$$

沃尔评分法虽然解决了纵向指标的比较问题,但也存在两个缺陷:①在指标选取方面,未能证明为什么要选择 7 个指标,而不是更多或更少些,或者选择别的财务比率,以及未能证明每个指标所占比重的合理性;②当个别指标严重变异时,会对总评分产生不合逻辑的重大影响。这些问题至今仍然没有从理论上解决。

目前的市场情况和经济形势与沃尔所在的时代相比,已有很大的变化。在评价指标方面有一些变动,在给每个指标评分时,规定上限和下限,以减少个别指标异常对总分造成不利的影响。

思考练习

1. 简述企业资金的运作过程。
2. 工业企业财务关系包括哪些内容?
3. 财务管理的任务是什么?
4. 简述企业筹集资金的渠道和方式,应如何合理地筹措资金。
5. 流动资产有什么特征?
6. 固定资产有什么特征?

7. 财务分析的方法有哪几种？财务分析的内容是什么？

8. 某运输分公司有解放牌卡车 6 辆，每辆车的购入价格为 70 000 元，预计净残值率为 5%，预计总工作量为 200 000 千米，年计划工作量为 30 000 千米，求这 6 辆车的计划年折旧额。

9. 某固定资产原值为 350 000 元，预计可使用 8 年，净残值为 15 000 元，用双倍余额递减法计算各年应计提的折旧。

10. 公司计划兴建打印机分厂，投资预算为 1 000 万元。现有两个筹资方案：方案一是发行普通股 100 万股，每股发行价 10 元；方案二是发行企业债券 1 000 万元，年利息为 8%。公司原有普通股为 500 万股。原有负债 3 000 万元，利息率为 10%。公司所得税率 33%。问：公司应采用哪一方案筹资（用 *EBIT* – *EPS* 方法完成）？

下篇
技术经济学

第八章 技术经济学绪论

学习目标

（一）知识目标

· 了解国内外技术经济学的产生与发展；

· 了解技术与经济的关系；

· 理解技术经济学的研究对象及研究内容；

· 理解技术经济学的研究方法和程序。

（二）技能目标

· 能灵活运用技术经济学的研究方法解决技术经济问题；

· 能够按照技术经济学的研究程序分析技术经济问题。

第一节 技术经济学的产生与发展

一、国外技术经济学的产生与发展

技术经济学在国外一般被称为工程经济学，源于1887年亚瑟姆·惠灵顿（Arthur M. Wellington）的著作《铁路布局的经济理论》。他首次将成本分析方法应用于铁路的最佳长度或路线的曲率选择问题，开创了工程领域中的经济评价工作。

1930年，美国斯坦福大学土木工程学系的副教授格兰特（E. L. Grant）出版了《工程经济学原理》一书。该书指出了古典工程经济的局限性，提出了以复利计算为基础，讨论了判别因子和短期投资评价的重要性以及资本长期投资的一般比较。由于该书对工程经济学原理进行了深入浅出的阐述，具有较强的实用性，深受当时工程专业学生的欢迎，也为从事工程技术工作的人员提供了一本具有实用价值的专业参考书，从而得到较高的评价。这也是西方工程经济的第一本著作。这本书问世后，工程经济作为一门独立的学科得到了迅速的发展，格兰特本人也被誉为“工程经济之父”。所谓工程经济即采用某些经济上的比较方法，运用数学技巧，采用合理的步骤，从经济观点出发，衡量为达到某一特定目的而采用的各种不同手段的优劣。

20世纪30年代美国在开发西部的田纳西河流域中，开始推行“可行性研究”方法，从而把技术与项目的经济问题研究提高到了一个新的阶段，通过总结完善，逐步形成了一套比较完整的理论、工作程序和评价方法，此后工程经济学在各国得到了很大发展。

20世纪50年代在苏联，开始出现技术经济分析论证，并逐渐推广到规划、设计和工程建设项目中，后被广泛应用于企业生产经营各项活动中，逐渐形成了一套比较完整的技术经济论证程序与分析评价方法。

20世纪70年代以后，西方经济学界也有技术经济学的提法，也有人研究技术经济问题。

国外比较成熟的、与国内技术经济学内容相关的学科和研究领域主要有西方的“工程经济学”(engineering economics)、“费用-效益分析”(cost-benefit analysis)、“可行性研究”(feasibility study)、“技术进步经济学”(economics of technology changes),苏联的“技术经济论证”和日本的“经济性工程学”等。这些都属于技术经济学的范畴。

二、我国技术经济学的产生与发展

技术经济学是我国在20世纪60年代初建立起来的一门学科。从20世纪50年代开始,我国就学习、借鉴和引进苏联的技术经济分析和论证方法,各部门对建设项目进行技术经济论证的工作取得了不少经验,比较注意经济和技术相结合。技术经济学在我国经历了开创发展、全面破坏和全面发展3个阶段。

1. 技术经济学的开创发展阶段

技术经济学这门科学是在1963年中共中央和国务院批准的我国第二个科学技术发展规划纲要中诞生的。20世纪60年代初是我国国民经济调整时期,当时有了第一个五年计划,比较注意技术和经济相结合的正面经验,深感生产技术的发展必须考虑经济规律,技术和经济必须结合。为此有必要建立一门专门研究技术和经济相结合的科学,这就是我国技术经济学产生的历史背景。随着专业化的发展,经济学科产生了许多分支学科,技术经济学就是其中的一个分支。技术经济学不单纯是从经济科学中产生出来的,而是从技术科学及其他科学的互相交叉中形成和发展起来的,是科学发展综合化的必然结果,这是技术经济学产生的科学背景。从1962年正式定名“技术经济”学,并制定了全国技术经济研究规划纲要开始,一直到10年动乱前,是技术经济学第一个发展时期,也是这门新学科的创建时期。在这个时期,具有中国特色的技术经济学理论方法体系开始形成,并且有着自己的特点,即以马克思主义和毛泽东思想的经济理论为指导,以社会主义基本经济规律、国民经济比例发展规律和价值规律为依据,以多快好省建设社会主义的要求为目标,以定性和定量相结合的方法为手段,以结合中国社会主义现代化建设的具体实际为基础,以认识和正确处理技术同经济之间的实际矛盾关系为目的。

2. 技术经济学的全面破坏阶段

第二个时期是在10年动乱中,技术经济研究机构被撤销、技术经济学的研究工作全部停止,而且还遭到彻底的批判,这个时期就是全面破坏时期。

3. 技术经济学的全面发展阶段

党的十一届三中全会以后,技术经济学获得了新生,进入了历史上最好的发展时期。1978年11月成立了中国技术经济研究会,1980年中国社会科学院成立了全国第一个技术经济研究所,很多部门相继成立了技术经济研究机构;许多理工科大学开设了技术经济学课程,不少文科大学也开设了技术经济学课。一些大学和研究机构专门培养了技术经济专业博士生、硕士生和本科生。这个时期,技术经济学理论方法体系得到了不断的改进和完善。在社会主义市场经济条件下,技术经济学这门学科越来越重要,研究工作正向深度和广度发展。技术经济学在实际中应用愈来愈广,技术经济学分支学科越来越多。尤其是改革开放以后,大量现代经济理论、经济分析、项目评价方法以及技术进步、技术创新理论引入我国的技术经济学,促进了技术经济学科的发展。进入20世纪90年代,随着国家经济建设的发展以及实施“科教兴国”和可持续发展战略,为技术经济学科的深入发展提供了良好的机遇,使技术经济学科进入全面发展时期。

第二节 技术与经济的含义及关系

一、技术经济的含义

1. 技术的概念

什么是技术？有人认为技术就是人们的技能，也有人认为技术是劳动工具的总称，还有人认为技术包括劳动工具、劳动对象和劳动方法等。在生产实践中，技术是联系科学与生产的纽带，是改造自然、变革自然的方法和手段。劳动工具、劳动对象和劳动者是构成社会生产和生产力的3个基本要素。劳动工具与劳动对象、劳动方法、劳动技能有着密切的联系，而不是相互孤立的。技术是与生产劳动同时发生和发展的。科学技术作为生产力，其特点是渗透到生产力各要素中，通过改善这些要素的质来发挥自己的作用，从而更好地促进生产力的发展。因此，广义的“技术”含义是指劳动工具、劳动对象和劳动者的方法、技能等内容的总称。从狭义来看，技术只指劳动工具这一因素。“技术经济”中的技术指的是广义技术，也就是生产活动过程中所掌握和运用的各种经验、知识、技能、方法和手段。这些技术既有抽象的技巧技术形态，也有具体的实物技术形态。抽象技术包括在生产实践中逐渐积累起来的各种专门经验和技能，但这些最终都将以物化的形式得到表现；实物技术则包括了机器设备、仪器仪表等各种劳动工具和生产设施。随着科学技术的迅速发展，技术物化能力不断加强，以机器设备等高水平、高效率的劳动工具为实物技术代表的生产手段，构成了现代技术的主要成分和基础。技术在发展社会生产力的实践中，是极为重要的因素。

2. 经济的概念

在经济学以及社会生活中，经济有几种不同的含义。其一是指与一定社会生产力相适应的社会生产关系，如“经济基础”、“政治经济学”这些专用词组中的“经济”就是这一种含义；其二是指社会生产和再生产的整个过程，即物质资料的生产以及相应的分配、交换和消费各环节的活动，如“国民经济”、“人类经济活动”等词组中的“经济”就是这一含义；其三是指节约，如“经济不经济”、“经济效果”等说法中的“经济”。“技术经济”这个词组中的“经济”主要就是指节约。

二、技术与经济的关系

技术和经济是人类社会进行物质生产、交换活动中始终并存，不可分割的两个方面。从技术发展的各个阶段来考察，技术具有强烈的应用性和明显的经济目的性，没有应用价值和经济效益的技术是没有生命力的，许多先进的技术往往能够带来很好的经济效益。然而在特定的地区和特定的环境里，由于种种因素的制约，先进的技术并不一定都能带来好的经济效益；而经济的发展必须依靠一定的技术手段，世界上不存在没有技术基础的经济发展。技术与经济的这种特性使得它们之间存在着一定相互促进与相互制约的辩证关系。

技术和经济的密切关系，表现在以下几个方面。

第一，经济发展的需要是推动技术进步的动力。经济是技术发展的起因和归宿。国内外的经济发展史都证明，任何技术的产生和发展都取决于经济建设的需要；任何一项新技术的产生都是经济发展的需要引起的。如瓦特蒸汽机的发明是由于第一次产业革命，简单的手工劳动生产方式转化到机器化大生产的需要而产生的。现代电子技术的产生和发展，是由于生产机械化、自动化及人们生活方式向现代化发展而产生的。

第二，技术进步是推动经济发展的重要条件和手段。技术是一种蕴涵于社会的生产力。它一旦物化和作用于生产过程时就成为直接生产力，成为推动经济发展最为重要的物质力量。因此，技术进步是社会经济发展的内在动因，它将为节约社会劳动时间、缩短空间、促进交往、节省人力物力和发展生产带来巨大的社会经济效益。因此，振兴经济必须依靠科技进步，科技工作必须面向经济建设。

第三，技术的发展也要受到经济条件的制约。在技术的先进性和经济的合理性之间存在着一定的矛盾。尤其是在今天，技术进步不仅取决于经济上的需要，而且还取决于是否具备广泛使用的可能性。这种可能性包括与这种技术相适应的社会条件和经济条件。因为在实际的生产活动中采用新技术时不能不凭借当时当地的具体条件，而条件不同，技术所带来的经济效果也不同。这也正是为什么在相同的生产力发展阶段中，不同的社会经济形态会创造出极为悬殊的劳动生产力的原因之一。例如，从发明无线电到今天出现的电子通讯、光通讯，经历了近百年的时间，近代电子技术和光纤技术的发明创造更是日新月异，大规模集成电路、激光、卫星通讯、人工智能识别等先进技术装备的出现为现代社会的进步开辟了广阔的前景。然而，对发展中国家来说，这些先进技术的采用还受到特定经济条件的制约，当前还不能广泛应用于生产，只能在个别局部范围内得到运用。这也正是为什么一些国家（尤其是发展中国家）和地区不采取先进技术，而采用适用技术的原因所在。所谓适用技术，就是此时此地能被采用，而且在生产中能起积极作用，见效快、效果好的技术。这种技术与某一时期的社会环境和经济条件比较一致，容易被接受，因而被广泛采用。适用技术不一定是先进技术。

第三节　技术经济学的研究对象及研究内容

技术经济学是一门技术科学与经济科学相结合的边缘学科，是一门应用理论经济学基本原理，研究技术领域经济问题和经济规律，研究技术进步与经济增长之间相互关系的科学，是研究技术领域内资源的最佳配置，寻求技术与经济的最佳结合以求可持续发展的科学。

一、技术经济学研究的对象

技术经济学作为一门独立的学科，必须有自己特有的研究对象和独立于其他学科的理论方法体系。技术经济学研究的对象主要有下列 3 个方面。

1. 研究技术方案的经济效果

技术方案的经济效果是指实现技术方案时的产出和投入比。所谓产出是指某一个技术方案实施后的一切效果，包括可以用经济指标度量的产品和不能用经济指标度量的服务；所谓投人是指各种资源的消耗和占用，任何技术的采用都必须消耗和占用人力、物力和财力。由于资源的有限性，特别是一些自然资源的不可再生性，要求人们有效地利用各种资源，以满足人类社会不断增长的物质生活的需要，技术经济学就是研究在各种技术的使用过程中如何以最小的投入取得最大产出的一门学问，即研究技术的经济效果。投人和产出在技术经济分析中一般被归结为以货币量计量的费用和效益，所以也可以说，技术经济效果是研究技术应用的费用与效益之间关系的科学。

研究技术的经济效果包括技术方案实施前和技术方案实施后两个方面。在技术方案实施前，通过各种可能方案的分析、比较、完善，选择出最佳的技术方案，保证决策建立在科学分析之上，以减少失误，这是关系到有限资源有效利用的大事，关系到国家和企业竞争力强弱的重大问题。在技术方案实施后通过实际调查分析，得到方案实施后的技术经济效果，为技术方案的更好运行提供相关建议，也为以后决策提供借鉴价值。

2. 研究技术和经济的相互促进与协调发展

技术和经济是人类社会发展不可或缺的两个方面。技术和经济是相互促进、相互制约的。技术经济的研究就是要从这对矛盾关系中寻找一条协调发展的途径，以求经济快速、持续地发展。

技术和经济之间这种相互渗透、相互促进又相互制约的紧密联系，使任何技术的发展和应用既是一个技术问题，同时又是一个经济问题，研究技术和经济的关系，探讨如何通过技术进步促进经济发展，在经济发展中推动技术进步是技术经济学进一步丰富和发展的一个新领域。

技术与经济的协调包含两层含义：第一层是技术选择要视经济实力而行，不能脱离实际；第二层是协调的目的是为了发展，所以在处理技术和经济关系时，发展是中心问题。以发展为中心 在发展中协调，在协调中发展，是一种动态的协调发展。处理技术与经济的协调发展的核心问题是技术选择问题，从国家层面上要研究在一定的发展阶段内各行业和经济部门的技术政策、技术路线，要明确鼓励什么、限制什么、淘汰什么，技术选择要符合技术发展的趋势，要符合我国的国情，要符合可持续发展的战略。

3. 研究技术创新，推动技术进步，促进企业发展和国民经济增长

科学技术是第一生产力。技术创新是促进经济增长的根本动力，是技术进步中最活跃的因素，是生产要素的一种新组合，是创新者将科学知识与技术发明用于工业化生产并在市场上实现其价值的一系列活动，是科学技术转化为生产力的实际过程。技术创新的这种特殊地位决定了它是技术经济学的重要研究对象。

20 世纪 70 年代以来，技术创新已成为世界各国热门研究课题。技术创新包括新产品的生产、新技术在生产过程中的应用、开辟原材料的新的供应来源、开辟新市场和实现企业的新组织，技术创新强调的是新的技术成果在商业上的第一次运用，强调的是技术对经济增长的作用。

所谓经济增长是指在一国范围内，年生产的商品和劳务总量的增长，通常用国民收入或国民生产总值的增长来表示。经济增长可以通过多种途径取得，既可以通过增加投入要素实现经济增长，也可以通过提高劳动生产率、技术进步来实现经济增长。

这里所说的技术进步并不仅仅指人们通常理解的技术的发展和进步，而是指在经济增长中，除资金和劳动力两个投入要素增加以外所有使产出增长的因素，即经济增长中去掉资金和劳动力增长外的“余值”。

二、技术经济学的研究内容

技术经济学研究的内容非常广泛，既涉及生产、分配、交换、消费的各个领域，又涉及国民经济各个部门、各个方面，还涉及生产和建设的各个阶段。

从宏观角度看，技术经济学研究技术进步对经济发展速度、比例、效果、结构的影响，以及它们之间最佳关系的问题。具体包括：①生产力的合理布局与合理转移问题；②投资方向、项

目选择问题；③能源的开发与节流、生产与供应、开发与运输的最优选择问题；④技术引进方案的论证问题；⑤外资的利用与偿还、引进前的可行性研究与可行性引进后的经济效果评价问题；⑥技术政策的论证、物流流通方式与渠道的选择问题等。

从微观角度看，技术经济学研究的具体内容包括：①厂址选择的论证；②企业规模的分析；③产品方向的确定；④技术设备的选择、使用与更新分析；⑤原材料路线的选择；⑥新技术、新工艺的经济效果分析；⑦新产品开发的论证。

从生产与建设的各个阶段看，技术经济学研究的具体内容有：①试验研究、勘测考察、规划设计、建设施工、生产运行等各个阶段的技术经济问题的研究；②综合发展规划和工程建设项目的技术经济论证与评价。

三、技术经济学的特点

技术经济学作为一门学科，具有以下方面的特点。

1. 综合性

技术经济学是技术科学与经济科学相结合的边缘学科，具有综合性的特点，主要表现在以下两个方面。

(1)技术经济学研究的既不是单纯的技术问题，也不是单纯的经济问题，而是研究技术的经济合理性，即技术与经济的关系问题。它同社会经济科学的关系，如政治经济学，部门经济学，统计、会计等学科，自然科学，技术科学关系密切。技术经济学是一门综合性较强的学科，因此，技术经济研究必须综合考虑技术和经济两方面的因素及其关系，既要从技术角度去考虑经济问题，又要从经济角度去考虑技术问题。技术是基础，经济是目的，必须将两者综合起来研究。

(2)技术经济方案最优的实现，在很多情况下要求多目标、多指标的组合才能达到。这些目标和指标，既包括技术因素又包括经济因素，可能还包括社会因素，而对它们有的可用定量指标衡量，有的只能用定性指标衡量，有的是直接的影响，有的是间接的影响，因此，研究和处理经济问题时，要建立评价指标体系，进行综合分析与评价。

2. 系统性

对于任何一个技术经济问题来说，一般都涉及人员、资金、设备和环境等诸多因素，它往往由许多目标组成，这些目标和因素相互影响，相互制约，牵一发而动全身，构成一个有机的整体，通过系统内各子系统相互协调运转完成特定的目标。因此在对技术方案进行技术经济分析与评价时，必须用系统的思想和系统论的观点，把工程技术问题都放到整个社会的技术经济的大系统中去研究，考虑它们同系统各个部门之间的关系及其影响。从整体出发，周密地分析各个因素和环节，同时要突出重点、主次分明。这样才能分析透彻，才能做到评价准确、合理、有效。比如研究机械制造的经济问题，不仅要考虑机械制造厂本身的经济问题，而且应考虑使用部门的经济问题。

3. 预测性

技术经济分析往往是在方案实施之前进行的，因此，任何一个方案在实施之前均存在一些未知因素、未知数据和预想不到的偶然情况，如市场需求、市场风险、价格问题等，它所研究和探讨的主要是未来的问题，并着眼于未来的经济效益。对于某些实施前的未定因素和数据，在进行技术经济分析时，必须根据过去的经验和实际资料，结合现在的实际情况，对未来的状况和趋势进行定性和定量预测和判断。还要进行敏感性分析或概率分析，以提高方案的可靠程度。

4. 比较性

比较的原理与方法是技术经济研究中很重要的方法。由于技术进步,达到任何一种目的或满足任何一种社会和人们的需要,一般都可以采用两个以上的技术方案,通过技术经济比较,选出最优方案。为了简便,我们把各种类型的生产建设方案包括计划方案、设计方案、生产方案、科研方案、技术措施和技术政策等统称为技术方案。

第四节 技术经济学的研究方法与程序

一、技术经济学的研究方法

改革开放以来,技术经济学科在方法与方法论的研究方面有很大进展,使技术经济评价方法日趋完善。20 世纪 50 年代我国曾从国外(主要是苏联和东欧国家)引进了技术经济论证方法、投资计算方法,20 世纪 70 年代末期又从西方引进了可行性研究方法、价值分析法、系统分析法等。目前,我国在吸收外国各种方法的同时,建立了适合我国国情的一套评价方法、指标体系。研究方法主要有以下几种。

1. 可行性分析法

这是以可行性为目的,计算分析、评价各种技术方案、工程项目、生产经营决策的经济效益和社会效益的方法,适用于对新建、改建、扩建项目一些主要问题(如市场需求、资源配置、工艺流程、企业规模、社会环境、政策导向等),从技术和经济两方面进行详细的调查研究和分析论证,从而提出该项目是否值得投资及如何投资建设的意见,为决策提供依据。

2. 系统分析法

这是以系统为对象,把要分析的内容,用概率、统筹、模拟等办法,经过分析、推理、判断、综合,建立系统分析模型,进而以最优化方法,求得系统的最佳结果。

3. 效益分析法

这是分析、评价经济效益的方法。其实质是从多个备选方案中,评价各方案的成本费用和效益价值,并加以比较,选择出最佳或较佳的方案。这种分析方法包括历史考察法、差额法、方案比较法、比率法、费用效益法、专家评分法、利润率法、投资回收期法、增量法以及综合法等。

4. 优化规划法

这是将资源按某种方式分配到各项活动,使其以某种数量表示的效果为最优。如在一组线性约束条件下,效果是几个变量的某一线性函数,则优化规划分类为线性规划,涉及多级决策过程的优化规划则属动态规划,包括非线性规划、几何规划、整数规划、大系统规划等。

5. 价值分析法

这是以产品功能为研究对象,通过对产品各项功能的分离、计量、计算、评价,寻求产品价值最大化的方法。这是一种定性分析的方法,适用于产品发明、产品设计和产品改进等。

6. 决策法

这是研究理性的人类和非理性的自然之间的一种理性活动,使人类为达到某一目标而选择自己行动方案的过程。对理性者之间的决策是对策论(博弈论),如自然以不同概率可能出现多种状态，而理性的人有多种可采取的行动策略，其中可能存在一个较满意的方案。寻找这个满意方案就要用决策方法，它包括风险决策、多目标决策等。

7. 投入产出法

这是在一定的经济理论指导下，应用数学和电子计算机，研究经济系统中投入与产出关系的理论和方法。它广泛地应用于国民经济战略规划、计划产业分析、生产函数、测定资本与能源、原材料、劳动需求量、测定生产率等。

8. 预测法

这是探索重大问题的未来趋向，提供决策者需求的一种手段，根据问题的不同，使用不同的预测方法，而有不同层次的预测。目前常用的方法有专家评估法、类推法、趋势外推法、指数平滑法、自回归法、回归分析法和各种经济数学模型。

9. 模拟法

这是用计算机对经济活动、经济政策进行模拟，并根据模拟的经济结果调整政策与行为。

10. 统筹法

这是研究工程项目或科研活动中改进路线和计划评审技术等有关问题的科学方法。例如，关键路线分析对于一项工程的施工和组织管理是十分有益的。这项分析首先要确定各项活动的顺序，将实施的成本和时间降到最低限度；其次，要鉴别哪些时间对实施每一阶段是关键性的活动，然后采取必要的步骤以保证这些工作能及时完成。

二、技术经济学的研究程序

任何技术方案在选定之前，都应该进行技术经济分析和评价，以便从中选出较为理想的方案。研究时，应遵循科学的程序。技术经济学研究程序如图 8-1 所示。

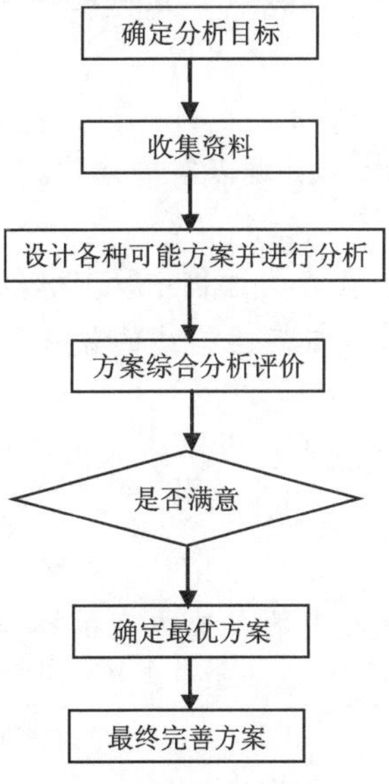

图 8-1　技术经济分析的程序

1. 确定分析目标

依照分析对象的不同，确定分析目标。目标可分为国家目标、地区或部门目标、项目或企业目标。目标内容可以是项目规模、设备选择或技术改造等。

2. 收集资料

根据确定的目标，进行调查研究，收集有关技术、经济、财务、市场、政策法规等资料。

3. 设计各种可能方案并进行分析

根据目标集思广益，尽可能收集各种可能的方案，从国家目标出发，兼顾企业目标，拟定技术经济分析指标，分析各方案的利弊得失以及影响技术经济效果的内外因素。

4. 方案综合分析评价

除对方案进行定性分析外，根据建立的技术经济指标，建立有关各参数变量之间的函数关系或数学模型，进行定量指标的计算，然后采用定性与定量相结合的方法，对方案进行综合评价。综合评价的正确与否，关键取决于定性分析的正确与否以及所引入的数据是否准确可靠，否则影响评价结果。

5. 确定最优方案

根据综合评价的结果，优选出技术上先进、经济上合理的最佳方案。若方案满意，则选中最优方案;若不够满意,则检查方案、指标的合理性,重新寻求新的方案。

6. 最终完善方案

在确定好最优方案后,结合企业实际情况以及未来影响方案的各项因素的变化趋势,对选定的最优方案进行进一步的完善。

思考练习

1. 什么是技术?什么是经济?
2. 如何理解技术和经济之间的关系?
3. 技术经济学的研究对象是什么?

资料卡

工程经济学的七项原则

原则1:提出备选方案。

决策是从若干备选方案中做出的,因此工程经济分析首先需要识别和定义方案。

原则2:注重差异。

只有方案未来预计效果之间的差别对方案的比较才有意义,才是在做决策时应该考虑的。

原则3:采用一贯的立脚点。

备选方案的未来可能产生效果,无论是经济的还是其他方面的,都应该一直从同一个确定的立脚点来预测。

原则4:使用同一量纲。

使用一个共同的衡量单位来度量尽可能多的预期效果将会简化对备选方案的分析。

原则5:考虑所有相关的判据标准。

选择一个较优的方案(做决策)需要使用一个或几个判据。在检测的过程中既应该考虑用货币单位度量的效果,也应该考虑那些用其他测量单位表示的效果或定性描述的效果。

原则6:使不确定性变清晰。

不确定性是在预测(或估计)方案的未来结果时必然存在的,而且也应该在分析和比较中考虑。

原则7:重新审视决策。

合适的程序有助于提高决策质量,为了使决策更有实践性,被选出的备选方案的初始预测效果应该与随后取得的实际效果加以比较分析①。

---

① [美]威廉·G.沙立文,埃琳·M.威克斯,詹姆斯·T.勒克斯霍.工程经济学.邵颖红译,13版.北京:清华大学出版社,2007:5.

第九章 技术经济学基本原理

学习目标

(一)知识目标

· 了解经济效益的概念和度量;
· 理解技术经济效益的评价原则;
· 掌握经济效益的评价指标体系;
· 掌握技术经济分析的可比原理。

(二)技能目标

· 熟知经济效益评价指标,能就不同类型的企业建立其经济效益评价指标体系;
· 能够运用所学的技术经济分析可比原理将各评价方案进行同化处理。

技术经济学的基本原理是进行技术经济分析的基础。本章主要介绍两大原理:经济效益原理与可比性原理。

第一节 经济效益原理

人们所从事的经济活动都是一种有目的的、有意识的经济行为,都是为了满足生产、生活或其它方面的某种需要,为此总要付出一定的代价。因此,为了达到某一既定的目标所从事的经济活动,都存在着经济效益的问题。技术经济学把研究技术领域的经济效益作为研究的核心。经济效益不仅表现在某些经济活动产出量的增加,而且还表现在投入的有用资源耗费的减少。从技术与经济的关系上说,技术是手段,经济是目的,所以研究经济活动特别是生产领域的经济活动中的技术方案,实现经济目的的程度和水平,就是技术经济效益的问题。

一、经济效益的概念与度量

1. 经济效益的概念

经济效益又称为经济效果,是指经济活动中所取得的劳动成果与劳动耗费(包括劳动消耗和劳动占用)之间的比较关系。

其中,劳动成果是指产品的使用价值量和价值量。使用价值量是指生产过程中符合质量标准和社会消费需求的产品或劳务量。劳动成果价值量有全部价值量(总产值)、新创造价值量(净产值)和实现价值量(销售收人)等表现形式。

劳动消耗是指生产过程中消耗的劳动,包括物化劳动消耗和活劳动消耗。物化劳动消耗包括实际消耗的原料、材料、燃料、动力以及固定资产的有形与无形损耗等;活劳动消耗即是劳动力的耗费。

劳动占用是指生产过程中实际占用的劳动,即资源的占用。从资源充分发挥利用效率来研究经济效益、必须研究生产过程中原料、辅助材料、燃料、厂房、设备等资源的占用情况,劳动占用的价值量表现形式为资金占用额。

人们在物质资料生产过程中,在创造劳动成果的同时,伴随着劳动消耗和占用。人们总希望以尽量少的劳动消耗和占用,生产出尽可能多的劳动成果,以获取较大的经济效益。

2. 经济效益的度量

在不同的分析运用场合,经济效益可以有多种度量方法,这里给出的是度量计算经济效益的最一般形式。对它的要求,一是能够完全反映出经济效益的内涵,二是度量表达式中的各指标应具有普遍意义。据此要求,其表示方法有三种:

(1)差额表示法

这是一种用劳动成果与劳动消耗之差表示经济效益大小的方法。表达式为

$$E = F - C \tag{9-1}$$

式中 E——经挤效益;

F——有效成果;

C——劳动消耗。

式中的 F、C 必须使用相同的计量单位,一般借助于价值形式即货币进行。$E>0$ 是技术方案可行的经济界限,方案相互比较时,E 值越大越好。当 F、C 都以货币单位计量时,计算的经济效益常称为净收益。这种方法一般不易用来衡量技术装备水平和内外部条件差异较大的技术方案。

(2)比值表示法

这是一种用劳动成果与劳动消耗之比表示经济效益大小的方法。表达式为

$$E = F/C \tag{9-2}$$

这里的 E 也可称作效果耗费比。式中的 F、C 可使用不同的计量单位。当计量单位相同时,$E > l$,是技术方案可行的经济界限,方案相互比较时,E 值越大越好。

(3)差额一比值表示法

这是一种用差额表示法与比值表示法相结合来表示经济效益大小的方法。表达式为

$$E = \frac{F - C}{C} \tag{9-3}$$

这里的 E 也可称作净效果耗费比,它表示单位劳动消耗所取得的净效果,在技术经济分析中更为常用。$E > 0$ 是技术方案可行的经济界限,方案相互比较时,E 值越大越好。

以上三种度量方式是建立经济效益评价指标的基础,也是定量分析经济效益的重要依据,一般结合起来加以应用。

二、经济效益的分类

由于人们考察问题的角度不同,以及经济效益自身的可计量性不同,可将经济效益作如下分类。

1. 直接经济效益和相关经济效益

这是从技术方案采纳者角度所作的分类。所谓直接经济效益,是指方案采纳者通过方案实施可以直接得到的经济效益;所谓相关经济效益,是指与方案采纳者经济上相关的单位可以从方案实施中间接得到的经济效益。

对于方案采纳者来说,前者一般是看得见的,评价方案时不易被忽略。但从全社会角度以及方案采纳者长远利益出发,则更应强调后者,因为相关经济效益是从更高层次对方案能

否实施作决策的重要依据。

2. 企业经济效益和国民经济效益

这是根据受益范围大小所作的分类。企业经济效益(财务效益)是技术方案为企业带来的效益;国民经济效益是技术方案为国家所作的贡献。

对技术方案的分析,不仅要分析企业经济效益,还要分析国民经济效益,尤其是对国民经济全局有重大影响的技术方案更是如此。对技术方案的取舍,应主要取决于国民经济评价的结果。

3. 有形经济效益和无形效益

这是根据能否用货币计量所作的分类。把能用货币计量的称为有形经济效益,不能用货币计量的称为无形效益。

技术方案的无形效益有经济方面的,也有社会方面的,如生态、环境、教育、政治、文化等,因此不应忽视对无形效益的分析。无形效益不能或不易用货币计量,目前多采用定性分析方法或定性与定量分析相结合的方法描述。

4. 绝对经济效益和相对经济效益

这是根据经济评价用途所作的分类。绝对经济效益是指某技术方案本身所取得的经济效益;相对经济效益是指一方案与另一方案相对比所得到的经济效益。

分析和优选技术方案时,在绝对经济效益可行的基础上,才可以比较其相对经济效益。

三、技术经济效益的评价原则

由于技术进步,人们为了达到相同的目的或为了满足相同的需要,可以采用的技术方案愈来愈多。然而,正确选择技术方案的前提是必须明确方案的评价标准,即政治、国防、社会、技术与经济等五个方面的标准。这些标准所反映的要求,一般是统一的、协调的,但有时又是互相矛盾的。也就是说,生产技术实践是一项十分复杂的经济活动,在不同层次、不同范围会引起不同的技术经济效果。这些不同层次的技术经济效果之间有着密切的联系,也存在着一定的矛盾。为了正确处理各方面的关系,必须遵循以下原则。

1. 宏观经济效益和微观经济效益相结合

宏观经济效益是指涉及整个国民经济利益,带有全局性的经济效益;微观经济效益是指一个企业、一个项目的经济效益,两者必须有机结合,辩证统一。微观经济效益必须在符合国民经济发展的总体要求,促进社会经济增长的前提下实现。当微观经济效益和宏观经济效益发生矛盾时,局部必须服从全局,以符合宏观经济效益为宗旨,按宏观经济政策进行调整。

2. 远期经济效益和近期经济效益相结合

近期经济效益和远期经济效益必须兼顾。一个工程技术项目应当既有良好的近期经济效益,又能保证稳定发展的远期经济效益。评价时应该掌握近期经济效益和远期经济效益相结合的原则,防止短期行为的倾向。

3. 定量分析与定性分析相结合

定量分析是指对经济活动相互联系的数量关系进行研究,技术方案评价中的定量分析包括两层意思:一是如何将“耗费”和“收益”定量化;二是如何将实际经济活动的一系列复杂的因果关系,抽象为简单的经济模型,以便运用现代计算方法和工具加以处理。一个技术方案的好坏,应通过对方案进行投入产出的分析、计算和比较,然后用若干技术经济指标定量表示出来。而有些效益,比如社会效益,环境效益和安全效益等往往无法用货币定量来表示,但又是非常必要的，所以在对方案进行评价时，定性分析与定量分析都是不可缺少的。一般说来，应在定量效益相当的条件下比较定性效益，在定性效益相近的条件下，比较定量效益。

4. 经济效益和社会效益、生态效益相结合

评价一个工程技术项目还应该考虑总的社会效益。经济学认为总的社会效益包括经济效益、社会效益和生态效益三个方面。经济效益是指以货币收入进行衡量的效益；社会效益是指无货币收入的效益，它不仅包括促进社会生产水平的提高，还应该有利于人民身心健康，促进科技、教育、文化事业的发展等内容；生态效益是指涉及生态平衡、环境污染和人类生存的自然条件等方面的利弊影响。因此，在评价工程技术项目的效益时，应该坚持三项效益密切结合的原则。

四、经济效益的评价指标体系

评价技术经济效益时，首先应该确定评价的依据和标准。但是，一个技术方案或一个工程项目，在评价它们的经济效益时，是很难用一个统一的数学公式所能概括得了的。要做出准确、全面、有效的评价，就需要借助和运用一系列有关的技术经济指标，也就是用指标体系，来综合反映技术方案或工程项目的经济效益。

所谓经济效益指标，一般是指一个数量概念，也就是用一定的数量概念来综合反映经济实践活动中某一方面的状况。由于经济实践活动现象是多方面的，要反映各个方面的经济活动现象，就要用各种不同的指标，这些指标所反映的特定范围和特定对象，就是企业生产活动或工程项目的技术经济效益。

所谓经济效益的指标体系，就是用上述指标，从不同角度、不同方面相互配合，以比较全面地反映或说明与特定技术、特定方案相适应的特定对象的经济效益的大小，而组成的一系列有机整体的指标。指标之间存在着相互联系、相互制约的关系。

（一）反映劳动成果（使用价值）的效益指标

反映使用价值的效益指标，主要有产量指标、质量指标、品种指标、时间因素指标、劳动条件改善指标等。

1. 产量指标

产量指标反映生产活动的直接有用成果，可以用实物量来表示，也可以用价值量来表示。用实物量表示的产量指标，是指符合规定质量标准的实物数量。用价值量来表示的产量指标，有商品产值、总产值和净产值。

2. 质量指标

质量指标是指产品的性能、功能符合和满足用户的程度。如精度、合格率等。

3. 品种指标

品种指标是指经济用途相同而实际使用价值有差异的产品。它是衡量一个国家技术水平高低和满足国民经济需要程度的主要标志。

4. 时间因素指标

时间因素指标是指表明使用价值需要多少时间可以试制和生产出来的指标，它实际上反映生产与建设的速度。时间因素指标包括产品设计制造时间、基本建设周期、新建或改建扩建企业投产后达到设计能力的时间等。

5. 劳动条件改善指标

劳动条件改善指标是指技术方案或工程项目在劳动条件、劳动强度及工作环境等方面的

改善程度。人是企业最重要的资源。技术经济的任务就是要不断改善劳动条件，提高劳动生产率，降低成本，减轻工人的劳动强度，改善劳动环境，促进经济的发展。

（二）反映劳动耗费的指标

劳动耗费是劳动消耗与劳动占用的综合，包括物化劳动耗费和活劳动耗费两个方面。物化劳动耗费又包括直接的物化劳动耗费和间接的物化劳动耗费。

1. 反映物化劳动耗费的指标

（1）原材料的消耗量。企业生产中原材料是工人进行生产活动时的劳动对象，它的特点是在生产过程中全部消耗掉，将其使用价值一次和全部转移到新产品中去，并失去其原有的形态或原有的物理化学性能，而转变为另外一种和原来的使用价值、性质、形态完全不同的新的使用价值。原材料的消耗量可用实物和价值两种指标来反映。用价值指标来反映的原材料消耗量即原材料的费用。

（2）生产设备的消耗量。生产设备的消耗过程与原材料的消耗过程不同，是一个不断消耗的过程。生产设备在它的整个使用期间，逐渐地、一部分一部分地把结晶在本身的社会必要劳动量，转移到它所生产的新产品中去，成为它所生产的产品体的一个不可分割的组成部分。虽然在产品的实体中，已经找不到设备的丝毫原形，但生产设备的价值的一部分却实实在在渗入到产品的价值中。生产设备的消耗量，一般用年折旧费用来表示。

除此以外，反映技术方案物化劳动耗费的指标，还有燃料、动力、工具消耗量等。

2. 反映活劳动耗费的指标

活劳动耗费可分为直接活劳动耗费与间接活劳动耗费。直接活劳动耗费又可分解成各道工序的活劳动耗费，通常可以用“工时”这个指标反映。但是对于整个产品的活劳动耗费，则由于劳动有熟练与非熟练、简单与复杂之分，还难以用“工时”来综合反映，而只能间接地用工资费用来衡量。此外，当经济论证的对象是一个企业的设计方案时，其实现方案所需的活劳动耗费指标还有职工总数、生产工人总数、工资总额等指标。

3. 反映劳动耗费的综合指标

为了对技术方案进行综合评价，需要研究能够综合反映社会劳动耗费的综合指标。综合反映社会劳动耗费的指标有两个，即产品的成本指标和投资指标。

（1）产品的成本指标。产品的成本是企业生产经营活动的重要综合性指标之一，是企业在产品的生产和销售过程中所发生的费用，成本是用货币表示的为实现某一既定目标所必须付出的或已经付出的代价，它可以综合地反映企业产品设计水平、技术工艺完善程度、固定资产及流动资金的利用状况、生产组织科学程度、劳动生产率水平、物资技术供应条件、产品的销售能力和企业管理水平等。

企业在生产过程和销售过程中发生的各种费用所构成的成本，集中并直接反映着企业的物化劳动和活劳动的消耗。产品在生产过程中所发生的费用的总和即该产品的工厂成本。工厂成本加上销售费用便构成了产品的销售成本，即产品的成本。

（2）投资指标。投资是指实现方案所需要一次性支出的资金，包括固定资金和流动资金。固定资金是指用于兴建厂房、建筑物和构筑物以及用以购买机器设备等固定资产的投资。流动资金是指用于购买生产所需原材料、半成品、燃料、动力以及支付工资等各种费用的投资。

（三）反映技术经济效益指标

技术经济效益指标是指使用价值的效益与劳动耗费之比，这个指标又可分为绝对经济效益指标和相对经济效益指标。

1. 绝对技术经济效益指标

绝对技术经济效益指标反映一个技术方案或一个工程项目或技术本身的经济效益大小，它可分为劳动耗费的经济效益指标、劳动占用的经济效益指标和综合类经济效益指标。

(1)劳动耗费的经济效益指标。主要有原材料的利用率、劳动生产率、产品的单位成本等。原材料的利用率是表示有效产品中所包含的原料数量与生产该产品的原料消耗量之比。劳动生产率是表示一个工人(职工)在单位时间内的产量(产值)，它在一定的范围内和一定的程度上，从数量上反映单位产品生产中活劳动消耗程度。单位产品的成本是指生产单位产品的物化消耗和活劳动消耗总和。

(2)劳动占用的经济效益指标。将反映劳动占用的指标作为分母而形成的经济效益指标，就是劳动占用的经济效益指标，它们主要是用来反映技术方案工程项目在劳动占用方面的节约程度，主要有单位投资的年产量、固定资产的产值、设备的利用率、流动资金周转次数等。单位投资的年产量是指年生产产品的数量与投资额之比。固定资产的产值是指每百元固定资产每年能提供的产值。设备的利用率是指设备实际开动的台时数与按计划应开动的台时数之比。流动资金周转次数是指企业在一定时期内的产品的销售收入与同一时期内企业占用的流动资金平均额之比，这个指标反映了企业流动资金的利用情况，流动资金周转的次数越多，企业在同样的流动资金数额下所生产和销售的产品也越多。

(3)综合类经济效益指标。主要是从企业获得的利润出发，研究生产中劳动占用和劳动耗费同使用价值的关系，从而对经济效益进行评价和比较，主要包括产值利润率、资金利润率、成本利润率、投资回收期、投资效果系数等。

产值利润率是指企业在一定时期内的利润与同一时期内工业总产值之比。

资金利润率是指企业在一定时期内的利润与同一时期内所占用的固定资金和流动资金的平均占用额之比。

成本利润率指企业在一定时期内的利润与同一时期内产品总成本之比。成本利润率越高，说明经济效益越好。

投资回收期亦称返本期，是反映投资项目资金回收的重要指标，是指用项目的净收益来回收总投资总额所需要的时间。

投资效果系数是指投资经济效益的综合评价指标，一般是指项目达到设计生产能力后一个正常的生产年份的净收益与项目总投资之比，它是投资回收期的倒数。

2. 相对的技术经济效益指标

相对的技术经济效益指标是用来反映一个方案相对于另一个方案的技术经济效益，主要指标有追加投资效果系数、追加投资回收期等。

追加投资效果系数反映在投资后经营成本不同的条件下，一个方案比另一个方案多节约的成本与多支出的投资额之间的比例关系。这一系数越大，表明该方案的经济效益就越好。

追加投资回收期就是指追加投资效果系数的倒数，表示两个方案对比时，一个方案多支出的投资通过它的节约额来回收所需的时间。

以上介绍了各种经济效益指标的含义，应该指出，由于各种不同性质的技术方案具有特殊的使用价值，而且在实现过程中劳动耗费的项目也不尽相同，因此在进行技术经济分析时所采用的一些具体指标项目就有可能不同。

资料卡

什么是规模经济效益

规模经济效益是指适度的规模所产生的最佳经济效益。在微观经济学理论中它是指由于生产规模扩大而导致的长期平均成本下降的现象。

规模经济效益是指由于规模的扩大导致年金计划本身长期平均管理成本的大幅降低以及经济效率和收益的提高。由于规模经济的作用,管理成本的高低与公司规模的大小成反比,公司越小,参加企业年金的管理成本就越高,这是中小企业站在企业年金门槛之外的一个重要原因。

例如,美国低于 100 人的小型公司 401(k)计划,管理成本将占到全部资产净值的 1.4%,甚至 1.6%,比正常的平均值高出 62% 左右,即较大型公司只有 0.5% ~0.8% 左右。一般来说,以 500 人和 1000 万元资产的 401(k)为例,在全部费用比例中,受托人费用最低,仅占全部成本的 3%,账户管理费用占全部成本的 14%,企业年金管理成本占比最大的是投资管理费,大约占全部管理成本的 80% 以上。

规模经济效益是水平并购的经营协同效应的一个主要来源。第一,水平并购会带来工厂规模经济效益,它一般来源于资源的不可分性。第二,企业规模的扩大,可以使用更大型和更有效率的机器设备,设备的规模成本指数降低。第三,从整个企业经营的角度来说,水平并购会带来大规模采购的收益。采购量的增加增强了企业在要素市场上的地位,这种地位表现为企业讨价还价的能力以及获取信息的能力的增强等,从而带来采购上的规模经济。另外,水平并购还会使企业能够进行更专业化的分工,这样会提高效率和节约成本。

第二节　可比性原理

在技术经济分析中,除了要对单个技术方案本身的所得与所费进行分析评价,以确定其经济效果的优劣以外,更重要的是要把它同其他方案进行比较分析,从而确定它在这些方案中技术经济效果的优劣水平。研究不同技术方案的可比性,首先必须明确比较的对象,方案比较应遵循的原则和条件以及在什么情况下各方案之间具有可比性,在什么情况下各方案之间不具有可比性,如何将不可比因素转化为可比因素等,即找出不可比因素转化为可比因素的规律,从而保证技术经济分析和评价结论的正确性。

在实际工作中,我们对技术经济问题的解决有两种情况。一是根据需要,找出某一个技术方案,为了分析评价这一技术方案的经济效果,除了要测算技术方案本身所得与所费之外,更重要的是要拿它们同其他方案进行比较,这里的其他方案便是替代方案。二是为了实现某一项目目标,一开始就提出了几个不同的方案,然后对这几个方案的经济效果进行评价比较。

研究技术方案的可比性原理,目的是掌握技术方案经济效益比较时的可比条件,把握住技术方案之间可比与不可比的内在联系,保证技术经济分析结论的科学性和正确性。技术经济分析的可比性原理包括 4 个方面,即满足需求上的可比性,满足消耗上的可比性,满足价格上的可比性，满足时间上的可比性。

一、满足需求上的可比性

满足需求上的可比包括两层含义：一是相比较的各个技术方案的产出都能满足同样的社会实际需要；二是这些技术方案能够相互替代。

任何技术方案总是以满足一定的需求为目的，因此不能满足相同需求的方案是不能进行比较的。例如水力发电和火力发电能够满足相同的需求——发电，因此它们是可以比较的；而铜和铝是不同的金属材料，具有不同的金属特性，分别满足不同的材料需求，两者是不可比的，但当它们被制成铜导线和铝导线时，都满足输送电流这一相同的需求，这里两者便是可比的。

技术方案一般都是以其数量、品种和质量等指标来满足需求的，因此，在具体操作需求上的可比性这一条件时，就要对各个方案的数量、品种和质量等指标进行可比性的修正计算。

1. 产量不同时的多方案比较

相互比较的方案在产品质量、品种相同的情况下，如果产量相同或基本相同，则这几种方案在满足社会需要方面具有可比性，可直接进行比较。当相互比较的方案的产量不同时，则方案之间没有可比性，所以不能直接比较，必须先进行可比性处理，或叫使用价值等同化，然后再比较各方案经济效益的大小。

当对比方案的产量差别不大时，一般情况下可采用单位产品的指标进行技术经济效益比较和评价，如单位产品投资额、单位产品经营成本及单位产品净收益等。当对比方案的产量差别显著时，应根据社会实际需求，采用一定的换算方法，折算后进行技术经济效益的分析与评价。

要注意通常要以不同技术方案的净产值、净完成工作量或净出力进行比较，如果技术方案毛产量相等，但在生产流通消费过程中损失不等，即真正到达用户满足需要的数量不等，这时需进行调整换算后才能比较。有些技术方案采用以后，能够提高原来的生产能力和产量，有些技术方案则不能，比较时需要把后者的产量与能力调整到同前者相同时才能比较。有些方案属于综合利用方案，综合利用方案应该同满足相同需要的由单独方案组成的联合方案进行比较，或者把综合利用方案进行分摊后同单独方案进行比较。有时，除不同技术方案的直接产量要可比以外，间接引起的其他部门的产量增加或减少也要考虑可比。

欲得到比较方案的优劣性的结论，尚需求补充其它的条件，这将在后面的内容重点介绍。

2. 质量不同时的多方案比较

质量是使用价值的主要表现之一。在生产中造成产品质量高低不同的原因主要是生产资料的材质、生产技术的条件和技术熟练程度等。质量高的产品一般都耗费较多的社会必要劳动量，有着较好的使用价值。所以在技术经济分析中也要考虑这种质量不同的不可比因素。

相互比较的方案在产品品种、产量相同的情况下，如果质量相同，则这些方案在满足社会需要方面具有可比性，反之，产品质量有显著差别，即产品使用价值有显著差别时，则意味着产品的使用效果将有很大差别，因此，方案间没有可比性，不能直接相比较，此时必须先进行可比性处理。

质量不同的可比性处理是对质量不同的各个方案，进行质量等同化，然后在相同质量的条件下比较各方案的经济效益的大小。一般采用使用效果系数对相关指标进行修正。使用效果系数计算公式为：

$$k=\frac{E_{k1}}{E_{k2}}$$

式中　k——使用效果系数；

E_{k1}——方案Ⅰ的使用效果；

E_{k2}——方案Ⅱ的使用效果。

以投资额和经营成本为例，经调整后的方案Ⅰ的投资额和经营成本分别为

$$K'_{\mathrm{I}}=\frac{1}{k}K_{\mathrm{I}}$$

$$C'_{\mathrm{I}}=\frac{1}{k}C_{\mathrm{I}}$$

式中　K_{I}、K'_{I}——分别表示方案Ⅰ调整前、调整后的投资额；

C_{I}、C'_{I}——分别表示方案Ⅰ调整前、调整后的经营成本。

这样调整以后，比较方案就具有了可比性，就可以直接进行经济效益大小的比较，依据相关的指标进行方案选优。

3. 品种不同时的多方案比较

相互比较的方案的产品品种结构相同或基本相同时，可视为产品品种具有可比性，可直接进行比较和评价。但如果相互比较的方案的产品品种结构有很大差别时，则方案的使用效果将有很大的差别，因此方案之间没有可比性，不能直接相比较，此时必须先进行可比性处理。对于产品品种不同的方案进行可比性处理时，仍可采用使用效果系数加以修正计算。修正方法与上述相同，不再赘述。

二、满足消耗上的可比性

在技术方案的经济比较中，由于实际所要比较的是满足相同需要的不同技术方案的经济效果，而经济效果包括满足需要和消耗两个方面，所以，除了要比较技术方案具有满足需要上的可比条件外，还必须具有消耗上的可比条件。对于同时满足相同需要的不同技术方案来说，由于它们涉及的人、财、物、环境等不尽相同，各种消耗费用也必定不同。这里所说的消耗上的可比，是指统一规定的计算费用，而且要计算全部消耗费用。在技术投资时不能某一方案只计算固定投资，另一方案只计算流动资金，应该都计算这两种投资。在计算方案总耗费时，要计算投资费用，也要计算经营费用等。

在满足相同需要的前提下，要作出正确比较，还必须要求不同技术方案具备消耗费用的可比性，即对各技术方案的消耗费用采用相同的计算原则和方法，且考虑的内容应一致。

由于不同技术方案在劳动消耗和劳动占用上各有特殊性，因此，必须从整个社会和整个国民经济角度出发，考虑技术方案的全部社会消耗费用，而不能仅考虑个别部门、个别企业或个别环节的费用，具体应考虑以下两点。

(1) 既要考虑技术方案本身的生产费用，又要考虑其产品的储运、销售、使用费用。在运用这一原则时，还要结合比较的目的，灵活掌握。如对于满足相同需要的小轿车制造方案进行比较，不仅要考虑小轿车的制造费用、销售费用，还要同时考虑用户在使用过程中所发生的各种维修、保养及燃料消耗等费用。

(2) 根据评价目的的不同，有时既要考虑技术方案本身的消耗费用，又要考虑与技术方案

实施直接联系的相关部门所增加的费用。这是由于国民经济各部门之间、各企业之间，在固定资产、材料供应与产品销售等方面都存在着相互协作、相互制约的联系，一个部门技术方案的实施，必然会引起相关部门的相关投资和相关费用的变化。

三、满足价格上的可比性

价格是价值的货币表现。评价技术方案的经济效果，离不开价格指标。因为无论是劳动消耗方面，还是产生的有用效果方面，都只有从价值形态上才能加以综合，并通过价格加以反映。然而，在实际对技术方案进行比较时，可能涉及不同的价格体系。例如，有的技术方案采用境外价格，有的技术方案采用境内价格；有的技术方案采用计划价格，有的技术方案采用市场价格。采用不同的价格体系计算出来的各技术方案的经济效果是不一样的。

价格是计算各种经济效益分析指标的一种尺度。尤其是当价格波动较大时，计算不同技术方案经济效果必须要采用合理的价格。

一般来说，当产品的价格和价值一致时，可采用现行价格计算；当产品价格不能正确反映价值时，可依据相对稳定时期内的不变价格来计算，也可根据影响因素而采用修正价格来计算。如对于远期技术方案的比较，应考虑到技术进步及劳动生产率的不断提高使产品成本不断下降的趋势，采用远景价格；不同时期的技术方案相比较，应采用价格指数的办法将过去价格都折算成现行价格进行比较；进行企业经济评价时，一般采用现实市场价格；进行国民经济评价时，一般采用影子价格。

资料卡

什么是影子价格

影子价格是在最优的社会生产组织和充分发挥价值规律作用的条件下，供求达到均衡时的产品和资源的价格，它可以通过解数学规划的方法求得，因此也称最优计划价格、计算价格或经济价格。这是发达国家比较普遍采用的一种价格可比性修正计算方法。我国明确规定，对技术方案进行国民经济评价时，应采用影子价格计算效益、费用及进行方案的比较和评价。影子价格能比较准确地反映社会平均劳动量的消耗和资源的稀缺程度，达到资源优化配置的目的，这也是技术经济评价中保证对比方案价格可比性的一种重要的修正计算方法。

四、满足时间上的可比性

技术方案的经济效益除了有数量的概念外，还具有时间的概念，时间因素对技术方案经济效益的影响是非常大的。因此，不同方案进行比较时，必须要满足时间上的可比性。一般来说，技术方案比较时，其服务年限应取一致或应折算为一致，同时应考虑资金运动的增值效应（资金的时间价值）。由于资金时间价值的作用，使得不同时期生产要素的投入对技术方案经济效益的影响不同。具体来说需注意以下两点：

第一，相互比较的各技术方案必须采用相同的计算期。我们不能对一个方案计算它在五年期间的经济效果，而对另一个方案计算它在十年期间内的经济效果，然后对两个方案去进行经济效益比较，这显然是不可比的。

第二，要考虑资金的时间价值。由于相互比较的各技术方案的各项投入和产出在时间的先后顺序上会有所不同，因此，技术方案在不同时期发生的收益和费用不能直接相加减，而必须按资金时间价值折算到同一时点上才具有可比性。

思考练习

1. 进行技术经济效果评价应遵循哪些基本的原则？
2. 什么是经济效益？经济效益如何度量？
3. 技术经济分析的可比性原理有哪些？
4. 什么是价格上的可比性？试举例说明。

第十章 资金的时间价值与等值计算

学习目标

（一）知识目标

· 理解资金时间价值的含义；

· 理解单利、复利的计息思路；

· 理解名义利率与实际利率的区别与联系；

· 熟悉现金流量的概念；

· 理解资金等值的概念；

· 掌握资金等值计算式。

（二）技术目标

· 能够树立资金时间价值的观念；

· 能够熟练应用资金等值计算式完成资金等值转换。

在进行技术经济分析时，为了保证各投资方案在不同时间点上所发生的费用及效益具有可比性，需要引进资金时间价值的概念，进而消除各方案的费用及效益在时间上的差异，使之具有可比性。考虑资金时间价值，进行资金等值计算是技术经济分析中最基本的方法。本章主要介绍资金时间价值及等值计算的相关概念、原理及方法。

第一节 资金的时间价值

一、资金时间价值的含义

资金的时间价值（Time Value Of Money，TVM），是指资金作为生产的一个基本要素，在生产及流通过程中随着时间的推移而产生的增值，也称为货币的时间价值。例如，某人将100元存入银行，一年后得到的本利和共106元，这多出的6元可视为100元一年内的时间价值。

资金的时间价值表明，一定的资金在不同的时间点上具有不同的价值。但并不是所有的资金都有时间价值，只有把资金投入到生产经营活动才能产生时间价值。资金时间价值本质上是资金与劳动力相结合发生的价值增值，来源于劳动者在生产过程中所创造的新价值。因此，从投资者的角度看，资金的增值特性使资金具有了时间价值；从消费者的角度看，资金一旦用于投资，就不能用于现期的消费，牺牲现期消费是为了能在将来得到更多的消费，因此，资金的时间价值体现为放弃现期的消费所应得到的必要补偿。

一般地，资金的时间价值就是指当前所持有的一定量货币比未来获得的等量货币具有更高的价值。从经济学的角度而言，现在的一单位货币与未来的一单位货币的购买力之所以不同，是因为要节省现在的一单位货币不消费而改在未来消费，则在未来消费时必须有大于一单位的货币可供消费，作为弥补延迟消费的贴水。

简单的说,资金的时间价值是指同样数额的资金在不同的时间点上具有不同的价值,体现资金的增值特性。

二、资金时间价值产生原因

资金时间价值产生的原因是多方面的,从投资者角度来看主要有:

(1)投资收益,即通过一系列经济活动使得资金能够谋取一定的利润;

(2)通货膨胀,即对因货币贬值造成的损失所应作的补偿;

(3)承担风险,即对因风险的存在可能带来的损失所应作的补偿。

对于每一个企业来说,由于对资金这种资源的稀缺程度、投资利润以及资金面临的风险各不相同,因此相同的资金量其资金时间价值也会有所不同。

三、资金时间价值的计量

1. 资金时间价值的计量形式

一般来说,反映资金时间价值的形式有绝对指标与相对指标两种。

(1)绝对指标。用绝对数表示的资金时间价值,即资金时间价值额,如利息、赢利、净收益等,这些都是使用资金的报酬,是投入资金在一定时间内的增值。一般地,把银行存款获得的资金增值叫利息;把资金投入生产的资金增值,称为赢利或利润、净收益。可见,利息、赢利、净收益等都是资金时间价值的体现。

(2)相对指标。用相对数表示的资金时间价值,即资金时间价值率,如利率、赢利率、收益率等,是一定时间(通常为一年)的利息或收益占原投入资金的比率,或称之为收益资金的报酬率,反映了资金随时间变化的增值率。

在技术经济分析中,利息与赢利、净收益,利率与赢利率、收益率是不同的概念。一般在研究某项投资的经济效果时,往往使用净收益和收益率的概念,在计算分析信贷资金时,则使用利息和利率的概念。

2. 利息与利率

1)利息

狭义的利息是指占用资金所付出的代价(或放弃使用资金所得到的补偿),广义的利息是指资金投入到生产和流通领域中一定时间后的增值部分,它包括存款(或贷款)所得到(或付出)的报酬和投资的净收益(或利润)。技术经济中的利息是指广义的利息,它是衡量资金时间价值的绝对指标。

2)利息率

利息率(简称为利率)是资金在单位时间内所产生的增值与投入的资金额之比,通常以百分数表示,即:

$$利率=\frac{单位时间的利息}{本金}\times 100\%$$

利率是衡量资金时间价值的相对指标,在实际操作中,一般是根据利率来计算利息。

利率的实际内容是社会资金利润率。各种形式的利率(贷款利率、债券利率等)的水平,就是根据社会资金利润率确定的。但是,一般的利息率除了包括资金时间价值因素以外,还要包括风险价值和通货膨胀因素。资金时间价值通常被认为是没有风险和没有通货膨胀条件下的社会平均利润率,这是利润平均化规律作用的结果。作为资金时间价值表现形态的利率，应以社会平均资金利润率为基础，而又不应高于这种资金利润率。

3. 计息周期

计息周期（简称为计息期）是计算利息的时间单位，计息周期通常有年、半年、季、月、周等。按计息周期的长短，利率可以相应地有年利率，半年利率、季利率、月利率和周利率等。技术经济学中使用最多的计息周期是以年为单位的计息周期。

4. 计息方式

一般来讲，借贷资金的计息方式有单利计息和复利计息两种。

（1）单利计息。这是指随着时间的推移，只有本金产生利息，利息不再产生利息的计息方法，见表 10-1。

表 10-1 单利计息本利和的计算

计息周期	期初款	期末利息	期末本利和
1	P	Pi	$P+Pi=P(1+i)$
2	$P(1+i)$	Pi	$P(1+i)+Pi=P(1+2i)$
…	…	…	…
n	$P[1+(n-1)i]$	Pi	$P[1+(n-1)i]+Pi=P(1+ni)$

根据单利计息方式，可以得到，n 期末本利和的计算式为：

$$F=P(1+in)$$

式中 P——本金；

i——利率；

n——计息次数；

F——本金与利息之和，即本利和。

单利计息的特点是计算比较简便，以本金为基数，无论计息次数多少，每周期的利息都是相同的。但单利计息对以前产生的利息不再累计计息，因此，对资金时间价值的考虑是不完善的。

（2）复利计息。是指随着时间的推移，不仅本金产生利息，而且先前周期的利息在后续周期中还要计息的一种计息方法，它是一种"利滚利"的计息方法，见表 10-2。

表 10-2 复利计息本利和的计算

计息周期	期初款	期末利息	期末本利和
1	P	Pi	$P+Pi=P(1+i)$
2	$P(1+i)$	$P(1+i)i$	$P(1+i)+P(1+i)i=P(1+i)^2$
3	$P(1+i)^2$	$P(1+i)^2i$	$P(1+i)^2+P(1+i)^2i=P(1+i)^3$
…	…	…	…
n	$P(1+i)^{n-1}$	$P(1+i)^{n-1}i$	$P(1+i)^{n-1}+P(1+i)^{n-1}i=P(1+i)^n$

根据复利计息方式，可以得到，n 期末本利和的计算式为：

$$F=P(1+i)^n$$

字母符号的含义同前。

例 10-1 某企业从银行借入资金 10 000 元,年利率为 10%,借款期为 4 年,分别用单利与复利方式计息,则 4 年后应还的本利和各为多少?各年应付的利息各为多少?

解:采用单利计息,$F=P(1+in)=10\ 000\times(1+10\%\times4)=14\ 000$(元)

各年应付的利息均为 $10\ 000\times10\%=1\ 000$(元)

采用复利计息,$F=P(1+i)^n=10\ 000\times(1+10\%)^4=14\ 641$(元)

4 年中各年应付的利息及本利和,如表 10-3 所示。

表 10-3 各年应付利息和应还的本利和 (单位:元)

时间	年初欠款	每年应付利息	年末应还的本利和
1	10 000	10 000 × 10% = 1 000	11 000
2	11 000	11 000 × 10% = 1 100	12100
3	12 100	12 100 × 10% = 1 210	13 310
4	13 310	13 310 × 10% = 1 331	14 641

从上例可以看出,对同一笔借款,在 i、$n(n>1)$ 相同的情况下,用复利法计算的利息金额及本利和要比用单利法计算的结果大。当本金越大,利率越高,计息周期越长,两种方法计算的结果的差距就越大。

由于复利计息比较符合资金在社会再生产过程中运动的实际情况,在技术经济分析中,一般采用复利方法计息。复利计息分为连续复利与间断复利,连续复利是瞬时计息,每分、每秒都在计算利息,间断复利是按期(年、季、月、天等)计息。在技术经济分析和评价中,通常采用间断复利计息,因此,间断复利通常也称为普通复利。

5. 名义利率与实际利率

1)名义利率和实际利率的概念

在技术经济分析中,在多数情况下,所给定和采用的利率一般都是年利率,即利率的时间单位是年,如不特别指出,计算利息的计息周期也是以年为单位,即一年计息一次。但是在实际工作中,所给定的利率虽然还是年利率,由于计息周期可能是比年还短的时间单位,比如计息周期可以是半年、一个季度或一个月、一周或者一天等,因此一年内的计息次数就相应为 2 次、4 次、12 次、52 次或 365 次等。由于一年内计算利息的次数不止一次,在复利条件下每计息一次,都要产生一部分新的利息,因而实际的利率也就不同了。这就引出了所谓名义利率和实际利率的概念。

所谓名义利率,是指每一个计息周期的利率与每年的计息次数的乘积。它通常是银行规定的利率。

设名义利率为 r,一年中的计息次数为 m 次,计息周期的利率为 i_0,则应有:

$$r=i_0\times m$$

或 $$i_0=\frac{r}{m}$$

所谓实际利率,是与计息周期实际利率等效的年利率,是考虑了计息周期内的利息增值,按计息周期利率运用间断复利计算出来的利率,通常用字母 i_0 表示。

2)名义利率和实际利率的关系

设本金为 P 的现金流量,一年后的本利和 F 为:

$$F=P\left(1+\frac{r}{m}\right)^{m}$$

一年中所得利息为:

$$I=F-P=P\left[\left(1+\frac{r}{m}\right)^{m}-1\right]$$

按利率的定义,则实际利率为:

$$i=\frac{F-P}{P}=\frac{P\left(1+\frac{r}{m}\right)^{m}-P}{P}=\left(1+\frac{r}{m}\right)^{m}-1$$

即实际利率和名义利率的关系为:

$$i=\left(1+\frac{r}{m}\right)^{m}-1$$

从上述公式可知:

当 $m=1$ 时,名义利率等于实际利率;

当 $m>1$ 时,名义利率小于实际利率;

当 $m\to\infty$ 时,一年中无限次的计息,即计息周期无限缩短,称为连续复利计息,连续复利计息的实际利率为:

$$i=\lim_{m\to\infty}\left[\left(1+\frac{r}{m}\right)^{m}-1\right]=\lim_{m\to\infty}\left[\left(\left(1+\frac{r}{m}\right)^{\frac{m}{r}}\right)^{r}-1\right]=e^{r}-1$$

例 10-2 假如月利率为 1%,每月计息一次,则名义利率和实际利率各为多少?

解:名义利率 $r=i_0\times m=1\%\times12=12\%$

实际利率 $i=\left(1+\frac{r}{m}\right)^{m}-1=\left(1+\frac{12\%}{12}\right)^{12}-1=12.68\%$

第二节 现金流量及其表示方法

在技术经济分析和评价中,常用到现金流量的概念,并借助现金流量表或现金流量图进行分析研究。

一、现金流量的含义

在技术经济分析中,往往要考察某一项目方案的经济效果,这时我们便把这一项目视为一个独立的系统。例如,企业准备进行技术改造,技术改造本身需要资金,而且还期望通过技术改造能够为企业带来效益。这时,为准确地评价和分析企业进行技术改造这一经济活动的经济效果,就把企业进行技术改造这一活动视为一个独立的系统,使之与企业其他经济活动区分开来。又如,企业准备投资建设一项工程,同样,工程项目本身需要一笔投资,项目建成后能够产生经济效益,这时,为了准确地考察这一投资项目是否有利,就可以把这一工程项目视为一个独立的系统。

从系统的角度出发,在项目系统整个寿命周期内,各时点流入或流出的货币资金称为现金流量,包括现金流入量、现金流出量和净现金流量。

(1)现金流入量(正现金流量,CI_t)。各时点流入系统的货币资金,包括流入的各种资金,如自有资金、各种贷款;销售收入、投资收益;折旧;回收固定资产残值及流动资金等。

(2)现金流出量(负现金流量,CO_t)。各时点流出系统的货币资金,如固定资产投资、流动资金投资、经营成本、税金、还本付息、支付股息等。

(3)净现金流量(NCF_t)。某时点现金流入量和现金流出量的代数和,$NCF_t = CI_t - CO_t$。

现金流量包括三要素:大小、流向与时点。其中大小表示现金流量的数额;流向表示项目的现金流入或流出;时点表示现金流入或现金流出所发生的时间。

要注意,技术经济学中的现金流量与会计中的现金流量是有区别的。技术经济学中的现金流量是测算或估算的,是将来值;而会计中的现金流量是已经发生的,是实在的,其记录的完整性和真实性影响很大。技术经济学中的现金流量的对象是一个项目系统;而会计中的现金流量的对象不是一个项目,而是一个企业整体在一段时间内的现金流量。在一些具体的计量方面也有不同,如:在技术经济学中的固定资产的购置要计入现金流量,而会计账计算利润时,固定资产购置费用不能计入;折旧费在技术经济学中可作为现金流入计算,因为它是通过销售回收的收入,而在会计账上,它则是作为支出计算的等。

二、常见的现金流量要素

一般来说,投资、成本、税金等属于项目方案的现金流出量,销售收入利润等则属于项目方案的现金流入量。

1.投资

投资一词具有双重含义:一是指特定的经济活动,即为了将来获得收益或避免风险而进行的资金投放活动,如产业投资和证券投资;二是指投放的资金,即为了实现生产经营目标而预先垫付的资金,包括固定资产的投资和流动资金的投资。技术经济学中的投资着重于后一种含义的阐述。

项目的总投资是项目的固定资产投资和流动资金投资的总和。固定资产投资也称建设投资,主要用于构建项目的固定资产及其他的长期资产。流动资金投资是指投产前预先垫付,投产后为维持正常生产经营,用于周转的资金投资。

项目总投资形成的资产,根据资产特性可分为固定资产、流动资产、无形资产和其它资产,具体如下:

(1)固定资产:固定资产是指同时具有下列特征的有形资产:①为生产商品、提供劳务、出租或经营管理而持有的;②使用寿命超过一个会计年度(使用寿命,是指企业使用固定资产的预计期间,或者该固定资产所能生产产品或提供劳务的数量);③单位价值在规定标准以上;④在使用过程中保持原有物质形态。具体来说,企业的固定资产包括使用一年以上的房屋、建筑物、机械、运输设备和其它与生产经营有关的设备、器具、工具等,它们构成企业的物质技术基础。

(2)流动资产。流动资产是指预计在一个正常营业周期中变现、出售或耗用,或者主要为交易目的而持有,或者预计在资产负债表日起一年内(含一年)变现的资产以及自资产负债表日起一年内,交换其他资产或清偿负债的能力不受限制的现金或现金等价物等资产。主要包括货币资金、应收款项和存货等。存货是指企业在生产经营过程中为销售或者消耗而储存的各种资产,包括商品、产成品、半成品、在产品以及各类材料、燃料、包装物、低值易耗品等。货币资金包括库存现金、银行存款和其他货币资金。应收款项是指企业因对外销售产品、材料、供应劳务及其他原因,应向购货单位或接受劳务的单位及其他单位收取的款项,包括应收账款、应收票据、预付账款和其他应收款等。流动资产最初一般是以货币形态参加企业的生产经营活动的,随着生产经营活动的进行,以筹集到的货币资金购买原材料、商品等,它从货币形态转变为存货形态,实现销售,又从存货形态通过结算过程再转化为货币形态。流动资产的不同形态相继转化,周而复始循环。

(3)无形资产。这是指企业拥有或者控制的没有实物形态的可辨认非货币性资产。一般包括专利权、专有技术、专营权、土地使用权、商标权等。商誉的存在无法与企业自身分离,不具有可辨认性,因此不属于无形资产。

(4)其他资产。这是指不能全部计入当年损益,应当在以后年度内分期摊销的各项费用,如长期待摊费用,它具体包括开办费、租入固定资产的费用支出等。按我国《企业财务通则》规定,开办费自投产营业之日起,应以不短于5年的期限分期摊销。

2. 成本

成本是用货币表示的为实现某一既定目标所必须付出或已经付出的代价。成本是反映项目经营过程中资源消耗的一个主要基础数据,是形成产品价格的重要组成部分,是影响经济效益的主要因素。项目产出物成本的构成与计算,既要符合现行财务制度的有关规定,又要满足项目经济评价的要求。

1)制造成本法的成本构成

制造成本法是在核算产品成本时,只计算与生产经营过程关系最直接和最密切的费用。与生产经营没有直接关系和关系不密切的费用计入当期损益。直接材料、直接工资、其他直接支出和制造费用,计入产品制造成本,也称生产成本;管理费用、财务费用和销售费用则直接计入当期损益。

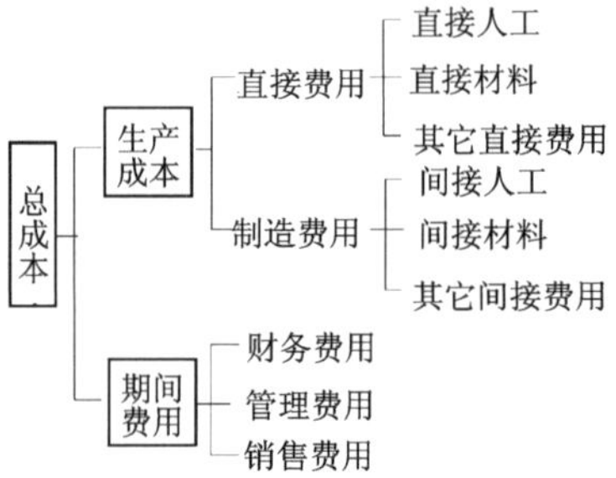

图 10-1　制造成本法的成本构成

直接费用是指直接为生产商品和提供劳务所发生的各项费用,包括直接材料费、直接燃料、动力费和直接工资及其他直接费用。直接材料费指企业生产经营过程中实际消耗的原材料、辅助材料、备品配件、外购半成品、包装物以及其他直接材料的费用。直接燃料、动力费指企业生产经营过程中实际消耗的燃料、动力费用。直接工资指企业直接从事产品生产人员的工资、奖金、津贴和补贴。其他直接费用指上述直接费用外的直接支出。

制造费用是指企业各生产单位为组织和管理生产活动而发生的费用,包括生产单位管理人员工资及福利费,生产单位房屋建筑物、机械设备的折旧费,租赁费(不包括融资租赁费),修理费,机物料消耗,低值易耗品,取暖费,水电费,办公费,差旅费,保险费,设计制图费,试验检验费,劳动保护费,修理期间的停工损失以及其他制造费用。

期间费用包括管理费用、财务费用和销售费用3部分。管理费用是指企业为组织和管理企业生产经营发生的各项费用,包括企业董事会和行政管理部门在企业的经营管理中发生的,或者应由企业统一负担的公司经费(包括行政管理部门职工工资、修理费、物料消耗、低值易耗品摊销、办公费和差旅费等)、工会经费、劳动保险费、待业保险费、董事会会费(包括董事会成员津贴、会议费和差旅费等)、聘请中介机构费、咨询费(含顾问费)、诉讼费、业务招待费、房产税、车船税、印花税、土地使用税、技术转让费、矿产资源补偿费、研究费用、排污费以及企业生产车间和行政管理部门发生的固定资产修理费用等。财务费用是指企业为筹集资金而发生的筹资费用,包括利息支出(减利息收入)、汇兑损益以及相关的手续费、企业发生或收到的现金折扣等。销售费用是指企业在销售商品和材料、提供劳务过程中发生的各种费用,包括运输费、装卸费、包装费、保险费、广告费、展览费、预计产品质量保证损失、商品维修费等以及为销售本企业商品而专设的销售机构(含销售网点、售后服务网点等)的职工薪酬、业务费、折旧费等经营费用。企业发生的与专设销售机构相关的固定资产修理费等后续支出属于销售费用。

2)几种常见的成本

(1)经营成本。这是产品成本的一部分,是产品总成本中扣除固定资产折旧费、无形资产及其他资产摊销和利息支出以后的全部费用,即生产经营活动中实际发生的通过现金支付的费用。经营成本的计算式如下:

经营成本 = 总成本费用 - 折旧费 - 摊销费 - 借款利息支出

经营成本是为经济分析方便从总成本费用中分离出来的一部分费用。顾名思义,经营成本是项目运营期间的生产经营费用,属于各年的现金流出。由于投资已在期初作为一次性支出计入现金流出,所以折旧费和摊销费不能再计为现金流出,否则会重复计算。另外,由于全投资现金流量表(见财务评价部分)中不考虑资金来源,不存在利息的问题,自有资金现金流量表中已将利息单独列出,因此经营成本中也要扣除利息支出。

(2)固定成本和变动成本。成本按其与产量变化的关系,即成本的习性来划分,可分为固定成本、变动成本和半变动(半固定)成本。固定成本是指在一定生产规模限度内,不随产品产量增减而变化的费用,如固定资产折旧费、修理费、管理人员工资及福利、办公费、差旅费等。这些费用的特点是产品产量增加时,费用总额保持不变,反映在单位产品成本上,则这些费用减少。变动成本是指随产量增减而变化的费用,如直接材料费、直接燃料和动力费等。这些费用的特点是当产品产量变动时,费用总额成正比例的变化,反映在单位产品成本中的费用是固定不变的。半变动(半固定)成本是指其费用总额随产量增减而变化,但不是成正比例的变化,如制造费用中的运输费用,一般随产量的增加而增加,但在前期递增缓慢,后期增加明显。

(3)机会成本。这是将一种具有多种用途的有限资源置于特定用途时所放弃的最大收益。当一种有限资源具有多种用途时,可能有许多获取相应收益的机会,如果将其置于某种特定用途,必然放弃其他投入机会,从而放弃了相应的收益,所放弃的最大收益是这种资源利用的机会成本。

(4)沉没成本。这是指以往发生的与当前决策无关的费用。因为管理决策的制定是针对未来的,不是针对过去,以往发生的费用只是造成当前状态的一个原因,当前状态是决策的出发点,当前决策所要考虑的是未来可能发生的费用及所能带来的收益。例如,考虑某台旧设备是否需要更新这一问题时,该设备几年前的购置费用就是一项沉没成本,设备更新与否只能在新设备的投资与旧设备继续使用所需费用之间比较得出。

(5)边际成本。是企业增加(或减少)一单位产量所产生的总成本的增加(或减少)额。例如当产量为 1 500 吨时,总成本为 450 000 元;当产量为 1 501 吨时,总成本为450 310元,则第 1 501 吨产量的边际成本等于 310 元。因为边际成本考虑的是单位产量变动,故固定成本可以视为不变,因此边际成本实际上是总的变动成本之差。

3. 销售收入

销售收入也称营业收入或经营收入,是指销售商品产品、自制半成品或提供劳务等而收到的货款,劳务价款或取得索取价款凭证确认的收入。

销售收入按比重和业务的主次及经常性情况,一般可分为主营业务收入和其他业务收入。主营业务收入又称基本业务收入,是企业生产经营的主要收入。不同行业的主营业务收入不同。其他业务收入亦称附属业务收入,是指主营业务以外的其他业务或附营业务所发生的收入。

4. 税收与税金

税收是国家凭借政治权力参与国民收入分配和再分配的一种形式,具有强制性、无偿性和固定性 3 大特点。我国目前的工商税制分为流转税、资源税、所得税、特定目的税、财产和行为税等几类。其中与技术方案经济性评价有关的主要税种是:从销售收入中扣除的增值税、营业税、资源税、城市维护建设税和教育费附加,计入总成本费用的房产税、土地使用税、车船使用税、印花税以及从利润中扣除的所得税等。现将几种主要的税种简述如下。

1)增值税

增值税是对销售货物或者提供加工、修理修配劳务以及进口货物的单位和个人就其实现的增值额征收的一个税种。从计税原理上说,增值税是对商品生产、流通、劳务服务中多个环节的新增价值或商品的附加值征收的一种流转税。增值税实行价外税,也就是由消费者负担,有增值才征税没增值不征税。增值税是中国最主要的税种之一,由国家税务局负责征收,税收收入中 75% 为中央财政收入,25% 为地方收入。进口环节的增值税由海关负责征收,税收收入全部为中央财政收入。

根据财政部和国家税务总局联合发布的《关于简并增值税税率有关政策的通知》(财税[2017]37 号),自 2017 年 7 月 1 日起,我国增值税税率将取消 13% 税率档,由五档(17%、13%、11%、6%、0%)简并成四档(17%、11%、6%、0%)。

计税公式如下:

一般纳税人的应纳税额 = 当期销项税额—当期进项税额

销项税额 = 销售额 × 适用增值税率

销项税额是按照销售额和规定税率计算并向购买方收取的增值税额。进项税额是指纳税人购进货物或者应税劳务所支付或者负担的增值税额。准予从销项税额中抵扣的进项税额是指从销售方取得的增值税专用发票上注明的增值税额或从海关取得的完税凭证上注明的增值税额。

小规模纳税人销售货物或者应税劳务,实行简易办法计算应纳税额,征收率为 3%。计算公式为:

小规模纳税人的应纳税额 = 含税销售额 ÷ (1 + 征收率) × 征收率

资料卡

“营改增”

营业税(Business tax),是对在中国境内提供应税劳务、转让无形资产或销售不动产的单位和个人,就其所取得的营业额征收的一种税。营业税属于流转税制中的一个主要税种。凡在我国境内从事交通运输、建筑业、金融保险业、邮电通信业、文化体育业、娱乐业、服务业、转让无形资产和销售不动产等业务,都属于营业税的征收范围。

2011年11月17日,经国务院批准,财政部、国家税务总局联合下发营业税改增值税试点方案。从2012年1月1日起,在上海交通运输业和部分现代服务业开展营业税改增值税试点。自2012年8月1日起至年底,国务院将扩大营改增试点至8省市;2013年8月1日,"营改增"范围已推广到全国试行,将广播影视服务业纳入试点范围。2014年1月1日起,将铁路运输和邮政服务业纳入营业税改征增值税试点,至此交通运输业已全部纳入营改增范围;2016年3月18日召开的国务院常务会议决定,自2016年5月1日起,中国将全面推开营改增试点,将建筑业、房地产业、金融业、生活服务业全部纳入营改增试点,至此,营业税退出历史舞台,增值税制度将更加规范。这是自1994年分税制改革以来,财税体制的又一次深刻变革。

“营改增”避免了营业税重复征税、不能抵扣、不能退税的弊端,实现了增值税“道道征税,层层抵扣”的目的,能有效降低企业税负。更重要的是,“营改增”改变了市场经济交往中的价格体系,把营业税的“价内税”变成了增值税的"价外税",形成了增值税进项和销项的抵扣关系,这将从深层次上影响到产业结构的调整及企业的内部架构。

2)资源税

资源税是以各种应税自然资源为课税对象、为了调节资源级差收入并体现国有资源有偿使用而征收的一种税。资源税在理论上可区分为对绝对矿租课征的一般资源税和对级差矿租课征的级差资源税,体现在税收政策上就叫做“普遍征收,级差调节”,即:所有开采者开采的所有应税资源都应缴纳资源税;同时,开采中、优等资源的纳税人还要相应多缴纳一部分资源税。

自然资源是生产资料或生活资料的天然来源,它包括的范围很广,如矿产资源、土地资源、水资源、动植物资源等。目前我国的资源税征税范围较窄,仅选择了部分级差收入差异较大,资源较为普遍,易于征收管理的矿产品和盐列为征税范围。

资源税实行源泉课征,即不论采掘或生产单位是否属于独立核算,资源税均规定在采掘或生产地源泉控制征收,这样既照顾了采掘地的利益,又避免了税款的流失。这与其他税种由独立核算的单位统一缴纳不同。

2016年5月10日,财政部、国家税务总局联合对外发文《关于全面推进资源税改革的通知》,自2016年7月1日起,我国全面推进资源税改革,资源税征收方式由从量征收改为从价征收。根据通知要求,我国将开展水资源税改革试点工作,并率先在河北试点,采取水资源费改税方式,将地表水和地下水纳入征税范围,实行从量定额计征,对高耗水行业、超计划用水以及在地下水超采地区取用地下水,适当提高税额标准,正常生产生活用水维持原有负担水平不变。在总结试点经验基础上,财政部、国家税务总局将选择其他地区逐步扩大试点范围,条件成熟后在全国推开。其他自然资源将逐步纳入征收范围。考虑到森林、草场、滩涂等资源在各地区的市场开发利用情况不尽相同,对其全面开征资源税条件尚不成熟,此次改革不在全国范围统一规定对森林、草场、滩涂等资源征税,但对具备征收条件的,授权省级政府可结合本地实际,根据森林、草场、滩涂等资源开发利用情况提出征收资源税具体方案建议,报国务院批准后实施。

3)所得税

所得税又称所得课税、收益税,指国家对法人、自然人和其他经济组织在一定时期内的各种所得征收的一类税收,有企业所得税和个人所得税两种,由于技术经济分析中涉及到的是企业所得税,因此这里只介绍企业所得税。

中国企业所得税纳税人在中华人民共和国境内,企业和其他取得收入的组织(以下统称企业)为企业所得税的纳税人(个人独资企业、合伙企业除外)。中国所得税率企业所得税的税率一般为25%。此外为了重点扶持和鼓励发展特定的产业和项目,规定了两档优惠税率:20%和15%。企业应纳所得税额为:应纳所得税额=应纳税所得额×税率。

4)城市维护建设税

城市维护建设税,简称城建税,是我国为了加强城市的维护建设,扩大和稳定城市维护建设资金的来源,对有经营收入的单位和个人征收的一个税种。该所征税款要求保证用于城市公用事业和公共设施的维护和建设。城市维护建设税,以纳税人实际缴纳的增值税,消费税税额为计税依据,分别与增值税,消费税同时缴纳。城市维护建设税的征收、管理、纳税环节、奖罚等事项,比照增值税,消费税的有关规定办理。城市维护建设税税率如下:纳税人所在地为城市市区的,税率为7%;纳税人所在地为县城、建制镇的,税率为5%;纳税人所在地不在城市市区、县城或建制镇的,税率为1%。

5. 利润与净收益

1)利润

利润是企业在一定时期内全部生产经营活动的最终成果,利润的实现表明企业生产耗费得到了补偿,并取得赢利。企业利润既是国家财政收入的来源,又是企业扩大再生产的重要资金来源。项目投产后所获得的利润可分为营业利润、利润总额和净利润:

营业利润=营业收入-营业成本-营业税金及附加-期间费用-
资产减值损失+公允价值变动收益(-公允价值变动损失)+
投资收益(-投资损失)

利润总额=营业利润+营业外收入-营业外支出

净利润=利润总额-所得税费用

营业利润是企业利润的主要来源,是企业在销售商品、提供劳务等日常活动中所产生的利润。利润总额是衡量企业经营业绩的十分重要的经济指标。利润总额是指税前利润,也就是企业在所得税前一定时期内经营活动的总成果。按收益总括观点,企业的利润总额包括主营业务利润(产品销售利润)、其他业务利润、投资净收益和营业外收支净额。其中产品销售利润等于产品销售收入减去产品销售成本、产品销售费用及产品销售税金及附加;其他业务利润为其他业务收入与其他业务支出之差;投资净收益等于投资收益减投资损失;营业外净收入等于营业外收入减营业外支出。产品销售利润加上其他业务利润减去管理费用与财务费用构成营业利润,营业利润加上投资净收益、营业外净收入及以前年度损益调整就最后形成企业的利润总额。

2）净收益

净收益是技术经济分析中的一个重要的基本要素，净收益不同于企业的利润，它是指项目投产后的年销售收入减去经营成本及应缴纳的税金后的余额。这里的销售收入不同于企业周期的总产值，销售收入仅指企业已售产品的货币收入，是产品经过流通领域之后给企业带来的真正收益。在项目的经济评价中，通常是假定各年的产品全部售出，即产量等于销售量。

三、现金流量的表示方法

为了便于分析不同时点上的现金流入和现金流出，计算其现金流量，我们常常借助于现金流量表或现金流量图等工具。

1. 现金流量表

现金流量表是用表格的形式描述不同时点上发生的各种现金流量的大小和方向。现金流量表的一般形式如表 10-4 所示。从不同角度分析时，现金流量表的具体类型会有不同。

表 10-4　现金流量表的一般形式

序号	项目	计算期					合计
		1	2	3	…	n	
1	现金流入						
1.1							
…							
2	现金流出						
2.1							
…							
3	净现金流量						

2. 现金流量图

现金流量图是将考察对象（如某一工程项目）寿命周期内所发生的现金流入量和现金流出量，按其所发生的时间顺序及一定的规则，用图的形式表达出来。运用现金流量图，可以全面、形象、直观地表达经济系统的资金运动状态。现金流量图的一般形式如图 10-2 所示。

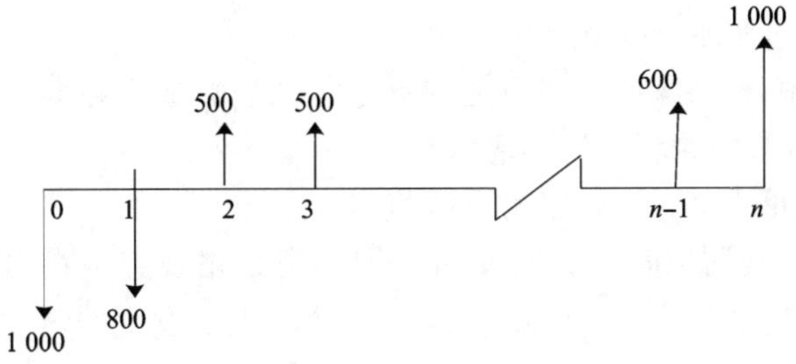

图 10-2　现金流量（单位：元）

（1）水平直线表示时间轴，等分成若干间隔，每一间隔代表一个时间单位，或者说一个计息周期，它可以是年、月、日等。直线自左向右代表时间的延续，“0”代表项目寿命周期的开始,即第一期的期初,“1”代表第一期期末即第二期期初,其他依次类推。

(2)相对于时间轴画垂线,代表现金流量,垂线与时间轴的交点即表示该现金流量发生的时间。箭头表示现金流动的方向,箭头向上表示现金流入量,箭头向下表示现金流出量,箭头垂线的长度要与现金流量绝对值的大小成比例。

要注意的是,现金流量图与立脚点有关,如从借款人角度和从贷款人角度所绘制的现金流量图就不同。

为了计算上的方便和统一,技术经济分析中,运用现金流量图或表时,对投资与收益发生的时间点有两种处理方法:一种称期初投资期末收益法,即把投资计入发生在每一期的期初,把收益计入发生在每一期的期末;另一种是期末习惯法,即每一期发生的现金流量均认为发生在期末。这两种处理方法的结果稍有差别,但不会引起本质变化。

第三节 资金等值计算

一、资金等值与资金等值计算的含义

1. 资金等值

在日常生活中,把两个作用相同的事物称为等值。对资金来说,资金具有时间价值,这一客观事实不仅告诉人们,一定数量的资金在不同的时间代表着不同的价值,资金必须赋予时间的概念,才能显示其真实的意义;而且也提醒人们,在不同的时间,绝对值不等的若干资金可能具有相等的价值,例如现在的100元与一年后的112元,其数额并不相等,但如果年利率为12%,则两者是等值的,因为现在的100元,在12%年利率下,一年后的本金与资金时间价值两者之和为112元。

资金等值是指在考虑资金时间价值因素后,不同时点上绝对数额不等的资金,在一定利率条件下具有相等的价值。可见,影响资金等值的因素有资金额大小、资金发生的时间和利率的大小3个。

2. 资金等值计算

利用资金等值的概念,将一个时间点发生的资金金额,按一定的利率换算成另一个时间点上的等值金额,这一过程叫资金等值计算。资金等值计算是技术经济分析中最基本的方法。

资金等值计算中通常涉及以下概念。

(1)贴现与贴现率:把将来某一时点上的资金金额换算成现在时点的等值金额的过程称为贴现或折现;贴现时所用的利率为贴现率或折现率。

(2)时值:现金流量在某一个特定时点的值。

(3)现值:资金“现在”的价值,是将来时点上的资金贴现到现在时点上的等值的资金价值。“现值”是一个相对的概念,一般地,将第 $t+k$ 个时点上发生的资金贴现到第 t 个时点,所得的等值金额就是第 $t+k$ 个时点上资金金额在第 t 个时点的现值。现值用 P 表示。

(4)终值(未来值):资金“将来”的价值,是现值在未来时点上的等值的资金价值,用 F 表示。“终值”也是一个相对的概念,同上,第 $t+k$ 个时点上资金金额就是第 t 个时点上资金的终值。

(5)年金(等额年值):指连续每期(年、季度、月等)等额收支的资金值,用 A 表示。年金的种类包括:普通年金(后付年金),是一定时期内连续每期期末等额收支的资金值;预付年金(先付年金),是一定时期内连续每期期初等额收支的资金值;递延年金(延期年金),是最初若干期没有收支款项的情况下,后面若干期有等额收支的资金值;永续年金,是指无限期收支的年金,其没有终值。年金的各种形式中,普通年金是最基本的形式。

二、资金等值计算式

下面介绍间断复利计息的普通复利计算式。为方便起见,公式中各个符号的意义规定为:i 表示计息期的利率;n 表示计息周期数;P 表示资金的现值,或本金;F 表示资金的终值、未来值,或本利和;A 表示资金的等额年值、年金;G 表示资金的递增年值,其含义是当各期的支出或收入是均匀递增或均匀递减时,相邻两期资金支出或收入额的差。

(一)一次支付类型的等值计算式

一次支付,又称整付,是指分析系统的现金流量,无论是流入还是流出,均在一个时点上一次发生。一次支付等值计算式包括一次支付终值计算式和一次支付现值计算式。

1. 一次支付终值计算式

一次支付终值计算式就是前述求本利和复利计算式,它是普通复利计算的基本计算式,其他计算式都可以由此派生出来。其计算式为:

$$F=P(1+i)^n$$

该公式的经济含义是:已知支出本金(现值)P,当利率为 i 时,在复利计息的条件下,求第 n 期期末所取得的本利和,即终值 F。其现金流量图如图 10-3 所示。

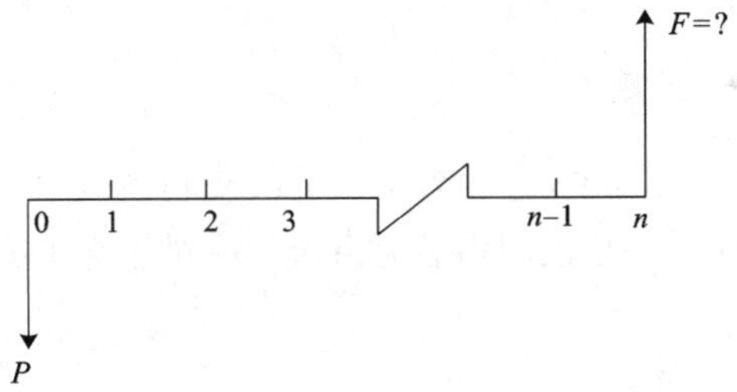

图 10-3 一次支付终值现金流量

式中 $(1+i)^n$ 称为一次支付终值系数,也可以用符号 $(F/P,i,n)$ 表示,系数 $(F/P,i,n)$ 可查复利系数表得到。所以上述计算式又可写成:

$$F=P(F/P,i,n)$$

例 10-3 某公司向银行借款 100 万元,年利率为 10%,借款期 5 年,问 5 年末一次偿还银行的本利和是多少?

解:由计算式可得

$$F=P(1+i)^n=100(1+10\%)^5=161.05(\text{万元})$$

或 $F=P(F/P,i,n)=100\times(F/P,10\%,5)=100\times1.6105=161.05(\text{万元})$

所以 5 年末一次偿还银行本利和为 161.05 万元。

2. 一次支付现值计算式

一次支付现值计算式为

$$P=F(1+i)^{-n}$$

该公式的经济含义是：如果想在未来第 n 期的期末一次收入 F 数额的现金流量，在利率 i 的复利计息条件下，现在应一次支出（或收入）的本金 P 为多少，即现值 P 为多少。该计算式是一次支付终值计算式的逆运算。

式中，$(1+i)^{-n}$称为一次支付现值系数或贴现系数，也可以用符号$(P/F,i,n)$表示，系数$(P/F,i,n)$可查复利系数表得到。所以上述计算式又可写成：

$$P = F(P/F,i,n)$$

例 10-4 某厂对报酬率为 10% 的项目进行投资，8 年后需要 2 000 万元，那么现在应投资多少万元？

解：由计算式可得：

$$P = F(1+i)^{-n} = 2\,000(1+i)^{-8} = 933(\text{万元})$$

或 $$P = F(P/F,i,n) = 2\,000 \times (P/F,10\%,8) = 2\,000 \times 0.466\,5 = 933(\text{万元})$$

即如果 8 年后需要 2 000 万元，则现在应投资 933 万元。

（二）多次支付类型的等值计算式

多次支付是指现金流入和流出在多个时点上发生，而不是集中在某个时点上；现金流量数额的大小可以是相等的，也可以是不等的。当现金流序列是连续的，且数额相等，称之为等额序列现金流，包括等额分付终值公式、等额分付偿债基金公式、等额分付现值公式和等额分付资金回收公式四个等值计算公式；当现金流序列每期的增加额或减少额都相等，称之为等差（或定差）序列现金流；当现金流序列每期的流量成比例增加或减少，称之为等比序列现金流。如果现金流序列是不规则的多次支付，只能选用基本方法进行计算。

1. 等额序列的等值计算式

1）等额分付终值计算式

$$F = A\frac{(1+i)^n - 1}{i}$$

该计算式的经济含义是：对连续若干期期末等额支付的现金 A，按利率 i 复利计息，求其在第 n 期期末的终值 F，即本利和，也叫做普通年金（后付年金）终值计算。其现金流量如图 10-4 所示。

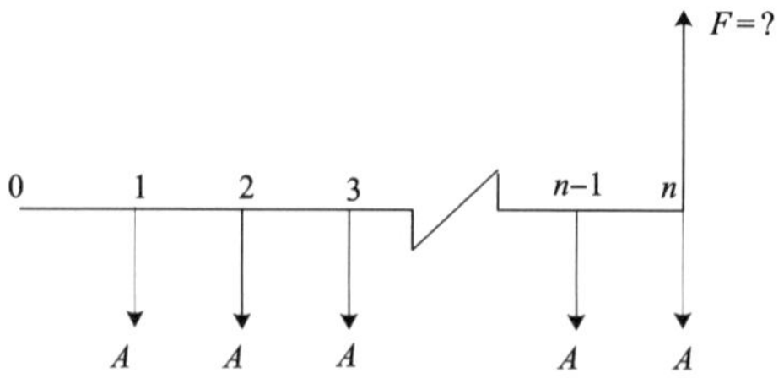

图 10-4 等额分付终值现金流量

从上图可以看出，第 n 期期末的终值 F 等于每期期末发生的现金流量 A 的终值之和，即

$$\begin{aligned} F &= A(1+i)^{n-1} + A(1+i)^{n-2} + \cdots + A(1+i) + A \\ &= A\frac{(1+i)^n - 1}{i} \end{aligned}$$

式中$\frac{(1+i)^n - 1}{i}$称为等额分付终值系数，也可以用符号$(F/A,i,n)$表示，系数$(F/A,i,n)$可查复利系数表得到。所以上述公式又可写成

$$F=A(F/A,i,n)$$

例 10-5　某人从 30 岁起每年年末向银行存入 8 000 元，连存 10 年，若银行的利率为 8%，则 10 年后共有多少本利和？

解：由公式可得：

$$F=A\frac{(1+i)^n-1}{i}=8\ 000\times\frac{(1+8\%)^{10}-1}{8\%}=115\ 896(\text{元})$$

或　　$F=A(F/A,i,n)=8\ 000\times(F/A,8\%,10)=8\ 000\times14.487=115\ 896(\text{元})$

即 10 年后共有 115 896 元。

2）等额分付偿债基金公式

$$A=F\frac{i}{(1+i)^n-1}$$

该公式的经济含义是：在利率为 i，复利计息的条件下，如果要在第 n 期期末能一次收支 F 的终值，那么在这 n 期内连续每期期末等额支付的年金 A 应为多少。该公式是等额支付终值公式的逆运算。

式中 $\frac{i}{(1+i)^n-1}$ 称为等额分偿债基金系数，也可以用符号 $(A/F,i,n)$ 表示，系数 $(A/F,i,n)$ 可查复利系数表得到。所以上述公式又可写成

$$A=F(A/F,i,n)$$

例 10-6　某企业资金利润率为 20%，从现在起每年年末应将多少利润投入再生产，才能在第五年年末获得 1 000 万元的资金？

解：由计算式可得：

$$A=F\frac{i}{(1+i)^n-1}=134.38(\text{万元})$$

或　$A=F(A/F,i,n)=1\ 000\times(A/F,20\%,5)=1\ 000\times0.1344=134.38(\text{万元})$

即第五年年末要获得 1 000 万元的资金，现在每年年末应投入利润 134.38 万元用于再生产。

3）等额分付现值公式

$$P=A\frac{(1+i)^n-1}{i(1+i)^n}$$

该公式的经济含义是：按利率为 i，复利计息的条件下，求连续若干期期末等额支付的年金 A 的现值 P，也叫做后付年金现值的计算。其现金流量如图 10-5 所示：

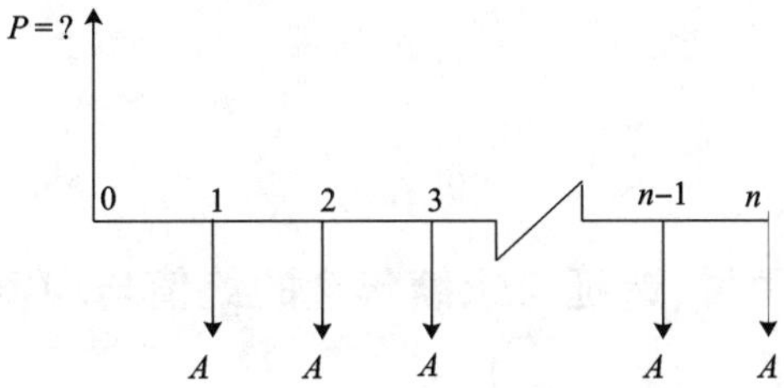

图 10-5　等额分付现值现金流量

由一次支付终值计算式 $F=P(1+i)^n$ 和等额分付终值计算式 $F=A\frac{(1+i)^n-1}{i}$ 可得

$$P = A\frac{(1+i)^n - 1}{i(1+i)^n}$$

式中$\frac{(1+i)^n - 1}{i(1+i)^n}$称为等额分付现值系数,也可以用符号$(P/A,i,n)$表示,系数$(P/A,i,n)$可查复利系数表得到。所以上述计算式又可写成

$$P = A(P/A,i,n)$$

例 10-7 某企业拟购买一台设备,预计该设备每年的净收益为 1 万元,设备寿命为 10 年,残值不计。问在投资收益率不低于 10% 的条件下,企业可投资设备的最高价格是多少?

解:由计算式可得:

$$P = A\frac{(1+i)^n - 1}{i(1+i)^n} = 1 \times \frac{(1+10\%)^{10} - 1}{10\%(1+10\%)^{10}} = 6.144\ 6(\text{万元})$$

或 $P = A(P/A,i,n) = 1 \times (P/A,10\%,10) = 1 \times 6.144\ 6 = 6.144\ 6(\text{万元})$。

即企业可投资设备的最高价格为 6.144 6 万元。

4)等额分付资金回收公式

$$A = P\frac{i(1+i)^n}{(1+i)^n - 1}$$

该公式的经济含义是:若期初一次投资金额为 P,欲在 n 期内将投资全部收回,按利率为 i,复利计息的条件下,求每期应等额回收的资金 A 值。该公式是等额分付现值公式的逆运算。该公式是等额分付现值公式的逆运算。

式中$\frac{i(1+i)^n}{(1+i)^n - 1}$称为等额分付资金回收系数,也可以用符号$(A/P,i,n)$表示,系数$(A/P,i,n)$可查复利系数表得到。所以上述计算式又可写成

$$A = P(A/P,i,n)$$

例 10-8 某工程项目需要初始投资 1 000 万元,预计年投资收益率为 15%,问每年年末至少应等额回收多少资金,才能在 5 年内将全部资金回收?

解:由计算式可得:

$$A = P\frac{i(1+i)^n}{(1+i)^n - 1} = 1\ 000 \times \frac{15\%(1+15\%)^5}{(1+15\%)^5 - 1} = 298.3(\text{万元})$$

或 $A = P(A/P,i,n) = 1\ 000 \times (A/P,15\%,5) = 1\ 000 \times 0.298\ 3 = 298.3(\text{万元})$

即每年年末回收 298.3 万元,才能在 5 年内回收全部投资。

资料卡

预付、递延与永续年金的终值与现值

一、预付年金

预付年金又称为先付年金,是指一定时期内连续每期期初等额收支的资金值。预付年金与普通年金的差别在于收付款的时点不同。由于年金终值系数表、年金现值系数表等是按常见的普通年金编制的,在利用普通年金系数表计算预付年金的终值、现值等相关参数时,可在计算普通年金的基础上加以适当调整。

1. 预付年金终值计算

n 期预付年金与 n 期普通年金相比,付款期数相同,但预付年金终值比普通年金终值要多一个计息期。计算式如下:

$$F=A(F/A,i,n)\times(1+i)$$

或
$$F=A(F/A,i,n+1)-A$$

2. 预付年金现值计算

n 期预付年金与 n 期普通年金相比,付款期数相同,但预付年金现值比普通年金现值要少贴现一期。

计算式如下:

$$P=A(P/A,i,n)\times(1+i)$$

或
$$P=A(P/A,i,n-1)+A$$

二、递延年金

递延年金又称为延期年金,是最初若干期(m 期)没有收支款项的情况下,后面若干期(n 期)有等额收支的资金值。

1. 递延年金终值计算

递延年金的终值只与连续收支期(n 期)有关,与递延期(m 期)无关。计算式如下:

$$F=A(F/A,i,n)$$

2. 递延年金现值计算

递延年金现值的计算有两种方法。

一种方法可以将递延年金看成 n 期普通年金,先求出递延期末的现值,然后再将此现值贴现到第一期期初,即得到递延年金的现值。计算式如下:

$$P=A(P/A,i,n)\times(P/A,i,m)$$

另一种方法可以假设递延期中也进行支付,先计算出 $m+n$ 期的普通年金的现值,然后扣除实际并未支付的递延期的年金现值,即可得递延年金的现值。计算式如下:

$$P=A(P/A,i,m+n)-A(P/A,i,m)$$

三、永续年金

永续年金是指无限期等额收支的年金,可视为普通年金的特殊形式,即期限趋于无穷的普通年金。现实中的存本取息,可视为永续年金的一个例子。由于永续年金持续期无限,没有终止的时间,因此没有终值。

永续年金现值可以通过普通年金现值的计算式导出。

当 t 趋于无穷大时,

$$P=A\cdot\sum_{t=1}^{\infty}\frac{1}{(1+i)^t}=\frac{A}{i}$$

2. 等差序列的等值计算式

设有一现金流序列 A_t 是等差数列(定差为 G),$A_t=A_1\pm(t-1)\cdot G(t=1\sim n)$,即第一期末的现金流量为 A_1,以后每期递增(或递减)G,连续发生了 n 期的现金流量,利率为 i,则与其等值的现值、终值、年值各为多少?等差递增序列现金流量图如图 10-6 所示。

1)等差序列现值公式

从第一期到第 n 期每期期末的现金流量分别为 A_1、A_1+G、A_1+2G、…、$A_1+(n-1)G$,该现金流量可分为两部分:第一部分是由现金流量 A_1 构成的等额分付序列现金流量(图 10-7

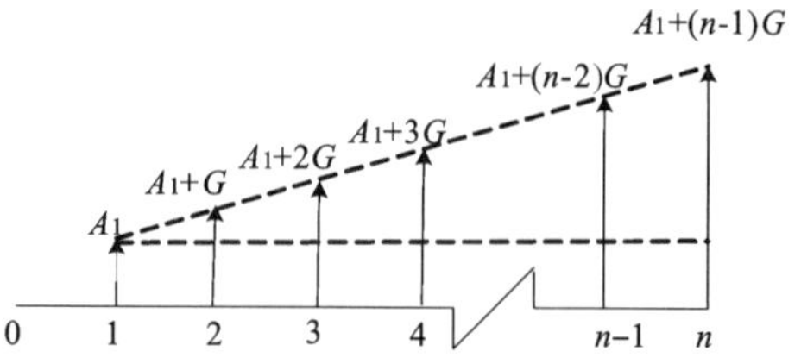

图 10-6　等差递增序列现金流量

(a));第二部分是由等差数额 G 构成的递增等差(或递减等差)序列现金流量(图 10-7(b))。则与第一部分现金流量等值的现值为

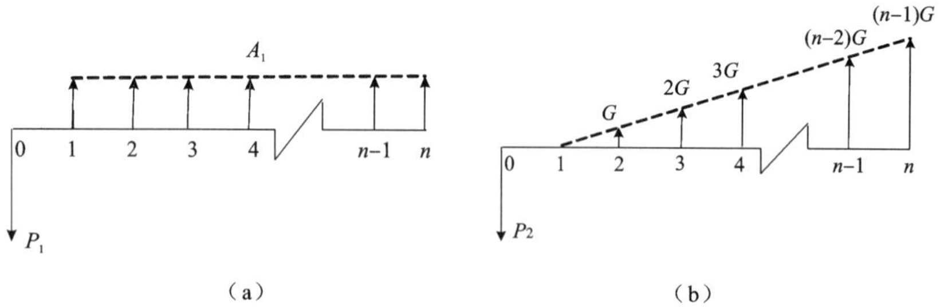

图 10-7　等差递增序列现金流量分解

$$P_1 = A_1 \frac{(1+i)^n - 1}{i(1+i)^n}$$

与第二部分现金流量等值的现值为

$$\begin{aligned} P_2 &= \frac{G}{(1+i)^2} + \frac{2G}{(1+i)^3} + \frac{3G}{(1+i)^4} + \cdots + \frac{(n-1)G}{(1+i)^n} \\ &= \frac{G}{i}\left[\frac{(1+i)^n - 1}{i} - n\right]\frac{1}{(1+i)^n} \end{aligned}$$

则等差递增(或递减)序列支付的现值为:

$$P = A_1 \frac{(1+i)^n - 1}{i(1+i)^n} \pm \frac{G}{i}\left[\frac{(1+i)^n - 1}{i} - n\right]\frac{1}{(1+i)^n}$$

式中$\frac{1}{i}\left[\frac{(1+i)^n - 1}{i} - n\right]\frac{1}{(1+i)^n}$称为等差序列现值系数,也可以用符号$(P/G,i,n)$表示。所以上述公式又可写成:

$$P = A_1 \cdot (P/A,i,n) \pm G \cdot (P/G,i,n)$$

2)等差序列终值公式

将等差序列现值公式代入一次支付终值公式,即得等差递增(或递减)序列支付的终值为:

$$F = A_1 \frac{(1+i)^n - 1}{i} \pm \frac{G}{i}\left[\frac{(1+i)^n - 1}{i} - n\right]$$

式中$\frac{1}{i}\left[\frac{(1+i)^n - 1}{i} - n\right]$称为等差序列终值系数,也可以用符号$(F/G,i,n)$表示。所以上述公式又可写成:

$$P = A_1 \cdot (F/A,i,n) \pm G \cdot (F/G,i,n)$$

3）等差序列年值公式

将等差序列现值公式代入等额分付资金回收公式，即得等差递增（或递减）序列支付等额年值为：

$$A = A_1 \pm G\left[\frac{1}{i} - \frac{n}{(1+i)^n - 1}\right]$$

式中$\left[\frac{1}{i} - \frac{n}{(1+i)^n - 1}\right]$称为等差序列年值系数，也可以用符号$(A/G,i,n)$表示。所以上述公式又可写成：

$$A = A_1 \pm G(A/G,i,n)$$

例 10-9　某企业拟购买一台设备，其年收益额第一年为 10 万元，此后直至第 8 年逐年递减 3 000 元，设年利率为 15%，按复利计算，试求该设备 8 年的收益现值及等额支付序列收益年值。

解：将现金流量分解为以下两部分。

第一部分是以收益额 10 万元为等额值的等额分付序列现金流量：

$$P_1 = 100\ 000\left(\frac{P}{A},15\%,8\right) = 100\ 000 \times 4.487\ 3 = 448\ 730（元）$$

第二部分是以等差额 3 000 元构成的等差递减支付序列现金流量：

$$P_2 = 3\ 000 \times (A/G,15\%,8) \times \left(\frac{P}{A},15\%,8\right)$$

$$= 3\ 000 \times 2.781\ 3 \times 4.487\ 3 = 37\ 441.58（元）$$

因此，　$P = P_1 - P_2 = 448\ 730 - 37\ 441.58 = 411\ 288.42$（元）

$$A = 411\ 288.42\left(\frac{A}{P},15\%,8\right) = 411\ 288.42 \times 0.222\ 9 = 91\ 676.19（元）$$

即该设备 8 年的收益现值为 411 288.42 元，等额支付序列收益年值为 91 676.19 元。

3. 等比序列的等值计算公式

设有一现金流序列 A_t 是等比数列，$A_t = A_1(1+g)^{t-1}(t = 1 \sim n)$，即第一期末的现金流量为 A_1，以后每期按一定比率逐量递增（或递减），连续发生了 n 期的现金流量，利率为 i，则与其等值的现值、终值、年值各为多少？等比递增序列现金流量如图 10-8 所示。

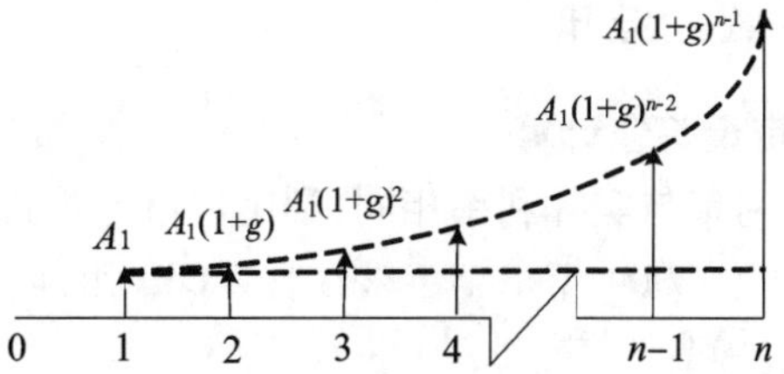

图 10-8　等比递增序列现金流量

1）等比序列现值计算式

等比序列现值计算式为：

$$P = \frac{A_1}{1+i} + \frac{A_1(1+g)}{(1+i)^2} + \frac{A_1(1+g)^2}{(1+i)^3} + \cdots + \frac{A_1(1+g)^{n-1}}{(1+i)^n}$$

$$=A_1\left[\frac{1}{1+i}+\frac{1+g}{(1+i)^2}+\frac{(1+g)^2}{(1+i)^3}+\cdots+\frac{(1+g)^{n-1}}{(1+i)^n}\right]$$

当 $g=i$ 时,可得

$$P=\frac{nA_1}{1+g}=\frac{nA_1}{1+i}$$

当 $g\neq i$ 时,利用等比数列求和公式可得

$$P=A_1\left[\frac{1-(1+g)^n(1+i)^{-n}}{i-g}\right]$$

2)等比序列终值计算式

将等比序列现值计算式代入一次支付终值计算式,即得等比序列支付的终值计算式。

当 $g=i$ 时,

$$F=\frac{nA_1}{1+g}(1+i)^n$$

或 $$F=nA_1(1+i)^{n-1}$$

当 $g\neq i$ 时,

$$F=A_1\left[\frac{1-(1+g)^n(1+i)^{-n}}{i-g}\right](1+i)^n$$

3)等比序列年值计算式

将等比序列现值计算式代入等额分付资金回收计算式,即得等比序列支付年值计算式。

当 $g=i$ 时,

$$A=\frac{nA_1}{1+g}\cdot\frac{i(1+i)^n}{(1+i)^n-1}$$

或

$$A=\frac{nA_1 i(1+i)^{n-1}}{(1+i)^n-1}$$

当 $g\neq i$ 时,

$$A=A_1\left[\frac{1-(1+g)^n(1+i)^{-n}}{i-g}\right]\frac{i(1+i)^n}{(1+i)^n-1}$$

三、资金等值计算公式的应用

(一)计息期为 1 年的资金等值计算

计息期为 1 年时,名义利率与实际利率相同,利用等值计算式可直接进行计算。

例 10-10 某人 2002 年至 2004 年每年年末存款 5 000 元,从 2006 年至 2010 年每年年末存款 10 000 元,年利率 5%。问:

(1)2010 年年末的本利和是多少?

(2)与这笔存款等值的 2001 年至 2010 年各年年末等额资金为多少?

解:(1)$F=5\,000(F/A,5\%,3)(F/P,5\%,6)+10\,000(F/A,5\%,5)=76\,379.33$(元)

(2)$A=F(A/F,5\%,10)=6\,072.16$(元)

即 2010 年年末的本利和是 76 379. 33 元,与这笔存款等值的 2001 年至 2010 年各年年末等额资金为 6 072. 16 元。

例 10-11 某投资者 5 年前以 200 万元价格买入一房产，在过去的 5 年内每年获得年净现金收益 25 万元，现在该房产能以 250 万元出售。若投资者要求的年收益率为 20%，问此项投资是否合算？

解：可将全部收益等值折算到现值之后与买入价格相比较。

$$P = 25\frac{(1+20\%)^5-1}{20\%(1+20\%)^5}+\frac{250}{(1+20\%)^5}=175.25(\text{万})$$

因为 175.25＜200，未达到 20% 的收益率，因此该投资不合算。

例 10-12 某项目工程向银行贷款 50 万元，根据下面不同情况，为该项目进行决策。

(1)年利率为 6%，如果准备若干年后以 60 万元偿还，求偿还年限。

(2)如果决定最多 4 年期偿还 60 万元，问此项目能接受的最大贷款利率为多少？

解：(1)由 $F=P(F/P,i,n)$，得 $(F/P,6\%,n)=60/50=1.2$

查复利系数表可知，1.2 落在第 3 年和第 4 年之间。

$$(F/P,6\%,3)=1.1910,\ (F/P,6\%,4)=1.2625$$

用直线内插法可得

$$n=3+\frac{1.2-1.1910}{1.2625-1.1910}\times(4-3)=3.13(\text{年})$$

(2)由 $F=P(F/P,i,n)$，得 $(F/P,i,4)=60/50=1.2$

查复利系数表可知，1.2 落在 4% 和 5% 之间。

$$(F/P,4\%,4)=1.1699,\ (F/P,5\%,4)=1.2155$$

用直线内插法可得

$$n=4\%+\frac{1.2-1.1699}{1.2155-1.1699}\times(5\%-4\%)=4.66\%$$

即年利率为 6%，若干年后以 60 万元偿还，偿还年限为 3.13 年；如果最多 4 年期偿还 60 万元，项目能接受的最大贷款利率为 4.66%。

例 10-13 某企业向银行贷款 100 万，利率为 6%，还款期限为 5 年。现有五种不同的还款方式：(1)到五年后一次还清本息；(2)每年年末偿还所欠利息，本金到第五年末一次还清；(3)每年末等额偿付本息；(4)每年末偿还 20 万元本金及所欠本金产生的利息；(5)每年末偿还 20 万元本金，所欠利息第 5 年一次还清。试分析各种还款方式的债务情况。

解：(1) $F_1=100(F/P,6\%,5)=133.82$ (万元)

$I_1=F_1-100=33.82$ (万元)

(2) $F_2=100\times6\%\times5+100=130$ (万元)

$I_2=F_2-100=30$ (万元)

(3) $F_3=5\times100(A/P,6\%,5)=118.7$ (万元)

$I_3=F_3-100=18.7$ (万元)

(4) $F_4=(20+100\times6\%)+(20+80\times6\%)+\cdots+(20+20\times6\%)=118$ (万元)

$I_4=F_4-100=18$ (万元)

(5) $$100(1+6\%)^5=20\frac{(1+6\%)^5-1}{6\%}+I_5$$

$I_5=21.03$ (万元)

$F_5=121.03$ (万元)

即第一种还款方式的还款总额为 133.82 万元，偿付利息 33.82 万元；第二种还款方式的还款总额为 130 万元，偿付利息 30 万元；第三种还款方式的还款总额为 118.7 万元，偿付利息 18.7 万元；第四种还款方式的还款总额为 118 万元，偿付利息 18 万元；第五种还款方式的还款总额为 121.03 万元，偿付利息 21.03 万元。

(二)计息期小于 1 年的资金等值计算

计息期小于 1 年，通常可能出现以下 3 种情况。

1. 计息期和支付期相等

例 10-14 年利率 12%，每季度计息一次，若每季度末存入 1 000 元，连存 6 年，求与之等值的现值是多少？

解：计息期利率为 $i = 12\%/4 = 3\%$

$$P = 1\,000(P/A, 3\%, 24) = 16\,935.5(\text{元})$$

即与这笔现金流量等值的现值为 16 935.5 元。

2. 计息期短于支付期

例 10-15 年利率 12%，每季度计息一次，若每年年末存 1 000 元，连存 6 年，求 6 年后的本利和？

解：支付期的实际利率为 $i = (1 + 12\%/4)^4 - 1 = 12.55\%$

$$F = 1\,000(F/A, 12.55\%, 6) = 8\,228.67(\text{元})$$

即 6 年后的本利和为 8 228.67 元。

这道题还有什么求解思路，留给大家思考。

3. 计息期大于支付期

通常规定存款必须存满一个完整的计息周期才计算利息，也就是说，在计息期间存入的款项在该期不计算利息，要到下一期才计算利息。因此，计息期间的存款应放在期末，而计息期间的提款应放在期初。

例 10-16 年利率 12%，每季度计息一次，若每月末存入银行 500 元，连存 5 年，求第 5 年末可从银行取出本利和多少？

解：计息期利率为 $i = 12\%/4 = 3\%$

$$F = 500 \times 3(F/A, 3\%, 20) = 40\,305.6(\text{元})$$

即第 5 年末可从银行取出本利和 40 305.6 元

思考练习

1. 如何理解资金的时间价值？资金时间价值如何衡量？

2. 利息的计算方法有哪些？

3. 什么是实际利率和名义利率？

4. 什么是资金等值和资金等值计算？影响资金等值的要素有哪些？

5. 某项借款的月利率为 1.5%，每月计息一次，试求每年的名义利率和实际利率。若借款 1 000 元，5 年后应还多少钱？

6. 现有 3 个存款机会甲、乙、丙，机会甲为年利率 16%，每半年计息一次；机会乙年利率为 14%，每季度计息一次；机会丙年利率为 12%，每月计息一次。应选择哪个存款机会？

7. 下列现在存款的将来值是多少？

(1) 年利率 12%,8 000 元存款期为 9 年;

(2) 年利率 4%,每半年计息一次,8 000 元存款期 10 年;

(3) 年利率 12%,每季度计息一次,10 000 元存款期 8 年。

8. 下列等额支付的现值为多少?

(1) 年利率 5%,每年年末支付 4 000 元,连续支付 10 年;

(2) 年利率 8%,每季度末支付 720 元,连续支付 10 年;

(3) 年利率 12%,每季度计息一次,每年年末支付 5 000 元,连续支付 8 年。

9. 某设备除每年发生 5 万元运行费用外,每隔 3 年需大修一次,每次费用为 3 万元。若设备的寿命为 15 年,资金利率为 10%,则在整个寿命期内设备的费用现值为多少?

10. 某人从 25 岁参加工作起至 59 岁,每年存入养老金 5 000 元,若年利率为 6%,则他从 60 岁至 74 岁间每年可以等额领到多少钱?

11. 每年年末等额存入 1 500 元,连存 10 年,准备在第 6 年、第 10 年、第 15 年末支取 3 次,金额相等,若年利率为 12%,支取金额为多少?

12. 某家庭向银行贷款 10 万元购买一套商品房,计划在 5 年内以等额月末支付分期还款。在归还 30 次之后,他想第 31 次以一次支付立即归还余下余额,年利率 12%,每月计息一次,问第 31 次他应该准备多少钱?

13. 某银行于年初将 10 万元资金贷款给某企业进行技术改造,要求企业从当年开始,每年年末等差偿还,5 年还清,第 5 年的偿还额就是其等差数额,利率 10%,试计算每年年末企业应还款多少元?

14. 假设你毕业 5 年后买房,房屋面积 100 平米,房屋售价 5000 元/平米,首付需要支付 30%,其余按揭 20 年,按月计息,每月还款。假设存、贷款年利率均为 4%,试问:

(1)要支付首付,5 年内你每个月的净收益至少应是多少?(设月净收益等额)

(2)按揭 20 年,每月应等额还款多少?

第十一章 技术经济评价的基本方法

学习要求

(一)知识目标

· 理解不同经济评价指标的含义与特点；
· 掌握投资回收期的经济含义及计算；
· 掌握现值法的应用；
· 掌握年值法的应用；
· 掌握内部收益率的经济含义及计算；
· 理解不确定性评价方法的思路。

(二)技能目标

· 能够根据项目的实际特点合理选择经济评价指标，建立恰当的评价指标体系；
· 能够运用所学技术经济评价的方法对有关项目进行评价。

在对投资项目进行经济评价时，为了评价和比较不同方案的经济效果，首先需要确定评价的依据和标准，这些依据和标准被称为技术经济评价指标，对基础指标的应用也构成了技术经济评价的基本方法。本章主要介绍技术经济评价常用的指标及方法。

第一节 技术经济评价方法的分类

技术经济评价方法主要包括确定性评价方法和不确定性评价方法。确定性评价方法适用于方案影响因素确定的条件下进行经济效果评价；当存在不确定因素，为了提高经济评价的准确度和可信度，尽量避免或减少决策失误，需要对方案进行不确定性评价和分析。

在确定型评价方法中，根据评价指标的不同性质，对评价方法可以进行不同的分类。

按照是否考虑资金时间价值，经济评价指标可分为静态评价指标和动态评价指标。静态评价指标是不考虑资金时间价值的指标，主要用于技术经济数据不完备和不精确的项目初选阶段。动态评价指标是考虑资金时间价值的指标，多用于项目最终决策前的可行性研究阶段。一般来说，动态评价指标考虑了资金的时间价值，而且考察了项目在整个寿命期内的全部经济数据，因此，动态评价指标是比静态评价指标更全面、更科学的评价指标。

按照评价指标所反映的经济性质，经济评价指标可划分为时间型经济评价指标、价值型经济评价指标和效率型经济评价指标。时间型经济评价指标是用时间长短来衡量项目对其投资回收或清偿能力的指标；价值型经济评价指标是反映项目投资的净收益绝对量大小的指标；效率型经济评价指标是反映项目单位投资获利能力或项目对贷款利率的最大承受力的指标。

按照评价指标的评价功能，经济评价指标又可分为绝对技术经济效益评价指标和相对技术经济效益评价指标。绝对技术经济效益评价指标是反映一个技术方案或一个工程项目本身的经济效益大小的指标；相对技术经济效益评价指标是用来反映一个方案相对于另一个方案的技术经济效益大小的指标。

由于投资项目的复杂性，任何一个具体的评价指标都只能反映项目方案的某一侧面或某些侧面，而忽略了其他因素。因此，为了能够全面系统地对投资项目进行经济评价，需要采用多个评价指标，从各个不同侧面进行分析，这些指标既相互联系又相互独立，从不同角度和不同侧面反映不同项目的经济性，构成了项目经济评价的指标体系。正确选择经济评价指标与指标体系，是项目经济评价工作成功的关键因素之一。鉴于不同项目的评价深度要求和可获得资料的多少不同以及项目自身和所处条件的不同，经济评价人员必须掌握各种经济评价指标的经济含义、特点、计算及其相互关系，以便合理地选择经济评价指标，建立恰当的评价指标体系。

第二节　确定性评价方法

一、时间型经济评价指标

时间型经济评价指标是用时间长短来衡量项目对其投资回收或清偿能力的指标，常用的指标包括投资回收期、贷款偿还期等。这里重点介绍投资回收期指标。

（一）投资回收期的含义及应用

投资回收期（Payback Period，简写为 PBP）又称投资返本期或投资返本年限，是指投资项目的净收益抵偿全部投资所需要的时间，通常以“年”表示。它是反映投资项目或方案投资回收速度的重要指标，同时也能部分描述方案的风险性。投资回收期越短，投资的回收速度越快，方案的风险也越小。投资回收期一般从建设开始年算起，但也有从投产年算起的，为避免误解，使用时应注明起算时间。

投资回收期是反映项目投资回收能力的重要指标，在我国经济建设及经济体制改革过程中，资金不足是困扰经济发展的重要因素，投资回收速度的快慢显得尤为重要，因此，投资回收期是我国进行建设项目经济评价和方案比较的重要依据。

根据是否考虑资金时间价值，投资回收期可以分为静态投资回收期和动态投资回收期。

1. 静态投资回收期（P_t）

1）定义

静态投资回收期是在不考虑资金时间价值的条件下，以项目投产后各年所获得的净收益抵偿全部投资所需的年限，计算式为：

$$\sum_{t=0}^{P_t} NCF_t = \sum_{t=0}^{P_t} (CI_t - CO_t) = 0$$

式中：P_t——静态投资回收期；

NCF_t——项目第 t 年净现金流量；

CI_t、CO_{t-}——项目第 t 年的现金流入量、现金流出量。

2）计算

在实际工作中，累计净现金流量等于零的时间往往不一定是自然年份，有可能不是整数年，则按照上述定义公式无法计算静态投资回收期 P_t。因此，下面针对两种情况介绍 P_t 的具体计算方法。

(1)等额回收期。若项目投产后每年的净现金流量均相等,假定为 A,总投资为 K,则有:

$$P_t = \frac{K}{A}$$

例 11－1:假设某项目需投资 15 万元,项目投产后年经营收入为 8 万元,经营费用为 3 万元,项目寿命期为 10 年,求其静态投资回收期。

解:$P_t = \frac{15}{8-3} = 3$(年)

即该项目的静态投资回收期为 3 年。

(2)不等额回收期。若项目投产后,每年的净现金流量不等,则用定义公式计算 P_t 将非常困难。下面通过例题介绍一般情况下静态投资回收期计算的经验公式。

例 11－2:某方案的现金流量如图 11-1 所示。试计算其静态投资回收期。

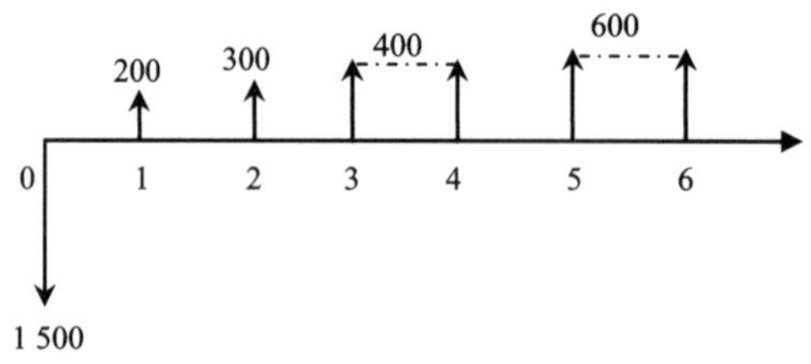

图 11-1　现金流量(单位:万元)

解:首先把该项目的现金流量图表示的各年现金流量发生情况转换为计算所需的现金流量表,如表 11—1 所示。

表 11-1　现金流量　　(单位:万元)

年份 t	0	1	2	3	4	5	6
净现金流量 NCF_t	－1 500	200	300	400	400	600	600
累计净现金流量	－1 500	－1 300	－1 000	－600	－200	400	1 000

根据此表,作出该项目的累计净现金流量曲线图,如图 11-2 所示:

从图 11-2 可以看出,该项目投资回收期应在 4～5 年之间,具体数值可用插值法求得,如图 11-3 所示。

则有:$\frac{x}{1-x} = \frac{200}{400}$

$$x = \frac{200}{200+400} = 0.3$$

计算得 $P_t = 4.3$(年)

即该项目的静态投资回收期为 4.3 年。

由此得出当项目各年净现金流量不相等时,静态投资回收期 P_t 的一般计算公式:

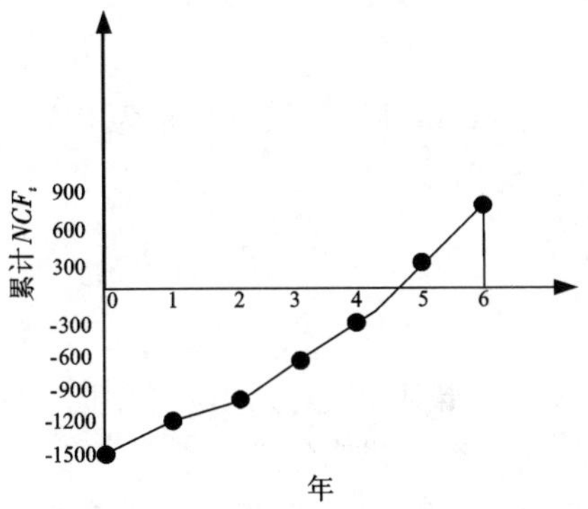

图 11-2 累计净现金流量曲线

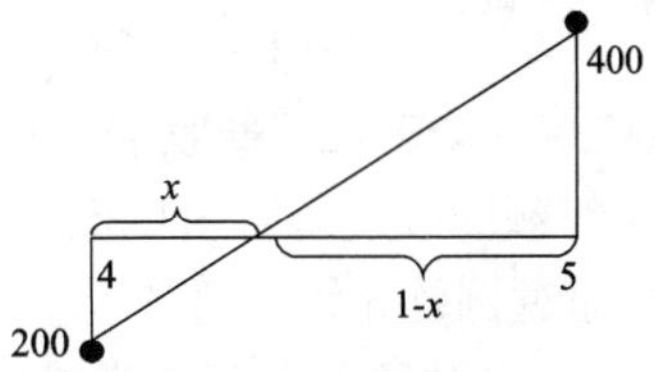

图 11-3 插值算法

$$P_t = \text{累计净现金流量开始出现正值的年份数} - 1 + \frac{|\text{上年累计净现金流量}|}{\text{当年净现金流量}}$$

2. 动态投资回收期(P_t')

1)定义

动态投资回收期是指在考虑资金时间价值情况下,以项目投产后各年的净收益的现值来回收全部投资的现值所需要的时间,其定义公式为:

$$\sum_{t=0}^{P_t'} NCF_t \cdot (1+i)^{-t} = \sum_{t=0}^{P_t'} (CI_t - CO_t) \cdot (1+i)^{-t} = 0$$

式中: P_t' －－－－动态投资回收期;

i －－－－折现率或贴现率;

其他符号同上。

2)计算

下面分两种情况介绍动态投资回收期 P_t' 的计算方法。

(1)等额回收期。若项目各年的净现金流量相等,均为 A,设总投资现值为 K,如图 11-4 所示。

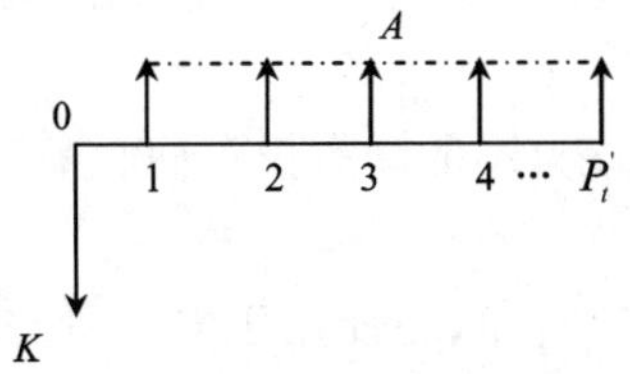

图 11-4 P_t' 计算示意

根据图 11 －4 有

$$K = A(P/A, i, P_t') = A\frac{(1+i)^{P_t'} - 1}{i(1+i)^{P_t'}}$$

推导得出: $P_t' = \dfrac{\lg A - \lg(A - K \cdot i)}{\lg(1+i)}$

上式中,若 $A-K\cdot i<0$,则 $\lg(A-K\cdot i)$ 无法计算,说明每年的净收益不足抵偿投资产生的利息,因此 P_t' 为无穷大,方案肯定不可行。

例 11 -3:某项目一次性投资 5 亿元,每年等额盈利 1.2 亿元,设定利率为 10%,试求该项目的动态投资回收期。

$$解:P_t' = \frac{\lg 1.2 - \lg(1.2 - 5 \times 10\%)}{\lg(1+10\%)} = 5.6(年)$$

即该项目的动态投资回收期为 5.6 年。

(2)不等额回收期。若项目投产后各年的净现金流量不相等,则不能利用定义公式直接计算,下面通过例题介绍一般情况下动态投资回收期的经验计算公式。

例 11 -4:某项目各年现金流量发生情况如表 11 - -2 所示,取折现率为 10%,试计算其动态投资回收期 P_t'。

表 11-2 某项目的现金流量

年份	0	1	2	3	4	5	6
1. 现金流入	—	—	5 000	6 000	8 000	8 000	7 500
2. 现金流出	6 000	4 000	2 000	2 500	3 000	3 500	3 500
3. 净现金流量(1 -2)	-6 000	-4 000	3 000	3 500	5 000	4 500	4 000
4. 折现系数(i=10%)	1	0.909 1	0.826 4	0.751 3	0.683 0	0.620 9	0.564 5
5. 净现金流量折现值	-6 000	-3 636	2 479	2 630	3 415	2 794	2 258
6. 累计净现金流量折现值	-6 000	-9 636	-7 157	-4 527	-1 112	1 682	3 940

计算动态投资回收期的经验公式为:

$$P_t' = 累计净现金流量折现值开始出现正值的年份数 - 1 + \frac{|上年累计净现金流量折现值|}{当年净现金流量折现值}$$

则由上式,该项目的动态投资回收期为:

$$P_t' = 5 - 1 + \frac{|-1112|}{2794} = 4.4(年)$$

利用表 11 -2,可绘制累计净现金流量折现值曲线图,如图 11 -5 所示,它可以更直观地反映动态投资回收期。

由图 11 -5 可以直观地看出该方案的动态投资回收期在 4 ~5 年之间。

3. 投资回收期的应用及判断

投资回收期只能对单方案进行评价,不能用于多方案比较择优。由投资回收期的定义可知,一般情况下,投资回收期越短越好,但应短至几年,方案才是可行的,需要有个判别准则,这就是标准投资回收期 P_c。P_c一般是由国家或各部门(行业)考虑国家的投资政策和投资结构、技术发展水平等因素分别为各部门、各行业制定的判别标准。

投资回收期的判别准则是:将项目计算求得的投资回收期(静态或动态)P_t、P_t' 与部门或行业的标准投资回收期 P_c相比较,若 $P_t(P_t') \leqslant P_c$,则表明项目的总投资在规定的时间内能收回,项目在财务上是可接受的;反之,若 $P_t(P_t') > P_c$,则项目在财务上不可接受,应拒绝该项目。

标准投资回收期是取舍方案的决策指标之一,正确地确定这些指标具有非常重要的意

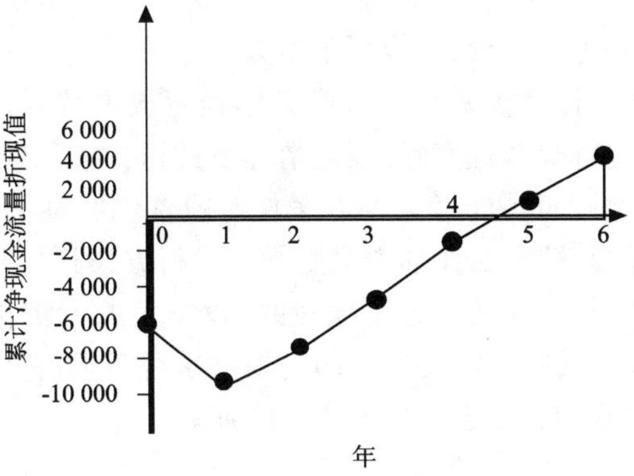

图 11-5 累计净现金流量折现值曲线

义。确定标准投资回收期,是一项比较复杂的工作,首先要分析影响投资回收期的因素,主要有以下几个因素。

(1)投资构成的比例因素。一般说来,生产性投资比重大,非生产性投资比例小,则投资回收期短。

(2)成本构成的比例因素。例如原材料供应情况及价格的变化,企业管理水平及劳动生产率的高低等,均影响产品成本的构成,影响企业的收益,从而影响投资回收期的长短。

(3)技术进步程度。例如新产品发展的速度、产品更新换代的快慢等因素均影响投资回收期的长短。

在分析上述各种影响因素的基础上,再结合总结与分析本行业历年来投资回收期和平均资金利润率等资料,可以确定本行业的标准投资回收期。由于科学技术不断地进步,所以标准投资回收期不应是固定不变的。经过一段时间相对稳定之后,如果大部分企业的实际投资回收期已经小于规定的标准投资回收期,这时就应该对标准投资回收期或标准投资效果系数进行调整和修订。

4. 投资回收期的优点与局限性

投资回收期的优点表现在如下两个方面。

(1)投资回收期指标概念清晰,意义明确直观,计算简便。

(2)投资回收期指标既能反映项目的盈利性,又能在一定程度上反映项目的风险性,并且由于它选择方案的标准是资金回收速度的快慢,迎合了一部分怕担风险的投资决策者的心理,是人们容易接受和乐于使用的一种经济评价指标。

投资回收期的缺点与局限性表现在如下两个方面。

(1)投资回收期只考虑投资回收之前的情况,不能反映投资回收之后的效果,有一定片面性,而且事实上,有战略意义的长期投资往往早期效益较低,而中后期效益较高。

(2)静态投资回收期未考虑资金时间价值,无法辨识项目的优劣,有时可能会带来不必要的损失。

由此可见,投资回收期法尤其是静态投资回收期法,不是全面衡量项目经济效益的理想指标,只能用于粗略评价,可作为辅助评价方法与其他评价方法结合使用。一般不能仅根据投资回收期指标来进行投资决策。

(二)追加投资回收期的含义及应用

追加投资回收期又称差额投资回收期,或增量投资回收期。主要用于互斥方案的优劣比较选优。前面介绍的投资回收期法计算简便，通过与标准投资回收期比较，判断投资方案是否可行，但它只能对单方案进行评价，不能用于多方案比较择优。一般来说，项目方案有这样一个特征，即两方案相比时，往往投资大的方案其年经营成本较低，或经营收益较大，这恰恰是技术进步带来的效益，也符合客观实际，在此情况下进行方案比较时，不仅要考虑不同投资方案本身投资回收期的大小，而且要考虑各方案相对投资回收期的大小。当然，用追加投资回收期进行比较有一个前提，即所对比的方案必须是可行方案且具有可比性。

所谓追加投资回收期，是指在两个方案比较时，投资大的方案相对投资小的方案的增量投资用其年净收益的增加来回收所需要的时间。根据是否考虑资金时间价值，追加投资回收期又分为静态追加投资回收期和动态追加投资回收期。

1. 静态追加投资回收期（P_a）

静态追加投资回收期是指在不考虑资金时间价值的情况下，投资大的方案用其年净收益的增加额抵偿其增量投资所需要的时间。

考虑年等额的情况，即投资大的方案相对投资小的方案每年净收益的增加额相等。设两个投资方案的投资分别为 K_1 与 $K_2(K_1 < K_2)$，年净收益分别为 A_1 和 $A_2(A_1 < A_2)$，年产量分别为 Q_1 和 Q_2，则在不考虑资金时间价值时，两方案的追加投资回收期为：

当 $Q_1 = Q_2$ 时，
$$P_a = \frac{K_2 - K_1}{A_2 - A_1}$$

当 $Q_1 \neq Q_2$ 时，
$$P_a = \frac{\dfrac{K_2}{Q_2} - \dfrac{K_1}{Q_1}}{\dfrac{A_2}{Q_2} - \dfrac{A_1}{Q_1}}$$

判断准则：当计算出的 $P_a \leqslant P_C$ 时，说明投资大方案的增量投资回收速度较快，应选投资大的方案；反之，应选投资小的方案。

例 11-5：有两个可行的投资方案，根据预测，甲方案的投资为 2700 万元，经营费用每年 500 万元，乙方案的投资额为 3200 万元，经营费用每年 450 万元，设标准投资回收期 $P_C = 8$ 年。

（1）如果两个方案年产量相同，问应该选择哪个方案？

（2）甲方案的年产量为 800，乙方案的年产量为 820，问应该选择哪个方案？

解：（1）$P_a = \dfrac{3200 - 2700}{500 - 450} = 10 > P_c$，选择方案甲。

（2）$P_a = \dfrac{3200/820 - 2700/800}{500/800 - 450/820} = 6.93 < P_c$，选择方案乙。

例 11 - 6：某建设项目有三个方案可供选择，数据如表 11—3，假定三个方案均为可行方案，试比较其优劣。设标准投资回收期 $P_C = 5$ 年。

表 11-3　三个方案的基础数据　（单位：万元）

方案	I	II	III
投资	100	110	140
年经营成本	120	115	105

解：分别计算两两方案的追加投资回收期，逐步淘汰。

$P_{a(I-II)} = \dfrac{110-100}{120-115} = 2 < P_c$　　　　选择方案 II

$P_{a(II-III)} = \dfrac{140-110}{115-105} = 3 < P_c$　　　　选择方案 III

即应选择方案 III。

2. 动态追加投资回收期(P_a')

动态追加投资回收期是指在考虑资金时间价值的条件下,两个方案对比时投资大的方案用其年净收益的增加额抵偿增量投资所需要的时间。考虑年等额的情况,其计算公式的推导如下,如图 11－6 所示。

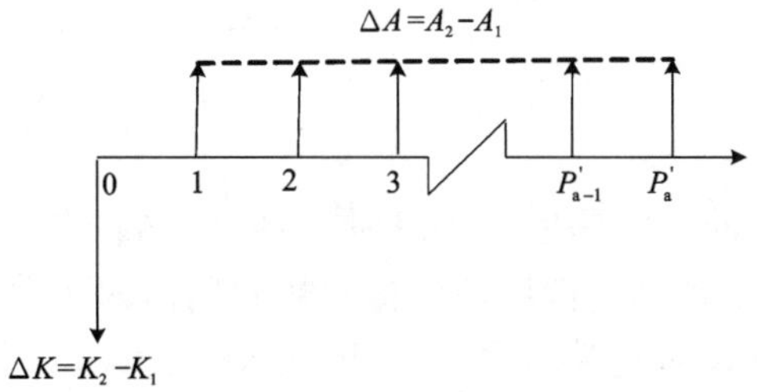

图 11-6　P_a' 计算示意

假设现有两个方案投资分别为 K_1 与 K_2($K_1 < K_2$),年净收益分别为 A_1 和 A_2($A_1 < A_2$),设年产量相等,则增量投资为 $\Delta K = K_2 - K_1$,年净收益增加额为 $\Delta A = A_1 - A_2$。

由年金现值公式有　　$\Delta K = \Delta A \dfrac{(1+i)^{P_a'} - 1}{i(1+i)^{P_a'}}$

推导得出

$$P_a' = \frac{\lg\Delta A - \lg(\Delta A - \Delta K \cdot i)}{\lg(1+i)}$$

判别准则:若计算出的 $P_a' \leqslant P_C$,说明投资大方案的增量投资回收较快,则选择投资大的方案;反之,应选择投资小的方案。

例 11-7:某项工程有两个可供选择的方案,方案 A 为一般技术,投资为 4000 万元,年平均经营成本为 2200 万元。方案 B 用先进技术,投资为 6400 万元,年平均经营成本为 1600 万元,设 $i = 10\%$,项目标准投资回收期 $P_C = 6$ 年,试用追加投资回收期比较其优劣。

解:　$K_A = 4000$ 万元　　　　$C_A = 2200$ 万元

　　　$K_B = 6400$ 万元　　　　$C_B = 1600$ 万元

则 $P_a' = \dfrac{\lg(2200-1600) - \lg[2200-1600-(6400-4000)\times 10\%]}{\lg(1+10\%)}$

$= 5.36$ 年 $< P_C$

因此,应选择投资大的方案 B。

二、价值型经济评价指标

价值型经济评价指标是反映项目投资的净收益绝对量大小的指标,常用的指标包括净现值、现值成本、净年值、年值成本。

净现值、现值成本与净现值率(净现值率将在效率型指标中进行介绍)构成了现值法。现值法是在对项目方案计算期内各时点的现金流量进行科学合理的预测和估算基础上,按给定的基准折现率转换为某一基准时点(通常是期初)的等值额,运用该数值的大小对项目方案的优劣进行评价的方法。

净年值、年值成本构成了年值法。年值法是把项目方案在整个寿命期内不同时点发生的现金流量按给定的基准折现率统一换算为与其等值的等额年值,用该等额年值评判和比较方案的方法。由于该方法是换算为等额年值,这个现金流量在任何年份均相等,所以时间上具有可比性。因此,对寿命周期不等的多个方案进行比较时,年值法更为简便,省去了时间等同化处理的过程。

(一)净现值

1. 净现值指标的概念

净现值(Net Present Value,简写为 *NPV*)是指将项目方案整个计算期内各时点的净现金流量按部门或行业的基准折现率 i_0 折算到计算期初的现值的代数和。它反映了项目方案在计算期内的盈利能力,其实质可视为净收益的现值总额。净现值的计算表达式为:

$$NPV = \sum_{t=0}^{n} (CI_t - CO_t)(1 + i_0)^{-t} = \sum_{t=0}^{n} NCF_t (1 + i_0)^{-t}$$

式中:CI_t、CO_t——分别为项目方案第 t 时点的现金流入量与现金流出量;

NCF_t——项目方案第 t 时点的净现金流量;

i_0——基准折现率(或基准收益率);

n——计算期期数,一般为项目的寿命期。

2. 净现值法的应用

在项目经济评价中,净现值法既可用于单个方案的评价,也可用于多方案的比较选优。当用于单方案评判时,若方案的 $NPV \geqslant 0$,则说明项目方案不仅能达到基准收益率 i_0,还能获得一定超额收益,经济上可行;若 $NPV < 0$,则表示项目达不到预期收益率 i_0,经济上不可行。当用于多方案比较选优时,净现值越大,方案相对较优(净现值最大准则)。

净现值法是反映项目投资盈利能力的一个重要的动态评价方法,其优点是不仅考虑了资金时间价值,而且考虑了项目在整个计算期内的经济状况,较为全面,并且它直接以货币金额表示项目投资的收益性大小,经济意义明确直观。缺点是计算净现值需事先给定一个基准折现率 i_0,而 i_0 的确定在实际工作中往往是比较复杂的;在互斥方案评价时,净现值必须慎重考虑互斥方案的寿命,如果互斥方案寿命不等,必须构造一个相同的研究期,才能进行方案之间的比选;此外,净现值不能反映项目投资中单位投资的使用效率。

在净现值的计算中,以下两点非常重要,应特别注意:

1) NCF_t 即 $CI_t - CO_t$ 的预测。由 *NPV* 的计算公式可知,当 i_0 一定时,NCF_t 预测和估算的准确性将直接影响项目方案净现值的大小与正负,进而影响项目方案的经济可行性与优劣性,所以应尽可能准确、科学地进行预测和估算。

2) 基准收益率 i_0 的选取。由净现值的计算公式可知,净现值 *NPV* 的大小与 i_0 有很大关系。对某一投资项目而言,NCF_t 与 n 是确定的,可事先预测与估算,此时项目的净现值 *NPV* 随基准折现率 i_0 的变化而变化,且成反比关系,一般称其为净现值函数,反映两者关系的曲线称为净现值函数曲线。一般情况下，对同一个项目的净现金流量发生情况而言，其净现值 NPV 随着 i_0 的增大而减小，故基准折现率 i_0 定得越高，能通过净现值判别准则检验的项目方案越少，即能被接受的方案越少，如下图 11—7 所示。

由上图可知，在某一点 $i*$ 上，净现值函数曲线与横坐标相交，此时 $NPV=0$，该点具有重要的经济意义，后面将详细介绍。

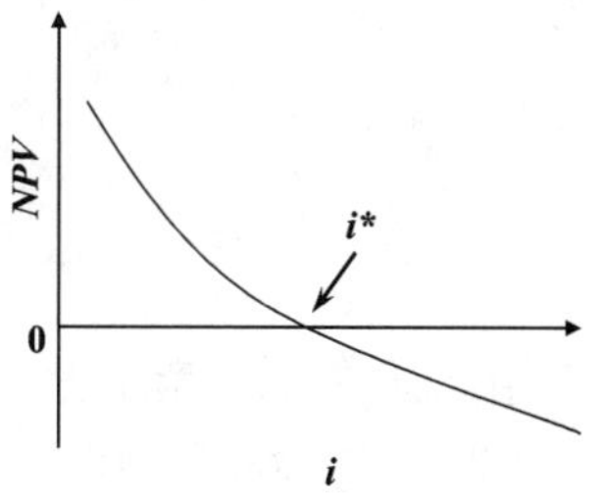

图 11-7 净现值与折现率的关系

由此可以看出，基准折现率 i_0 对方案的评价起着至关重要的作用，i_0 定得越高，同一净现值流量的 NPV 越小，能够通过评判的方案越少。因此，国家正是通过判定并颁布各行业的基准收益率作为进行宏观调控的手段，国家有关部门按照企业和行业的平均投资收益率，并考虑产业政策、资源变化程度、技术进步和价格变动等因素，分行业确定并颁布基准收益率，作为一定时期建设项目投资决策的依据。一般情况下，它应高于银行贷款利率。

另外，采用净现值法进行多方案比较时，对于不同的基准折现率，项目的优劣顺序可能有所不同，应根据实际情况进行计算选择。

例 11-8：某设备的购价为 40000 元，每年的运行收入为 15000 元，年运行费用 3500 元，4 年后该设备可以按 5000 元转让，如果基准折现率 $i_0=20\%$，问此项设备投资是否值得？

解：$NPV=-40000+(15000-3500)\times(P/A,i,t)+5000\times(P/F,i,t)=-7818.5$

由于 $NPV<0$，所以该投资不值得。

例 11-9：某企业准备从 A、B 两种型号的机床中选择一种机床来生产某种产品，有关数据如下表 11－4，基准收益率为 8%，试用净现值法分析方案的优劣。

表 11-4 机床有关数据

方案	投资/元	年产量/件	价格/(元/件)	年收入/元	年经营成本/元	残值/元	寿命/年
A	10 000	500	10	5 000	2 200	2 000	5
B	1 5000	700	10	7 000	4 300	0	10

解：由于 A、B 两个方案的寿命期不同，分别为 5 年和 10 年，不能满足时间因素的可比性，必须采用重复投资的设想，即取两方案寿命期的最小公倍数作为研究周期即共同计算期，本例题应以 10 年作为共同计算期。这里需要说明的是采用最小公倍数作为共同计算期时有一个重要的假设条件，即假定在最小公倍数年限内，各个方案所发生的现金流入量和现金流出量与第一个周期完全相同。该两个方案的现金流量图分别为：

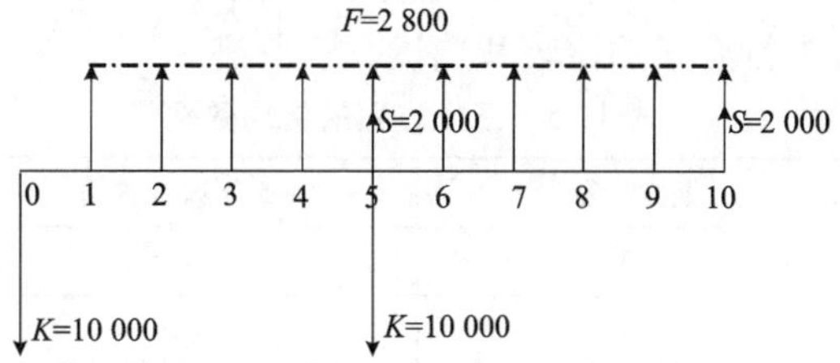

图 11-8 A 方案现金流量

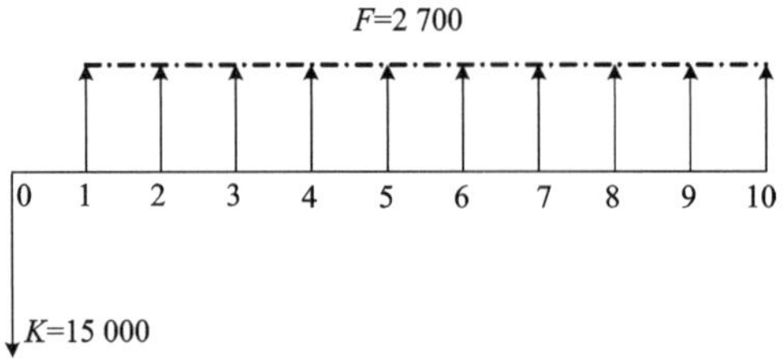

图 11-9　B 方案现金流量

由此计算 A、B 两个方案的净现值分别为

$NPV_A = (5000-2200)(P/A,8\%,10)+2000(P/F,8\%5)+2000(P/F,8\%10)$

$-10000-10000(P/F,8\%,5)=4269.95$(元)$>0$

方案 A 经济上可行

$NPV_B = (7000-4300)(P/A,80\%,10)-15000=3117.22$(元)$>0$

方案 B 经济上可行

又 ∵ $NPVA > NPVB$

∴ 应该选择 A 方案

(二)现值成本

现值成本法又称为费用现值法,是用项目方案的现值成本对方案的优劣进行对比分析的方法,是净现值法的特例。

1. 现值成本指标的概念

现值成本(Present Cost, 简写为 PC)是指将项目方案整个寿命期内各时点的现金流出量按某一给定的基准折现率 i_0 折算为计算期初的现值的代数和。其实质可视为现金流出量的现值总额,其计算公式为:

$$PC = \sum_{\pi=0}^{n} CO_t (1+i_0)^{-t}$$

2. 现值成本法的应用

现值成本法因为只考虑了方案的现金流出量,没有计算现金流入量,因此不能用于直接判断方案是否可行。现值成本法只能用于多方案的比较和选优,判别准则为:以现值成本最小的方案为最优方案。如果各方案的产出价值相同或各方案满足同样的社会需要,但产出价值难以用价值形态计量时(如环保、教育、国防等),可用各方案的现金流出量进行比较选择,此时使用现值成本法恰到好处。

例 11－10:某项目有两个可行方案可供选择,有关数据如表 11－5 所示,基准折现率 $i_0=10\%$,采用现值成本法进行方案的比较和选优。

表 11-5　三个方案的费用数据　　(单位:万元)

方案	期初投资	1~5 年运营费用	6~10 年运营费用
A	70	13	13
B	100	10	10
C	110	5	8

解：$PC_A = 2000 + 1400 \times \left(\frac{P}{A}, i_0, 12\right) + (2000 - 200) \times \left(\frac{P}{F}, i_0, 4\right)$

$+ (2000 - 200) \times \left(\frac{P}{F}, i_0, 8\right) - 200 \times \left(\frac{P}{F}, i_0, 12\right) = 13544.56$ 万元

$PC_B = 3000 + 1300 \times \left(\frac{P}{A}, i_0, 12\right) + (3000 - 600) \times \left(\frac{P}{F}, i_0, 6\right)$

$- 600 \times \left(\frac{P}{F}, i_0, 12\right) = 13021.45$ 万元

∵　$PC_B < PC_A$

∴　应该选择 B 方案。

（三）净年值

1. 净年值指标的概念

净年值（*Net Annual Value*，简写为 *NAV*）也称净年金，是指项目方案在整个寿命期内各时点的净现金流量按给定基准折现率 i_0 换算为与其等值的整个寿命期的等额年值的代数和。它反映项目“平均”每年的纯经济效益，其实质可看做是“平均”净收益，其计算公式为：

$$NAV = \left[\sum_{t=o}^{n} (CI_t - CO_t)(P/F, i_0, t)\right](A/P, i_0, n) = NPV(A/P, i_0, n)$$

2. 净年值法的应用

净年值法判断准则与净现值法一致：当进行单个方案评判时，若 $NAV \geqslant 0$，项目经济上可行，可考虑接受；若 $NAV < 0$，则项目经济上不可行，应予拒绝。当进行多方案比较选优时，净年值大的方案为较优方案。净年值法是对寿命期不等的多个互斥方案进行比较和选择的最简捷的方法之一。

例 11-11：利用例 11－9 有关数据，试用净年值法进行方案评判和比较。

解：两方案的现金流量图如图 11-8 与图 11-9。

两方案的净年值计算如下：

$NAV_A = 5000 + 2000(A/F, 8\%, 5) - 10000(A/P, 8\%, 5) - 2200$

$= 636.35$（元）> 0

方案 A 经济上可行

$NAV_B = 7000 - 15000(A/P, 8\%, 10) - 4300$

$= 473.50$（元）> 0

方案 B 经济上可行

又 ∵　$NAVA > NAVB$

∴　选择方案 A

（四）年值成本

年值成本法又称为费用年值法，是用项目方案的年值成本对方案的优劣进行对比分析的方法，是净年值法的特例。

1. 年值成本指标的概念

年值成本（*Annual Cost*，简写为 *AC*）是指将项目方案整个寿命期内各时点的现金流出量按给定基准折现率 i_0 统一换算为与其等值的等额年值的代数和。其计算公式为：

$$AC = \sum_{t=0}^{n} CO_t (1 + i_0)^{-t} \cdot (A/P, i_o, n) = PC(A/P, i_o, n)$$

2. 年值成本法的应用

年值成本法通常只能用于多方案对比，其判别准则是：年值成本最小的方案为优。年值成本法类似于现值成本法，主要适用于当对比方案的产出价值相同或均能满足同样的社会需要，但产出价值难以用价值形态计量的情况。尤其是当对比方案的寿命期不等时，用年值成本法比现值成本法进行比较选优更为简便。

例 11-12：某项目有三个可行方案可供选择，但各方案的投资及年运营费用不同，有关数据如表 11－6 所示，基准折现率 i_0 ＝15%，采用现值成本法与年值成本法进行方案的比较和选优。

表 11-6　某投资项目现金流量　　（单位：万元）

年份（年末）	0	1	2	3	4	5
现金流量	－2 000	300	500	500	500	1 200

解：采用现值成本法求解

$$PC_A = 70 + 13 \times \left(\frac{P}{A}, i_0, n\right) = 135.2 \text{ 万元}$$

$$PC_B = 100 + 10 \times \left(\frac{P}{A}, i_0, n\right) = 150.2 \text{ 万元}$$

$$PC_C = 110 + 5 \times \left(\frac{P}{A}, i_0, 5\right) + 8 \times \left(\frac{P}{A}, i_0, 5\right)\left(\frac{P}{F}, i_0, 5\right) = 140.1 \text{ 万元}$$

∵　$PC_A < PC_C < PC_B$

∴　A 方案最优，C 方案次之，B 方案最差，应该选择 A 方案。

采用年值成本法求解

$$AC_A = 70 \times \left(\frac{A}{P}, i_0, 10\right) + 13 = 26.9 \text{ 万元}$$

$$AC_B = 100 \times \left(\frac{A}{P}, i_0, 10\right) + 10 = 29.9 \text{ 万元}$$

$$AC_C = 140.1 \times \left(\frac{A}{P}, i_0, 10\right) = 27.9 \text{ 万元}$$

∵　$AC_A < AC_C < AC_B$

∴　A 方案最优，C 方案次之，B 方案最差，应该选择 A 方案。

三、效率型经济评价指标

效率型经济评价指标是反映项目单位投资获利能力或项目对贷款利率的最大承受力的指标。常见的指标包括投资收益率、净现值率、内部收益率等。

（一）投资收益率

1. 投资收益率的含义

投资收益率(*Return on investment*,简写为 ROI)又称投资效果系数,是指项目在正常生产年份的净收益与投资总额之比,计算公式为:

$$ROI = \frac{NB}{K}$$

式中:K——投资总额;

NB——年净现金流量,即年净收益;如果项目各年的净收益变化较大,应计算生产期内年均净收益额。

2. 投资收益率的应用

投资收益率是衡量项目投资盈利能力的静态指标,适用于简单并且生产变化不大的项目的初步评价。判别准则是:若 $ROI \geq Ec$(标准投资收益率),则项目方案经济上可行;若 $ROI < Ec$(标准投资收益率),则项目方案经济上不可行。

标准投资收益率与标准投资回收期一样,都是衡量方案经济效益的重要标准,并且互为倒数,即 $Ec = 1/Pc$。应该特别注意的是,在计算投资收益率时,一定要注意年净收益和投资的计算口径的一致性,计算口径不同就属不同的经济指标,具体形式有以下几种:

1)投资利润率

投资利润率是考察项目单位投资盈利能力的静态指标,是指项目达到设计生产能力后的正常生产年份的年利润总额或生产期内年平均利润总额与项目方案的总投资的比值。计算公式为:

$$投资利润率 = \frac{年利润总额}{项目总投资}$$

在项目经济评价中,若计算出的项目投资利润率大于或等于所在行业或部门的标准投资利润率,则认为项目经济上可行,考虑接受该项目;反之不接受。

2)投资利税率

投资利税率反映项目单位投资对国家积累的贡献水平,是指项目达到设计生产能力后的正常生产年份的年利税总额或生产期内年平均利税总额与项目方案的总投资的比值。计算公式为:

$$投资利税率 = \frac{年利税总额}{项目总投资}$$

式中年利税总额是正常生产年份的年利润总额与销售税金之和,或生产期平均年利润总额与销售税金之和。

在项目经济评价中,若计算出的该项目的投资利税率大于或等于该行业或部门的标准投资利税率,则认为项目经济上可行,考虑接受该项目;反之不接受。

3)资本金利润率

资本金利润率反映投入项目的资本金的盈利能力,是指项目达到设计生产能力后的正常生产年份的年利润总额或生产期内年平均利润总额与项目资本金的比值。计算公式为:

$$资本金利润率 = \frac{年利润总额}{资本金}$$

在项目经济评价中,若计算出该项目的资本金利润率大于或等于该行业或部门的标准资本金利润率，则认为项目经济上可行，考虑接受该项目；反之不接受。

（二）净现值率

净现值法用于多方案比较时，没有考虑各对比方案投资额的大小，因而不能直接反映资金的利用效率，为了能够较全面考察资金利用率，可采用净现值率指标作为补充。

1. 净现值率指标的概念

净现值率（*Net Present Value Ratio*，简写为 *NPVR*）又称净现值指数，是指项目方案整个寿命期内全部净现金流量的净现值与全部投资现值的比值。它反映了项目单位投资所获得的净收益的大小，是净现值与投资现值的比较关系，表示项目的纯经济效率，计算公式如下：

$$NPVR = \frac{NPV}{\sum_{t=0}^{n} K_t (1 + i_0)^{-t}} = \frac{NPV}{K_P}$$

式中：Kt——项目方案的第 t 年投资额；

Kp——项目方案的全部投资现值。

2. 净现值率法的应用

用净现值率法判断单个项目方案的可行性时，若 NPVR ≥0，方案经济上可行，可考虑接受；若 NPVR <0，方案经济上不可行，应予拒绝；用净现值率法进行多方案优劣比较时，以净现值率较大的方案为优。当对有资金约束的多个独立方案进行比较和排序时，可按照净现值率从大到小将项目排序，并依此次序选择满足资金约束条件的项目组合方案，使总 NPV 实际最大化。

例 11-13：利用例 11-9 有关数据，分别计算 *A*、*B* 两个方案的净现值率大小并选优。

解：由例 11-9 计算得知

$NPV_A = 4269.95$（元）

$NPV_B = 3117.22$（元）

则 $NPVR_A = \frac{4269.95}{10000 + 10000(P/F,8\%,5)} = \frac{4269.95}{16805.8} = 0.2541 > 0$

方案 *A* 经济上可行

$$NPVR_B = \frac{3117.22}{15000} = 0.2078 > 0$$

方案 *B* 经济上可行

又 ∵ *NPVRA* > *NPVRB*

∴ 结论依然是选择方案 *A*

（三）内部收益率

前面介绍的净现值法简单实用，但它有一个最大缺陷，就是事先须确定一个基准收益率 i_0，i_0的大小对净现值影响极大。适当的 i_0在实践中是非常难以确定，并且采用净现值法只知其结论是否达到或超过基准收益率，并没有求得项目实际达到的效率。在这里，内部收益率法是对净现值法的一个重要补充。在所有的经济评价指标中，内部收益率是最重要的评价指标之一，也是应用最普遍、最广泛的指标之一。

1. 内部收益率的含义及应用

1）内部收益率的概念

内部收益率(*Internal Rate of Return*,简写为 *IRR*)是指项目方案在整个寿命期内的净现值等于零时的折现率,又称为内部报酬率,其计算公式为:

$$NPV(IRR) = \sum_{t=0}^{n} NCF_t (1+IRR)^{-t} = 0$$

2)内部收益率的应用

内部收益率是由项目方案自身的现金流量决定的,不是用来计算投资收益的,所以一般情况下不能用内部收益率指标作为排列多个独立项目优劣顺序的依据,它只适用于对单一项目方案评价其经济可行性,判别准则是:若$IRR \geq i_0$(基准收益率),则项目在经济上可行,可考虑接受该项目方案;若 $IRR < i_0$(基准收益率),则项目在经济上不可行,应予拒绝。

3)内部收益率的计算

由内部收益率的定义公式可知,该计算式是一个一元高次方程,不容易直接求解。在技术经济分析中,通常利用净现值 NPV 与折现率 i 的关系(如图 11 - -10),采用"试算内插法"求解 IRR 的近似值,计算过程如下:

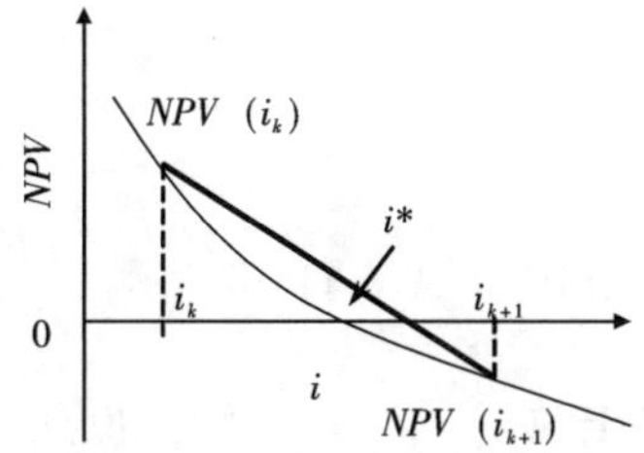

图 11-10 *IRR* 计算内插

(1)任意设初始折现率 i_1,一般可取基准折现率 i_0 作为 i_1,计算其对应的净现值 $NPV(i_1)$。

(2)若 $NPV(i_1)=0$,则 $i_1=IRR$;若 $NPV(i_1)>0$,则任选 $i_2>i_1$;若 $NPV(i_1)<0$,则任选 $i_2<i_1$,计算其对应的净现值 $NPV(i_2)$。

(3)重复步骤(2),直至找到两点 i_k 和 i_{k+1},使得满足条件:

$$NPV(i_k)>0 \quad 及 \quad NPV(i_{k+1})<0$$

则由图 11—10 所示,利用线性内插法计算内部收益率 IRR 的近似解,即

$$IRR = i_k + \frac{NPV(i_k)}{NPV(i_k) + |NPV(i_{k+1})|} \cdot (i_{k+1} - i_k)$$

上面给出的 IRR 的计算式是 IRR 的近似求解公式,IRR 的计算误差取决于$(i_{k+1}-i_k)$差额的大小,为了使 IRR 解的精确度更高,一般应控制$(i_{k+1}-i_k) \leq 5\%$,并且最好在 1 ~ 2% 之间,否则其误差将会较大。

4)内部收益率的经济含义

由内部收益率的定义可知,内部收益率的经济含义可理解为项目对所占用资金的一种恢复能力,项目的内部收益率越高,其经济性越好。也就是说在项目方案整个寿命周期内,如果按利率 i = IRR 计算各年的净现金流量,则始终存在着未被收回的投资,只有到了项目寿命周期结束时,投资才恰好被全部收回,此时的净现金流量刚好等于零。将项目内部收益率的这种投资"偿还"过程和结果按某一折现率折现为净现值时,则项目的净现值必然为零。内部收益率是投资项目本身固有的,它的大小仅仅取决于项目本身的现金流量,与外界无关,这也正是内部收益率"内部"一词的含义所在。因此,内部收益率是指项目方案对初始投资的偿还能力或项目方案对贷款利率的最大承受能力,是由项目方案自身的现金流量决定的。为了更好地理解内部收益率的经济含义,下面结合例题具体说明内部收益率的计算及其经济含义。

例 11-14:某项投资方案的现金流量如表 11-7 所示,设行业基准收益率为 10%,试用内部

收益率法分析判断该方案是否可行,并解释其经济含义。

表 11-7 某投资项目现金流量表 (单位:万元)

年份(年末)	0	1	2	3	4	5
现金流量	-2000	300	500	500	500	1200

解:首先,任意选取 $i_1 = 12\%$,计算其对应的净现值:

NPV(12%) = -2000 + 300(P/F,12%,1) + 500(P/A,12%,3)·(P/F,12%,1) + 1200·(P/F,12%,5) = 21(万元) > 0

其次,任意选取 $i_2 = 14\% > i_1$,计算其对应的净现值:

NPV(14%) = -2000 + 300·(P/F,14%,1) + 500(P/A,14%,3)·(P/F,14%,1) + 1200·(P/F,14%,5) = -91(万元) < 0

由此可见,该方案的内部收益率 IRR 必然在 12% ~ 14% 之间,代入近似解计算公式得:

$$IRR = 12\% + \frac{21}{21 + 91} \times (14\% - 12\%) = 12.4\%$$

$\because$ $IRR = 12.4\% > 10\%$

$\therefore$ 该方案经济上可行

下面计算和分析该方案收回全部投资的过程,解释 IRR = 12.4% 的经济含义。见表 11-8 所示。

表 11-8 以 *IRR* = 12.4% 收回全部投资过程计算 (单位:万元)

项目 年份	净现金流量(年末)①	年初未回收投资②	年初未回收投资的年末值③ = ② × (1 + *IRR*)	年末未回收投资④ = ③ - ①
0	-2 000	—	—	—
1	300	2 000	2 248	1 948
2	500	1 948	2 189	1 689
3	500	1 689	1 897	1 397
4	500	1 397	1 569	1 069
5	1 200	1 069	1 200	0

由此可看出,按 i = *IRR* = 12.4% 计算各年的净现金流量,项目方案在从第 0 年直到第 5 年末的整个寿命期内,每年均有尚未收回的投资,只有到了第 5 年年末即寿命周期结束时,才全部收回投资。因此,12.4% 能使净现值等于零,且符合经济含义,由此判断 12.4% 是该项目的内部收益率。

5)内部收益率的优缺点

内部收益率的优点是:首先,计算内部收益率 IRR 时,不需要事先确定基准收益率 i_0,它完全是由项目自身的现金流量内生决定的,能较客观地反映项目对初始投资的恢复能力;第二,内部收益率 IRR 的计算考虑了资金时间价值和方案整个寿命期的现金流量,能较完善地反映资金的运动规律。

内部收益率的缺点是:首先,内部收益率 IRR 的计算较复杂,要想精确求解 IRR 需要求解一元高次方程,求解过程非常繁琐,实际应用中,通常是采用试算内插法简化计算过程,但试算内插法无法求出精确解，其计算结果存在一定误差；其次，对于非常规投资项目（即整个寿命周期内，现金流量的正负号变化多次的投资项目），内部收益率的解有可能不是唯一解，甚至可能出现无解的情况。若为多个解，这时判断哪一个解是内部收益率的过程较为麻烦，必须根据内部收益率的经济含义来判断；第三，IRR 法一般只能用于单方案判断，不能用于进行多方案比较。

2. *差额内部收益率的含义及应用*

差额内部收益率法是从内部收益率方法中派生出来的一种方案比较和选优的方法，主要适用于多个互斥方案的比较和选优。

1）差额内部收益率的概念

差额内部收益率（ΔIRR），又称增量内部收益率或追加内部收益率，是指两个方案比较时，被比较方案（投资较大的方案）相对于基准方案（投资较小的方案）所增加（或追加）投资的内部收益率，即相比较的两个对比方案的各年净现金流量差额的现值之和等于零时所对应的折现率或两个对比方案的净现值（或净年值）相等时所对应的折现率。其计算公式可写为：

$$\Delta NPV(\Delta IRR) = NPV_2 - NPV_1 = \sum_{t=0}^{n} (NCF_2 - NCF_1)_t \cdot (1 + \Delta IRR)^{-t} = 0$$

或
$$\sum_{t=0}^{n} NCF_{2t}(1 + \Delta IRR)^{-t} = \sum_{t=0}^{n} NCF_{1t}(1 + \Delta IRR)^{-t}$$

式中：NCF_{1t}，NCF_{2t}——分别表示投资小方案、投资大方案第 t 年的净现金流量；

NPV_1，NPV_2——分别表示投资小方案、投资大方案的净现值。

2）差额内部收益率的应用

差额内部收益率法主要适用于多个互斥方案的比较和选优，判别准则是：若 $\Delta IRR \geq i_0$（基准收益率），则投资大的方案为优；若 $\Delta IRR < i_0$，则投资小的方案为优；当相比较的两个方案的投资额相等时，应采用另外的评判准则。

在这里应当说明，ΔIRR 只能反映增量现金流量的经济性，不能反映各个方案自身的经济性，故 ΔIRR 法只能用于多个互斥方案之间的比较，不能仅根据 ΔIRR 的数值判定各个方案自身的经济性和取舍，因此，利用 ΔIRR 法的前提是每个对比方案是均为可行方案。

另外，采用差额内部收益率法比较和筛选方案时，相比较的方案必须寿命周期相等或计算期相同。由于 ΔIRR 的计算式依然是一元 n 次方程，不易直接求解，所以一般采用与 IRR 法相同的计算方法即试算内插法求其近似解。

例 11-15：现有两个互斥方案 *A*、*B*，其寿命期相同，有关数据如表 11-9 所示。假定基准收益率 $i_0 = 15\%$，试分别用净现值法与差额内部收益率法比较和选择方案。

表 11-9　方案相关数据　（单位：万元）

方案	投资	年收入	年支出	净残值	使用寿命/年
A	5 000	1 600	400	200	10
B	6 000	2 000	600	0	10

解：（1）计算两个方案各自的净现值，用净现值法判断其可行性并选优。

$NPV_A = -5000 + (1600 - 400) \cdot (P/A, 15\%, 10) + 200 \cdot (P/F, 15\%, 10)$

$=1072$(万元)>0

$NPV_B=-6000+(2000-600)\cdot(P/A,15\%,10)$

$=1027$(万元)>0

∴ 两个方案均为经济上的可行方案。

又∵ $NPVA > NPVB$ ∴ A 方案优于 B 方案

(2)计算两个方案的ΔIRR,进行方案判断并比较选优。

这里根据净现值法的判断结果知两个方案均为可行方案,省略 IRR_A、IRR_B的计算,只计算两个方案的差额内部收益率ΔIRR 进行比较选优。

首先,任意选取 $i_1=12\%$,计算两个方案的差额净现值:

$\Delta NPV(12\%)=NPV_B(12\%)-NPV_A(12\%)$

$=-6000+5000+(2000-600-1600+400)\cdot(P/A,12\%,10)+200\cdot(P/F,12\%,10)$

$=66$(万元)>0

其次,取 $i_2=14\%>i_1$,有:

$\Delta NPV(14\%)=NPV_B(14\%)-NPV_A(14\%)$

$=-6000+5000+(2000-600-1600+400)\cdot(P/A,14\%,10)+200\cdot(P/F,14\%,10)$

$=-10$(万元)<0

利用线性内插法计算 A、B 两个方案的差额内部收益率ΔIRR 为:

$$\Delta IRR=i_1+\frac{\Delta NPV(i_1)}{\Delta NPV(i_1)+|\Delta NPV(i_2)|}(i_2-i_1)$$

$$=12\%+\frac{66}{66+10}\times(14\%-12\%)$$

$$=13.7\%$$

∵ $\Delta IRR=13.7\%<i_0=15\%$

∴ 投资少的 A 方案较优,此结论与净现值法的结论一致。

资料卡

外部收益率(Extemal Rate of Retum,*ERR*)

外部收益率是使一个投资方案原投资额的终值与各年的净现金流量按基准收益率或设定的折现率计算的终值之和相等时的收益率。外部收益率既是按统一的收益率计算各年的净现金流量形成的增值,又可避免非常规方案的多个内部收益率问题,可弥补内部收益率指标的不足。

外部收益率的计算,就是要找出项目方案在计算期内各年现金流出量的终值与各年的现金流入量按基准收益率计算的终值之和相等时的收益率,其计算公式为:

$$\sum_{t=0}^{n}CO_t(1+ERR)^{n-t}=\sum_{t=0}^{n}CI_t(1+i_0)^{n-t}$$

外部收益率可以说是对内部收益率的一种修正,计算外部收益率与内部收益率一样都假定项目在计算期内所获得的净收益全部用于再投资,但不同的是假定再投资的收益率等于基准收益率。其经济含义是:项目在基准收益率的利率下,在项目寿命终了时,以每年的净收益率恰好把投资全部收回。

外部收益率法用于项目经济效果评价时,也需要与基准收益率比较,其独立项目评判准则为:外部收益率大于等于基准收益率时,项目可行;反之,项目不可行。外部收益率法用于多个可行项目的优选与排序时,其评判准则为:外部收益率越大的项目越优。

第三节 不确定性评价方法

技术经济评价的目的是为投资提供决策依据,而由于项目尚未实施,这些评价工作是建立在对项目的未来经济状况进行预测和估算判断基础上的,即评价中采用的基础数据如投资额、收入、成本等均来自预测和估算。由于经济系统的复杂性,将来项目实施后的实际数据与事前的预测和估算值可能会有一定偏差,并且这种偏差的大小又具有不确定性,如投资超支、工期延长、生产能力达不到设计要求、市场需求量变化、贷款利率变化、价格波动等,这些都可能导致投资项目达不到预期的效果,甚至发生亏损,从而给投资带来风险。此外,在测算项目方案现金流量时,由于缺乏足够的信息或测算方法上的误差,使得方案经济效果评价指标值也带有不确定性。不确定性的直接后果是使方案经济效果的实际值与评价值相偏离,从而按评价值做出的经济决策带有风险。因此,需要对方案进行不确定性评价和分析,找出潜在风险,提高决策的可靠性和风险防范能力。不确定性评价就是通过分析各种外部条件发生变化或者预测数据误差对方案经济效果的影响程度,了解方案本身对不确定性的承受能力,从而选择那些经济效果好、抗风险能力强的方案。常用的不确定性分析方法主要有盈亏平衡分析法、敏感性分析法和概率分析法。

一、盈亏平衡分析

盈亏平衡分析法的基本原理在前面企业管理篇已经详细介绍,当投资、成本、产量、销量、产品价格、工期等因素发生变化,投资项目的经济效果也会产生变化,当变化达到一个临界点时,就会影响方案的决策。盈亏平衡分析就是要找出这个临界点,从而为决策提供依据。但应当注意,前面的介绍主要是以静态分析为主,没有考虑时间因素。在技术经济分析中,资金时间价值是基本原理之一,因此,应用时要特别注意时间的可比性。下面举例说明如何运用盈亏平衡分析法进行方案不确定性分析与评价。

例 11-16 某企业加工一种产品,有 A、B 两种设备可供选择,两台设备的投资及加工费分别如表 11-16 所示。

表 11-10 A、B 两设备的投资及加工费情况

设备	初始投资(万元)	加工费(元/件)
A	2 000	800
B	3 000	600

试问:

(1)若折现率为 12%,使用年限为 8 年,则每年产量为多少时,选用 A 设备有利?

(2)若折现率为 12%,年产量均为 13 000 件,则设备使用年限多长时,选用 A 设备有利?

解:(1)此问题需求解的不确定性因素是产量,应求出 A、B 两设备的产量优劣平衡点(临界点),然后进行决策。考虑资金时间价值后,两方案年固定费用分别为:

$$F_A = 2\ 000 \times 10^4 \times (A/P, 12\%, 8) = 2\ 000 \times 10^4 \times \frac{i(1+i)^8}{(1+i)^8 - 1}$$

$$F_B = 3\ 000 \times 10^4 \times (A/P, 12\%, 8) = 3\ 000 \times 10^4 \times \frac{i(1+i)^8}{(1+i)^8 - 1}$$

根据优劣平衡点的定义,有:

$$(TC)_A = (TC)_B$$

其中$(TC)_A$、$(TC)_B$分别为A、B设备的年总成本费用。

即有： $F_A + Q \cdot 800 = F_B + Q \cdot 600$

解得： $Q^* = 10\ 065$(件/年)

根据题意分别绘制A、B设备的总成本曲线见图11-11。则由图可以看出，当年产量Q小于10 065件时，选A设备有利。

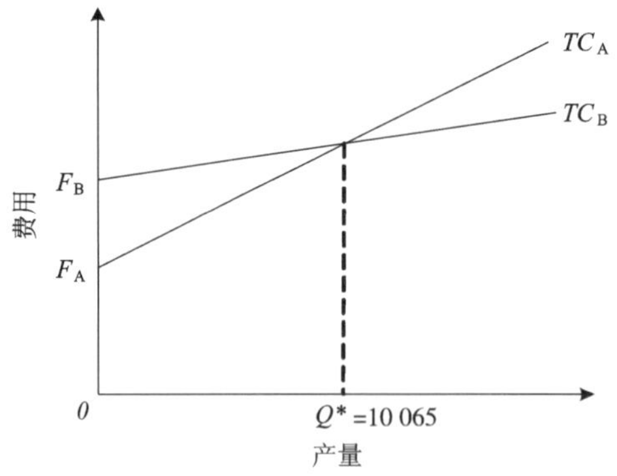

图11-11 A、B设备的总成本曲线

(2)此问题需求解的不确定性因素是设备使用年限n。

由$(TC)_A = (TC)_B$

有 $F_A + 800 \times 13\ 000 = F_B + 600 \times 13\ 000$

即 $$2\ 000 \times 10^4 \times \frac{i(1+i)^n}{(1+i)^n - 1} + 800 \times 13\ 000 = 3\ 000 \times 10^4 \times \frac{i(1+i)^n}{(1+i)^n - 1} + 600 \times 13\ 000$$

这里$i = 12\%$，

则求得：$\frac{0.12(1+0.12)^n}{(1+0.12)^n - 1} = 0.26$

$n = 5.46$(年)

由已知条件分析可知，设备使用年限越长对投资大而加工费小的设备越有利；反之，设备使用年限越短对投资小而加工费大的设备越有利。对该例题而言，设备A投资小而加工费用大，使用年限越短越有利，所以，当设备使用年限小于5.46年时，选A设备有利。

二、敏感性分析

1.敏感性分析的概念

通过前面的介绍，可以知道在项目的经济评价中，是通过计算若干个经济评价指标来确定项目经济效益大小，从而进行投资决策。但是，由于计算投资项目经济效益指标因素的实际发生值与目前的预测值不可能完全一致，如投资可能超支、工期可能延长、成本可能增加等，这些成为不确定因素。投资项目在计算期内各种不确定性因素都可能发生变化，如产品产量、价格、投资额、成本、工期等，从而影响项目的经济评价指标。

敏感性分析就是通过分析、预测不确定性因素变化一定幅度时对其经济效果的影响，从而找出敏感性因素并确定其影响程度的一种不确定性分析方法，又称灵敏度分析。强敏感因素的变化对经济评价指标影响大，弱敏感因素的变化对经济评价指标的影响小。敏感性分析的目的就是考察影响项目的主要因素发生变化时，对项目经济效益的影响及影响程度，以此估计项目可能承担的风险，确定项目在经济上的可靠性，为投资决策提供科学依据。

敏感性分析可以分为单因素敏感性分析和多因素敏感性分析。

(1)单因素敏感性分析。一般是假定每次只有一个因素发生变化，其他因素保持不变，分析该因素变化对经济评价指标的影响，依次类推。其中若某一因素在较小范围内变化，所引起经济评价指标的变化幅度很大时，则该因素称为敏感性因素；反之，若某一因素在较大范围内变化，所引起经济评价指标的变化幅度很小时，该因素称为非敏感性因素。显然，投资者应当及时把握敏感性因素，尽量减少其对项目经济效果的影响，减少项目的投资风险。

(2)多因素敏感性分析。是指分析多个因素同时发生变化时对项目经济效果的影响程度，以此判断项目对不确定性因素的承受能力，并对项目的风险进行估计，为投资决策提供依据的方法。

在实际应用中，多因素敏感性分析计算较繁琐，因此，单因素敏感性分析方法更为简单和常用。

2. 敏感性分析的步骤

敏感性分析的步骤大致可分为以下 4 个步骤(主要以单因素敏感性分析说明)。

(1)确定分析指标。决定项目经济效果的评价指标有多个，在进行敏感性分析时，首先必须确定分析指标。当然，指标的确定与所涉及的具体项目有关，由于每个评价指标如净现值、投资回收期、内部收益率等有其特定的含义，反映问题、评价的角度均有所不同，应当根据项目评价的深度和具体情况的不同选择适当的指标。一般在项目的初期分析评价阶段，可采用静态评价指标，而在详细评价阶段，应当以动态评价指标为主，静态指标为辅。

(2)选择不确定性因素。影响项目经济效果的不确定性因素有很多，如产品价格、产销量、销售收入、经营成本、折现率、项目寿命期、总投资额等。理论上讲，任何一个因素的变化都会对投资效果产生影响，但实际分析中没有必要对所有因素进行敏感性分析，只需根据预测和项目实际情况选择主要不确定性因素分析即可。

(3)计算不确定性因素变化对指标的影响程度。单因素敏感性分析时，在假定其他因素不变的情况下，变动其中一个不确定性因素，计算其变化对分析指标的影响变动情况，依次进行；在多因素敏感性分析时，要计算多个因素同时变化时对分析指标的影响程度。

(4)确定敏感性因素，判断项目风险情况。将上述计算结果列成敏感性分析表或绘制敏感性分析图，在所选定的不确定性因素中，找出在相同变化率条件下引起分析指标变化最大的因素，该因素即为敏感性最强因素，其他因素的敏感性强弱依变化幅度排列。根据上面分析及预测的各因素未来的实际变化范围，判断项目的风险情况，以便在实施中对项目进行有效控制。

3. 应用举例

例 11-17　某项目总投资为 400 万元，年经营成本为 30 万元，年销售收入为 120 万元，残值为 60 万元，项目寿命周期为 10 年，基准折现率为 10%。经预测与估算，总投资额、销售收入、寿命期可能在 ±20% 的范围内变动，试对净现值指标进行敏感性分析。

解：本题要求以净现值为分析指标，设总投资、销售收入、寿命期 3 个不确定性因素分别为 K、P、n，则：

基准方案(即各因素均未发生变化时)的净现值为：

$$NPV_0 = -400 + (120 - 30) \cdot (P/A, 10\%, 10) + 60(P/F, 10\%, 10) = 174.1$$

对投资额、销售收入、寿命期逐一按照在基准值基础上变化 ±10%、±20% 取值，所对应项目方案的净现值计算结果如表 11-11 所示。

表 11-11　单因素敏感性分析计算

净现值 / 变化率 / 不确定性因素	−20%	−10%	0	+10%	+20%
投资额	254.1	214.1	174.1	134.1	94.1
销售收入	26.7	100.4	174.1	247.9	506.0
寿命期	108.1	143.8	174.1	205.6	232.3

敏感性分析图如图 11-12 所示。

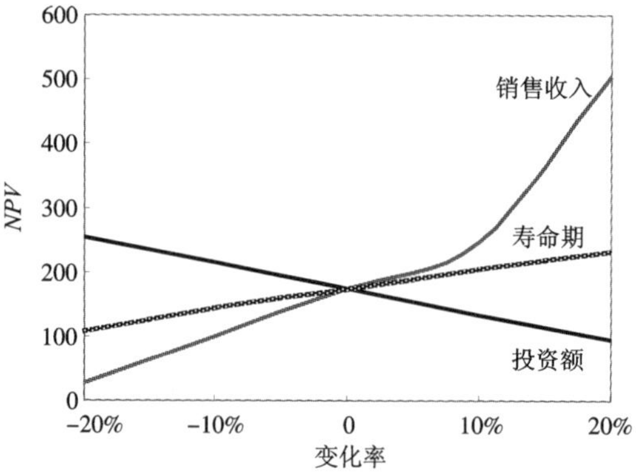

图 11-12　敏感性分析

计算方案对各因素平均敏感度的计算式为：

$$\beta = \frac{评价指标变化的幅度(\%)}{不确定性因素变化的幅度(\%)}$$

$$投资额平均敏感度 = \frac{|94.1 - 254.1|}{20} = 8$$

$$销售收入平均敏感度 = \frac{506.0 - 26.7}{20} = 23.965$$

$$寿命期平均敏感度 = \frac{232.3 - 108.1}{20} = 6.21$$

从上述分析可以看出，在相同变化率下，本例题所分析的 3 个因素中，销售收入的变化对净现值影响最大，其次是投资额，寿命期的影响最小。因此，对本项目而言，销售收入是敏感性最强因素，若项目销售收入将来变化可能性较大时，则说明项目的风险也较大。

4. 敏感性分析的局限性

通过敏感性分析，找出敏感性因素，抓住了主要矛盾，有助于决策者了解项目风险情况，预先采取措施，控制敏感性因素的变化，尽量减少其对经济评价指标的影响，在实际应用中有重要意义。但是敏感性分析也存在着一定局限性，主要是其没有考虑各种不确定性因素在未来变动的概率，从而影响分析结论的准确性。在实际生产经营过程中，各种因素在未来发生变化的概率是不同的，有时找到的敏感性因素其变化的概率可能很小，相反，非敏感性因素的未来变化的概率可能很大，从而使分析结论风险加大。这个问题是敏感性分析所不能解决的，只有借助概率分析法才能解决。

三、概率分析

1. 概率分析的概念

概率分析是使用概率研究预测不确定因素和风险因素对项目方案经济效益影响的一种不确定性分析方法。概率分析的目的是考察项目方案的主要因素发生变化及其可能性大小，对于项目方案经济效果的影响程度，从而估计方案承受风险的程度。

2. 概率分析的方法

进行概率分析具体的方法主要有期望值法、效用函数法和模拟分析法等。

(1)期望值法。期望值法在项目评估中应用最为普遍，是通过计算项目净现值的期望值和净现值大于或等于零时的累计概率，来比较方案优劣、确定项目可行性和风险程度的方法。

(2)效用函数法 。所谓效用，是对总目标的效能价值或贡献大小的一种测度。在风险决策的情况下，可用效用来量化决策者对待风险的态度。通过效用这一指标，可将某些难以量化、有质的差别的事物(事件)给予量化，将要考虑的因素折合为效用值，得出各方案的综合效用值，再进行决策。效用函数反映决策者对待风险的态度。不同的决策者在不同的情况下，其效用函数是不同的。

(3)模拟分析法。模拟分析法就是利用计算机模拟技术，对项目的不确定因素进行模拟，通过抽取服从项目不确定因素分布的随机数，计算分析项目经济效果评价指标，从而得出项目经济效果评价指标的概率分布，以提供项目不确定因素对项目经济指标影响的全面情况。

3. 概率分析的步骤

(1)列出各种欲考虑的不确定因素。例如销售价格、销售量、投资和经营成本等，均可作为不确定因素。需要注意的是，所选取的几个不确定因素应是相互独立的。

(2)设想各不确定因素可能发生的情况，即其数值发生变化的几种情况。

(3)分别确定各种情况产生的可能性，即概率。各不确定因素的各种可能发生情况出现的概率之和必须等于1。

(4)计算目标值的期望值。可根据方案的具体情况选择适当的方法。假若采用净现值为目标值，则一种方法是，将各年净现金流量所包含的各不确定因素在各可能情况下的数值与其概率分别相乘后再相加，得到各年净现金流量的期望值，然后求得净现值的期望值。另一种方法是直接计算净现值的期望值。

(5)求出目标值大于或等于零的累计概率。对于单个方案的概率分析应求出净现值大于或等于零的概率，由该概率值的大小可以估计方案承受风险的程度，该概率值越接近1，说明技术方案的风险越小，反之，方案的风险越大。

3. 应用举例

例 11-18　某项目各年的现金流量如表 11-12 所示，根据经验推断，销售收入和经营成本为离散型随机变量，其值在估计值的基础上可能发生的变化及概率见表 11-13，基准收益率为

12%。

(1)试求该项目净现值的概率分布、期望值和方差。

(2)如果假设项目净现值服从正态分布,试确定该项目净现值大于等于零的概率。

表 11-12　方案的现金流量

单位:万元

年份	1	2	3
销售收入	857	7 143	8 800
经营成本	5 888	4 873	6 900
其他税费	56	464	1 196

表 11-13　不确定性因素的变化范围

因素 \ 概率 \ 变幅	-20%	0	+20%
销售收入	0.2	0.6	0.2
经营成本	0.1	0.3	0.6

解:(1)根据已知条件,项目净现金流量未来可能发生 9 种状态(如图 11-13),分别计算项目净现金流量在各种状态下的概率 $P_j(j=1,2,\cdots,9)$ 以及项目在各种状态下的净现值 $NPV^{(j)}(j=1,2,\cdots,9)$:$NPV^{(j)}=\sum_{t=1}^{3}(CI_t-CO_t)^{(j)}(1+12\%)^{-t}$(见表 11-14)。

计算项目净现值的期望值与方差:

$$E(NPV)=\sum_{j=1}^{9}NPV^{(j)}\cdot P_j$$
$$=0.12\times3\ 123.2+0.06\times5\ 690.4+0.02\times8\ 257.6+0.36\times(-141.3)+0.18\times2\ 425.9+0.06\times4\ 993.0+0.12\times(-1\ 767)+0.06\times(838.7)+0.02\times1\ 728.5=1\ 339.1(\text{万元})$$

$$D(NPV)=\sum_{j=1}^{9}(NPV^{(j)}-1\ 339.1)^2\cdot P_j=5\ 723\ 281$$

则项目净现值的标准差为:

$$\sigma(NPV)=\sqrt{D(NPV)}=\sqrt{5\ 723\ 281}=2\ 392.338$$

(2)如果项目净现值服从正态分布,则

$$Z=\frac{NPV-E(NPV)}{\sigma(NPV)}$$

净现值大于等于零的概率为

$$P(NPV\geqslant0)=1-P(NPV<0)=1-P(Z<\frac{0-1\ 339.1}{2\ 392.338})$$
$$=1-P(Z<-0.559\ 7)$$
$$=P(Z<0.559\ 7)=0.712\ 3$$

即该项目净现值大于等于零的概率为 71.23%。

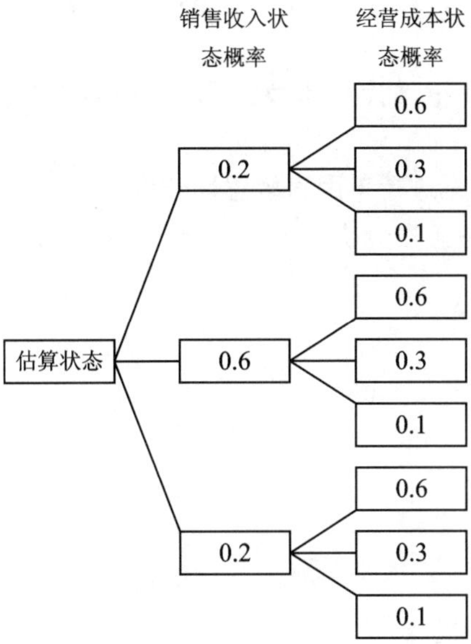

图 11-13 概率树

表 11-14 计算过程

可能状态 (j)	状态概率 (P_j)	$NPV^{(j)}$	$P_j \cdot NPV^{(j)}$
1	0.12	3 123.2	374.8
2	0.06	5 690.4	341.4
3	0.02	8 257.6	165.2
4	0.36	-141.3	-50.9
5	0.18	2 425.9	436.7
6	0.06	4 993.0	299.6
7	0.12	-1 767.0	-212.0
8	0.06	-838.7	-50.3
9	0.02	1 728.5	34.6
合计	1.00		1 339.1

思考练习

1. 静态投资回收期与动态投资回收期有何区别和联系？

2. 内部收益率的经济含义是什么？如何利用该指标进行方案评价？

3. 什么是不确定性评价？

4. 某项目初始投资为 8 000 元，在第一年末现金流入为 2 000 元，第二年末现金流入为 3 000 元，第三、四年末的现金流入均为 4 000 元，请计算项目的净现值、净年值、净现值率、内部收益率、动态投资回收期（$i_0 = 15\%$）。

5. 公司打算购买一种新设备，有 3 个可行方案可供选择，具体数据如表 11-15 所示。假如公司的基准贴现率为 10%，应选择哪个方案？

表 11-15 三方案基础数据

方案	A	B	C
初始投资(元)	2 000	6 000	12 000
服务年限(年)	6	3	4
残值(元)	200	400	100
年运行成本(元)	3 500	1 000	400

6. 某公司可能采用分期付款方式购买一台标价 22 000 美元的专用机器，定金为 2 500 美元，余额在以后 5 年每年年末均匀地分期支付，并加上当年未偿付款 8% 的利息。但现在也可以用一次支付现金 19 000 美元来购买这台机器。如果这家公司的基准收益率为 10%，试问应该选择哪种方式？

7. 某施工项目需要一套设备，若自己购买需投资 30 万元，年维修费 5 000 元，若采用租赁方式，租金为每天 200 元，该套设备的使用寿命为 15 年，每天的运行费用 100 元，问应该选择哪种方式？假设基准折现率为 10%。

8. 已知某项目方案需投资 17 万元，使用寿命为 10 年，估计残值为 2 万元，每年产生收益 3.5 万元，支出 3 000 元，假设基准贴现率 12%。

(1)试对年收益指标、年支出指标以及使用寿命指标进行单因素敏感性分析。

(2)方案投资、年收入同时变化时，试进行双因素敏感性分析。

第十二章　建设项目的可行性研究

学习目标

（一）知识目标

· 了解可行性研究的基本概念和主要任务；

· 理解可行性研究的作用与过程；

· 掌握可行性分析的内容。

（二）技能目标

· 能够运用所学内容对建设项目的可行性进行完整分析。

第一节　可行性研究概述

一、可行性研究的概念及其发展概况

（一）可行性研究的概念

可行性研究（feasibility study）是在工程项目建设之前，对项目进行全面的技术经济分析，论证项目可行性的科学研究方法。其目的是对项目做出可行或不可行的判断，对可行项目提出技术经济效益最佳的方案，以避免和减少建设项目决策性的失误，提高工程项目的综合经济效益。

可行性研究对拟建项目的社会、经济和技术等因素，进行全面的调查研究，对各种备选的技术方案和建设方案进行系统的技术经济分析与比较论证，对项目建成后的技术经济效益进行科学的预测和评价。在此基础上，综合研究建设项目的技术先进适用性、经济合理有效性以及建设实施的可能性和可行性，从而为项目决策提供可靠的依据。

（二）可行性研究的主要任务

可行性研究的主要任务是根据国民经济长期规划、地区规划、行业规划的要求，对拟建项目进行投资方案规划、工程技术论证、社会与经济效果预测和组织机构分析，经过多方面的计算、分析论证和评价，为项目决策提供可靠的依据和建议，得出这个工程项目是否可行的结论，对可行项目推荐最佳的技术经济方案。

（三）可行性研究的发展概况

项目可行性研究是我国20世纪70年代末从国外引进的一门新兴学科。可行性研究工作是在本世纪前叶随着技术、经济和管理科学的发展而产生的。早在30年代，美国为开发田纳西河流域，基于该项目规模和投资较大，需要耗费大量的人力、物力和财力，于是组成了一个专家小组，决定在投资开发之前，先花一定的时间和费用来研究是否有必要开发和怎样开发，即把可行性研究作为流域开发规划的重要阶段，确保工程建设稳步发展，取得了明显的经济效益。第二次世界大战以后，随着现代科学技术、经济管理科学等学科的发展，可行性研究

得到迅速的充实、完善和发展,逐步形成为一整套系统的科学研究方法,成为系统有效地研究投资项目必不可少的一环。它不仅用于研究工程项目建设问题,而且在自然、社会、城市规划、公共设施、新产品开发等方面都得到广泛应用。重大的技术经济政策也都用可行性研究进行论证。当前,不仅经济发达国家把可行性研究作为工程项目投资决策的手段,中东地区、亚洲一些发展中国家也在开展这项工作,把可行性研究作为项目建设的首要环节。世界银行等国际金融组织已把可行性研究作为申请贷款的依据。联合国工业发展组织(UNIDO)分别在1978年和1980年编写了《工业可行性研究手册》和《工业项目评价手册》等专著,用以指导有关国家开展可行性研究工作,为推行这项工作创造了条件。

1980年我国在世界银行恢复了活动,该组织在对我国的建设项目贷款时,首先要审查建设项目的可行性。由此,该可行性研究工作在我国逐渐得到重视和越来越广泛的应用。尤其是目前我国利用外资项目日益增多,为避免因决策错误造成损失和浪费,减小投资的盲目性,提高经济效益的可靠性,保证投资效果,更需要进行客观、可靠、经济合理的可行性研究和经济评价工作。国务院1981年3月发布了《关于加强基本建设体制管理,控制基本建设规模的若干规定》,其中明确规定了"所有新建、扩建大中型项目以及所有利用外资进行基本建设的项目,都须有可行性研究报告。"国家计委于1983年2月正式颁发了《关于建设项目进行可行性研究的试行管理办法》,1987年9月颁发了《关于建设项目经济评价工作的暂行规定》和建设项目的经济评价方法和参数,并结合新的形势在1994年进行修订,各大中型建设项目都可依据此《方法》和相应的评价参数进行经济评价。需要说明的是,可行性研究作为一种思想和方法,不管用于物质生产领域的新技术应用、工程建设项目,还是非生产领域的科、教、文、卫项目,都应该是一致的。但它在各个具体领域或项目的具体研究内容有所不同。

二、可行性研究的作用

可行性研究是基本建设项目运行的首先环节,能解决项目投资方案中诸如建设条件是否具备、工艺技术是否先进适用、投资经济效果是否最佳等问题,从技术和经济两方面进行综合的分析、评价和论证,为投资决策从技术、市场、经济等多方面提供科学依据。它的主要作用有以下8个方面。

(1)建设项目投资决策和编制可行性研究报告的依据。通过可行性研究,可以预见拟建项目的投资经济效果,从而判断项目是否可行,为决策提供依据。而且它对诸多重大问题如建设规模、产品方案、建设地点进行了具体研究,可作为编制可行性研究报告的依据。

(2)是向银行申请贷款的依据。世界银行等国际金融组织,都把可行性研究作为建设项目申请贷款的先决条件,我国的各专业银行在接受项目贷款时,也首先根据提供的可行性研究报告,在对贷款项目进行全面、细致的分析评价后,认为这个项目经济效益好,具有偿还能力,风险较小时,才会同意贷款。

(3)是与建设项目有关部门商谈合同、签订协议的依据。项目所需原材料、燃料、协作件、水电、运输等都需由有关部门协作,这些供应的协议和合同都是根据可行性研究签订的。对于技术引进和设备进口项目,国家规定必须在可行性研究报告经过审查、批准后才能同国外厂商正式签约。

(4)是进行工程设计、设备订货、施工准备等基本建设前期工作的依据。可行性研究报告对产品方案、建设规模、厂址、工艺流程、主要设备选型、总体布局等都进行了方案比选和论证,并推荐出最佳方案。在报告确认后,就可作为项目初步设计、设备订货和施工准备的依据。

(5)是采用新设备、新技术研制计划和补充地形、地质工作和工业性试验的依据。项目拟采用的新技术、新设备必须经过技术经济论证认为可行,才能拟订研制计划。另外,对工程设计基础资料,可根据报告要求,进行有关地形、地质、工业试验等补充工作。

(6)是环保部门审查项目对环境影响的依据,亦作为向项目建设所在政府和规划部门申请建设执照的依据。

(7)是企业组织管理、机构设置、劳动定员和职工培训等工作安排的依据。

(8)是国家各级计划部门编制固定资产投资计划的依据。

第二节　可行性研究的过程

一、可行性研究的工作阶段

工程项目从设想、提出、建设直到建成投产的这个全过程,在国际上称之为“项目发展周期”。它可分为投资前期、投资时期和生产时期,并把每个时期又分成若干阶段。

投资前期又称为建设前期,是决定项目效果的关键时期,这个时期的主要工作是进行可行性研究和资金筹措;投资时期又称建设时期,是项目实施与监督阶段,主要任务是谈判、签订合同、工程项目设计、施工安装和试车投产;生产时期,主要工作包括项目生产经营和评价总结等。

投资前期的工作包括投资机会研究、初步可行性研究、详细可行性研究、项目评估决策四个阶段。对于一些大型建设项目,在初步可行性研究和详细可行性研究之间,视具体情况还可以进行某些方面的辅助(功能)研究。投资前期的工作是项目发展周期的基础,缺少了这个环节,以后的工作即使做得再好,投资效果也很难保证,所以投资前期的工作是决定投资命运的关键环节。由于对基础资料的占有程度、研究深度与可靠程度要求不同,建设前期各阶段的研究性质、工作目标、工作要求及作用、工作时间与费用也各不相同,一般来说,各阶段研究的内容由浅入深,项目投资和成本估算的精度要求由粗到细,研究工作量由小到大,研究的目标和作用逐步提高,研究工作时间和费用也逐渐增加。任何一个阶段,只要得出“不可行”的结论,就可不再继续进行后一阶段的研究。

(一)投资机会研究

投资机会研究又称投资机会鉴定。这一阶段的主要任务是为建设项目的投资方向提出建议和计划,初步选择项目。具体地说就是在一个确定的地区和部门,以自然资源和对未来市场需求的预测为基础,通过对各种生产要素如原料、能源、设备、资金、人力等资源的调查研究,分析国内政策和对外贸易的状况,进行投资趋势分析,判断拟建项目在经济上是否具有生命力,是否需要进一步进行可行性研究,最终提出项目建议书。一般应从几个方面进行投资机会研究:①自然资源情况、劳动力状况、地理环境、社会条件;②我国发展工业的政策、生产力布局、某些消费品的发展趋势、新研制的产品开发等;③现有农业经济结构及发展趋势,若该项目是以农产品加工为基础,则应考虑现有农业格局;④现有工业企业扩建和多种经营的可能性,将现有小型企业扩建到合理经济规模的可能性;⑤关于人口增长、购买力增长的预测;⑥产品的进出口现状,项目产品取代进口的可能性及产品的国际竞争能力的预测等。

这一阶段的研究比较粗略，主要是依靠笼统的估计，而不是进行详细的计算，一般是根据类似工程来估算投资额和生产成本，提供可能建设的投资项目。该阶段对投资额和成本的估算精度一般只要求达到30%左右。大中型项目的研究所需时间为1～3个月，所需费用约占投资总额的0.1%～1%。

（二）初步可行性研究

很多项目只靠机会研究不能决定取舍，但详细可行性研究既费钱又费时，是否值得做还有待于研究，这时往往先进行初步可行性研究。这一阶段的主要目的是：分析机会研究的结论，并在拥有详细资料的基础上进一步明确项目的概况，比较精确地估算投资、成本和经济效益；明确拟建项目哪些关键问题需要进行专题的辅助研究，如市场调查、技术考察、中间试验等；鉴定项目的选择依据和标准，确定项目的初步可行性，明确是否要进行详细可行性研究。

初步可行性研究是介于机会研究和详细可行性研究之间的一个阶段，和详细可行性研究内容结构基本相同，区别主要在于所获资料的详细程度和研究内容深度不同。若机会研究有足够数据和资料或项目比较简单，也可直接进入详细可行性研究阶段。

初步可行性研究对建设投资和生产成本的估算精度要求控制在20%左右，投资估算可采用0.6指数估算法、工程系数法和投资比例法等。

（三）详细可行性研究

详细可行性研究，又称技术经济可行性研究或最终可行性研究。这一阶段要对项目进行深入的技术经济论证，是建设项目投资决策的基础。它为项目决策提供技术、经济、社会、财务和国民经济效益方面的评价依据，为项目的具体实施（建设和生产）提供科学的依据。其主要目的是：深入研究有关生产纲领、厂址选择、产品方案、工艺技术、管理机构等各种可能的选择方案，并推荐一个最佳方案。它着重对投资总体建设方案进行财务效益和国民经济效益的分析与评价，进行多方案比选，确定出能使投资费用和生产成本降到最低限度，以取得显著效益和社会效果的最佳方案。一般通过详细可行性研究再决定不建的项目是比较少的，但如果确实弊多利少，也可以做出"不可行"结论。

（四）项目评估和决策

项目评估是由投资决策部门组织和授权于建设银行、投资银行、工程咨询公司或有关专家，代表国家对上报的建设项目可行性研究报告进行全面的审核和再评价阶段。主要任务是对可行性研究报告提出评估意见，最终决策项目投资是否可行，是否是最佳方案，并编写评估报告。具体工作包括审核可行性研究报告反映的各项情况是否属实，分析计算是否正确；从企业、国家和社会等方面综合判断工程项目的可行性，对项目做出取舍的最终投资决策；最后写出项目评估报告。

项目评估是很重要的一个环节，因为建设项目必定要消耗国家一定的资源，而国家资源是有限的，所以要求在众多拟建的项目中做出最佳选择，使有限的资源得到最有效的分配和使用。

二、可行性研究的步骤

项目可行性研究工作，是一项复杂的综合性很强的系统工程，从项目产品方案预测、生产规模拟定、工艺技术方案和厂址选择、资金筹集、组织机构设置、人员配备，直到经济效果测算，都需要经过系统的技术经济分析论证，涉及面很广，既有工程技术问题，又有经济财务问题。在进行这项工作时，一般应有从事工业经济市场分析、管理、工艺、机械、土建和财会等方面的专业人员参加，此外，还可根据情况请一些其他方面的专业人员，如地质、土壤、实验室等人员短期协助工作。有资格的设计或咨询单位与委托单位签订合同承担可行性研究任务以后，即可开展工作，一般按以下几个步骤进行。

（一）组织与筹划

这一阶段是在承接任务后，了解项目提出的背景和指示文件，摸清委托者的目标和意图，讨论研究项目的范围、界限，明确研究内容，制订项目的工作计划和安排具体实施进度等。

（二）调查研究

这个阶段主要是通过实地调查和技术经济研究工作，进一步明确拟建项目的必要性和现实性，着重从市场调查和资源调查入手，包括市场需求、价格、竞争能力、经济规模、原材料、能源、厂址、工艺技术、设备选型、运输条件、外围工程、环境保护、管理、人员培训等方面的调查研究，每项调查研究要分别进行论证和评价。这一阶段工作量很大，需要投入较多的人力和较长的时间。

（三）方案设计和选优

这是可行性研究的一个主要步骤，主要是结合市场和资源调查，在已收集的资料数据的基础上，设计出各种可供选择的方案，决定方案选择的原则和标准。经过多次反复论证比较，推荐最佳方案，并对其进行评价。对一些重要问题可通过与委托者深入讨论解决。

（四）详细研究

这时期的工作是对选取的最佳方案进行更详细的分析研究，复查和核定各项分析材料和数据，对其进行详细的财务预测。为了检验项目的效果和风险，还要进行不确定性分析，分析在成本、价格、销售量、建设工期等因素变化时对企业收益率产生的影响。

（五）编写可行性研究报告

这个阶段要在上面工作的基础上提出可行性研究报告书。

（六）制订资金筹措计划

主要是对建设项目资金来源的不同方案进行分析比较，最后对拟建项目的资金筹措计划做出决定。

资料卡

租赁项目评估的基本程序

租赁项目的评估应与项目的立项同步进行，在评估过程中，不断地对项目可行性和租赁条件作对应调整，科学地选择项目，给予切合实际的正确评价才能减少风险。评估的主要步骤如下。

(1)双向选择合作伙伴。在租赁项目立项初期，企业应与多家租赁公司联系，了解租赁条件和费用，选择成本低、服务好、资信可靠的公司做合作伙伴。租赁公司则应选择经济实力强，资信好，债务负担轻，有营销能力和还款能力的企业做合作伙伴。只有双方在互相信任的基础上，才能对项目进行实事求是的评估鉴定。

(2)项目初评。租赁公司根据企业提供的立项报告、项目建议书及其他相关资料，通过当面洽谈，摸清项目的基本情况，将调查数据与同类项目的经验数据比较，进行简便估算，结合一般的感性认识对项目进行初评。若租赁公司认为项目可行，企业可以进一步编制可行性报告,办理项目审批手续。

(3)实地考察。租赁项目通过初评后,租赁公司必须派人深入企业进行实地考察,全面了解企业的经营能力和生产能力及其相应的技术水平和管理水平及其市场发展动态信息,了解项目所在地的工作环境和社会环境、财务状况,重要情况必须取得第一手资料。企业为了项目能获得通过,应给予真实的材料和积极的配合。

(4)项目审批。租赁公司的项目审查部门对企业提供的各种资料和派出人员的实地考察报告,结合企业立项的可行性报告,从动态和静态、定性和定量、经济和非经济等多方面因素进行综合分析,全面评价项目的风险和可行性,决定项目的取舍,并确定给企业的风险利差。如果项目可行,风险在合理可控的范围内,即可编制项目评估报告,办理内部立项审批手续。

(5)合同签约。项目被批准后,租赁公司接受企业的租赁项目委托,就可办理租赁物件购置手续,签订购货合同和租赁合同,合同的价格条款和租赁条件都不应脱离可行性报告的分析数据太远,否则对项目要重新评估。签约后项目评估的结论应为项目的优化管理提供科学依据。

(6)项目后管理。项目的后管理对于确保租金安全回收起着重要作用。在租赁项目执行过程中,承租人应经常将实际经营状况与可行性报告进行比较,随时调整经营策略,力求达到预期的经营目标。出租人则应经常将承租人的经营状况与评估报告的主要内容进行比较,发现问题及时采取措施,保证租金回收的安全运作。

第三节 可行性研究的内容

一、可行性研究的内容概述

建设项目可行性研究的内容极其广泛,主要包括市场需求、生产技术和经济效益等一系列问题。市场需求研究是建设项目存在的依据。产品方案和建设规模都是根据市场需求预测来确定的,是可行性研究的前提和基础。其主要任务是论证建设项目的必要性。生产技术研究包括生产规模、厂址选择、工艺流程和设备选型等内容,是可行性研究的技术基础,目的在于研究建设项目技术上的可能性。经济效益研究是决定项目投资命运的关键,是可行性研究的核心和重点,主要包括投资估算、资金筹措、经济评价等内容。通过对方案的技术经济分析和优化,为项目投资决策提供科学的依据。

(一)市场需求研究

市场需求研究是通过市场调查,了解产品的市场需求状况、未来趋势,为确定产品方案和项目建设规模提供依据。市场需求是指一定时期内,在一定价格水平上对某种产品市场需求的总量。产品的市场需求可以测定项目产品有无市场和进入市场的程度,是项目实施的前提。因此,必须对产品方案涉及的有关内容,包括产品品种、规格、数量、质量以及价格水平等方面进行详尽的调查,根据产品的性质和特点,采用相应的科学预测方法,辅以富有专业和市场洞察力的分析,获得具有实际意义的结论,为正确确定生产规模、产品定价和销售策略奠定基础。

(二)生产规模分析

生产规模是指建设项目在一定时期内产出合格产品的数量,通常用“年生产能力”表示,它是项目可行性研究的重要参数，和市场需求、投资、技术选择、资源利用、销售、赢利水平等因素密切相关。

确定项目的生产规模要以“经济合理”为原则。生产规模一般有以下几种。

(1)起始规模：是使关键而贵重的设备在两班制条件下达到100%的生产负荷，连同其他全部配套设备，均按两班制计算的总平均负荷可达85%以上的最低年产量。它能保证设备充分利用，但不能实现最大利润。

(2)盈亏临界规模：是在销售收入和总成本相等的情况下仅能达到保本的年产量。它只能提供盈亏界限，不能说明赢利水平。

(3)最佳的经济规模：是能使单位产品成本最低、获得最大赢利的年产量。但它可能难以实现。

可行性研究要求确定的生产规模是在上述3种规模中选定一个合理的经济规模，即指在符合市场需求和市场容量、不突破允许的投资总额上限、设备可以得到充分利用、原材料和能源能得到正常供给等条件下，可获得最高赢利水平的年产量。它需要在上述3种产量范围内，结合各种约束条件，综合分析平衡后加以确定。

(三)厂址选择

建设项目的厂址选择，关系到投资的地区分配、区域社会经济发展、经济结构、自然生态环境、城市规划和产品生产要求以及未来产品销售市场等方面的影响，是带有全局性、长远性的重要问题。

1. 厂址选择的原则

厂址选择的原则：是项目生产和职工生活的要求；服从区域规划、行业规划、城市和农村总体规划的要求；注意环境保护和生态平衡，保护自然风景和名胜古迹；有利于专业化协作和技术条件；节约用地。尽量少占或不占良田和耕地，多利用荒地、劣地、山地和空地。

2. 厂址选择的内容和技术条件

1)厂址区域选择要求

凡使用大量原料的企业，应尽量靠近原材料产地。如水泥厂、有色金属冶炼厂等都要考虑靠近原料基地；凡产品不易运输和不易仓储的行业如食品工业等，应尽量靠近消费市场。

2)厂址选择要满足生产、生活用水、用电的供应和交通运输要求

厂址应尽量靠近水源，水量、水质都必须满足生产和生活要求，污水要便于排入城市排污系统。厂址应尽量靠近动力来源，特别是耗电量大的项目更要注意。

3)厂址的工程地质及水文地质必须符合建厂要求

根据项目生产性质确定厂址时，还应考虑高温、高湿、降水量等因素对生产的影响。

3. 厂址方案的比较

在实际厂址选择过程中，技术上满足厂址要求的方案可能不止一个，所以要对提出的各种可能方案进行技术经济分析，从中选择出技术可靠、经济合理的最优厂址方案。厂址的选择要遵循建设投资和生产经营费用总和最小的原则。

(四)工艺流程和设备选型

从原料投入到产出成品的整个生产工艺过程，是企业技术经济活动的核心和物质基础。工艺流程选择的正确与否，对项目的建设、产品质量、生产成本和投资效益都起着决定性的作用。在技术多元化的今天，为了生产某种产品可供选择的工艺流程方案可能有好几个，而工艺流程的选择又是一个技术性很强的工作，因此必须对各种备选方案进行详尽的技术经济分

析，才能获得最佳的方案。其内容主要包括如下几个方面。

1. 技术必须成熟、可靠

工程项目采用的技术必须成熟，有良好的可靠程度。特别对于一些新工艺、新技术，必须进行必要的专题研究才能抉择。

2. 技术必须先进、适用

必须保证项目的工艺技术应达到一定的国际、国内先进水平，并要在经济上、管理上适合当时当地的社会条件。

3. 技术必须满足产品方案的要求

技术要满足市场对产品质量、品种、规格及其发展趋势等方面的要求。

4. 要保证资源的利用

技术要保证原材料、燃料、水、电等资源的利用并符合当地供给条件。

5. 充分研究技术的负面效应

研究技术对环境污染、破坏生态平衡等社会不良影响，并提出相应的改善措施等。

设备的选型是为满足工艺流程服务的。根据既定的生产工艺流程方案，选择配置设备。主要应考虑以下几个方面。

(1)选用设备必须满足工艺技术的要求：保证产品质量、品种、规格等方面的技术要求和资源的利用。

(2)设备结构必须先进、可靠：具有一定的国际、国内先进水平，在使用上成熟、可靠，具有良好的操作性和可维修性。

(3)设备生产能力应满足生产设计要求，并具有一定的弹性。

(4)设备来源必须可靠，并能满足投资要求。

(5)设备必须适应环境、气候的变化等。

(五)经济效益研究

1. 投资估算

建议项目投资估算包括基本建设投资和流动资金投资估算两部分。

基本建设投资估算包括厂房、建筑物、机器设备、辅助设施、公用工程、生活服务设施、厂外工程等项投资。基本建设投资估算准确与否，直接影响项目投资经济效果评价的正确程度。国外常用的方法有单位生产能力投资估算法、生产规模指数法、比例估算法、分项类比估算法等。由于这些方法都是在已建同类项目及标准的基础上进行估算，精确度受到资料的限制和影响，但在投资机会研究、初步可行性研究阶段仍有一定作用。对于详细可行性研究，我国目前常采用概算指标估算法，即按拟建项目的单项工程的单个项目，分别套用概算指标进行投资估算。

流动资金估算：流动资金的简单估算可根据已有类似项目的百元产值占用的流动资金额，来估算拟建项目的定额流动资金；也可按与固定资产投资、经营成本、年销售收入的比例来进行估算。流动资金的详细估算应在分列估算项目的储备资金、生产资金、成品资金后汇总得到。

分项估算的计算式为：

原料库存 = 每天原料需要量 × 储备天数 × 单价

备品备件 = 设备的 30% × 系数

生产资金 = 单位产品车间成本 × 日产量 × 生产周期 × 系数

成品资金＝产品单位工厂成本×日产量×存货及货币结算天数

2. 资金筹措

资金筹措也叫资金规划，包括资金筹集和运用两个方面。

国内资金来源包括财政拨款、银行贷款、自筹资金等。目前除国家重点项目和特殊扶持项目外，财政拨款的比重越来越小。

国外资金来源包括国际金融组织贷款、政府间贷款、出口信贷、补偿贸易、合资经营、发行债券等。国际金融组织贷款主要指国际货币基金组织、世界银行、国际开发协会等组织提供的贷款。政府间贷款的特点是利率低、期限长，会有部分捐赠，但往往附带政治或商业条件。

资金来源的渠道多种多样，各有特点，应择优选取最有利的渠道。对一般国内投资项目，有关银行规定自筹资金占总投资的比例不低于30%～50%。对于外资项目，国家借贷外资规模大小取决于偿还外资的能力。一般规定每年还本付息不超过出口收汇额的20%～30%。

资金运用是指在资金来源落实的基础上，对用款计划和还款计划的制订。一方面要按建设进度和不同来源的资金，适当安排不同的投入时间；另一面要考虑如何还贷。一般来讲，用款时先使用自筹资金，再使用人民币贷款，最后使用外币贷款。先使用利率低的资金，后使用利率高的资金。还款时先偿还利率高的贷款，后偿还利率低的贷款。并以此原则来制定详细的用款和还款计划。

3. 经济评价

项目的经济评价包括项目财务评价和国民经济评价两部分。

项目财务评价主要包括财务赢利能力和项目清偿能力分析、编制财务评价基本报表和辅助报表、进行不确定性分析等内容。财务评价指标主要有财务内部收益率、投资回收期、财务净现值、投资利润率、投资利税率、资本金利润率、资产负债率、借款偿还期、流动比率、速动比率等。涉及外汇收支的项目还要计算外汇净现值和财务换汇成本。财务基本报表主要有现金流量表、损益表、资金来源与运用表、资产负债表、财务外汇平衡表等。财务辅助报表主要有固定资产估算表、流动资金估算表、投资计划与资金筹措表、主要产出物和投入物使用价格依据表、单位产品生产成本估算表、固定资产折旧表、无形及递延资产摊销估算表、总成本费用估算表、产品销售（营业）收入和销售税金及附加估算表、借款还本付息计算表等。

项目国民经济评价常用的评价指标有经济内部收益率、经济净现值、经济外汇净现值、经济换汇成本和经济节汇成本等。国民经济评价基本报表包括国民经济效益费用流量表（全部投资和国内投资）、经济外汇流量表等。辅助报表有出口（替代进口）产品国内资源流量表、国民经济评价数据调整表（投资、销售收入和经营费用）等。

为了寻求合理的经济和技术方案，如工厂规模、产品方案、工艺流程、设备选型、厂址选择、资金筹措等，对各种可能方案进行筛选，是项目经济评价的重要组成部分。常用的方案比较法有差额投资内部收益率法、净年值法、年值法、净现值率法、现值比较法、年费用比较法、静态差额投资回收期法等。可根据实际情况和具体条件选用。

4. 项目综合评价

项目综合评价是在财务评价和国民经济评价基础上，对项目进行更广泛的评价，包括对政治、国防、生态环境、自然资源合理利用以及社会生活和精神文明的影响等方面，进行定性、定量的分析。

综合分析评价是一种多目标决策方法，对于一个比较重大的项目尤为重要。

二、可行性研究报告的编写内容

可行性研究完成以后，应编写可行性研究报告。可行性研究报告的内容十分详尽，随行业不同也有所差异，各有侧重，但基本内容是相同的。就一般新建工业项目而言，可行性研究报告应包括以下几方面内容并遵循相应格式。

（一）总论

（1）项目概况、历史背景、投资的必要性和经济意义以及项目发展规划。

（2）研究的主要结论概要和存在的问题与建议，研究工作的依据和范围。

（二）产品的市场需求和拟建规模

（1）调查的国内外近期需求情况。

（2）国内现有工厂生产能力估计。

（3）销售预测、价格分析、产品竞争能力、进入国际市场的前景。

（4）产品方案、拟建项目规模和发展方向的技术经济比较和分析。

（三）资源、原料等主要协作条件

（1）经储量委员会正式批准的资源储量、品位、成本以及开采、利用条件的评价。

（2）原料、辅助材料、燃料的种类、数量、来源和供应的可能性。

（3）所需动力等公用设施的外部协作条件、供应方式、数量和供应条件，协作合同的签订情况。

（四）建厂条件和厂址方案

（1）厂址的地理位置、气象、水文、地质、地形条件和社会经济现状。

（2）交通、运输和水、电、气的现状和发展趋势；距离原料产地和市场的距离及地区环境情况。

（3）厂址面积、占地范围、布置方案、建设条件、移民搬迁情况和规划的选择方案论述；地价、移动、拆迁及其他工程费用情况。

（五）项目工程设计方案

（1）项目的构成范围（指包括的主要单项工程）、技术来源和生产方法、主要技术工艺和设备选型方案的比较，引进技术、设备的来源（国别），设备的国内外分交或与外商合作制造的设想。

（2）全厂总图布置的初步选择和土建工程量的估算。

（3）公用辅助设施和厂内外交通运输方式的比较与选择。

（4）生活福利设施，地震设防措施等。

（六）环境保护与劳动安全

（1）环境保护的可行性研究，调查环境现状，确定拟建项目“三废”（废气、废渣、废水）种类、数量及其对环境的影响范围和程度；综合治理方案的选择和回收利用情况；对环境影响的预评价。

（2）劳动保护、安全卫生和消防。

（七）生产组织、劳动定员和人员培训

（1）全厂生产管理体制、机构的设置。

（2）劳动定员的配备方案。

（3）人员培训的规划和费用估算。

（八）建设实施计划和进度要求

（1）勘察设计、设备制造、工程施工、安装、试生产所需时间和进度要求。

（2）项目建设的总安排和基本要求。

（九）投资估算与资金筹措

（1）项目固定资产总投资和流动资金估算。

（2）项目资金来源、筹措方式与贷款计划。

（十）经济效益与社会效益评价

（1）生产成本与销售收入估算。

（2）项目财务评价和国民经济评价。

（3）不确定性分析。包括盈亏平衡分析、敏感性分析和概率分析等。

（4）社会效益、生态效益评价。

（5）评价结论。

（十一）结论与建议

运用各项数据，从技术、经济、社会、财务等方面论述建设项目的可行性，推荐可行方案，提供决策依据，指出项目存在的问题，提出结论性意见和改进建议。

（十二）可行性研究报告附件

（1）研究工作依据文件：项目建议书；初步可行性研究报告；各类批文及协议；调查报告和资料汇编；试验报告等。

（2）厂址选择报告书。

（3）资源勘探报告书。

（4）贷款意向书。

（5）环境影响报告书。

（6）需单独进行可行性研究的单项或配套工程的可行性研究报告。

（7）几个生产技术方案，总平面布置方案及比选说明。

（8）对国民经济有重要影响的产品市场调查报告。

（9）引进项目的考察报告、设备分交协议。

（10）利用外资项目的各类协议文件。

（11）其他。

（12）附图：厂址地形或位置图（注有等高线）；总平面布置方案图（注有标高）；工艺流程图；主要车间布置方案简图；其他附图。

小案例

某钢厂线材车间技术改造可行性研究

一、概述

该线材车间原有一套半连续五线同时轧制的线材轧机，最高年产量曾达 37 万吨。由于生产工艺落后，设备结构陈旧，存在着产品品种规格少、盘重小、尺寸公差大、机械性能差等问题。为了扩大品种、改善质量并提高产量，拟进行技术改造。主要是把精轧机改为 45° 无扭高速线材轧机，并在轧后增加控制冷却。改造后的精轧速度将由原来的 16 米/秒提高到 33 ~ 35

米/秒，线材盘重由原来的120千克增加到400～500千克。

由于精轧机部分全部另外新建，在改造期间原有的旧精轧仍可继续生产，个别必须停产才能施工的部分拟结合车间大修一并进行。因此，可视为建设期间不影响车间利润收入，但在改造完成后投产的第1年，产量尚不及改造前年产量，故年利润有所下降，其余年份的利润均高于改造前。

二、基本数据

（一）基本数据

表1　生产规模及产品方案

项目	产品规格/mm	年生产能力/万吨	备注/mm
改造前	Φ6.5～Φ8	37	原料钢坯Φ60～Φ70
改造后	Φ5.5～Φ9	60	原料钢坯Φ100～Φ110

表2　成本变动

项目	年总成本/万元	平均单位成本/(元/吨)
改造前	16 312	440.9
改造后	27 981	466.4

表3　消耗变动

项目	原料/(kg/t)	油耗/(kg/t)	备注/(kg/t)	电耗/(kWh/t)
改造前	1 033.1	40.8	1.35	87
改造后	1 027	35	1.0	115

（二）原料来源

原料钢坯由本市其他钢厂供应。

（三）基建投资

改造投资估计为2 260万元，其中借款1 700万元，自筹560万元。

（四）产值计算（略）

（五）流动资金估算

根据线材生产的估计周转天数，并参照改造前实际情况，确定流动资金按产值的9%计算。

正常生产年份的流动资金约为：

改造前：21 100×9%＝1 899（万元）

改造后：37 531×9%＝3 337.8（万元）

新增流动资金为：3 337.8－1 899＝1 478.8（万元）

（六）产品成本计算

1. 计算说明

(1)改造后生产的7个钢种按其销售价格及生产难易情况分别进行钢种的合系数的计算，并参照改造前其他情况类似厂的折合系数确定。

(2)原料钢坯单价为国家定价另加5元的运输费。

(3)车间服务年限按20年计算。根据投资估算分析,改造投资的固定资产形成率按87.7%计算。改造后总固定资产价值包括新增固定资产价值、建设期利息52.6万元以及可利用原有固定资产净值300万元,计算式为:2 260×87.8%+52.6+300=2 334(万元)

基本折旧率取5%,大修理基金提成率取2.8%。

(4)其他车间经费(除综合折旧费外的其他车间经费)和企管费参照改造前现场情况,分别确定为1.91元/吨及6.5元/吨。

2. 单位成本及总成本

改造后的产品成本变化如下表所示。

改造后的平均单位成本高于改造前,这是由于改造后产品结构有变化,而相同的品种则比改造前略有减少。改造后,除电耗外,大部分消耗(特别是金属消耗)都有所下降,详见表4。

表4 建设进度及投资使用

项目	合计	建设期		投产期		达产期
		1	2	3	4	5
1. 计算产量						
%				40	40	100
万吨				24	48	60
2. 投资使用计划						
(1)基建投资	2 260	1 160	1 100			
其中:						
基建借贷	1 700	600	1 100			
自有资金	560	560				
(2)流动资金	1 478.8		591	591	296.8	

3. 年总成本中固定总成本计算(略)

4. 年可变总成本为:466.35×60−723=27 258(万元)

单位产品可变成本为:27 258/60=454.3(元/吨)

(七)税金

按《增值税暂行条例》规定,线材属乙类产品,应按“扣税法”计算应纳税额。计算式为:应纳税额=产品销售收入额×税率−扣除税额

根据上式,按照钢材增值税率14%,并扣除原料钢坯的税额(钢坯税率为8%)后的逐年应纳税额(销售税金)为:第3年为1 257万元,第4年为2 514万元,第5年以后每年均为3 142万元。

(八)利润

正常年份的利润计算如下(略)。

改造后本车间正常生产年份净利润为6 408万元,扣除本车间改造前每年2 940万元利润,则改造后每年增加净利润为3 468万元。

(九)建设、投产进度

本车间改造拟两年完成,投产后第3年达到设计生产能力。

第四节 项目可行性研究的财务评价

一、财务评价概述

财务评价又称财务分析，它是在国家现行财税制度和价格体系的条件下，从项目财务角度分析、计算项目的财务赢利能力和清偿能力，据以判别项目的财务可行性，在财务预测的基础上，根据国家现行财税制度和现行价格，分析预算项目的效益和费用，考察项目的获利能力、清偿能力及外汇效益等财务状况，以判别项目财务上的可行性的经济评价方法，是建设项目经济评价的组成部分。财务评价所使用的基本报表有财务现金流量表、利润表、财务平衡表、财务外汇流量表，所适用的参考报表有固定资产投资估算表、投资使用计划表、单位成本表、总成本表、销售收入表、借款偿还平衡表。项目财务评价以财务内部收益率、投资回收期和固定资产投资贷款偿还期等作为主要评价指标。产品出口创汇及替代进口节汇的项目，要计算财务外汇净现值，财务换汇成本和节汇成本等指标。根据项目特点和实际需要，也可计算财务净现值、财务净现值率、投资利润率、投资利税率，或其他价值指标和实物指标（如单位生产能力投资）。

财务评价在衡量项目财务赢利能力及筹措资金方面有特殊意义。在社会主义市场经济条件下，企业是一个自主经营、自负盈亏的经济实体。因此企业经营者对准备投资的项目能否赢利、能否达到期望的最低收益率，投资能否在规定年限内回收，能否按时归还银行贷款等十分关注。同时，项目的财务分析报告也是投资信贷部门决定是否发放贷款的依据之一，因为财务分析报告提供了项目实施所需的固定资产投资额、流动资金投资额、资金的可能来源、用款计划及还贷能力等信贷部门所关注的问题。此外，财务分析使项目的投资者能根据项目的资金计划及时保证资金到位，使项目按时建设。

（一）财务评价的目的

从企业或项目角度出发，分析投资效果，评价项目竣工投产后的获利能力，确定进行某项目所需资金来源，估算项目的贷款偿还能力，为协调企业利益和国家利益提供依据。

（二）财务评价的主要内容

1. 财务预测

收集进行财务预测分析所必需的基础数据是进行财务评价的主要内容之一。基础数据的收集预测是建立在对投资项目的总体了解和对市场、环境、技术方案、组织管理充分调查和分析的基础上的（销售量、产量、价格及其变动情况、投资、成本等）。预测数据可用投资估算表、固定资产折旧表及损益表等归纳整理。

2. 编制资金规划与计划

首先，对可能的资金来源与数量进行调查与估算（可筹集到的银行贷款种类、数量，可能发行的股票、债券，可能用于投资的自有资金数量）。其次，根据财务预测数据，结合项目实施计划，估算逐年投资额和企业未来各年可用于偿还债务的资金，计算逐年债务偿还额。

3. 计算和分析财务效果

根据前两步编制财务现金流量表和资产负债表，据此计算财务分析的经济效果指标。经营状况评价主要是对资产负债各项目的构成、增减状况进行分析和评价。对于资产状况，应当分析货币资金、应收款项等流动资产与固定资产等其他长期资产在总资产中所占的比重以及增减情况，并且根据各项资产的性质分析评价其质量。对于逾期的应收款项、不能给未来带来收益的长期待摊费用等，应当作为不良资产进行专项管理。对于负债状况，也应当分析流动负债和长期负债的构成和增减情况。营业部应对一些重要的负债项目进行重点分析，如客户交易结算资金、未决诉讼、赔偿责任等。营业部应当通过计算和对比分析主要经营状况指标，进而在对资产负债综合分析的基础上对经营状况做出评价。营业部主要经营状况指标的计算式为：

资产负债率 = 负债期末余额 ÷ 资产期末余额 × 100%

权益负债率 = 所有者权益期末余额 ÷ 负债期末余额 × 100%

流动比率 = 流动资产期末余额 ÷ 流动负债期末余额 × 100%

固定资本比例 =（固定资产期末净值 + 期末在建工程）÷ 实收营运资金 × 100%

经营成果的评价主要是对营业部的收支情况、利润实现和完成情况做出分析和评价。对于收支，应当分析各种收支项目的构成及增加变动情况，找出各种项目变动的原因。营业部应当计算成本率和营业费用率，这两项指标应当维持在合理的水平和计划范围内。针对利润的完成情况，不但要分析营业利润、营业外利润等各个利润项目的构成情况，而且还要重点关注其他几项主要经营成果指标，从而评价营业部的赢利能力和尚可挖掘的潜力。营业部主要的经营成果指标计算式为：

净资产收益率 = 净利润 ÷ 净资产平均余额 × 100%

资产利润率 = 净利润 ÷（资产期初余额 + 资产期末余额）÷ 2 × 100%

人均利润 = 净利润 ÷ 年平均人数

费用率 = 营业费用 ÷ 收入 × 100%

成本率 = 成本 ÷ 收入 × 100%

利润率 = 净利润 ÷ 收入 × 100%

二、财务评价的基本步骤

（一）收集、预测财务分析的基础数据

在对项目的建设背景全面了解的基础上，对项目的投入与产出数量、价格、投资额、成本费用等进行科学预测。

（二）编制基本财务报表

编制的基本财务报表主要有以下几种。

1. 现金流量表

现金流量表是用以反映建设项目计算期内各年的现金流入与现金流出的表格，用以计算各种动态评价指标，进而分析项目的赢利能力。从投资的角度出发，现金流量表分为全部投资现金流量表和自有资金现金流量表。其中全部投资现金流量表（表 12-1）不分投资资金来源，以全部投资作为计算基础，用以计算全部投资所得税前和所得税后的财务内部收益率、财务净现值及投资回收期等评价指标，考核项目全投资的赢利能力，为各个方案进行比较建立共同基础。自有资金现金流量表（表 12-2）是从投资者角度出发，以投资者的出资额作为计算基础，把贷款时得到的资金作为现金流入，把还本付息作为现金流出，用以计算自有资金财务内部收益率、财务净现值等指标，考察项目自有资金的赢利能力。

表 12-1　现金流量表(全部投资)

序号	项目 \ 年份	建设期		投产期		达到设计能力生产期				合计
		1	2	3	4	5	6	…	n	
	生产负荷(%)									
1	现金流入									
1.1	产品销售(营业)收入									
1.2	回收固定资产余值									
1.3	回收流动资金									
2	现金流出									
2.1	固定资产投资(含投资方向调节税)									
2.2	流动资金									
2.3	经营成本									
2.4	销售税金及附加									
2.5	所得税									
2.6	特种基金									
3	净现金流量(1-2)									
4	累计净现金流量									
5	所得税前净现金流量(3+2.5+2.6)									
6	所得税前累计净现金流量									

计算指标:财务内部收益率

财务净现值(i_C = %)

投资回收期

注:(1)根据需要可在现金流入和现金流出栏里增减项目;

(2)生产期发生的更新投资作为现金流出可单独列项或列入固定资产投资项中。

表 12-2　现金流量表(自有资金)

序号	项目 \ 年份	建设期		投产期		达到设计能力生产期				合计
		1	2	3	4	5	6	…	n	
	生产负荷(%)									
1	现金流入									
1.1	产品销售(营业)收入									
1.2	回收固定资产余值									
1.3	回收流动资金									
2	现金流出									
2.1	自有资金									
2.2	借款本金偿还									
2.3	借款利息支付									
2.4	经营成本									
2.5	销售税金及附加									

续表

序号	年份 项目	建设期		投产期		达到设计能力生产期				合计
		1	2	3	4	5	6	…	n	
2.6	特种基金									
3	净现金流量(1-2)									

计算指标：财务内部收益率

　　　　　财务净现值(i_C = %)

注：根据需要可在现金流入和现金流出栏里增减项目。

2. 损益表

它反映项目计算期内各年的利润总额、所得税税后利润的分配情况，用以计算投资利润率、投资利税率和资本金利润率等指标。见表12-3。

表12-3　损益表

序号	年份 项目	投产期		达到设计能力生产期				合计
		3	4	5	6	…	n	
	生产负荷(%)							
1	产品销售(营业)收入							
2	销售税金及附加							
3	总成本费用							
4	利润总额(1-2-3)							
5	所得税							
6	税后利润(4-5)							
7	特种基金							
8	可供分配利润(6-7)							
8.1	盈余公积金							
8.2	应付利润							
8.3	未分配利润							
	累计未分配利润							

注：利润总额应根据国家规定先调整为应纳税所得额(如减免所得税、弥补上年度亏损等)，再计算所得税。

3. 资金来源与运用表

它反映项目计算期内各年的资金盈余或短缺情况，用于确定资金筹措方案，制定适宜的借款及偿还计划，并为编制资产负债表提供依据。见表12-4。

表 12-4 资金来源与运用表

序号	年份 / 项目	建设期		投产期		达到设计能力生产期				合计
		1	2	3	4	5	6	…	n	
	生产负荷(%)									
1	资金来源									
1.1	利润总额									
1.2	折旧									
1.3	摊销									
1.4	长期借款									
1.5	流动资金借款									
1.6	其他短期借款									
1.7	建设投资自有资金									
1.8	自有流动资金									
1.9	回收固定资产原值									
1.10	回收流动资金									
1.11	其他									
2	资金运用									
2.1	固定资产投资									
2.2	建设期利息									
2.3	流动资金									
2.4	所得税									
2.5	应付利润									
2.6	偿还长期借款									
2.7	偿还流动资金									
2.8	还短期借款本金									
2.9	其他									
3	盈余资金									
4	累计盈余资金									

4. 资产负债表

它反映项目计算期内各年末资产、负债和所有者权益的增减变化及对应关系，以考察项目资产、负债、所有者权益的结构是否合理，用以计算资产负债率、流动比率及速动比率，进行偿债能力分析。见表 12-5。

表 12-5 资产负债表

序号	年份 / 项目	建设期		投产期		达到设计能力生产期				合计
		1	2	3	4	5	6	…	n	
1	资产									
1.1	流动资产总额									

续表

序号	年份 项目	建设期		投产期		达到设计能力生产期				合计
		1	2	3	4	5	6	…	n	
1.1.1	应付账款									
1.1.2	存货									
1.1.3	现金									
1.1.4	累计盈余资金									
1.2	在建工程									
1.3	固定资产净值									
1.4	负债及递延资产净值									
2	负债及所有者权益									
2.1.1	流动负债总额									
2.1.2	应付账款									
2.1.3	流动资金借款									
2.2	其他短期借款									
	长期借款									
2.3	负债小计									
2.3.1	所有者权益									
2.3.2	资本金									
2.3.3	资本公积金									
2.3.4	累计盈余公积金									
	累计未分配利润									

资产负债率是反映项目各年所面临的财务风险程度及偿债能力的指标：

资产负债率＝负债合计/资产合计

流动比率是反映项目各年偿付流动负债能力的指标：

流动比率＝流动资产总额/流动负债总额

速动比率＝(流动资产总额－存货)/流动负债总额

5. 外汇平衡表

它适用于由外汇收支的项目，用于反映项目计算期内各年的外汇余缺程度，进行外汇平衡。见表12-6。

表12-6　财务外汇平衡表

序号	年份 项目	建设期		投产期		达到设计能力生产期				合计
		1	2	3	4	5	6	…	n	
	生产负荷(%)									
1	外汇来源									
1.1	产品销售外汇收入									
1.2	外汇借款									
1.3	其他外汇收入									

续表

序号	年份 项目	建设期		投产期		达到设计能力生产期				合计
		1	2	3	4	5	6	…	n	
2	外汇应用									
2.1	固定资产投资中外汇支出									
2.2	进口原材料									
2.3	进口零部件									
2.4	技术转让费									
2.5	偿还外汇借款本息									
2.6	其他外汇支出									
2.7	外汇余缺									

除此以外，还有以下辅助报表：固定资产投资估算表、流动资金估算表、投资计划与资金筹措表、固定资产折旧费估算表、总成本费用估算表、产品销售（营业）收入和销售税金及附加估算表，借款还本付息计算表等。以上报表的编制主要是为计算财务评价指标提供依据。

（三）计算财务评价指标

（1）反映项目赢利能力分析指标。这里主要有财务内部收益率（FIRR）、财务净现值（FN-PV）、投资回收期、投资利润与投资利税率、资本金利润率。

（2）反映项目贷款清偿能力分析指标。这里主要有资产负债率、流动比率、速动比率。

借款偿还期是指在国家财政规定及项目具体条件下，以项目投产后可用于还款的资金偿还投资及建设期利息所需要的时间，其计算依据是资金来源与运用表和借款还本付息表，计算式为：

借款偿还期 = 借款偿还后开始出现盈余年份数 - 开始借款年份 +
当年偿还借款额/当年可用于还款的资金

若计算的借款偿还期大于银行规定的还款期限，则说明项目还款能力不足，此时需要进行分析，并在财务和技术方案及投资计划上采取措施，改到满足要求为止。

（3）反映项目外汇平衡分析或效果分析指标。这是针对涉及外汇利用项目而言的，主要有经济外汇净现值、经济换汇成本、经济节汇成本。

（四）进行不确定性分析

不确定性分析包括盈亏平衡分析、敏感性分析和概率分析等。通过该项分析，掌握建设项目承受风险的能力，使项目方案的投资决策建立在更加科学、合理和可靠的基础上。

思考练习

1. 什么是可行性研究？为何进行项目的可行性研究？
2. 可行性研究包括哪些内容？
3. 财务评价包括哪些评价指标和主要报表？

第十三章　价值工程

学习目标

（一）知识目标

· 熟悉价值工程的基本概念和工作程序；

· 熟悉价值工程对象的选择和信息资料收集；

· 掌握功能分析和功能评价的方法；

· 了解方案创造、评价与实施。

（二）技能目标

· 能够运用价值工程的思想和方法对企业某一产品、服务或作业的价值进行分析。

第一节　价值工程概述

一、价值工程的产生与发展

价值工程（value engineering，简写为 VE），又称价值分析（value analysis，简写为 VA），是由 20 世纪 40 年代美国工程师麦尔斯（Miles）开创的一种旨在提高产品功能、降低成本的技术经济管理理论和方法。

第二次世界大战期间，美国的军事工业迅速膨胀，造成物资短缺，原材料价格成倍上升，在 100 种重要物资中，有 88 种需要进口，采购工作遇到了很大困难。如何摆脱这种困境，如何在保证产品性能和质量的前提下恰当地选择各种代用材料，便成为亟待解决的问题。当时，美国通用电器公司有位叫麦尔斯的设计工程师，对产品的成本十分感兴趣，公司就将他调到采购部门工作。美国通用电器公司在第二次世界大战期间生产 B－29 型轰炸机，麦尔斯的工作就是寻找和采购生产中的短缺材料。麦尔斯不像其他采购人员那样为采购短缺物资四处奔波，而是对短缺物资进行认真的分析研究。他发现，采购某种材料的目的并不在于该材料本身，而在于材料的功能。如果能寻找到与短缺物资具有相同或相近功能，且货源充足、价格较低的材料作为“代用品”，以取代短缺物资，这样在保证产品质量的前提下，既满足了生产的需要，又降低了生产成本，使企业获得了很好的经济效益。当时的一个典型例子：公司急需大量耐火材料——石棉板。因为美国《消防法》规定该类企业的车间地面上一定要铺一层石棉板，以防火灾，而石棉板供应十分紧张，经常脱销，且价格昂贵。麦尔斯想：“为什么需要石棉板？它的功能是什么？他了解到购置石棉板是为了铺在车间地面上，防止喷刷油漆时玷污地面而引起火灾。所以石棉板的功能就是“防污”和“防火”。麦尔斯针对该功能进行思考：“还有没有与石棉板同样功能的其他材料？”经过调查，终于找到了具有同样“防污”和“防火”功能的一种不燃烧的纸，不仅货源充足，而其价格只有石棉板价格的 1/4。经交涉，美国消防部门通过了这一代用材料。这就是价值工程史上有名的“石棉板事件”。

麦尔斯用代用品的方法获得了极大的成功,在公司很快推广起来。美国通用电器公司对麦尔斯的工作给予了充分肯定,投资 80 万美元委托他专门负责组织研究用最少的资源消耗生产出合格产品的方法。在其后的研究中,麦尔斯进一步将“代用品”思想引申应用到产品改进设计中,不再像过去那样简单地设想用什么物品代替某一物品的问题,而是把“以最低费用向用户提供所需功能”作为产品设计的依据。

在实践的基础上,麦尔斯经过综合、整理和归纳,总结了一套系统和科学的“价值分析”方法,并于 1947 年以《价值分析》为题公开发表了一篇论文。麦尔斯指出,用户购买某种物品,不是购买物品本身,而是要获得该物品所具有的功能。不同物品只要具有人们所需要的相同功能,则完全可以互相替代。麦尔斯还把物品所具有的功能和实现该功能所耗费的资源数量具体化为可以测定的“价值”,强调要以最低的资源消耗,生产能够充分满足用户功能需求的产品,即向用户提供高价值的产品。

自 1947 年至 1952 年,美国通用电器公司为进一步开发价值分析技术方法,共投资 300 万美元,使价值分析技术日趋成熟,进入了广泛推广应用的阶段,取得了明显的经济效益。例如,通用电器公司在推行价值工程的头 17 年中就取得经济效益 2 亿美元以上。

价值分析在通用电器公司的成功应用,引起了美国企业界和政府的注意,尤其是军界引进这种方法的积极性。1954 年美国海军正式将“价值分析”改称为“价值工程”。1959 年,美国国防部制订的武器装备采购规划中,专门做出应用价值工程的规定。在军方的订货合同中增添价值工程条款,突出生产方应用价值工程,并对节约的成本规定奖励办法。

1962 年,麦尔斯出版了价值工程的第一本专著《价值分析与价值工程技术》,被公认为价值工程的第一本标准教程,奠定了现代价值工程的基础。1963 年美国国防部编写第一版本的《价值工程手册》,作为国防部官员、工程技术人员以及签订军工合同的企业界人员的正式工作指导文件,被公认为价值工程的第一本政府审定教程。

实践证明,价值工程是一门行之有效的管理技术, 1955 年以后相继引入日本、西欧、北欧、苏联等国家和地区,1979 年以后引入我国。目前,价值工程广泛应用于工商企业、服务业、政府和事业单位,都取得了较好的经济效果。

二、价值工程的 3 个基本概念

(一)价值(value)

要了解什么是价值工程,必须先弄清什么是价值。价值工程中所说的价值与政治经济学及西方经济学中所说的价值,含义是完全不同的。这里的含义有些类似于我们口语中常说的“值不值得”、“合算不合算”的意思。如我们在决定是否值得购买某件商品时,通常会考虑两个方面的因素:一是看这件商品是否具有符合我们所需要的功能,二是看它的价格。不会因为这是件处理品,价格便宜就购买,而不考虑它是否符合具有你所需要的功能;当然也不会因为这件商品有你满意的功能,而不考虑价格就购买。可见,这里所说的“值得不值得”实质上是一个比较价值的概念。

那么,究竟什么是价值工程中的“价值”呢? 所谓价值是指产品所具有的功能(或效用)与获得该功能的全部费用(或总成本)之比,它是对研究对象的功能与费用、技术与经济结合起来进行的一种综合评价,可用下列计算式表述:

$$V = \frac{F}{C}$$

式中　V——价值；

F——产品具有的必要功能；

C——达到该功能的寿命周期成本。

上式表明，在总成本不变的情况下，产品的价值与功能成正比，即功能越大，价值就越大；反之，功能越小，价值也越小。在功能不变的情况下，产品的价值与总成本成反比，即成本越低，价值就越大；成本越高，价值就越低。

（二）功能（function）

功能是指产品的性能或用途，实质上就是指产品的使用价值。例如：手表的功能是显示时间，茶杯的功能是盛饮料，车床的功能是车削工件等。用户购买产品，并不在于占有产品本身，而在于得到该产品的功能。对于一个企业来说，它所生产、所销售的，实际上就是某种功能。

在实际生活中，具有同样功能的不同产品，给用户带来的满足程度通常不同，这反映了具有同样功能的不同产品之间功能水平的差别。功能水平是功能的实现程度，它由一系列的技术经济指标和综合特性指标表示。如产品的各种性能指标、体积、可靠性、安全性、维修和实用的方便性、能源消耗、使用寿命、外观装饰等。

价值工程应以恰当的功能水平去实现用户要求的功能。恰当的功能水平，也就是应达到的标准功能水平。在一定的市场和企业条件下，标准功能水平主要取决于用户要求，决定于用户使用功能的环境条件和费用支出能力。

在实际的产品、零部件当中，大量地存在着功能过剩或功能不足的情况。功能过剩是指相对于标准功能水平来说，存在着多余的、过剩的功能水平的情形。过剩功能会使功能成本上升，给用户造成不合理的价格负担。功能不足意味着用户要求的标准功能水平没有达到或偏低。同样，功能不足与用户要求也是相悖的，对这种情形，应追加成本，提高功能水平，努力达到标准功能水平的要求。

（三）寿命周期成本（life cycle cost，LCC）

寿命周期成本是指产品在寿命期内所花费的全部费用，它包括产品的研制成本和生产制造费用，我们称之为生产费用 C_1，还包括用户为了消费使用产品，还需要付出某些使用费用，如维修费用、能源、人工费用、管理费用、报废拆除费用等，我们称之为使用费用 C_2（如图 13-1 所示）。产品寿命周期成本 C 的计算式为：

$$C = C_1 + C_2$$

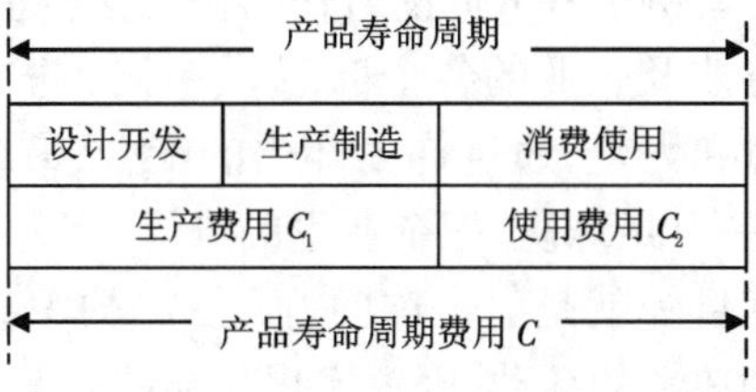

图 13-1　寿命周期费用的构成

从寿命周期成本与功能的关系看，一般产品寿命周期成本有一个最低点 $C_{\min}$，产品功能则相应有一个最适宜水平 P。功能过高，虽然使用费用较低，但生产费用太大，因而寿命周期成本也偏高。反之，功能过低，虽然生产费用较低，但使用费用太大，寿命周期成本也会上升。

只有功能适宜,才能使寿命周期成本最低。如图 13-2 所示。

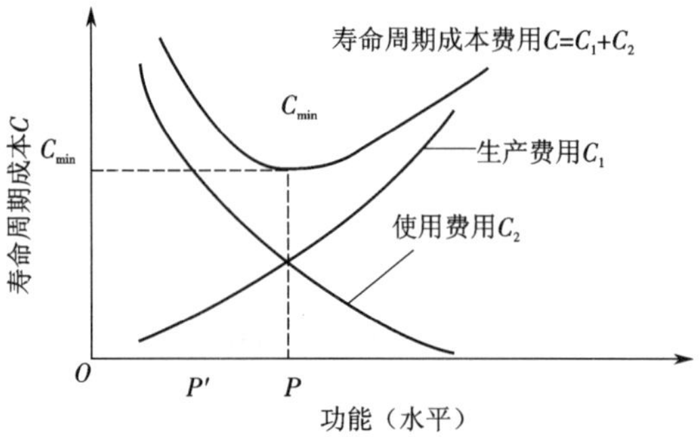

图 13-2　产品寿命周期成本与产品功能水平的关系

三、价值工程的定义

所谓价值工程是指以产品或作业的功能分析为核心,以提高产品或作业的价值为目的,力求以最低寿命周期成本实现产品或作业使用所要求的必要功能的一项有组织的创造性活动,有些人也称其为功能－成本分析。价值工程涉及价值、功能和寿命周期成本 3 个基本要素。

这个定义概括地表达了价值工程的目的、核心和性质。

1)价值工程的目的是以最低的寿命周期费用可靠地实现必要功能,即提高价值

价值工程既不同于传统的质量管理,又不同于传统的成本管理。它既致力于降低成本,又致力于提高功能,以提高产品的价值。正是两方面的有机结合,才能真正实现合理的提高质量,有效地降低成本,以达到提高企业经济效益的目的。

2)价值工程的核心是功能分析

功能分析是价值工程特殊的分析方法。在工业生产中,降低成本的方法是多种多样的,价值工程之所以比其他方法更有效,关键在于功能系统分析。通过功能分析,可以搞清产品的基本功能和辅助功能,弄清哪些是用户需要的,哪些是用户不需要的,各功能之间的关系。价值工程就是要通过寻找实现产品必要功能的各种途径,经过比较,确定出最经济合理的实现途径。

3)价值工程的性质是有组织的创造性活动

有组织有计划地开展工作,讲求各方面的合作与协调是价值工程的重要特征之一。一种产品从设计到制成产成品,将涉及企业的各个部门。一个改进方案从提出到试验,最后到付诸实施,也是依靠集体的智慧和力量,通过许多部门的配合,最终才能达到降低成本的目的。有人把价值工程活动比作为一个足球队,把企业里的设计、工艺、采购、销售、财务等部门的活动比作这个足球队的队员,其目标就是射击球门,而这个球门就是提高产品的价值。与此同时,还必须强调价值工程是创造性的活动,因为实现功能的方案是多种多样的,而不同方案的经济效果是不同的,这就需要人们去创造。因此,价值工程的全过程都体现了千方百计地进行方案创造的又一重要特征。

四、提高产品价值的途径

价值工程的最终目的是提高价值,而价值同时取决于功能与费用两个因素,因此,提高产

品价值通常有以下 5 种途径。

(1) $\frac{F\uparrow}{C\downarrow}=V\uparrow\uparrow$，即提高功能，又降低寿命周期费用。这是提高价值的最理想途径，它可以使产品价值有较大幅度的提高，是价值工程追求的主要目标。出现这种情况是比较困难的，必须在技术上或管理上有所突破才可能实现。电子表就是个很好的例子，其价值比机械表的价值就有大幅度的提高。

(2) $\frac{F\rightarrow}{C\downarrow}=V\uparrow$，即在保证功能不变的条件下，采取措施，降低寿命周期成本，从而提高产品价值。企业在生产的产品能满足用户功能要求的情况下，保持功能不变，积极采用新技术、新结构、新工艺、新材料，提高管理水平，会使产品成本降低，提高产品价值，增强产品的竞争力。此外，企业还可以通过功能分析发现原来存在的不必要功能，保持必要功能不变，消除不必要功能，降低寿命周期成本，从而提高价值。例如，许多产品某些零部件的寿命超出了产品的总体寿命，即这些零部件功能过剩，消除这些过剩功能，可使产品成本降低，提高价值。价值工程实践证明，提高价值的这一途径，见效快、应用面广，是一个重要的有效途径。

(3) $\frac{F\uparrow}{C\rightarrow}=V\uparrow$，即在保持寿命周期成本不增加的条件下，采取措施提高功能，以达到提高价值的目的。例如，企业对用户不尽满意的产品，在不增加寿命周期成本的情况下采取措施，尽可能地完善和提高功能，包括使用功能、美学功能等，以提高产品价值。在这种情况下，功能的提升可能会带来制造成本的上升，但只要使用成本下降，也可保持寿命周期成本不变，从而达到产品价值提高的目的。

(4) $\frac{F\uparrow\uparrow}{C\uparrow}=V\uparrow$，即在保证寿命周期成本增加幅度不大的情况下，使功能大幅度提高，超过寿命周期成本增加的幅度，从而提高产品的价值。如企业使一些产品由单功能向多功能发展或提高产品质量等级，成本虽有所增加，但功能得到大幅度提高，从而使产品价值得到提高。

(5) $\frac{F\downarrow}{C\downarrow\downarrow}=V\uparrow$，即去掉过剩功能或使有用功能稍有下降，由此带来寿命周期成本的大幅度下降，从而达到提高产品价值的目的。某些产品适当降低一些功能，仍可满足某些用户的要求，使成本大幅度下降，提高产品的价值。如创造档次低一些的大众化产品，满足不同用户的需求。

上述提高价值的 5 种途径，可根据不同对象的具体情况，灵活应用。

小案例

洗衣机成本价值工程分析①

洗衣机是一种日常家用电器，用来清洗脏衣物。某洗衣机厂面对激烈的市场竞争，从日本引进了新型技术和关键设备，安装全自动装配线，更新喷漆生产线，开发新产品洗衣机，准备专用于出口俄罗斯。这款新型洗衣机以 8 个月的高速完成了从试制样机到正式投产的全

① 资料来源：中国管理会计网。

过程。由于注重产品质量,忽视了成本,使单台成本高于国际市场价格近 60 元,显然缺乏竞争力。但对俄罗斯市场预测结果表明,俄罗斯市民对洗衣机的需求量很大,这是个很好的投资机会。在这种情况下,降低成本就成为生产此种类型洗衣机的关键。价值工程研究的目的就是为了在不影响原有质量和功能的情况下,改进洗衣机成本与功能的构成,大幅度降低成本,使成本尽可能地降低到国际市场上的价格以下。任何变动的结果都是为了两个目的:既要保证洗衣机的质量,又要尽可能地降低单台成本。

价值研究小组研究成果包括:在不降低盖圈质量的前提下,洗衣机盖圈所用材料用另一种成本较低的材料取代;研究发现洗衣机电机的购买价格高,该厂成立了性能测试组,通过对国内几家电机厂生产的 16 台样机的全面测试,然后进行分析对比,从中选出了 3 种性能好、价格低的电机作为订货对象;还发现通过稍稍加大洗衣机风扇轮的尺寸就可以起到挡水和防止电机绕组受潮的作用,因此决定取消挡水板;将内筒冲压车间的下角边料,经重熔配成高强度铝合金,用来铸造皮带轮和风扇轮,节省了铝,又大幅度降低了成本;最后,改革了加工工艺,使单台的工时下降到 27 小时,工时定额下降 40 % 以上。

最终,每台洗衣机的成本降低了大约 32 %,为洗衣机厂创造了巨大的价值。

第二节 价值工程的工作程序

开展价值工程活动的过程实际上是一个发现问题和解决问题的过程。在价值工程的对象确定之后,针对对象逐步深入地提出一系列问题,通过回答问题寻求答案,最终使问题得到解决。

价值工程的整个过程围绕以下 7 个问题开展活动。

(1)价值工程的对象是什么?

(2)它是干什么用的?

(3)它的成本是多少?

(4)它的价值是多少?

(5)有无其他方法可以实现同样的功能?

(6)新方案的成本是多少?

(7)新方案能满足要求吗?

针对上述 7 个问题,价值工程按一般性问题的决策过程分为分析问题、综合研究与方案评价 3 个阶段;按实施过程分为功能定义、功能评价和制定改进方案 3 个基本步骤。每一基本步骤又包括几项详细步骤,每一步骤或几个步骤又要回答一个问题。各个阶段及每一步骤与上述 7 个问题的对应关系如表 13-1 所示。

必须注意,表 13-1 中所列的价值工程工作程序并不是绝对的。由于价值工程的应用范围广泛,其活动形式也不尽相同,因此在实际应用中,可参照这个工作程序,根据对象的具体情况,应用价值工程的基本原理和思想方法,考虑具体的实施措施和方法步骤。比如,为了能够有针对性地收集情报资料,需要事先确定价值工程对象,但为了准确地选择好对象,不掌握一定的情报资料也是不行的,因此选择对象与收集情报资料常常是交替进行的。又如,功能评价工作是在对象选定之后进行的,但经过功能评价可能会发现原先确定的对象不应作为价值工程的重点,这样又要求重新确定重点对象。

表 13-1 价值工程工作程序

<table>
<tr><th rowspan="2">决策过程
一般程序</th><th colspan="2">价值工程工作程序</th><th rowspan="2">价值工程提问</th></tr>
<tr><th>基本步骤</th><th>详细步骤</th></tr>
<tr><td rowspan="4">分析问题</td><td rowspan="2">功能定义</td><td>1. 选择对象
2. 收集情报</td><td>1. 对象是什么？</td></tr>
<tr><td>3. 功能定义
4. 功能整理</td><td>2. 它是干什么用的？</td></tr>
<tr><td rowspan="2">功能评价</td><td>5. 功能成本分析</td><td>3. 它的成本是什么？</td></tr>
<tr><td>6. 功能评价
7. 确定对象范围</td><td>4. 它的价值是什么？</td></tr>
<tr><td>综合研究</td><td rowspan="3">制定改进方案</td><td>8. 方案创造</td><td>5. 有无其他方法能实现同样功能？</td></tr>
<tr><td rowspan="2">方案评价</td><td>9. 初步评价
10. 具体化调查</td><td>6. 新方案的成本是多少？</td></tr>
<tr><td>11. 详细评价
12. 实验与提案
13. 实施与总结</td><td>7. 新方案能满足要求吗？</td></tr>
</table>

第三节 对象选择与情报收集

(一)对象选择

对象选择在价值工程工作程序中处于起始位置，是全部价值工程活动的首项活动。价值工程的目的是提高价值，因此选择价值工程对象必须优先选择价值低的产品或作业。也就是说要分清轻重缓急，根据一定的原则，采取适当的方法，来选择确定合适的对象。对象确定得当，可以事半功倍；确定不当，可能会劳而无功。

1. 对象选择的原则

要保证价值工程对象的合理选择，必须遵循如下两项原则。

1)与企业经营目标相一致的原则

价值工程活动本质上说也是一种企业经营活动，因而它不可避免地会与企业的经营目标发生联系。选择对实现企业经营目标最有利的产品、零部件、工序、作业、工程项目、生产经营活动或管理活动等作为开展价值工程的对象，才可能对企业的发展产生重大、深远的影响。这里的企业经营目标包括社会目标、发展目标和赢利目标。

2)价值提高的可能性原则

在实际工作中，与企业经营目标一致的产品或项目的改善并不一定都会获得较大成果。大幅度地提高价值的可能性取决于产品或项目本身的价值改善潜力大小和难易程度，也取决于企业在分析研究时的人力、物力、财力等一系列客观条件。只有在一定时间内能够见效、具有较大改善潜力的产品或项目，才值得选为价值工程对象，也只有对它们进行改进，才有利于实现企业的经营目标。

2. 对象选择的方法

具体选择方法包括定性分析方法和定量分析方法两类。常用的方法有以下几种。

1)经验分析法

经验分析法是一种对象选择的定性分析方法,是目前企业较为普遍使用的、简单易行的价值工程对象选择方法。它凭借价值分析人员丰富的知识和经验,经过主观判断,确定价值工程的对象。其一般程序是:先由分析人员依据自己的经验,对影响产品成本和功能的因素做出综合分析,提出对象选择的初步意见,然后由集体讨论最终决定。

经验分析法的优点是:简便易行,不需特殊的人员培训,节省费用,考虑问题综合全面。但缺点是:缺乏定量分析,有时难免带有主观性,在分析人员经验不足的时候会导致准确性差。因此,这种方法的使用必须以分析人员具有丰富经验为前提,在目标单一、产品不多或问题简单的情况下使用;也可与定量分析法结合应用,相互补充和验证。

2)产品市场寿命周期分析法

产品寿命周期分析法是指一种以产品技术寿命周期来确定价值工程对象的方法。在产品寿命周期的投入期、成长期、成熟期、衰退期4个不同的时期中,价值工程活动所选择的对象是各有侧重的。

(1)在投入期,由于产品在研制阶段大量支出费用,产品成本高,所以,这一时期价值工程的重点是在收集用户信息的基础上,改进产品设计,剔除不必要的功能,以降低成本和价格。

(2)在成长期,产品已被市场接受,销量不断扩大。价值工程活动的重点是加强工业工程和质量管理相结合,以进一步降低成本和提高产品质量,扩大市场。

(3)在成熟期,销售增长缓慢,甚至有所下降,但产品销量较大、质量稳定、成本最低。这时要做具体分析:若确实已呈现衰退的趋势,则考虑让其自然淘汰;若仍竞争激烈,则应需围绕"增加功能,降低售价;或增加功能,保持原价;或降低成本,降低售价",以延长成熟期。

(4)在衰退期,产品销售量迅速下降,应及时将价值工程活动转向新产品。

3)ABC分析法

ABC分析法又称为成本比重法或帕累托分析法,是一种寻找关键因素的方法。这种方法是一种按局部成本占总成本的比重大小来选择对象的方法。一般说来,成本所占的比重大,则改进功能降低成本的潜力就大。在使用这种方法时,首先把一个产品的各种零件按成本由高到低的顺序排列,然后绘制成百分比图。一般来说,有10%~20%的零件,其成本占总成本的70%~80%,这类零部件称为A类零部件。另一类零部件个数占总数的70%~80%,成本却占总成本的10%~20%,这类零件称为C类零件。其余为B类零件。其中,A类零件个数少、成本比重高,应作为价值工作研究的对象。

4)百分比分析法

百分比分析法是通过分析各拟选对象(各产品或某产品的各部分)对企业(或产品)的某个技术经济指标的影响程度大小(百分比)来选择价值工程改善对象的方法。

运用这种方法的关键,是要选择一些切合企业实际的技术经济指标,如:成本利润百分比、资金占用百分比、产值能耗百分比、原材料消耗百分比、工期百分比等,一般只以一两项技术经济指标为依据。当企业要提高某项技术经济指标时,这种方法选择价值工程的对象,具有很强的针对性,往往效果也十分显著。

例如:某企业有6种产品,它们各自的成本和利润占总成本和总利润的百分比如表13-2所示。

表 13-2 某厂产品成本、利润百分比

成本利润百分比＼产品	产品 A	产品 B	产品 C	产品 D	产品 E	合计
成本/万元	170	20	10	50	30	280
成本百分比/%	60.7	7.1	3.6	17.9	10.7	100
利润/万元	56	8	4	6	18	92
利润百分比/%	60.9	8.7	4.3	6.5	19.6	100
成本利润比率	1	1.23	1.19	0.36	1.83	

由表 13-2 可知，产品 D 成本占全部成本的 17.9%，而利润则占全部利润的 6.5%，成本利润比率仅为 0.36，故应将产品 D 作为价值工程的重点对象。

5）强制评分法

强制评分法又称 FD 方法（forced decision），是一种综合考虑对象的功能和成本两方面因素的定量分析方法。它通过确定对象的功能重要性系数、成本系数，进而求出对象的价值系数，然后依据价值系数大小来确定价值工程对象。FD 法在选择对象、功能评价、方案评价中都可使用，是价值工程的基本方法之一。这种方法的具体做法如下。

（1）确定功能评价系数（F_i）。把要分析的对象按矩阵排列，然后相互按功能重要程度对比打分，相对重要的一方打 1 分，次要的一方打 0 分（此为 0－1 法，也可按需要细分程度采用 0－4 法、0－10 法等），然后按下列计算式计算功能评价系数：

$$F_i = \frac{f_i}{\sum f_i}$$

其中 F_i——i 对象的功能评价系数；

f_i——i 对象的功能评分。

（2）确定成本系数（C_i）。可按下列计算式计算：

$$C_i = \frac{c_i}{\sum c_i}$$

其中 C_i——i 对象的成本系数；

c_i——i 对象的现实成本。

（3）计算价值系数（V_i）。可按下列计算式计算：

$$V_i = \frac{F_i}{C_i}$$

其中 V_i——i 对象的价值系数。

当 $V_i \approx 1$ 时，说明该零件功能和成本比重基本匹配，可不作为研究对象。

当 $V_i < 1$ 时，说明该零件功能比重小于成本比重，是研究对象，其值最小者为重点研究对象。

当 $V_i > 1$ 时，说明该零件功能比重大于成本比重，可不作为选择对象。但如果功能不足时也应考虑。

例如：某产品由 6 个零件组成，确定其价值工程研究对象。

首先，确定功能评价系数，如表 13-3 所示。

表 13-3 功能评价系数

零件	Ⅰ	Ⅱ	Ⅲ	Ⅳ	Ⅴ	Ⅵ	f_i	f_i'	F_i
Ⅰ	×	0	0	0	1	1	2	3	0.143
Ⅱ	1	×	1	1	1	1	5	6	0.286
Ⅲ	1	0	×	0	1	1	3	4	0.190
Ⅳ	1	0	1	×	1	1	4	5	0.238
Ⅴ	0	0	0	0	×	1	1	2	0.095
Ⅵ	0	0	0	0	0	×	0	1	0.048
合计							15	21	1.00

注：为了避免最不重要的对象功能（本例中零件Ⅵ）得分f_i为0，可将各对象评分都加1分进行修正，表中的f_i'即为修正后的对象功能得分。

其次，确定成本系数和价值系数，进行对象选择，结果见表13-4。

表 13-4 价值系数

零件	功能评价系数（F_i）	现实成本（c_i）	成本系数（C_i）	价值系数（V_i）	选择顺序
Ⅰ	0.143	43	0.215	0.67	3
Ⅱ	0.286	45	0.225	1.27	
Ⅲ	0.190	20	0.100	1.90	
Ⅳ	0.238	35	0.175	1.36	
Ⅴ	0.095	35	0.175	0.54	2
Ⅵ	0.048	22	0.110	0.44	1
合计	1.00	200	1.00		

（二）情报收集

情报收集贯穿价值工程活动的整个过程。一般来说，掌握的情报越多越准确，价值提高的可能性也就越大。因为通过情报可以进行有关问题的分析对比，进而人们从中受到启发、开阔思路，继续发现问题和找出差距，并为功能分析、方案创造及评价提供科学的依据。因此，在一定意义上说，价值工程成果的大小取决于情报的数量、质量和适宜的时间。对此，收集情报的工作应遵循目的性、准确性、适时性、条理性、完整性等基本原则。

价值工程的情报资料，从内容上讲，主要是收集与功能和成本有关的情报资料，概括起来，有以下方面。

（1）用户要求方面的情报。包括用户使用的目的、使用环境和使用条件，用户对产品性能、使用寿命、外观、价格、交货期、配件供应、技术服务等方面的要求，这些情报是进行功能分析和制定改进方案的基础。

（2）成本方面的情报。收集了解目前不同厂家生产同类产品的各种消耗定额、利润、价格等情况，以及本企业各项生产费用及成本构成、使用材料种类、消耗数量、单价、利润率、废品率等方面的情报。

（3）本企业的基本情况。如本企业的生产经营方针、生产指标、经营状况、市场占有率、产品销售量的变化趋势、外协情况、资金情况以及产量、质量、劳动定额情况等。

(4)科技情报。包括对象产品的研制设计历史和演变;国内外同类产品的有关技术资料,如加工工艺、设备材料、标准规范、图纸手册等方面的资料以及新结构、新工艺、新材料、标准化、各种专利资料及价格等。

(5)方针政策。主要了解政府及有关部门的有关条例、法规等。如政府关于能源使用、环境保护、三废处理、安全生产、劳动保护、对外贸易等方面的政策、条例、法规。

以上只是情报收集的基本内容,一般说来,价值工程对象的不同,要求的情报也不完全相同,这里很难一一列举。但要注意有的放矢,全面可靠。不准确、不可靠的情报资料常常会给价值工程活动造成困难和错误,达不到预期的效果,甚至还可能导致价值工程的失败。只有准确的情报才真正具有价值。

第四节 功能分析

功能分析是价值工程的核心,它通过分析对象情报,用几种不同词组,简明、正确地表达对象的功能,明确功能特性要求,并绘制功能系统图。

功能分析包含功能定性分析与功能定量分析 2 个阶段与 3 个具体步骤,即通过“功能定义”与“功能整理”2 个步骤,从定性的角度分别回答“它的功能是什么?”、“它的地位如何?”,第三步是通过功能计量,从定量的角度,确定必要功能的水平。在具体讲述这 3 个方面的内容之前,先简要介绍功能的分类。

一、功能分类

一件产品或一个零部件,常常具有多种功能,由于它们的重要程度和满足用户的性质不同,因而需要加以分类,以便在价值工程活动中区别对待,确保用户所需的必要功能,剔除不必要的过剩功能,或开拓新的功能,来满足用户的需要。

1. 按功能重要程度分类

(1)基本功能。这是与对象主要目的直接有关的功能,是对象存在的依据。如洗衣机的基本功能是“洗涤衣服”,不具备这个功能就不是洗衣机了。

(2)辅助功能。这是为更好地实现基本功能服务的功能。如热水瓶壳的基本功能是“保护瓶体”,辅助功能是“使用方便”。

2. 按用户要求分类

(1)必要功能。这是为满足使用者的需求而必须具备的功能。它是满足使用者购买物品的基本需求,实质上即基本功能。如电线的必要功能是“传导电流”。

(2)不必要功能。这是对象所具有的、与满足使用者的需求无关的功能。不必要功能有时不仅使用者不需要,甚至起反效果。例如机器产生噪音等。

(3)过剩功能。这是对象所具有的、超过使用者需求的功能。例如某小客车最高时速为 200 公里,经济时速为 90 公里,显然,仅用于市内交通就存在时速功能过剩的问题。

(4)不足功能。这是对象尚未满足使用者需求的必要功能。如气压式热水瓶,它的辅助功能是“使用方便”,但“保温热水”这个使用者需求的必要功能,却不如传统的热水瓶。

3. 按用途性质分类

(1)使用功能。这是对象所具有的与技术经济用途直接有关的功能。它是用户使用物品的基本目的,实质上也就是基本功能。

(2)品位功能。这是与使用者的精神感觉、主观意识有关的功能。如贵重功能、美学功能、外观功能、欣赏功能等。如服装的使用功能是“保护体表”,但随着人们物质、文化生活水平的提高,则更讲究高档的面料、流行的色彩、新颖的款式,即追求品位功能。

4. 按功能逻辑关系分类

(1)上位功能。这是达到目的性质的功能。

(2)下位功能。这是为保证上位功能的实现,起手段作用的功能。

在一个功能体系中,某些功能存在目的与手段相互依存的关系。例如,图 13-3 中功能 F_1 是功能 F_2 的目的,功能 F_2 是实现功能 F_1 的手段;功能 F_2 是功能 F_3 的目的,功能 F_3 则是实现功能 F_2 的手段。这样,就形成一个前后连接的“串联状”功能链。我们将其中起目的作用的功能称为上位功能,起手段作用的功能称为下位功能。

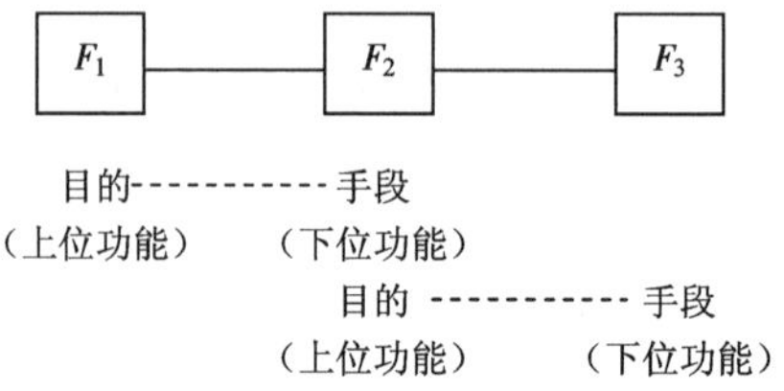

图 13-3 功能整理

(3)同位功能。这是指与同一上位功能相连的若干下位功能,它们是实现同一目的而采取的多个手段。

(4)总功能和末位功能。在一个功能体系中,仅为上位功能的功能,称为总功能;仅为下位功能的功能,称为末位功能。

二、功能定义

(一)功能定义的含义与目的

1. 含义

功能定义是在对研究对象整体及其组成部分的本质属性即功能充分认识的基础上,用明确的语言给予结论上的表述。这一认识和表述的过程,就是功能定义。

无论产品还是零部件,从现象来说它们具有作为物品所特有的外形或材质及其所表现的物理或化学等性能。功能定义就是要透过这些直观的现象找出隐藏在背后的本质,如图 13-4 所示。

图 13-4 功能定义

2. 目的

(1)明确用户要求的实质。产品设计的依据是用户对功能的需求。通过功能定义可以将产品结构背后的实质——功能揭示出来,真正搞清用户所要求的功能,以此为依据对产品进行设计与改造,利用新的技术与手段来实现用户所要求的功能,实现产品价值最大化。

(2)便于进行定性的功能分析。要分析产品整体及其各组成部分功能之间的关系,并建立功能系统图,就必须依据功能定义来进行。功能系统图是一系列定义了的功能要素的组合。这就是说,没有功能定义,就不能进行功能整理,也就不可能有功能系统图。

(3)便于开阔创新思路,寻求替代方案。寻求实现同一功能的各种可替代途径,也必须以其功能为根据,离开了功能的实质,同样也就无法对实现产品整体及其各组成部分功能的现有途径与方法进行替代。

(4)便于功能价值评价。在功能评价时,不是以物品或零部件的外在特性为依据,而是以功能为评价对象,并测定它的价值。为此,在功能价值评价之前,也必须把各具体功能辨认清楚。

(二)功能定义的方法

1. 使用功能的定义方法

使用功能大多是以一定的动作行为作用于某一特定的对象。所以,对使用功能下定义时,要用由动词与名词构成的动宾词组来描述。动宾词组作为功能定义的主要形式,不仅适用于使用功能的定义,还适用于基本功能的定义。如表13-5所示。

表13-5 使用功能定义的动宾词组

主语	谓语	宾语
手表	显示	时间
电线	传导	电流
冰箱	冷藏	食品
机床	切削	工件

2. 外观功能的定义方法

对外观功能和美学功能下定义时,通常是用形容词来描述对象的外观、特性或艺术水平,所以,宜使用名词与形容词组成的主谓词组来下定义,如表13-6所示。

表13-6 外观功能定义的主谓词组

主语(名词)	谓语(形容词)
造型	高雅
式样	新颖
色泽	柔和

3. 辅助功能的定义方法

辅助功能的定义通常用形容词来描述对象具有辅助性功能的程度,被描述的主题可用名词或动词表述,即可根据对象性质不同,分别采用动宾词组或主谓词组来下定义。动宾词组由动词及形容词组成，其宾语是形容词（而不是名词），如表 13-7 所示。主谓词组由主语（名词）和谓语（形容词）构成，与外观功能的主谓词组形式相同，如表 13-8 所示。

表 13-7　辅助功能定义的动宾词组

主语（动词）	宾语（形容词）
操作	简便
维修	容易
携带	方便

表 13-8　辅助功能定义的主谓词组

主语（名词）	谓语（形容词）
音质	优美
性能	稳定
音色	泽厚

总而言之，给功能下定义，要求语言表达准确、简洁，动词尽量抽象，便于打开思路，名词尽量用具体、可测量的词汇，以利于进行定量评价。

三、功能整理

（一）功能整理的含义与目的

1. 功能整理的含义

所谓功能整理，是在功能定义的基础上，将价值工程对象各部分功能按一定的逻辑关系连接起来，使之系统化，并最终用图解的方式（即功能系统图）表示出来的过程。功能整理阶段工作的成果就是绘制出一张价值工程对象的功能系统图（如图 13-5 所示）。

功能定义已经弄清了产品及其零部件本身的功能特性，已经回答了“它的功能是什么？”。而功能整理是要寻找实现产品及部件功能的支持功能，也可称为手段功能或下位功能。功能整理这一步是要回答“它的地位如何？”

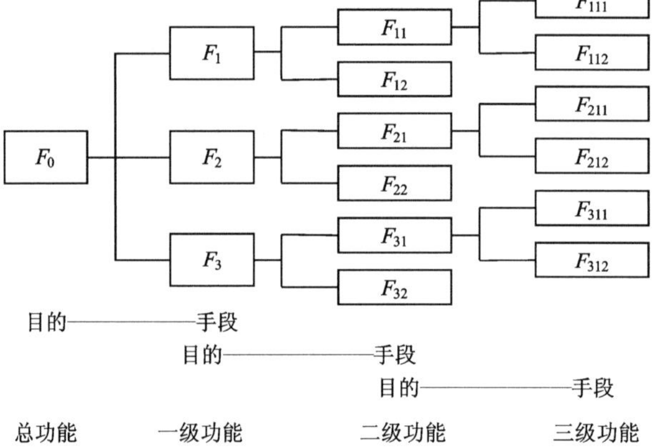

图 13-5　功能分析系统图一般模式

2. 功能整理的目的

产品整体功能的形成与产生是各局部功能相互联系、相互作用的结果。因此,产品整体功能的过剩或不足,都必然是由于各局部功能存在的问题而导致的结果。所以整体功能的建立,必须以各局部功能之间的协同配合为基础,而各局部功能的存在又必须以整体功能的直接或间接需要为根据。为此,功能整理有如下目的。

(1)确认必要功能。通过功能整理,按照目的和手段的关系将各个功能组成一个系统,根据这个功能系统图可以使以前不太明确的构思一目了然,它便于理解,有助于确认与补充真正所要求的功能。

(2)判明不必要功能。按照每一目的功能去寻找实现它的手段,那么所有的手段功能都应当有自己存在的明确目的。但在寻找手段功能的过程中,可能会发现一些没有目的或目的不明确的功能。这样就要认真分析这些功能是否是真正没有目的的功能。如果确实如此,这个功能就是不必要功能,承担这个功能的部件或零件也就没有存在的理由了。由此可以得到取消这些多余零部件的方案。

(3)补充手段功能。在功能定性分析中,对某些缺少手段的目的功能,可根据实际需要进行必要的手段补充。

(4)为定量分析提供根据。功能分析的最终工作是定量分析。没有定性分析所提供的反映各单项功能之间的系统框图为基础,也就无法进行定量分析。

(二)功能整理的方法和步骤

功能整理或绘制一个功能系统图可以采用功能分析系统技术(function analysis system technique,简称 FAST),其基本步骤如下。

(1)列出产品及主要零部件的名称。

(2)编制功能卡片。每个卡片记载一个功能,包括功能内容、相应的零部件名称、功能成本等。

(3)排列出重要功能系列。排列重要功能系列时可通过提问来实现,①为什么需要这个功能?②通过什么手段来实现这个功能?第一个提问反映了目的,通过提问可以找到上位功能;第二个提问是为了找出下位功能,即手段功能。这样用寻找目的的方法,从右到左地排列出功能系统图,也可以用寻找手段的方法从左向右地排列出功能系统图。重要功能是必须实现的基本功能。重要功能系列是整个功能系统图的骨干。

(4)添加辅助功能系列。在重要功能系列上添加辅助功能或辅助功能系列。

(5)绘制功能系统图。功能系统图一般不是一次所能完美无缺地画好的,往往需要反复修改、完善。根据功能系统图,检查一下是否可将有些零部件合并而功能并不减弱,检查是否存在不必要功能,并应在设计中将其去除。

图 13-6 是经过整理后得到的载重汽车基本功能系统图。

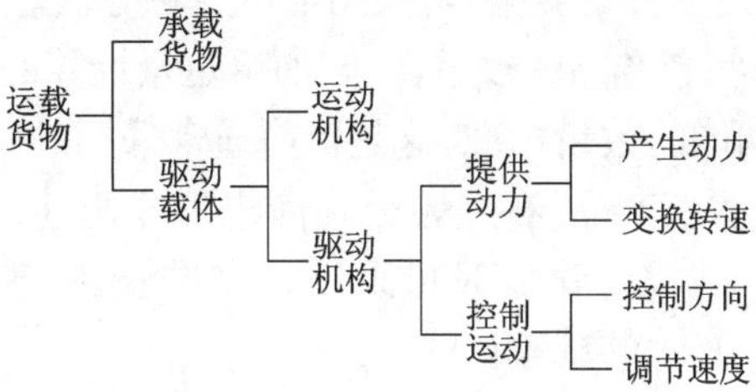

图 13-6　载重汽车基本功能系统

四、功能计量

(一)功能计量的含义

通过功能定义和功能整理对功能进行定性分析之后,还要进一步对功能进行量化分析,即功能计量。功能计量是对已制订出的功能系统图,根据目的与手段的特定关系,以产品整体功能的定量指标为依据,自左而右地逐级分析、计算、试验,并标出各手段功能的必要数量指标,从而使定性的功能系统图定量化。

功能计量化的功能系统图的一般模式如图 13-7 所示。

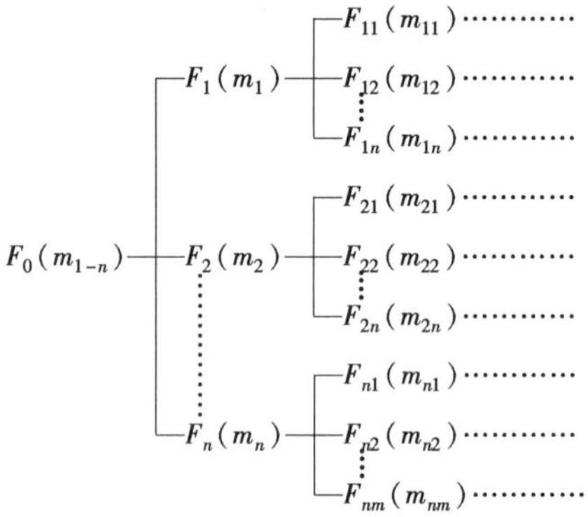

图 13-7 功能计量化的功能系统

图中 F_0 为总体功能。用户要求的必要功能有 m 个,其定量标准为 1 ~ n 个。F_1、F_2、…F_n 是实现 F_0 的次级必要功能系统,m_1、m_2、…m_n 分别为 F_1、F_2、…F_n 的定量标准。以此类推。

(二)功能计量的程序与方法

功能定量分析以定性分析为基础,在确定产品整体功能数量标准的基础上,按照单项确定法的思路,自左而右,通过适宜的理论计算或选择有关的试验方法,逐级确定功能的数量界限。

(1)合理确定产品整体功能的数量标准。产品整体功能的数量标准是逐级确定手段功能数量界限的依据,是提高产品价值的重要环节。确定产品整体功能的数量标准时,通常要以有关国家标准、企业标准、用户需求为依据,并考虑产品寿命周期这一重要因素。

(2)科学确定各级手段功能的数量标准。整体功能的数量标准一经确定之后,各手段功能的数量标准将依据整体目标的直接或间接需要,进行严格而科学的确定,即应该从理论上找到目标的最佳值。为了科学地确定各级手段功能的数量标准,应综合考虑总体功能与手段功能在参数、强度、外观和寿命等方面的相互匹配,以便在充分可靠地实现必要功能的基础上,最大限度地去掉过剩功能。

目前,确定各级手段功能的数量界限,可采用如下 2 种方法。

(1)理论计算法。对一些老产品的改进设计,如果定量计算的经验公式比较成熟,可自上而下逐级计算确定各手段功能的数量标准,这是目前通常采用的一种基本方法。

(2)技术试验法。对一些新产品,在经验公式尚未形成之前,可采用破坏性试验的方法,确定各手段功能的临界值。在设计试验时可采用正交试验法,确保在尽可能少的试验次数中,用较短的时间达到科学、有效的试验目的。

第五节 功能评价

一、功能评价的内容及一般步骤

功能评价是指评价某一功能价值的高低。进行功能评价，首先要进行功能成本分析，即确定功能的目前成本，而这是比较困难的，因为功能是一种概念性的东西，比较抽象。然后确定实现这一功能的最低成本，即功能评价值，以此作为该功能的目标成本。将功能的目标成本与实现功能的现实成本相比，便得到该功能的功能价值，将实现功能的现实成本减去功能的目标成本，得到功能的成本改善期望值。计算式为：

$$V=\frac{F}{C}$$

$$E=C-F$$

其中 V——功能价值；

F——功能评价值（功能目标成本）；

C——功能目前成本；

E——功能成本改善期望值。

功能评价的意义在于：通过对产品的功能成本分析和目标成本的确定，找到价值低的功能或功能区域，以便集中力量重点进行改善，有效地提高产品的价值。

功能评价的一般步骤为：①确定功能的目前成本（C）；②确定功能的目标成本（F）；③计算功能价值（$V=F/C$）；④计算功能成本降低幅度（$E=C-F$）；⑤按功能价值（F）由低到高、改善期望值（E）由大到小的顺序排列，确定价值工程对象的改进功能。

二、功能评价的方法

下面介绍两种常用的功能评价方法。

（一）功能成本法

它是以实现功能的最低成本为标准，同该功能的目前成本进行比较，对功能进行评价的。下面以某产品及其零部件为例，说明这一方法的步骤。

（1）确定产品所有零件的目前成本和产品的所有功能。

例 如表 13-9 所示，某产品共有 4 个零件 A、B、C、D，其目前成本分别为 340 元、450 元、160 元和 120 元，产品功能为 F_1、F_2、F_3、F_4、F_5 和 F_6。

（2）把零件的目前成本换算为功能的目前成本。产品或零件的目前成本资料是容易获得的，这比较符合人们的习惯，因为产品或零部件都以其实体形式存在，而我们现在需要的是功能的成本资料，必须进行换算。换算时应遵循的原则有：①如果一个零件仅有一个功能，且这一功能又只由此零件承担，那么这一零件的成本就是该功能的成本；②如果一个零件有几个功能，则应依据功能的重要程度将该零件的目前成本分摊到各功能上去；③如果一个功能由几个零件来承担，那么该功能的成本应是各有关零件分摊到该功能上的成本之和；④上位功能目前成本是其下位功能目前成本之和。

本例中各功能目前成本的换算情况如表 13-9 所示。

表 13-9 功能成本分析 （单位:元）

零件名称	目前成本	功能					
		F_1	F_2	F_3	F_4	F_5	F_6
A	340	130		100		110	
B	450		100	50		100	200
C	160				160		
D	120	50	50				20
合计	1 070	180	150	150	160	210	220

（3）确定各功能的目标成本。目标成本既要具有先进性，即必须经过努力才能达到；又要具有可行性，即具有实现的可能。一般是以同行业实现同样功能的最低成本作为目标成本。数据的获得一般采用调查法。调查法就是广泛收集实现不同程度功能的成本和技术资料，然后将获得的数据画在坐标图上，如图 13-8 所示。横坐标表示功能完好程度（或功能满足程度），可由产品的技术性能指标评价得出，纵坐标表示不同的功能完好程度所对应的成本。不同厂家实现同样的功能其成本是不同的，将最低成本连成一条曲线称为最低成本线。例如，本企业某项功能的完好程度为 F_0，在最低成本线上所对应的成本为 C_0，则 C_0 就是该功能的目标成本。

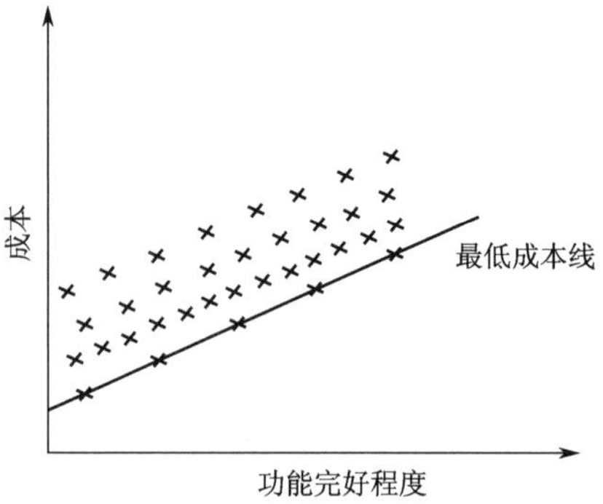

图 13-8 最低成本曲线

（4）计算功能价值。利用功能目标成本（F）和功能目前成本（C），依公式 $V=F/C$ 计算功能价值，见表 13-10。

（5）确定成本降低幅度。成本降低幅度 $E=C-F$，见表 13-10。

（6）确定功能改善顺序。见表 13-10。

表 13-10 功能评价计算

功能	目前成本/元	目标成本/元	功能价值	成本降低幅度/元	功能改善顺序
F_1	180	150	0.83	30	3
F_2	150	140	0.93	10	4
F_3	150	150	1.00	0	–
F_4	160	120	0.75	40	2
F_5	210	160	0.76	50	1
F_6	220	220	1.00	0	–
合计	1 070	940		130	

从表 13-10 可以看出，功能 F_5、F_4 应作为重点改进对象，其次是 F_1 和 F_2。

(二)功能比重法

功能比重法是按功能的重要性系数对功能进行评价。这种方法与功能成本法的不同之处在于:确定功能的评价值(功能目标成本)的方法有所不同。功能成本法是通过调查各同类企业的功能成本资料,选取实现功能的最低成本为功能的目标成本,汇总各功能的目标成本得到产品的目标成本;而功能比重法则不同,它是通过调查生产同类产品的企业的产品成本(不是功能成本),选取其中最低的成本作为产品的目标成本,然后根据产品各功能的重要性系数乘以产品的目标成本,进而得到各功能的目标成本。

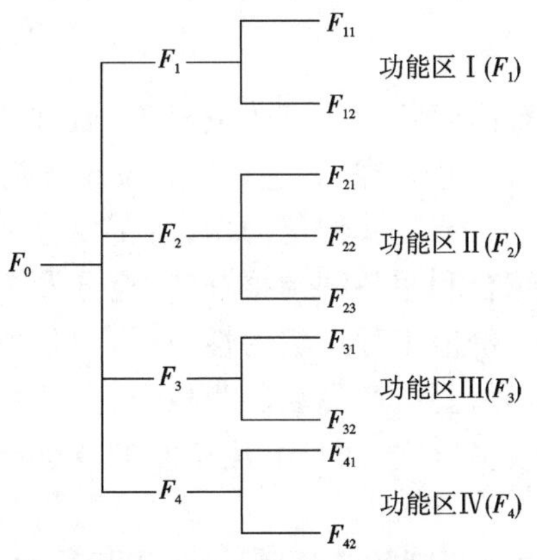

图 13-9 某产品的功能系统

例如:某产品的目前成本为 700 元,目标成本为 500 元,F_1、F_2、F_3、F_4 4 个功能区,其功能系统如图 13-9 所示。各功能区的成本分别为 300 元、250 元、80 元和 70 元,试对各功能进行评价。

首先,要确定各功能区的重要性系数,这里采用替换系数评价法(*DARE* 法),见表 13-11。确定功能重要性系数分 3 步进行。第一步先从下向上确定相邻功能的暂定重要性系数,例如功能 F_4 和 F_3 相比,F_3 的重要性是 F_4 的 3 倍;F_3 和 F_2 比,F_2 的重要性是 F_3 的 2 倍;F_2 和 F_1 相比,F_1 的重要性是 F_2 的 1.5 倍。第二步对暂定重要性系数进行修正,设定 F_4 的重要性系数为 1,以此为基础,分别对 F_1、F_2、F_3 的暂定重要性系数进行修正,结果分别为 3、6、9。第三步计算功能重要性系数,即用各功能修正后的系数除以修正后的系数之和。

表 13-11 功能比重法评价表

功能	目前成本/元	暂定重要性系数	修正重要性系数	功能重要性系数	功能评价值(目标成本)/元	功能价值	成本降低幅度
F_1	300	1.5	9.0	9/19 = 0.47	0.47 × 500 = 235	0.78	65
F_2	250	2.0	6.0	6/19 = 0.32	0.32 × 500 = 160	0.64	90
F_3	80	3.0	3.0	3/19 = 0.16	0.16 × 500 = 80	1.00	0
F_4	70	–	1.0	1/19 = 0.05	0.05 × 500 = 25	0.36	45
	700	–	19.0	1.00	500	–	200

在功能的重要性系数确定之后,便可计算各功能的评价值,即功能的目标成本,方法是用各功能的重要性系数乘以其上位功能(这里就是产品)的目标成本。然后计算功能价值和成本降低幅度并确定功能改善顺序(方法同功能成本法),见表 13-11。结果表明,功能 F_2 的成本降低幅度最大,为 90 元,其次为 F_1 和 F_4。

在此基础上,可继续对各功能区的子功能进行功能评价,方法完全相同。

第六节 方案创造、评价与实施

通过功能分析和功能评价,对价值工程对象整体及其各功能的功能价值进行了分析计算和评价,选出了价值低且成本改善期望值大的作为重点改建对象。这时,价值工程便进入方案创造、方案评价和最后实施阶段,这是价值工程能否取得预定成果的重要环节。

一、方案创造

方案创造就是根据用户对功能及其水平的要求,针对已确定的重点改进对象,通过创造性思维,对原设计方案中存在的问题,提出尽可能多的实现功能对象、改善目标的设想方案。

在价值工程中要想通过方案创造达到提高价值的目的,要求我们努力做到:①要打破旧框框、旧思维定式,善于大胆科学地设计方案;②要善于综合利用各种情报资料,充分发挥综合分析能力,从各个不同角度提出改进方案;再次,要依据价值工程对象的性质,组织各类专业人才参加,相互启发交流,取长补短,发挥集体智慧;最后,要以产品功能为核心,并注意抓上位功能,因为上位功能范围广泛,限制较少,容易提出较多方案,而且上位功能的改进比下位功能改进能带来更大的效果。

方案创造的方法很多,除了我们在第二章决策技术中所提到的头脑风暴法、哥顿法之外,下面再介绍几种常用的方案创造方法。

1. 检核表法

检核表法是根据需要解决的事物或者要创造发明的对象,列出有关问题,逐个核对讨论,从而获得创造发明的设想和解决问题的方法。泛泛地思考往往难以发现问题,但如果预先提出要点,逐个检核提问,就能刺激思维,冲破陈旧的思想束缚,开创新的设想、方案。检核提问的方法有多种,其中以美国"创造学之父"奥斯本提出的检核表法应用最广。奥斯本的检核表从如下9个方面对现有事物进行提问。

(1)有无其他用途?如:扩展到其他方面的应用。

(2)能否引入其他方案?如:借用或结合其他事物、方法。

(3)能否扩大?如:扩大范围、延长寿命、增加特性等。

(4)能否改变?如:改变颜色、形状、途径、手段等。

(5)能否代用?如:材料、工艺、配方、动力等的代用。

(6)能否减少?如:压缩体积、减低高度、减轻重量、取消结构等。

(7)能否组合?如:材料组合、装配组合、目标组合、策略组合等。

(8)能否替换?如:更换结构、元件、程序等。

(9)能否颠倒?如:上下颠倒、里外颠倒、任务颠倒、因果颠倒等。

2. 设问创造法

在开发新产品时,往往通过一定的提问,发现现有事物存在的问题,找到需要改进或创新的地方,从而激发设想与创意。设问创造法有多种设问方法,其中常用的有5W2H法。

(1)Why。为什么要创新?为什么要有这些功能?为什么功能不足(或过剩)?为什么要经过这些环节?

(2)What。什么是创新的对象?条件是什么?目的是什么?手段是什么?功能是什么?

(3) Where。从何处着手创新？何处最经济？何处有特点？何处是重点？

(4) Who。由谁承担创新？谁是使用者？谁是功能载体？谁的影响最大？

(5) When。什么时候完成创新？何时最有利？何时开始进行？何时分阶段完成？

(6) How。如何进行创新？如何最省时省力？如何价值最高？如何优选？

(7) How much。创新要求达到什么水平？效益要达到多少？功能水平？成本水平？

通过这7个方面的设问，可以将创新活动管理得更有条理，更有成效，还有助于查明差距和原因，构思措施和方法。

3. 形态分析法

形态分析法由美国加州理工学院兹维基教授提出。采用此法的步骤是：①确定影响问题的各个方面（即产品的功能项目）；②列出每个方面的各种可能状态（特性参数）；③将各方面的各种可能状态进行排列组合，得到各种组合方案；④从备选方案中选择最优方案。这种方法通过对系统结构中旧问题的新组合，往往能够获得一些意想不到的新方案。

4. 类推法

类推法是把与主题有类似之处，但乍看起来并无直接联系的事物或知识搜集在一起，进行联想对比，从中得到启示，进而开拓创意，提出解决方案。

5. 缺点列举法

缺点列举法把功能改善对象的缺点全部列出来，然后针对缺点提出改进方案。

6. 希望列举法

如果对改善对象提不出明显缺点，但可以提出改进希望，则根据这些希望提出改进方案，这就是希望列举法。

二、方案评价

方案评价是要对提出的各种方案进行分析和比较：一是要看它在技术上是否能实现所要求的功能；二是要看它在经济上是否能降低成本，并进行社会评价，最后进行综合评价，选择最优方案。

技术评价的内容主要包括产品的可靠性、安全性、方便性、耐用性、维修保养性、系统的协调性、与外部环境的协调性以及外观等。

经济评价的任务主要是成本预测、销售预测和投资预测。成本预测主要是指可变成本的预测。

社会评价主要是指评价方案是否对环境产生污染，是否与国家有关条例、法规一致等。

方案评价一般分为初步评价和详细评价。初步评价是对众多方案进行初步筛选，选出少数几个方案，以备进行详细评价。因此，初步评价方法力求简便易行，通常采用类比法、优缺点列举法等定性方法。详细评价则要求在技术上和经济上进行深入全面的评价，最终选出最满意方案。详细评价要求尽量采用定量的评价方法。

下面介绍几种方案评价方法。

1. 优缺点列举法

优缺点列举法是一种定性评价方法，一般用于方案的初步评价。这种方法是把各个方案在技术、经济和社会三方面的优缺点一一列出来进行比较，综合权衡优劣，最后确定一个或几个较好方案。这种方法灵活简便，考虑问题也较全面。

2. 直接打分法

首先对各方案功能实现程度、技术可行性进行评价，在理论计算、模拟试验、样品测试等基础上，按一定标准评分(10 分制或 100 分制)，选出两个方案；然后对这两个方案再按费用成本等经济合理性进行评价，选出最优方案。例如为改进某一产品提出 4 个方案，进行评价如表 13-12、表 13-13 所示。首先经过评分，选出 C、D 两方案，然后经过经济合理性评价，确定 D 方案为优选方案。

表 13-12　方案功能实现程度技术可行性评价（单位：分）

项目 方案	功能可靠性	运转可靠性	可操作性	保养难易程度	生产难易程度	安全性	合计	选择
A	8	7	6	7	6	6	41	4
B	8	7	7	8	7	7	45	3
C	10	8	8	8	8	8	50	2
D	10	9	10	8	8	8	54	1

表 13-13　方案经济合理性评价（单位：元）

项目 方案	直接材料费	直接人工费	制造费用	合计	选择
C	1 520	350	400	2 270	
D	1 450	360	380	2 190	优选

如果技术分析和经济分析不一致时，可按实际情况采用加权计算法来决定。

3. 综合评价法

综合评价法是根据各方案功能满足程度和成本费用，进行综合评价的方法。其主要步骤如下。

(1)用 FD 法或 DARE 法等对各功能打分(其分值用 W 表示)。

(2)对各方案功能满足程度打分(其分值用 V 表示)。

(3)计算各方案功能评分：

$$f_i = \sum W \cdot V$$

(4)计算各方案功能满足系数：

$$F_i = \frac{f_i}{\sum f_i}$$

(5)计算各方案成本系数：

$$C_i = \frac{c_i}{\sum c_i}$$

(6)计算各方案价值系数：

$$V_i = \frac{F_i}{C_i}$$

(7)选择价值系数最大的为最优方案。以上例为例计算，如表 13-14 所示。

表 13-14 方案综合评价

功能	F_1	F_2	F_3	F_4						
功能评分 W	15	12	10	9						
方案	满足程度(V)				$f_i = \sum W \cdot V$	F_i	c_i	C_i	V_i	选择
1	80	82	75	70	3 564	0.310	3 500	0.324	0.957	3
2	80	85	84	86	3 834	0.333	3 600	0.333	1.00	2
3	85	90	90	95	4 110	0.357	3 700	0.343	1.041	1
合计					11 508	1.00	10 800	1.00		

三、方案实施

1. 实验与提案

最优方案选定后,为了确保方案的质量并为审批提供依据,对一些复杂的方案要进行试验。试验过程:首先要确定试验方法、设备、材料、日期、负责人及试验结果的评价标准;然后进行试验;最后要对试验结果进行整理和评价,即把试验数据进行处理并同事先制定的试验评价标准比较。必要时需对方案进行修改或改变试验方法,再进行试验。

试验结果满意,则将其作为正式提案,并附上试验报告,提交主管部门审批。

2. 实施与总结

正式提案经审查批准后,就要组织实施,由总工程师负责制定实施计划,并层层落实,明确实施进度、质量要求,制定验收标准,检查实施情况,妥善处理实施中出现的问题。

方案实施后,要不断地进行跟踪检查,计算和评价本次价值工程活动的经济效益,并认真总结经验教训,不断提高价值工程活动的水平。常用的经济评价指标有全年净节约额、成本降低率、节约倍数和价值工程活动单位时间的节约额,其计算式分别为

$$\text{全年净节约额} = (\text{改进前的单位成本} - \text{改进后的单位成本}) \times \text{年产量} - \text{VE 活动费用}$$

$$\text{成本降低率} = \frac{\text{改进前的单位成本} - \text{改进后的单位成本}}{\text{改进前的单位成本}} \times 100\%$$

$$\text{节约倍数} = \frac{\text{全年净节约额}}{\text{VE 活动费}}$$

$$\text{VE 活动单位时间节约额} = \frac{\text{全年净节约额}}{\text{VE 的延续时间}}$$

关于价值工程活动的社会效益评价,能定量化的也要进行计算,难以定量化计算的要定性加以表述,最后由 VE 小组负责写出 VE 活动的总结报告,将有待改进的问题反馈到下一个价值工程活动循环中去解决。

小案例

洗衣机运用“价值工程”实例①

某机械公司某品牌洗衣机销路较好，1981 年年销 4 万台，1982 年年销 20 万台，批量较大，但成本高，利润低，成本远高于国内同类产品。为此公司组织价值工程领导小组对洗衣机进行价值工程分析。

一、寻找价值分析目标

把洗衣机全部零部件按成本大小分类排序，对产品的成本构成进行分析，算出各类零件所占成本的百分比（见表 1），寻找分析目标用 *ABC* 分析法。

表 1　产品成本及成本百分比

零件类别	件数	件数百分比/%	成本/元	成本百分比/%
成本≥7 元	10	10	186.13	74.6
成本≥0.6 元且 <7 元	30	30	46.192	18.6
成本 <0.6 元	61	60	17.238	6.9
合计	101	100	249.56	100

用 *ABC* 分析法确定价值分析对象。7 元以上的零件成本占成本的 74.6%，零件数占零件总数的 10%，作为 *A* 类；约占 30% 的零件成本占总成本的 18.5%，作为 *B* 类；其余 60% 的零件仅占总成本的 6.9%，作为 *C* 类。分析重点在 *A*、*B* 类，特别是 *A* 类可作为价值分析的目标。

二、功能分析

对洗衣机的全部零件进行功能定义、功能整理，绘制功能系统图，经过整理，按功能体系排队，洗衣机分为 4 个功能系统：①控制系统；②动力及传动分系统；③容器装置；④外观及保护分系统。依次给出功能系统图，进一步明确了各零部件的基本功能和实现手段，明确哪些功能是多余的，哪些功能是不足的。如设计中重复多处使用的防振胶垫，有几处是多余的，应予取消；洗衣机的外观装饰功能不足，应予加强。

三、功能评价

对选为分析对象的 *A* 区 10 个零件进行评价。首先组织设计师、工艺师、老工人和车间干部根据各零件的基本功能、辅助功能和外观功能，利用强制确定法给各零件评分，计算出零件的功能系数（表 2）；其次是计算零件的成本系统和价值系数，绘制成本功能的最佳适应区（见图 1）。

① 资料来源：价值工程. 1983(3)：31 ~34。

表2 功能评价

零件名称	电动机	外罩	盖圈	内筒	定时器	V带	风扇轮	电容器	轴壳	上盖	得分	功能评价系数/%	现实成本/元	成本系数/%	价值系数
电动机	×	1	1	1	1	1	1	1	1	1	9	20.00	44.13	23.70	0.84
外罩	0	×	1	1	0	1	1	1	1	1	7	15.56	32.50	17.46	0.89
盖圈	0	0	×	0	0	1	1	1	1	1	5	11.11	32.45	17.43	0.64
内筒	0	0	1	×	0	1	1	1	1	1	6	13.33	25.05	13.46	0.99
定时器	0	1	1	1	×	1	1	1	1	1	8	17.28	13.90	7.47	2.38
V带	0	0	0	0	0	×	1	0	0	1	2	4.44	8.74	4.70	0.94
风扇轮	0	0	0	0	0	0	×	0	0	1	1	2.22	2.88	4.23	0.52
电容器	0	0	0	0	0	1	1	×	1	1	4	8.89	2.00	3.76	2.36
轴壳	0	0	0	0	0	1	1	0	×	1	3	6.67	7.20	3.87	1.72
上盖	0	0	0	0	0	0	0	0	0	×	0	0	7.30	3.92	0
合计											45	100.0	186.15	100.6	—

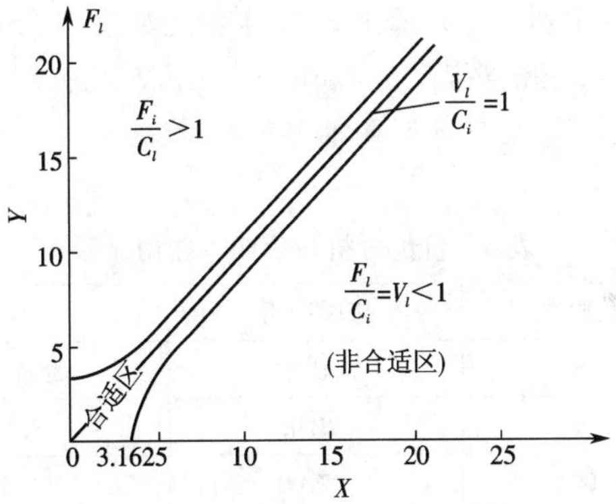

图1 成本功能的最佳适应区

四、发动群众提革新建议

该厂一方面组织专门的力量对发动机、盖圈等的功能费用进行分析，另一方面把洗衣机的零件和功能分析的资料发至车间，动员群众想办法，提出降低成本、改进功能的建议。建议内容包括零部件，原材料供、产、销的全过程，如哪些材料可以更替或改换供应点，哪些零件可以改变设计结构，哪些工序可以改变加工方法等，见表3。

表3 方案选择

序号	材料	成本/元	用户调查	方案确定
1	塑料	3.20	担心变化	淘汰
2	搪瓷	4.60	易研伤和锈蚀	无条件
3	钢板镀铬	9.70	良好	工艺复杂
4	不锈钢1Cr13	6.60	日久有锈斑	淘汰

续表

序号	材料	成本/元	用户调查	方案确定
5	不锈钢 1Cr18Ni9Ti	26.85	良好	费用高
6	不锈钢 0Cr13	9.42	良好	选中

五、制定实施方案

电动机是外购件,42.6 元/台,占洗衣机总成本的 17%,价值系数为 0.84,处于功能 - 成本曲线外右下侧,对成本影响较大,故公司组织了专门的分析小组对国内 8 个电动机厂的 16 台样机进行全面测试,通过技术经济的综合比较,从中选择了 3 种性能最好、价格最低的电动机作为定货对象。仅此一项就使洗衣机单台成本下降 5.08 元。盖圈采用不锈钢 1Cr18Ni9Ti,使单台价格达 26.85 元,价格系数 0.63,成本偏高。经过分析,盖圈的功能是连接内外筒及防腐、密封,它在洗衣机中只起辅助作用。经过对多种材料方案的比较和试验表明,选用 0Cr13 代替原来的材料,单台成本又降低 17.43 元,在对洗衣机动力系统的功能分析中,发现挡水板的功能是防止电动机进水,但装在风扇轮和电动机之间不利于电动机冷却。经过分析,稍稍加大风扇便可起到挡水防潮的作用,从而取消挡水板,降低成本 1.34 元/台。内筒成本 25.05 元,价值系数 0.99,原内筒冲压用的冲床,效率低,大马拉小车。现购进 3 台冲床,建立专用生产线,以提高效率、降低工时。接着又建立了轴壳流水线、自动烤漆和总装生产线,使单台工时由原来的 39h 降到 25 ~ 27h,定额下降 40% 以上。

价值分析前后,洗衣机的成本费用见表 4。

表 4　价值分析前后成本费用比较　　(单位:元)

项目	材料及购件	工时费用		
品种	原成本	新成本	原成本	新成本
烤漆型	145.8	122.00	98.10	37.5
冰花型	151.00	127.00	98.1	40.5

思考练习

1. 什么是价值工程? 价值工程中的价值的含义是什么? 提高产品价值的途径有哪些?
2. 何谓寿命周期费用? 请举例说明。
3. 价值工程的实施步骤是什么? 每一步骤要回答什么问题?
4. 何谓功能分析? 并简述如何进行功能分析。
5. 简述选择价值工程对象的各种方法的基本思想,并比较它们的优缺点。
6. 何谓功能评价? 并简述功能评价的一般步骤和方法。
7. 简述方案创新的原则与方法。
8. 简述方案评价的内容与方法。
9. 衡量价值工程活动成效的主要技术经济指标有哪些?
10. 某设备由 A、B、C、D 4 个部件组成,其功能为 F_1、F_2、F_3、F_4、F_5、F_6,其目前成本在各功

能上的分配及功能重要性系数如表 13-15 所示,若将该设备的目标成本定为 900 元,试计算各功能的价值和成本降低幅度。

表 13-15 功能成本及功能重要性系数 (单位:元)

部件名称	功能						
	F_1	F_2	F_3	F_4	F_5	F_6	合计
A		50	160		40		250
B	200	70				100	370
C	50			20		30	100
D		80	150	50	100		300
功能重要性系数	0.25	0.20	0.30	0.03	0.12	0.10	

11. 已知热水瓶各功能的现状成本和暂定功能重要性系数如表 13-16 所示,试用功能比重法计算当总目标成本为 280 元时,各功能的评价值、价值和成本变动幅度,并确定 VE 的功能改进顺序。

表 13-16 功能成本及功能重要性系数

功能	暂定重要性系数	修正重要性系数	功能重要性系数	功能评价值/元	目前成本/元	价值	成本变动幅度/元	功能改进顺序
保持清洁	0.2				0.25			
保持水湿	5				2.00			
方便使用	0.5				0.40			
增加美观	–				0.85			
合计				2.80	3.50			

参考文献

[1] 谭白英,熊莎莎,企业战略管理[M].武汉:武汉大学出版社,2014.01.
[2] 哈德罗·孔茨,海因茨·伟里克.管理学精要[M].6版.北京:机械工业出版社,2005.
[3] 王方华.企业战略管理[M].2版.上海:复旦大学出版社,2007.
[4] 芮明杰.管理学[M].3版.北京:高等教育出版社,2009.
[5] 卢昌崇.管理学[M].2版.大连:东北财经大学出版社,2006.
[6] 何荣宣.现代企业管理[M].北京:北京理工大学出版社,2016.02.
[7] 樊技飞,杨娜.现代企业管理[M].2版.西安:西安交通大学出版社,2013.09.
[8] 谢和书,陈君,现代企业管理 理论·案例·技能[M].2版.北京:北京理工大学出版社,2015.01.
[9] 刘丽文.生产与运作管理[M].3版.北京:清华大学出版社,2006.
[10] 张群.生产与运作管理[M].2版.北京:机械工业出版社,2008.
[11] 全国质量管理和质量保证标准化技术委员会,中国合格评定国家认可委员会,中国认证认可协会.2008版质量管理体系国家标准理解与实施[M].北京:中国标准出版社,2009.
[12] 中华人民共和国国家质量监督检验检疫总局,中国国家标准化管理委员会.质量管理体系:要求[M].北京:中国标准出版社,2009.
[13] 中华人民共和国国家质量监督检验检疫总局,中国国家标准化管理委员会.质量管理体系:基础和术语[M].北京:中国标准出版社,2009.
[14] 龚益鸣.质量管理学[M].上海:复旦大学出版社,2008.
[15] 刘立户.全面质量管理[M].北京:北京大学出版社,2004.
[16] 科特勒,阿姆斯特朗.市场营销原理[M].北京:清华大学出版社,2007.
[17] 吴健安.市场营销学[M].3版.北京:高等教育出版社,2007.
[18] 荆新,王化成,刘俊彦.财务管理学[M].北京:中国人民大学出版社,2009.
[19] 谷祺,刘淑莲.财务管理[M].大连:东北财经大学出版社,2007.
[20] 周忠惠,张鸣,徐逸星.财务管理[M],上海:上海三联书店,1995.
[21] 张先治.财务分析[M].3版.大连:东北财经大学出版社,2008.
[22] 陈立文,陈敬武.技术经济学概论[M].北京:机械工业出版社,2006.
[23] 王维才,戴淑芬,肖玉新.投资项目可行性分析与项目管理[M].北京:冶金工业出版社,2000.
[24] 技术经济学编写组.技术经济学原理与实务[M].北京:机械工业出版社,2007.
[25] 张道宏.技术经济学[M].西安:西安交通大学出版社,2004.
[26] 宋国防.工程经济[M].北京:中国林业出版社,2005.
[27] 刘秋华.技术经济学[M].2版.北京:机械工业出版社,2010.
[28] 吴晓微,王珏.市场营销理论与实务[M].北京:北京理工大学出版社,2015.01.
[29] 王潇,赵茂辰.现代企业管理[M].上海:上海交通大学出版社,2013.07.
[30] 夏德森.市场营销学[M].北京:北京理工大学出版社,2016.01.